Michael Rasche

Bekenntnisse
Auflösung eines katholischen Lebens

Der Autor:

Michael Rasche, PD Dr. Dr., geb. 1974, wurde 2001 in Essen zum katholischen Priester geweiht und war danach viele Jahre in der Seelsorge und an der Universität tätig. 2015 wurde er Professor für Philosophie an der KU Eichstätt-Ingolstadt. 2016 trat Rasche von seinen kirchlichen Ämtern zurück. Er lebt heute mit seiner Frau und seinen beiden Söhnen in Rotterdam, Niederlande, und ist freiberuflich als Philosoph, Redner und Berater tätig.

Michael Rasche

Bekenntnisse

Auflösung eines katholischen Lebens

Φύσις κρύπτεσθαι φιλεῖ.

„Die Wahrheit einer Sache liebt es, verborgen zu sein.“
Heraklit

Impressum

Bibliographische Information der Deutschen Nationalbibliothek:
Die Deutsche Nationalbibliothek verzeichnet diese Publikation in der Deutschen Nationalbibliographie; detaillierte bibliographische Daten sind im Internet über http://dnb.d-nb.de abrufbar.

Die automatisierte Analyse des Werkes, um daraus Informationen insbesondere über Muster, Trends und Korrelationen gemäß §44b UrhG („Text und Data mining") zu gewinnen, ist untersagt.

2., verbesserte Auflage (Dez. 2024).

Verlag: BoD · Books on Demand GmbH, In de Tarpen 42, 22848 Norderstedt
Druck: Libri Plureos GmbH, Friedensallee 273, 22763 Hamburg
Fotos: Şahin Sezer Dinçer (über Pixabay); Isabella Thiel, Dortmund

ISBN: 978-3-7597-8843-6

Inhaltsverzeichnis

Ich habe nichts zu sagen. Nur zu zeigen.
Walter Benjamin

Vorwort

Ein Priester schreibt über die katholische Kirche. Das ist vor allem dann spannend, wenn es entweder um seinen Weg in die Kirche hinein- oder aus der Kirche hinausgeht. Entweder die Geschichte einer Bekehrung oder die eines Abschieds. Meine ist die eines Abschieds.

Dieser Abschied hat viele Gemeinsamkeiten mit anderen Abschieden aus der Kirche. Viele verlassen die Kirche oder ein kirchliches Amt, weil sie mit dem Leben in der Kirche nicht zufrieden sind. Sie stören sich an der Arroganz der Amtsträger, der Unbeweglichkeit der Kirche, der Geringschätzung von Frauen, dem sexuellen Missbrauch. Vielleicht sind sie selbst Opfer sexuellen oder auch psychischen Missbrauchs geworden. So oder so haben sie sich gegen die Kirche entschieden, weil das, was die Kirche getan hat, sie abstößt. Diese Dinge mögen auch bei mir eine große Rolle gespielt haben. Ich bin nicht blind gewesen und habe viel gesehen und erfahren, was mich abstieß. Das für mich Entscheidende war jedoch nicht, was die Kirche tat, sondern was sie lehrte.

Das ist ungewöhnlich. Normalerweise geht es um das christliche Leben: das des einzelnen Christen wie auch der Kirche. Es geht zumeist um Gelingen oder Scheitern dieses christlichen Lebens und um mögliche Konsequenzen daraus. Ich stand immer im christlichen Leben, zuerst als aktiver Christ in einer Kirchengemeinde, schließlich 15 Jahre lang als Priester. Aber es genügte mir nicht, das Christentum zu leben, ich wollte es auch verstehen. Vielleicht war das mein Fehler. Ich wollte wissen, warum es so ist, wie es ist, im Guten wie im Schlechten. Viele Jahre habe ich das Christentum studiert. Zuerst als Student, schließlich als Professor. Ich habe mir die Lehre der Kirche angeschaut. Wie sie entstanden ist und wie sie sich entwickelt hat. Ich habe die Vergangenheit der Kirche studiert und ihre Gegenwart intensiv miterlebt. Ausschlaggebend für meinen Abschied war nicht das in vielerlei Hinsicht kaputte Leben der Kirche, sondern das immer tiefere Verstehen ihrer Lehre und ihrer Wahrheit. Und damit verbunden schließlich die Einsicht, dass das in vielerlei Hinsicht kaputte Leben der Kirche mit ihrer Lehre und ihrer Wahrheit zu tun hat und sogar ihre logische Konsequenz ist.

Dieses Buch ist keine Abrechnung mit der Kirche. Ich werde natürlich von ihren Schwächen berichten, aber auch von ihren Stärken. Weil ich selbst nicht nur unter ihren Schwächen gelitten, sondern auch an ihre Stärken geglaubt habe. Dieses Buch enthält keine skandalösen Enthüllungen, die ich der Welt als Neuigkeit mitteilen möchte. Die Skandale, von denen ich berichte, wollen keinen Sensationseffekt erzielen, sie wollen etwas erklären.

Ein Buch über die Kirche, das ein ehemaliger Priester schreibt, ist immer auch eine Autobiographie. Es ist die Geschichte meines Lebens mit der Kirche. Dabei geht es um die Kirche, aber eben auch um mich und meine persönlichen Erfahrungen. Diese mögen für viele nachvollziehbar sein, für viele vielleicht auch nicht. Ich erzähle dennoch von ihnen, in der sicheren Autorität dessen, der das Christentum wirklich erlebt und viele Jahre in seinem Innersten verbracht hat.

Es geht mir aber nicht darum, mein Leben zu beschreiben. So eitel bin ich nicht. Es geht mir darum, die Kirche zu beschreiben, das Scheitern der Kirche, das sich auch in meinem Leben vollzogen hat und in dem sich vielleicht auch viele andere wiedererkennen, die auf das Scheitern der Kirche blicken – seien sie Christen oder nicht. Mein Leben war ein Wachsen und ein Auflösen des Christlichen. In diesem meinem Leben wurde sichtbar, welche große Kraft das Christentum besitzt – aber warum es trotzdem scheitert. Nicht nur in meinem Leben.

Neben Ereignissen aus meinem Leben werde ich auch Einblicke in theoretische Gedankengänge bieten. Dabei habe ich mich bemüht, jeden Fachjargon zu vermeiden und verständlich zu sein. Dennoch erfordern diese Dinge für den Leser vielleicht etwas mehr Geduld und Konzentration. Aber es ist unvermeidbar, denn mein Weg aus der Kirche hat nicht nur mit dem zu tun, was ich erlebt, sondern noch mehr mit dem, was ich gedacht und verstanden habe.

Ich hege als ehemaliger Priester keine Rachegefühle gegenüber der Kirche. Sie hat mir keine Lebenszeit geraubt, sondern vieles geschenkt. Trotzdem musste ich mich gegen sie entscheiden und davon möchte ich erzählen. Dabei will ich die Kirche nicht schädigen, sondern davon berichten, wie sie es selbst tut.

Augustinus, ein großer Gelehrter aus der Spätantike, hat ein Buch geschrieben, das den Titel „Bekenntnisse" trägt. In diesem Buch beschreibt Augustinus seinen wechselvollen Weg zum Christentum. Dieser Mann und dieses Buch war eine der großen Inspirationen meines Lebens. Im Gedenken an ihn schreibe ich meine „Bekenntnisse", auch wenn mein Weg umgekehrt verlief: er führte mich aus dem Christentum heraus. Im Weg, den Augustinus beschrieb, haben sich unzählige Menschen wiedererkannt. Vielleicht erkennen sich viele auch in meinem Weg wieder.

Das einzige Paradies ist das verlorene Paradies.
Marcel Proust

Das Paradies

Die Kirche ist bitterkalt. Eine Gruppe von vielleicht 20 Personen hat sich festlich gekleidet in der dunklen Taufkapelle versammelt, die von Kerzen und einigen wenigen Lampen nur notdürftig beleuchtet wird. Gegenüber dieser Kapelle öffnet sich der weite Raum der modernen Kirche, die von großen Fensterfronten erhellt wird, selbst an diesem verregneten Tag. Die Rückwand des Altarraums wird von riesigen Weihnachtsbäumen verdeckt, an denen elektrische Kerzen funkeln. Es ist der 2. Weihnachtstag 1974, der Tag meiner Taufe.

Mein Eintritt ins Leben war zugleich der Eintritt in die katholische Kirche. Kirche und Leben waren in unserer Familie nicht zu trennen. Dies passierte nicht in einem Fanatismus oder in einem frommen Eifer, sondern mit einer natürlichen Selbstverständlichkeit. Katholisch zu sein, war nicht das Ergebnis einer besonderen Bemühung, man war es einfach. Und das seit vielen Generationen. Soweit man die Verästelungen und Verzweigungen meiner Familie zurückverfolgen kann, gab es nicht einen einzigen Protestanten. Dafür gab es drei Priester: einen Professor und Weihbischof in Trier, der im 19. Jahrhundert lebte, einen Dompropst in Köln, der den klingenden Nachnamen „Ketzer" trug und nicht nur deshalb den „Orden wider den tierischen Ernst" erhalten hatte, sowie einen Großonkel, der es bis zum Professor in Rom gebracht hatte. Daneben muss es irgendwann früher noch einige Ordensschwestern gegeben haben, aber von denen habe ich nie Genaues gehört. Man kann unsere Familie also mit vollem Recht als katholisch bezeichnen. Man ging am Sonntag in die Kirche, vor jeder Mahlzeit wurde ein Tischgebet gesprochen, Namenstage wurden genauso feierlich begangen wie die Geburtstage. Auch mit genauso großen Geschenken, was für uns Kinder eine feine Sache war.

In diese Welt wurde ich im Oktober 1974 hineingeboren. Etwa zwei Monate später, am 2. Weihnachtstag, wurde ich in der Taufkapelle der Barbarakirche in Mülheim an der Ruhr vom Kaplan getauft. Wie es mit Blick auf mein späteres Leben selbstverständlich erscheint, habe ich diese Zeremonie mit würdevoller Gelassenheit über mich ergehen lassen, so wurde mir berichtet. Wie es mit Blick auf mein späteres Leben ebenfalls selbstverständlich erscheint, war zusätzlich neben dem Kaplan noch der Pfarrer in der Bank betend anwesend. Doppelt genäht hält besser.

Wir lebten im Norden von Mülheim an der Ruhr, im Stadtteil Dümpten. Wie so viele Orte im Ruhrgebiet bestand Dümpten vor 150 Jahren noch aus einzelnen Gehöften, bevor dann der große Boom durch Kohle und Stahl ausbrach und aus kleinen Dörfern riesige Siedlungen mit Tausenden Bewohnern wurden. Dümpten, von den Einwohnern stolz „Königreich" genannt, liegt an einem Hügel. Wir wohnten oben, also in Oberdümpten, unsere Pfarrkirche St. Barbara lag unten, in Unterdümpten, etwas über einen Kilometer entfernt. Die alte Barbarakirche, benannt nach der Heiligen Barbara, der Patronin der Bergleute, war im Krieg zerstört worden. Unter vielen Mühen konnte die neue Barbarakirche gebaut werden. Sie wurde 1955 eingeweiht und galt damals als revolutionär, da sie bereits vieles vorwegnahm, was später durch die Liturgiereformen und ein modernes Architekturverständnis gefordert wurde. Der Stil wurde unter Architekten als „neue Sachlichkeit" definiert, was schlimmer klingt, als die Kirche letztendlich geworden ist. Im Unterschied zu vielen anderen modernen Kirchen war die Barbarakirche in der Lage, im Gottesdienst eine gute Atmosphäre zu erzeugen und stellt ein durchaus gelungenes Beispiel moderner kirchlicher Architektur dar.

Mit der Taufe in der kalten, dunklen Kapelle der Barbarakirche begann meine offizielle kirchliche Laufbahn. Wenige Jahre später folgte der katholische Kindergarten, direkt hinter der Kirche. Auf diesen wiederum die katholische Grundschule am Schildberg. Immer begleitet vom katholischen Zuhause und von der katholischen Kirchengemeinde. Wir gingen an jedem Sonntag in die Kirche. Dort ging es mir wie wohl den meisten Kindern in dieser Situation: spannend fand ich es nicht, in eine Holzbank eingepfercht zu sein. Was ich allerdings spannend fand, war das Geschehen oben im Altarraum. Und so war für mich schnell klar, dass ich nach oben in den Altarraum wollte: dahin, wo was passiert. Ich wollte Messdiener werden.

Zu dieser Zeit – Ende der 1970er Jahre – gab es in unserer Gemeinde weit über 100 Messdiener. Dummerweise konnte man erst Messdiener werden, wenn man zur Erstkommunion gegangen war. Also musste ich warten. Aber irgendwann war es dann soweit: am Heiligen Abend 1982 konnte ich endlich meine erste Messe „dienen" – im Unterschied zu meiner Schwester, denn es waren nur Jungen zugelassen.

Wochenlang hatte ich auf diesen Moment hingefiebert. Dem ersten Einsatz als Messdiener ging eine längere Ausbildungsphase voraus. Der Kaplan übte mit uns neuen Messdienern: wie steht man richtig, wie läuft man richtig, wann muss man wohin laufen, wann muss man etwas bringen oder abholen, wie kniet man zeitgleich mit anderen 20 Messdienern nieder. Das klingt vielleicht nach militärischem Drill – und den wird es in vielen Kirchengemeinden früherer Zeiten auch gegeben haben –, im Kern ging es aber weniger darum, die Bewegungsabläufe möglichst zackig zu machen, sondern erst einmal darum, sich nicht im Altarraum zu verlaufen und beim Gehen und Stehen eine würdevolle Ruhe und Gelassenheit auszustrahlen, wie es dem Charakter eines Gottesdienstes entspricht. So galt die Losung: „Wenn du schon falsch gelaufen bist, mache es würdevoll weiter, dann merkt es keiner!" Dass dieses Motto auch sonst in der Kirche gelebt wurde, konnte ich noch nicht ahnen, aber dazu später mehr.

Was macht ein Messdiener? Er „dient" bei der Messe. Das heißt, er hilft dem Priester in der Durchführung der Messfeier und anderer Gottesdienste. Von denen gab es damals in unserer großen Gemeinde eine ganze Menge: fünf Messen und eine Andacht an jedem Wochenende (die frühen Acht-Uhr-Messen am Sonntag waren natürlich nicht so beliebt bei uns Messdienern), dazu noch Taufen, Hochzeiten und andere Gottesdienste. Bei normalen Messen waren vier Messdiener dabei, bei großen Hochämtern entsprechend mehr. So wurde an den großen Festtagen wie Weihnachten und Ostern alles an Messdienern aufgeboten, was Beine hatte. Dies galt besonders für das Fronleichnamsfest, bei dem der Gottesdienst draußen stattfand und damit Messdienerscharen möglich waren, die sonst kaum in den Altarraum der Kirche gepasst hätten.

Bei den Messdienern gab es – wie könnte es in der katholischen Kirche auch anders sein – eine klare Hierarchie. Bei meiner ersten Messe am Heiligen Abend war ich „Stufenputzer", offiziell „Flambeauträger". Ein Flambeau ist ein schlanker Kerzenhalter, den man gut in der Hand halten kann und der etwa einen Meter hoch ist. In meiner ersten Messe war ich nicht viel höher. Bei besonders festlichen Anlässen wurden 10 bis 20 Flambeauträger eingesetzt, um bestimmte Momente im Gottesdienst mit mehr Glanz und Würde zu versehen: wenn es

14

wichtig wurde, kamen die Flambeaus. Das bedeutete konkret, dass die Flambeauträger im Laufe des Gottesdienstes mehrere Male in Prozession in den Altarraum hinein- und wieder hinauszogen. Ein großer Vorteil dabei: während der Predigt – gewöhnlich der langweiligste Teil der Messe – konnte man in der Sakristei oder draußen herumtoben und ein bisschen Spaß haben. Sei es mit Fangenspielen oder Zigaretten, je nach Alter.

Die Flambeauträger wurden nur bei besonders festlichen Anlässen eingesetzt. In der Hackordnung der Messdiener waren sie unten angesiedelt, sie waren eben die „Stufenputzer", mehr oder weniger schmückendes Beiwerk. Im Mittelfeld dieser inoffiziellen Hierarchie standen die Dienste, die es in jedem Gottesdienst gab, die aber mehr Verantwortung und Eigenständigkeit erforderten als nur Flambeaus von rechts nach links zu tragen und auf Kommando zu knien: Altardienst und Kerzendienst. Diese versahen die „normalen" liturgischen Dienste: Begleitung des großen Evangelienbuches, Bringen der Gaben zum Altar usw.

Oben in der Hierarchie der Messdiener standen „Kreuz" und „Weihrauch". Der Messdiener, der „Kreuz" hatte, ging bei Ein- und Auszug in die Kirche mit einem großen Tragekreuz vorneweg und führte die Prozession an. Er gab die Kommandos für die Flambeauträger und war – natürlich unterhalb des Priesters – der Chef im Ring. Mir persönlich gefiel allerdings in späteren Messdienerjahren – als ich längst Leiter war und mir den Dienst aussuchen konnte – der Weihrauchdienst deutlich besser. Zum einen war das Tragekreuz doch recht schwer für einen damals noch schmächtigen Kerl wie mich, zum anderen machte es als Weihrauchträger einfach Spaß, den Altarraum und die ganze Kirche mit einem heiligen Nebel zu erfüllen. Je dichter, desto besser. Hierbei hagelte es oft Beschwerden von Gottesdienstbesuchern, die in diesem Rauch weniger an fromme Hingabe denken konnten als vielmehr daran, die nächste Hustenattacke würdevoll zu vermeiden. Entsprechend war der Weihrauchdienst immer ein Drahtseilakt zwischen dem eigenen Verlangen, den Kirchenraum komplett zu vernebeln, und der Einschätzung, wieviel der Geistliche zu tolerieren bereit war – nicht an Rauch, sondern an späteren Beschwerden. Im Laufe meiner langen Messdienerkarriere kann ich mir zu Gute halten, dort durchaus Grenzen verschoben zu haben.

Wochenlang hatte ich meinem ersten Einsatz als Messdiener entgegengefiebert. Am Heiligen Abend war es schließlich soweit. Ich war der Kleinste von vielleicht 40 Messdienern, die in dieser Messe Dienst hatten. Meine Aufgabe an diesem Abend war relativ simpel: das machen, was die anderen machen: in einer langen Reihe von Messdienern mitgehen, mitstehen und mitknien. Und dabei möglichst würdevoll aussehen. Trotz dieser eigentlich simplen Aufgabenstellung war es für mich als Achtjähriger natürlich aufregend, oben im Altarraum in einer großen, prallgefüllten Kirche zu stehen. Meine Eltern berichteten mir später, dass ich zwar körperlich ruhig gestanden hätte, aber meine Augen in Daueraktion gewesen wären und neugierig immer zwischen rechts und links hin und her gezuckt hätten. Ich saugte alles auf, was in dieser neuen Umgebung passierte. Ich wollte alles beobachten, war mir aber zugleich absolut sicher, dass jedes dieser vielen hundert Augenpaare während des ganzen Gottesdienstes nur mich beobachten würde. Was wohl auch so gewesen wäre, wenn ich den Kerzenleuchter hätte fallen lassen.

Nüchtern betrachtet ist die Tätigkeit eines Messdieners völlig sinnlos. Warum Kerzen von rechts nach links tragen? Warum Gefäße auf den Altar stellen, die man dort auch vorher hätte hinstellen können? Warum mit einem dicken Buch im Kreis um den Altar laufen? Warum dem Priester am Altar die Hände waschen? Sollte er das nicht vor dem Gottesdienst tun? Es geht um Symbolik. Und was das ist und wie sie funktioniert, das lernt man als Messdiener unbewusst im Laufe der Jahre.

Symbolisches Handeln bedeutet, etwas zu tun, was nicht in normalem Sinne „real" ist, aber die Realität in einer neuen, vielleicht höheren Weise interpretiert, ihr eine neue Deutung verleiht. Die Messdiener treten zum Priester, übergießen seine Hände mit Wasser. Die Szene ist in dem Sinne nicht real, weil sie eigentlich deplatziert ist. In der Sakristei ist ein Waschbecken. Und hoffentlich wäscht sich der Priester auch außerhalb des Gottesdienstes seine Hände. Trotzdem erklärt diese Handwaschung etwas: sie macht deutlich, dass ab jetzt etwas Neues passiert, etwas, das mit dem Alltag (und seinem Schmutz) nichts zu tun hat, sondern über ihn erhoben ist und für das man sich reinigen und vorbereiten muss. Das Waschen ist nicht real, weil es nicht um die Reinigung der Hände an sich geht, sondern darum, das, was da jetzt passiert, einer bestimmten Uminterpretation zu unterziehen. So funktioniert Symbolik.

Nehmen wir als Beispiel einen der bedeutendsten symbolischen Akte des 20. Jahrhunderts, den Kniefall von Willy Brandt im Warschauer Ghetto 1970. Auch dieser Kniefall war eigentlich nicht real, nicht der Realität angemessen: warum soll man auf regennassen Steinplatten knien? Willy Brandt machte in diesem Augenblick etwas sehr Wichtiges deutlich: eine Demut und eine Scham angesichts dessen, was an diesem Ort passiert war und woran dieser Ort erinnert. Er gab diesem Augenblick eine neue, größere Bedeutung, die weit über das hinausreicht, was faktisch geboten wird: sich schmerzhaft auf Steine fallen lassen.

So funktioniert Symbolik, und ein katholischer Gottesdienst – viel mehr als ein evangelischer – ist Symbolik pur. Diese Symbolik greift allerdings nur dann, wenn derjenige, der sie ausführt, auch an das glaubt, was er da tut bzw. – um genau zu sein – an das, worauf er mit seinem symbolischen Tun hinweisen will. Der Priester am Altar macht in zahlreichen symbolischen Handlungen deutlich, dass es nun nicht um die normale Welt, nicht um ihn selbst, sondern um etwas irgendwie Höheres geht. In dem Augenblick, in dem er dies nicht tut, weil er selbst entweder nicht an dieses Höhere glaubt oder zu müde ist oder sich selbst mit diesem Höheren verwechselt, verschwindet das Symbolische, und es bleibt nur die lächerliche Realität: ein Kostümtanz, eine Karikatur.

Als Messdiener wird man groß mit diesem symbolischen Handeln. Man gewinnt ein Gespür dafür, was symbolisches Handeln ist, wie es funktioniert, wie man es setzen kann. Ganz einfach, weil man es jeden Sonntag durchführt. Dazu gehört es auch, eine Rolle zu übernehmen. Indem man sich im Altarraum bewegt, ist man nicht der Michael Rasche oder der Peter Müller, der gerade noch draußen über die Straße rannte, sondern man erfüllt eine Rolle, man geht in einer Funktion auf, die man im Altarraum besitzt. Man lernt im Laufe der Jahre, eine Rolle anzunehmen und zu erfüllen, man lernt, sich öffentlich zu verhalten: sich vor den Augen einer großen Menschenmenge zu bewegen, zu sprechen, etwas zu tun. Solche Fähigkeiten können später nützlich sein. Es ist kein Zufall, dass viele Leute aus dem Showbusiness eine Vergangenheit als Messdiener haben: Thomas Gottschalk, Frank Elstner, Harald Schmidt, Hape Kerkeling, Christoph Maria Herbst, Stefan Raab, Alfred Biolek und viele andere haben im Altarraum wichtige Grundlagen ihrer späteren Laufbahn gelegt. Für sie gilt das gleiche wie für einen Priester: die Gefahr ist groß, zu sehr in seiner Rolle aufzugehen, die Rolle mit der Realität zu verwechseln und als Karikatur abzustürzen.

17

Passiert ist es vielen. Sowohl im Showbusiness als auch in der Kirche. Vielleicht sogar der Kirche als Ganzer.

Ich wurde Messdiener und ging darin auf. Nicht nur, dass ich an jedem Sonntag in der Messe diente. Wenn sonst Not am Mann bzw. Messdiener war, stand ich bereit: bei Hochzeiten, Taufen usw. In den Ferien diente ich selbst an normalen Wochentagen in den Gottesdiensten. Besonders bei Beerdigungen freute sich der Küster über Unterstützung. Das bedeutete, dass ein normaler Vormittag in den Ferien so aussah: nach dem Frühstück den Berg runter zur Kirche; am Eingang der Sakristei entweder den Zigarre rauchenden Organisten grüßen oder – wenn ich etwas später ankam – den in einem Mauerloch steckenden Zigarrenstummel; dann in die Sakristei hinein, den meist mürrischen Küster begrüßen, in den Messdienerraum, Gewänder anziehen, auf den Priester warten und los ging es, mindestens zum Gottesdienst, vielleicht noch zum Friedhof. So sahen für viele Jahre die Morgenstunden meiner Schulferien aus.

Die zentrale Rolle in unserer Kirchengemeinde spielten natürlich die Priester, an erster Stelle der Pfarrer, oder – wie man in unserer Region sagte – der „Pastor". Pastor Julius Buschmann wurde 1924 in Münster geboren, einer katholischen Hochburg. Im Krieg wurde er in Russland schwer verwundet und entschloss sich, wenn er überlebt, Priester zu werden. Er überlebte. Unmittelbar nach dem Krieg studierte er, wurde Priester und kam schließlich 1967, einige Jahre vor meiner Geburt, in unsere Gemeinde, St. Barbara in Mülheim.

Pastor Buschmann war ein tieffrommer Mann. Seine Frömmigkeit war bereits etwas aus der Zeit gefallen, aber sie war glaubwürdig, unaufgeregt und bescheiden. Er war alles andere als ein feuriger und mitreißender Prediger und ebensowenig jemand, der einen mit seiner Ausstrahlung und seinem Charisma erschlagen konnte; er war einfach jemand, der sich und seine Existenz im Dienst Gottes sieht. Betonung liegt auf „Dienst": er begriff sein Leben als einen Dienst, den er zwar mit seiner Persönlichkeit ausstrahlte, den seine Persönlichkeit aber nie dominieren konnte oder wollte. Dies setzte ihn deutlich ab gegenüber vielen Geistlichen, die aus diesem Dienstamt eine persönliche Überhöhung machen. Pastor Buschmann trug jeden Tag die schwarze Priesterkleidung ohne dabei allerdings einen Standesunterschied markieren zu wollen. Das spürte man und das ist durchaus eine Kunst, die nicht viele Priester beherrschen. Dieser Mann sollte mit seinem tiefen Glauben einen großen Einfluss auf den Verlauf meines kirchlichen Lebens haben.

Ihm zur Seite standen jeweils zwei Kapläne, jüngere Geistliche, denen die Jugend- und Messdienerarbeit anvertraut war und die alle vier bis fünf Jahre wechselten. Meistens waren sie einigermaßen motivierte und zugängliche Leute, mit denen wir Kinder und Jugendlichen gut klarkamen. Einen bleibenden Eindruck auf mich haben jedoch nicht sie, sondern der deutlich ältere Pastor hinterlassen. Auch in meinem späteren Leben haben eher ältere Leute für mich eine gewisse Vorbildfunktion ausgeübt. Natürlich hatte ich immer gute Freunde, die gleichaltrig oder auch jünger waren. Bei den älteren Menschen, gerade auch bei Senioren, fand ich jedoch oft eine große Lebenserfahrung, die ich spannend und lehrreich fand und aus der ich oft für mich viel mitnehmen konnte.

Dazu passend gab es in meiner Jugendzeit neben dem Heimatpfarrer einen noch älteren Priester, der für mich eine große Bedeutung haben sollte: Pastor Paul Hohmann, 1910 geboren, 1935 mit ca. 120 anderen Männern in Köln zum Priester geweiht. Er kam als Pensionär nach St. Barbara und war eine gute Ergänzung zu Pastor Buschmann: war jener in seiner Frömmigkeit immer etwas weltabgewandt, so verkörperte Paul Hohmann eine lebenslustige, rheinische Weltzugewandtheit. Diese war jetzt nicht laut und aggressiv, aber in seiner sehr freundlichen und herzlichen Weise am Menschen und an der Welt interessiert. Mit ihm entstand trotz des Altersunterschieds von satten 64 Jahren ein sehr persönliches und nahes Verhältnis. Pastor Hohmanns Augenlicht wurde im Laufe der Jahre immer schlechter, was bedeutete, dass er eine Hilfe brauchte, die ihm im Gottesdienst zur Hand ging. Dies galt für die Kirche, aber auch für das Altenheim, in dem er regelmäßig Gottesdienst feierte. Hier half ich ihm als Messdiener, was im Laufe der Zeit nicht nur zu einem sehr engen und freundschaftlichen Verhältnis zu Pastor Hohmann führte, sondern auch dazu, dass ich bereits als junger Mensch intensiv mit Alter und Gebrechlichkeit konfrontiert wurde. Als Pastor Hohmann im Frühjahr 2000 starb – ich hatte bereits das Studium beendet und war auf dem Weg zur Priesterweihe – habe ich das erste Mal seit vielen Jahren geweint.

Die Gemeinde St. Barbara war mit über 10.000 Katholiken eine der größten des Ruhrgebiets. Sie war eine sehr aktive Gemeinde, mit vielen verschiedenen

Gruppierungen, die das Gemeindeleben mitgestalteten. Eine dieser Gruppierungen war die „Kolpingsfamilie", in der meine Eltern Mitglied waren. Die Kolpingsfamilie ist benannt nach Adolph Kolping, einem Priester, der sich im 19. Jahrhundert für die soziale Frage und insbesondere für die Situation von Handwerkern eingesetzt hatte. Die Kolpingsfamilien in den einzelnen Gemeinden – so auch in St. Barbara – hatten zu meiner Zeit eigentlich nicht mehr viel mit Handwerkern zu tun, sondern bemühten sich, das alltägliche Leben ihrer Mitglieder in einem guten christlichen Sinne zu gestalten. Dies galt insbesondere für die Familien mit Kindern, mit denen man Ausflüge, gemeinsame Wochenenden oder sonstige Veranstaltungen durchführte. Für uns Kinder war dies immer eine tolle Sache, ein ganzes Wochenende mit vielen anderen Familien und Kindern wegzufahren. Glaube und Gottesdienst waren an diesen Wochenenden durchaus auch präsent, sie waren dennoch keine frommen Veranstaltungen. Als Jugendlicher wurde ich dann Mitglied bei „Jung-Kolping", der Jugendgruppe der Kolpingsfamilie. Dies bedeutete wöchentliche Treffen, die nett waren und bei denen wir das taten, was Jugendliche in diesem Alter halt so taten: quatschen, Tischtennis usw.

Meine Anbindung zur Kirchengemeinde war also sehr vielseitig. Was es in der Freizeit an Aktivität mit anderen Menschen gab, spielte sich nahezu ausschließlich im Dunstkreis der Kirchengemeinde ab. Im Zentrum stand das Messdienersein. Ich gebe gerne zu, dass es heutiger Sicht ungewöhnlich klingt, wenn ein Junge von 10 oder 12 Jahren in den Ferien morgens zu Gottesdiensten geht, um als Messdiener seinen Dienst zu tun. Warum tat ich es? Natürlich spielte das Elternhaus bzw. die ganze Familie eine große Rolle. Der katholische Glaube war eine Selbstverständlichkeit und der Besuch des Gottesdienstes am Sonntag eine nie hinterfragte Regel. Das beeinflusst auch ein Kind, das in diesem Dunstkreis groß wird. Dennoch muss ich sagen, dass es von dieser Seite keinen Druck gab, in den Ferien zur Kirche zu rennen. Die Idee war sogar von mir. Die Eltern forderten es nicht. Aber stolz drauf waren sie schon. Was ja wiederum auch Auswirkungen auf einen Sohn hat. In einer Welt wie der meinen, in der sich alles irgendwie um die katholische Gemeinde drehte, war es für ein Kind oder später einen Jugendlichen, der seine Position im Leben sucht, eine faszinierende Sache, gerade in dem Brennpunkt aktiv zu sein, den das Leben anscheinend bietet: der katholischen Kirche. Dem Gottesdienst in der Kirche.

Diese Dinge entwickelten sich im Laufe der Zeit. Als Kind fand ich es spannend, was da oben im Altarraum passierte: da wollte ich mitmachen! Dann konnte ich schließlich mitmachen und tat dies in einem derartigen Eifer, das von allen Seiten Lob und Anerkennung kamen. Welcher Junge von 12 Jahren wird auf der Straße von älteren Leuten freundlich und respektvoll gegrüßt? Macht es keinen Reiz aus, fast täglichen Umgang mit Leuten zu haben, die für die meisten Menschen weit oben stehen, wie dem Pfarrer? Das Hineinwachsen und Größerwerden in der Gemeinde hatte sicherlich viel mit Anerkennung zu tun. Nicht, dass ich mich danach sehnte oder irgendwie in den Vordergrund drängte. Das ist in diesem jungen Alter nur schwer möglich in einer Erwachsenenwelt. Die Anerkennung kam natürlich auch direkt, sie kam aber vor allem indirekt und zwar dadurch, dass ich mich bereits an Dingen beteiligen konnte, die von den meisten Menschen als sehr wichtig für ihr Leben angesehen wurden.

Es ging jedoch nicht nur um Anerkennung. Es hat einfach auch Spaß gemacht. Es hat Spaß gemacht, mit anderen Kindern und Jugendlichen aktiv zu sein und etwas zu machen. Und dann auch noch etwas, das man als sinnvoll ansieht. Denn auch mir als Kind war klar, dass es sinnvoller ist, einen Gottesdienst zu besuchen oder einem halbblinden Priester im Altenheim zu helfen, als in seiner Freizeit Plastikflaschen auf einem Spielplatz in die Luft zu sprengen oder Klingelmännchen zu spielen. Was ich als sinnvoll ansah, wurde mir natürlich von den (katholischen Menschen) in meiner Umgebung vermittelt, an erster Stelle der Familie.

Auch durch die Tatsache, dass es einen zahlenmäßigen Einbruch in der Messdienerschaft gab, rückte ich dort schnell in die erste Reihe. Dieser Einbruch Anfang der 1980er Jahre hatte wesentlich mit dem nicht allzu fleißigen Kaplan zu tun. Wenn monatelang keine Pläne veröffentlicht werden, wer wann Dienst hat, dann kommt eben keiner mehr. Die Zahl ging von über 100 runter auf etwa 20, um sich dann wieder langsam auf 40-50 hochzukämpfen. Als Ergebnis dieser Entwicklung rückten ein weiterer Messdiener und ich schnell – mit vielleicht 14 oder 15 Jahren – in die Position als Leiter der Messdiener. Was bedeutete, die Dienstpläne zu erstellen, Gruppenstunden durchzuführen, neue Messdiener anzulernen, aber auch eine Mannschaft für das Pfarrfußballturnier fit zu machen. Es waren sehr vielfältige Dinge, die nicht alle in gleichem Ausmaß, aber doch überwiegend viel Spaß gemacht haben.

Die Kirchengemeinde war für mich ein Paradies. Nicht, dass alles toll war oder dort nur tolle Menschen herumliefen. Aber es war für mich als Kind und dann als Jugendlicher einfach schön, in der Kirchengemeinde zu leben und sie irgendwie mitzugestalten. Als Kind fühlte ich mich gut aufgehoben in dieser Gemeinschaft, als Jugendlicher freute ich mich über die Gestaltungsmöglichkeiten und die Anerkennung, die ich für mein Engagement bekam. Oben stand der Pfarrer, Pastor Buschmann, ihm zur Seite die Kapläne, dann die verschiedenen Gremien und Gruppierungen, deren Mitglieder mir seit frühester Kindheit vertraut waren. Generation folgte auf Generation, das Gemeindeleben lief weiter. Das hatte etwas Beruhigendes. Nun haben Paradiese es an sich, geschlossen zu sein. Schon das Paradies in der Bibel ist ja letztlich ein ummauerter Garten: schön, aber eben mit einer Mauer versehen. Die Kirchengemeinde hatte keine Mauer um sich herum, war aber trotzdem eine irgendwie geschlossene Angelegenheit. Vielleicht geht es auch nicht anders: man kann nicht gleichzeitig ein Gefühl von Sicherheit und Geborgenheit vermitteln, ohne dabei auch dafür zu sorgen, dass es ein Gefühl von Abgeschlossenheit und Grenzen gibt. Sicherheit und Geschlossenheit hängen eng zusammen.

Zu der Geborgenheit und Sicherheit, aber auch den Grenzen, die die Kirchengemeinde vermittelte, gehörte es, dass es die „drinnen" und die „draußen" gab. Drinnen war der harte Kern der aktiven Gemeindemitglieder, draußen alle anderen. Mit diesen „anderen" hatte man normalerweise nicht viel zu tun. Sie kamen vielleicht am Heiligen Abend in die Kirche und nahmen den Stammgästen die Sitzplätze weg. Ansonsten traf man noch am ehesten auf sie, wenn sie zu familiären Anlässen die Gottesdienste besuchten: Hochzeiten, Taufen, Beerdigungen. Die Geistlichen bemühten sich im Vorfeld, die Leute ein bisschen auf Sitten und Gebräuche bei einem Gottesdienstbesuch einzustimmen, aber das glückte natürlich nicht immer. Im Allgemeinen gingen die Geistlichen mit solchen Dingen aber sehr gelassen um, selbst wenn Leute kaugummikauend direkt vor dem Altar standen oder wünschten, dass bei der Beerdigung „Junge, komm' bald wieder" gespielt wird.

Diese Grenze hatte auch für mich Konsequenzen und zwar da, wo ich sie jeden Tag überschreiten musste: in der Schule. Die Schule war der Ort, an dem ich noch am ehesten mit Leuten in Kontakt kam, die nichts mit der Kirche am Hut hatten. Zwar war den meisten Mitschülern bekannt, dass ich in der Kirche aktiv war, damit hausieren zu gehen, war für mich aber keine Option. Es wurde irgendwie akzeptiert, aber Pluspunkte machte man damit nicht. Ich gewöhnte mich daran, in zwei getrennten Welten zu leben. Die eine Welt der Kirchengemeinde, die andere Welt die der Schule. Beide Welten standen sich durchaus nicht feindlich gegenüber, tickten aber völlig anders und hatten nichts miteinander zu tun.

Das Leben in der Kirchengemeinde hatte etwas Paradiesisches, aber auch dieses Paradies war nicht so unverwundbar, wie es oft schien. Es bekam Risse. Die Besucherzahlen bei den Gottesdiensten gingen langsam, aber stetig nach unten. Für mich als Kind oder Jugendlicher war das kaum spürbar, da einfach die Lebenszeit fehlte, um das beurteilen zu können. Aber die Erwachsenen erzählten eben von den früher volleren Kirchen, und wenn man dann genau hinschaute, konnte man auch selbst wahrnehmen, dass sich etwas tat. Es war aber sehr langsam und für den oberflächlichen Betrachter sehr unauffällig. Vor allem wurde es nicht als bedrohlich angesehen, sondern als irgendwie vorübergehend. Jetzt geht es runter, es wird auch wieder raufgehen. Und wenn nicht? Dann sind wir immer noch genug. In der Tat waren es ja auch genug, das Leben in dieser großen Kirchengemeinde auf hohem Niveau weiterlaufen zu lassen. Was konnte schlimmstenfalls passieren? Man hörte, dass die Priester weniger werden. Na gut, aktuell haben wir einen Pastor, zwei Kapläne, einen pensionierten Pastor und einen Diakon. Dann werden die uns wohl irgendwann einen Kaplan streichen … Mag sein, dass es im Pfarrhaus hinter den Kulissen größere Sorgen über die Zukunft gab. Aber wenn das so gewesen sein sollte, wurde das zumindest nicht sichtbar. Die Pfarrei existierte seit über 100 Jahren, die alte Kirche war im Krieg zerstört worden, die neue Kirche war in gemeinsamer Anstrengung nach dem Krieg gebaut worden: sollte man sich wirklich von leicht sinkenden Zahlen in Panik versetzen lassen?

Mein Eifer blieb nicht unbemerkt, und bereits im zarten Alter von 12 oder 13 Jahren war vielen Menschen in der Kirchengemeinde über mich klar: „Der wird Priester!" Sowas habe ich in dem Alter erst einmal nicht an mich herangelassen, weil ich mich in diesem Alter überhaupt nicht damit beschäftigen wollte, was ich irgendwann einmal beruflich machen werde. Wenn überhaupt, sah ich meine berufliche Zukunft eher bei „Irgendwas mit Geschichte". Seitdem ich lesen konnte, habe ich Geschichtsbücher verschlungen. Insbesondere die Römer und Griechen hatten es mir immer angetan, weswegen ich am Gymnasium in der Mülheimer Innenstadt auch die alten Sprachen lernte. In dieser Richtung hatte ich noch am ehesten einen Berufswunsch für die Zukunft. Aber es gilt: steter Tropfen höhlt den Stein, und wenn man ständig mit der Meinung konfrontiert wird, dass man sowieso Priester wird, beginnt man sich irgendwann ernsthaft damit zu beschäftigen. Ich war seit vielen Jahren an unterschiedlichsten Stellen in der Kirchengemeinde aktiv, es machte mir viel Spaß: also warum eigentlich nicht?

Es wird oft von der „Berufung" gesprochen, die einen zum Priestertum führt. Dies wird meistens so interpretiert, dass es sich um ein externes, von Gott ausgelöstes Geschehen handelt: Gott „ruft" einen. Vielleicht ist es das. Aber nicht direkt. Zumindest habe ich noch keinen Priester kennengelernt, der in direkter Weise die Stimme Gottes gehört hat. Es würde mich auch eher ein bisschen erschrecken. Die meisten Priester-Biographien sind der meinen sehr ähnlich: katholische Familie, aufgewachsen und sehr aktiv eingebracht in das Leben einer Kirchengemeinde, dort Blut geleckt, gute Priester kennengelernt und sich dann irgendwann entschieden, selbst Priester zu werden. So gab es auch bei mir nicht den einen großen Augenblick, in dem ich beschloss, Priester zu werden. Es war die irgendwie folgerichtige Konsequenz meines bisherigen Lebens, das sehr stark mit der Kirchengemeinde verwoben war und das ich auf diese Weise fortsetzen wollte. Die Leute sprachen sehr früh und sehr viel darüber, dass ich bestimmt Priester werden würde. Zuerst dementierte ich das. Dann dementiere ich es nicht mehr. Und irgendwann sagte ich: Ja, habe ich vor.

Bei dieser Entscheidung spielte natürlich auch Gott eine Rolle. Von frühester Kindheit an lebte ich in dem Grundvertrauen, dass oben im Himmel Gott sitzt und liebend auf uns Menschen herunterschaut. Ich hörte gerne die biblischen Geschichten, die mir als Kind eine faszinierende Welt nahebrachten. Als Jugendlicher wandelte sich dieses kindliche Grundvertrauen in Gott etwas mehr in Neugierde: wie oder was war Gott überhaupt? Da ich gehört hatte, dass Beten einen Gott näherbringt, versuchte ich es damit. Also nicht nur im Aufsagen auswendiggelernter Gebete, sondern im meditativen Gebet. Ich muss aber gestehen, dass mich diese Versuche nie besonders weit gebracht haben, weswegen ich sie schnell wieder aufgegeben habe. Die Neugier blieb, das Grundvertrauen aber auch.

24

Meine Eltern haben mich sicher nicht bedrängt, den Priesterberuf zu ergreifen, waren dann aber doch recht stolz, dass ich mich so entschieden hatte. In der Schule hielt ich mit dieser Entscheidung noch eine Weile unter der Decke. So viel Lust auf endlose Diskussionen und Rechtfertigungen hatte ich nun nicht. Als ich jedoch auch dort begann, von meinen Plänen zu berichten, waren die Reaktionen jedoch entspannter als ich vorher befürchtet hatte.

Geist wächst nicht auf trockenem Boden.
Aurelius Augustinus

Im „Kasten": das Priesterseminar

Seminarist

Das Wort „Seminar" kommt vom lateinischen *„semen"* für „Samen". Ein *„seminarium"* ist also ein Gewächshaus. Entsprechend ist das Priesterseminar der Ort, an dem die Samen gepflanzt, begossen und beschnitten werden und gut behütet wachsen, um schließlich als Priester geerntet zu werden. Ich hatte vor meinem Eintritt in das Priesterseminar keine Ahnung, was genau das sein soll. Ich wusste, dass es so etwas gibt, um die Priester auszubilden, aber was genau dort passiert, war mir völlig unbekannt. Wie wohl den meisten Menschen.

Kurz vor dem Abitur bewarb ich mich schriftlich um die Aufnahme ins Priesterseminar. Dieses forderte anschließend Gutachten meines Heimatpfarrers und meines Religionslehrers an und lud mich zu einem Gespräch ein, das vom stellvertretenden Leiter des Priesterseminars geführt werden sollte, dem Subregens. Ich machte mich auf den Weg und fuhr in das Priesterseminar des Bistums Essen nach Bochum.

Das Gespräch mit dem Subregens war nett und relativ kurz. Er empfing mich freundlich und erkundigte sich nach meiner Motivation, nach meiner bisherigen Biographie usw. Ich erzählte aus meinem bisherigen, erst 19 Jahre langen Leben und anscheinend war in Ordnung, was der Subregens von mir hörte. Als er mich fragte, welche Tätigkeit als Priester zukünftig die für mich schönste sein würde, musste ich einen Augenblick nachdenken, um dann zu antworten, dass ich Spaß daran hätte, gemeinsame Reisen in der Kirchengemeinde zu organisieren, weil ich gerne reisen würde. Der Subregens guckte etwas verdutzt, nahm es aber lächelnd hin. Ob dieses Gespräch jetzt wirklich tiefschürfend war, sei dahingestellt. Ich vermute, dass die bereits gelieferten Gutachten eine große Rolle gespielt haben. Zumindest erteilte die einige Wochen nach unserem Gespräch tagende Aufnahmekommission die Genehmigung, dass ich zum nächsten Wintersemester 1994/95 als Priesteramtskandidat des Bistums Essen aufgenommen würde.

Hier muss hinzugefügt werden, dass nicht jeder Bewerber angenommen wurde. Ich habe hinterher gehört, dass normalerweise ein Drittel bis die Hälfte der Bewerber abgelehnt würde. Und dies gewöhnlich auch zu Recht. Es ist so, dass sich viele bewerben, die vor allem einen sicheren Hafen suchen und ansonsten oft nicht wirklich lebenstauglich sind. Das Bistum Essen hat immerhin versucht, diese Leute vom Priesteramt fernzuhalten. Andere Bistümer waren und sind da deutlich weniger zögerlich, um den Priestermangel zu bekämpfen. Was die allgemeine Qualität im eigenen Klerus nicht gerade fördert.

Im September 1994 stand ich mit einer Tasche vor dem Eingang des Priesterseminars: das neue Leben begann! Natürlich war ich neugierig und auch sehr aufgeregt, weil ich nicht genau wusste, was mich da eigentlich erwarten würde. Trotzdem ging ich eigentlich mit einem relativ großen Selbstvertrauen in das Priesterseminar, weil ich ja sehr genau wusste, wohin die Reise gehen sollte: in die vertrauten Gefilde einer Kirchengemeinde, in die mir einigermaßen bekannte Arbeit als Priester. Ein paar notwendige Jahre Ausbildung, dann sollte es losgehen.

Das Priesterseminar selbst war ein durchaus ansprechendes Gebäude, Ende der 1960er Jahre erbaut. Es war ein schlankes Backsteingebäude, das sich um einen Innenhof schlängelte und sanft an einem Hügel lag, dem Kalwes. Das Seminar war etwas abgelegen, in der Nähe lag noch ein Studentenwohnheim, ansonsten gab es nur Wald und Felder. Im Sommer war es sehr schön, im Winter war es doch etwas trüb, wenn man vom Schreibtisch in den nackten und trostlosen Wald schauen musste. Unterhalb des Priesterseminars lag der Kemnader See, ein Stausee, der schön anzusehen war und den man sicherlich auch als Spaziergänger gut umlaufen konnte, was ich aber in all den Jahren nie geschafft habe. Weiter als bis zum ersten Biergarten bin ich nie gekommen.

Wie jedes Priesterseminar hörte es auf den plumpen Spitznamen „Kasten". Dieser Spitzname hat damit zu tun, dass die riesigen barocken Priesterseminare aus längst vergangenen Zeiten, die sonst in den alten Bistumsstädten stehen, riesige Kästen sind, die für viele hundert Seminaristen vorgesehen waren. Das junge, erst 1958 gegründete Bistum Essen konnte natürlich nicht auf ein solches altes Seminar zurückgreifen und baute Ende der 1960er Jahre in der Nähe der ebenfalls soeben erst erbauten Ruhr-Universität in Bochum ihr neues Studienkolleg im Stil der Zeit. Das Studienkolleg war ursprünglich für 120 Studenten geplant – eine Zahl, die nie erreicht wurde. Da auch die Zukunft keinen großen Ansturm erwarten ließ, hatte man daher damit begonnen, die alten kleinen Zimmer zu modernisieren und zu größeren Zimmern zusammenzulegen. Neben den Zimmern und Aufenthaltsräumen für die Seminaristen gab es verschiedene Arbeitsräume, Säle, Fernsehzimmer, einen Speisesaal, eine große Küche, die Räume des Sekretariats, Wohnungen für die Hausleitung, Ordensschwestern, Hausangestellte oder sonstige Gäste, eine Hausbar, eine gut ausgestattete Bibliothek usw. Es war also durchaus ein großes Haus, das durch seine Architektur dennoch nicht riesig und erschlagend wirkte.

Als Neulinge bezogen wir Zimmer, die in einem der älteren Trakte untergebracht waren. In den frisch renovierten Trakten gab es zu jedem Zimmer, das nun doppelt so groß war, ein Badezimmer und einen eigenen Telefonanschluss; in den alten Zimmern, die wir bezogen, musste man sich pro Etage – auf denen man zu siebt wohnte – eine Dusche, zwei Toiletten und ein Telefon teilen. Neben den Einzelzimmern gab es dann auf jeder Etage einen Etagenraum, in dem eine kleine Küche war und in dem man sich gemeinsam in der freien Zeit aufhielt.

In den ersten Wochen – vor dem Beginn des Semesters an der Universität – wurden wir in die Abläufe des Priesterseminars und der Universität eingeführt. Ältere Studenten zeigten uns die Universität und halfen uns bei der Einschreibung, die Hausleitung brachte uns nahe, wie das Priesterseminar funktioniert. Die Hausleitung bestand aus dem Direktor des Priesterseminars, dem Regens, und seinem Stellvertreter, dem Subregens, den ich ja bereits vorher kennengelernt hatte. Der Regens war ein Priester in den 40er Jahren, im Bistum durch zahlreiche Ämter gut vernetzt und einflussreich. Der Subregens, Anfang 30, promovierte an der Universität und nahm zusätzlich noch die Tätigkeit im Priesterseminar wahr. Diesen beiden zur Seite stand der Spiritual, ein älterer Priester in den Endsechzigern. Er bekleidete eine sehr interessante Funktion: er war nicht Teil der Hausleitung, sondern für unsere spirituelle Entwicklung zuständig. Diese war im Bereich des Privat-Persönlichen angesiedelt und damit nicht in der Zuständigkeit der Hausleitung. Das Kirchenrecht unterschied hier sehr klar zwischen dem „*forum internum*", das eben im Bereich des persönlichen

Gewissens anzusiedeln ist und den Spiritual als geistliche Begleitung betrifft, und dem *„forum externum"*, das öffentlich ist und die Hausleitung als Dienstherrn betrifft. Beide Bereiche waren strikt getrennt. So war es der Hausleitung verboten, mit dem Spiritual über Dinge zu sprechen, die das *„forum internum"* von Studenten betrafen. Eine durchaus sinnvolle Unterscheidung, die für die Seminaristen einen wichtigen Schutz darstellte.

Im Priesterseminar lebten auch einige Ordensschwestern, Franziskanerinnen aus dem Münsterland, die als gute Hausgeister unterwegs waren. Insbesondere Küche und Kapelle waren ihre Reviere, die beide nicht unwichtig für den Alltag des Priesterseminars waren. Daneben gab es noch mehrere Angestellte, die ebenfalls im Haus wohnten. Unter ihnen besaß der Hausmeister eine besondere Bedeutung. Auch so etwas lernte man in einem solchen Haus: es ist zwar wichtig, mit der Hausleitung gut klarzukommen. Im Alltag kann es aber noch wichtiger sein, mit der Küche und dem Hausmeister gut klarzukommen. Für manchen Seminaristen war dies aus einem alten klerikalen Standesdenken heraus unmöglich und sie kritisierten diese, so wörtlich, „Fraternisierung mit dem Dienstpersonal". Dafür musste ich nicht lange warten, wenn etwas im Zimmer kaputt war, und wusste auch, wie man nach der Schließung der Küche noch an Nahrhaftes kam. Nicht immer ist Standesdünkel hilfreich. Diese Äußerung mit der „Fraternisierung" hatte mich damals sehr geärgert. Dieses „Dienstpersonal" war in dem konkreten Fall ein Hausmeister, der eine Familie hatte und sich viel absparen musste, um seinem Sohn eine gute Ausbildung zu ermöglichen. Ein Mann, der im Leben stand und sich im Leben bewiesen hatte. Auf der anderen Seite stand ein Seminarist, der gerade sein Abitur und danach die Aufnahme in das Priesterseminar geschafft hatte. Und ansonsten in seinem Leben noch nicht viel bewiesen hatte. Dass sich so jemand bereits in den ersten Wochen auf einer höheren Stufe sah als jemand, der 30 Jahre älter ist und ihn als „Dienstpersonal" bezeichnete, zu dem man sich nicht herablassen durfte, schien mir unglaublich arrogant. Mit dem Einzug in das Priesterseminar begann bei einigen Seminaristen leider ein gewisser Standesdünkel, der durch nichts zu rechtfertigen war als durch ein eigentlich längst verflossenes Kirchen- und Priesterbild.

Die Tage im Priesterseminar waren gut durchstrukturiert. An den Abenden war gewöhnlich um 18:00 Uhr ein Vespergebet in der Kapelle, anschließend um

18:30 Uhr eine Messfeier. Danach wurde gemeinsam im Speisesaal gegessen. Am Montagabend folgte dann die sog. „Hausrunde", in der die kleinen und großen Alltäglichkeiten besprochen wurden. Anschließend war dann der „Barabend": ein lockerer Wochenauftakt in der hauseigenen Bar, wo gewöhnlich das getan wurde, was man auch sonst in Bars macht: man trinkt ein leckeres Bier und hat einen lustigen Abend.

Am Donnerstagabend war der sog. Spiritualsabend: der Unterkurs (die Seminaristen in der 1. Studienhälfte) und der Oberkurs (die Seminaristen in der 2. Studienhälfte) erhielten vom Spiritual einen Vortrag zu spirituellen Themen. Diese Vorträge waren nicht immer die neuesten und auch nicht immer die spannendsten. Aber vielleicht war das eigentliche Ziel dieser Vorträge ja eine eher meditative Einkehr. Im persönlichen Umgang war der Spiritual ein sehr angenehmer, gebildeter und herzlicher Mensch. Aber diese Vorträge waren nach mitunter langen Uni-Tagen durchaus eine Herausforderung.

Nach dem Spiritualsvortrag war dann in der Hauskapelle die Komplet, das traditionelle Abendgebet der Kirche. Anschließend war der „Stille Abend", der dem Gebet und der Meditation gewidmet sein sollte, gewöhnlich aber allein deshalb das Haus still machte, weil alle Seminaristen ausflogen, um irgendwo ein Bier zu trinken. Die äußere Form wurde aber eisern durchgehalten, was dazu führte, dass ein Seminarist, der sich im Hof vor dem Eingang des Priesterseminars den Fuß brach (also auswärts am Stillen Abend!), erst einmal in seine eigene Etage getragen wurde, bevor man den Notarzt informierte. Dass das Opfer später ausgerechnet Kirchenrechtler werden sollte, macht diese Geschichte noch einmal interessanter.

Etwa an jedem zweiten Wochenende war Programm im Priesterseminar. Das bedeutete, dass gewöhnlich auswärtige Referenten eingeladen wurden, mit denen am Samstag thematisch gearbeitet wurde: theologische und spirituelle Themen, aber auch Politik, Gesellschaft und Kunst standen auf dem Programm. Am Sonntag war dann nach dem Gottesdienst und dem Mittagessen Schluss. An den anderen beiden Wochenenden im Monat war bereits am Freitagnachmittag oder Samstagmittag Schluss („ganz freies" bzw. „halb freies" Wochenende).

Dieses Wochenprogramm klingt durchaus üppig. Das war es sicherlich auch, man muss aber berücksichtigen, dass andere Bistümer sehr viel ausufernder in ihren Seminaren verfahren sind. Zudem hatten wir im Bistum Essen das Glück, dass wir fast alle aus dem Ruhrgebiet und damit aus der näheren Umgebung kamen und so relativ schnell und auch mal zwischendurch nach Hause fahren konnten. In anderen Bistümern gab es oft größere Entfernungen und damit weniger Möglichkeiten, der Heimat einen Besuch abzustatten.

An den Wochentagen stand tagsüber natürlich die Universität im Vordergrund. Ein Studium der Theologie brauchte normalerweise fünf Jahre – wenn alles glatt lief. Haupthindernis in den ersten Semestern waren die alten Sprachen: Latein- und Griechischkenntnisse waren Pflicht; wer beide Sprachen von der Schule mitbrachte, bekam als Belohnung die Aufgabe, auch noch Hebräisch zu lernen. Danach war die Phantasie der Studienordnung immerhin erschöpft, was für mich sehr erfreulich war: da ich in Mülheim auf einem humanistischen Gymnasium gewesen war, hatte ich bereits alle drei Sprachen vorzuweisen und konnte im ersten Semester dann aufstehen, wenn die anderen vom Griechisch-Unterricht zurückkamen. Insgesamt gab es an der Ruhr-Universität 14 verschiedene Fächer innerhalb der Theologie: von der Kirchengeschichte zur Liturgie, vom Kirchenrecht zur Bibelwissenschaft, von der Dogmatik zur Philosophie. Natürlich hat das Hausprogramm durchaus zeitliche Ressourcen gebunden, die dann im Studium fehlten. Man hatte dennoch große Vorteile im Studium, weil man immer ältere Studenten griffbereit hatte, die einem mit Tipps und Prüfungsskripten aushelfen konnten. Ganz abgesehen von einer gut ausgestatteten Hausbibliothek, die einem viele lästige Gänge in die Uni-Bibliothek abnahm.

Parallel zum Studium und zum Hausprogramm lief die persönliche Ausbildung: Sprecherziehung, Gesangsausbildung usw. Die Semesterferien verbrachte man gewöhnlich zu Hause, in meinem Fall bei den Eltern. Es sei denn, man musste in den Ferien ein Praktikum machen. Von diesen gab es im Laufe der Ausbildung verschiedene: ein Praktikum in einem Industriebetrieb (um das „normale" Arbeitsleben kennenzulernen), das man im ersten Studienabschnitt absolvierte, sowie ein Krankenhaus-, ein Gemeinde- und ein Schulpraktikum, die später folgten.

Einmal im Jahr ging es für eine Woche ins Kloster zu den sog. „Exerzitien". Diese waren keine Gemeinschaftsveranstaltungen, sondern jeder schaute individuell, zu welchem Orden oder zu welchem Kloster es einen hinzieht, um ein paar besinnliche Tage zu erleben. Ich habe mich durchgehend für Benediktiner-

Klöster entschieden. Wenn schon Kloster, dann das Original. Wie sah das Leben in einem solchen Kloster aus? Der Tagesablauf wurde von den Gebetszeiten strukturiert. In aller Frühe ging es los mit der Vigil und der Laudes, je nach Kloster zwischen 5:00 Uhr und 5:30 Uhr. Anschließend folgte eine Stillezeit in der Kirche, dann ging es zum Frühstück. Um 9:00 Uhr die Messe, um 12:00 Uhr die Mittagshore, dann das Mittagessen; um 17:30 Uhr folgte die Vesper, anschließend das Abendessen; um 20:00 Uhr die Komplet, anschließend Nachtruhe.

Ich muss gestehen, dass ich vorher nie begreifen konnte, wie man sich für ein derartiges Leben in einem Kloster entscheiden kann. Nachdem ich selbst zumindest für diese jeweils kurzen Zeitspannen immer wieder in einem Kloster gelebt habe, muss ich sagen, dass ich irgendwann zumindest nachvollziehen konnte, wenn sich jemand dafür entscheidet. Nicht, dass ich jemals ernsthaft für mich eine solche Alternative erwogen hätte, aber ich konnte verstehen, dass jemand sich auf einen solchen Weg begab. Viele Menschen blicken verstört auf eine klösterliche Lebensform, weil sie eigentlich allem widerspricht, was sie für ein Leben als unbedingt nötig und unverzichtbar halten: hohe Individualität und persönliche Freiheit. Die Aussicht, sich freiwillig in ein Gefängnis zu begeben, ist wenig verlockend. Zudem erscheint das, was diese Menschen da hinter den Klostermauern verrichten, völlig sinnlos: wie kann man im Beten den Sinn seines Lebens erkennen? Wäre es nicht sinnvoller, diese Menschen würden in der Welt etwas „machen"? Sich einsetzen gegen die Armut zum Beispiel? Die Antwort ist abhängig davon, worin man den Sinn seines Lebens sieht. Diese Menschen im Kloster sehen diesen Sinn in einer derart radikalen Art und Weise in Gott, dass sie eine Lebensform wählen, die sehr uneingeschränkt diesem Gott und der Suche nach ihm gewidmet ist. Diese Entscheidung ist legitim, auch wenn ich selbst sie in dieser Form nicht treffen könnte. Bei meinen Aufenthalten im Kloster habe ich diesem Leben dort durchaus etwas abgewinnen können: man kommt dort wirklich zur Ruhe. Nicht zufällig waren sehr oft Führungskräfte aus der Wirtschaft oder der Politik ebenfalls zu Gast im Kloster, um genau diese Ruhe zu suchen. Ich habe mich im Kloster jedes Mal sehr wohl gefühlt, war aber nach einer Woche auch wieder froh, wenn es heimwärts ging.

Es war eine reichhaltige und vielseitige Ausbildung, die man im Priesterseminar und an der Universität erhielt. Ich habe mich mit den meisten anderen Seminaristen gut verstanden, war aber trotzdem kein großer Freund des Seminarlebens, das ich oft als zu eng und zu durchstrukturiert empfand. Ich habe mich immer wieder gefragt, welchen Sinn es macht, klosterähnlich kaserniert und an ein Leben in einer Gemeinschaft herangeführt zu werden, wenn man später als priesterlicher Einzelkämpfer in die Welt geschickt wird.

Natürlich geht es bei dieser Form der Ausbildung auch um Formung. Legitimerweise. Denn es ist ja durchaus das Recht der Kirche, eine Personengruppe, die eine derart zentrale Aufgabe in der Kirche übernehmen soll, in der Ausbildung eng zu führen und im Sinne dieser späteren Aufgabe zu formen. Vor einigen hundert Jahren war das anders. Der katholische Klerus befand sich bildungstechnisch in einem grottenschlechten Zustand: faktisch gab es keine Ausbildung. Um als Geistlicher in einem Dorf als Pfarrer aktiv zu werden, reichte es, wenn man die Riten mehr oder weniger würdig hinbekam. Dass aus der lateinischen Formel der Messfeier „*Hoc est enim corpus meum*" das Wort „Hokuspokus" entstand, mag vor allem an den miserablen Latein- und Lesekenntnissen vieler Geistlicher gelegen haben, die da irgendetwas Unverständliches und Phantasievolles vor sich hin genuschelt haben. Durch den großen Druck der Reformation und ihrer gut ausgebildeten Pfarrer musste die katholische Kirche reagieren und führte Ende des 16. Jahrhunderts die Priesterseminare als Ausbildungsstätten für den Klerus ein. Es sollte jedoch noch bis zum 19. Jahrhundert dauern, bis dieses Bildungssystem sich überall durchgesetzt hatte.

Vor diesem Hintergrund ist die Existenz eines Priesterseminars durchaus verständlich. Ob diese Art der Ausbildung heute noch zeitgemäß ist und ob ich persönlich daran Gefallen finden konnte, steht dabei auf einem anderen Blatt. Naturgemäß hatten vor allem ältere Seminaristen, die vorher schon etwas anderes studiert oder eine Berufsausbildung gemacht hatten, größere Probleme mit diesen Abläufen als die jungen Seminaristen, die frisch aus ihrem Elternhaus kamen und es eher gewöhnt waren, sich an vorgegebenen Abläufen orientieren zu müssen. Und das muss man in diesem Kontext noch einmal betonen: es geht in dieser Bildungsform nicht darum, aus den Seminaristen eigenständige und selbständige Köpfe zu machen.

Mit mir begannen sechs andere Seminaristen ihr Studium. Insgesamt lebten zu diesem Zeitpunkt etwa 20-25 Seminaristen im Priesterseminar. Die Zahl sollte im Laufe der Jahre insgesamt stark abfallen, durch immer weniger Eintritte, aber auch durch Austritte, die nicht wie früher kompensiert werden konnten. Es hieß bereits zu Beginn des Studiums, dass etwa die Hälfte der Seminaristen durchkommt und zum Priester geweiht wird. Diese Schätzung hat sich auch zu meiner Seminarzeit bestätigt. Einige wurden gebeten, das Haus zu verlassen: Hauptgründe waren hier Probleme in der Persönlichkeitsstruktur oder mangelnde Studienleistungen. Die meisten gingen jedoch aus eigenem Antrieb, weil sie nicht zölibatär, sondern in einer Beziehung leben wollten, weil sie an entscheidenden Punkten Schwierigkeiten mit der kirchlichen Lehre hatten oder weil sie einfach merkten, dass der Priesterberuf nichts für sie ist.

Ich lebte mich in den ersten Monaten ein, besuchte die Vorlesungen und Seminare an der Universität und war bemüht, mich an das Leben im Priesterseminar zu gewöhnen. Es war nicht nur eine Herausforderung, in die neuen Strukturen des Seminars hineinzufinden, sondern auch, sich an das Zusammenleben mit so vielen, doch recht unterschiedlichen Menschen zu gewöhnen. Wir waren eine bunte Schar von jungen Männern, denen bewusst war, ihr späteres Leben als Einzelkämpfer zu fristen. Wenn eine solche Schar auf engem Raum zusammenleben muss, dann ist es nur natürlich, dass sich Reibereien und Konflikte ergeben. Ganz abgesehen von individuellen Angewohnheiten, die das Zusammenleben auf einer Etage zur Hölle machen können. Damit meine ich noch nicht mal die Klassiker wie Haare in der Dusche, das zu laute Hören von Musik oder den Abwasch der Kaffeetassen im Etagenraum, sondern durchaus schwerwiegende Dinge wie das Erlernen eines neuen Musikinstruments wie einem Dudelsack oder die Bekämpfung von Erkältungskrankheiten mit dem exzessiven Verzehr mehrerer Knoblauchknollen.

Eines schönen, sonnigen Tages betrat der Regens mit bedeutungsschwerer Miene den Speisesaal und teilte der versammelten Seminaristenschar mit, dass am Vormittag drei Herren das Haus verlassen haben und nicht mehr im Priesterseminar wohnen. Weitere Angaben machte er nicht. Natürlich kam schnell heraus, worum es ging: zwei Seminaristen hatten einen dritten sexuell erpresst. Als es herauskam, wurden jene beiden gefeuert; das Opfer der Erpressung zog es ebenfalls vor, das Haus zu verlassen.

34

Ich vermute mal, dass die alten Hasen unter den Seminaristen von dieser unappetitlichen Geschichte bereits vorher genug mitgekriegt und gesehen hatten. Für mich als Neuling, der noch blind und naiv über die Seminargänge tapperte, war diese Geschichte ein Schock. Derartiges war für mich absolut unvorstellbar in einem Priesterseminar oder in einem kirchlichen Umfeld gewesen. Ich konnte überhaupt nicht begreifen, wie Männer, die sich auf den Priesterberuf vorbereiten, etwas Derartiges tun konnten. Das sind Männer, die daran glauben, dass ihr Leben von Gott getragen ist, die es zur Lebensaufgabe machen wollen, dass ihr ganzes Dasein von Gott erfüllt ist … und dann machen die sowas? Es war für mich absolut unbegreiflich und ein großer Schock, der sich nicht nur auf die beiden bezog, sondern auch auf die Kirche. Auch sie hatte ein Stück weit ihre Unschuld verloren. Bis dahin hatte ich nicht geglaubt, dass solche Menschen überhaupt jahrelang in der Kirche funktionieren könnten. Zumindest deckte es sich nicht mit meinen Erfahrungen, die ich in meiner guten, alten St.-Barbara-Gemeinde gemacht hatte. Nun wusste ich: es geht. Und ich wusste auch, dass die Kirche sehr aufmerksam sein muss mit ihren eigenen Leuten.

Theologie

Ich war in der Schule ein stinkfauler Hund. In der Grundschule im heimischen Dümpten war ich der große Überflieger, der Bestnoten abstaubte, ohne sich irgendwie anstrengen zu müssen. Ich wechselte auf das Otto-Pankok-Gymnasium in Mülheim-Mitte und stellte fest, dass die Noten zwar noch gut, aber nicht mehr berauschend waren. Ich hatte zwei Möglichkeiten: etwas fleißiger zu werden oder die Noten weiter absacken zu lassen. Ich entschied mich zielsicher für Letzteres und wurde einer der Faulsten in meiner Schulklasse. Der Grund war ganz einfach: es interessierte mich überhaupt nicht, was die mehr oder weniger bemühten Lehrer mir vermitteln wollten. Entsprechend sackten die Noten immer weiter ab. Mein Abitur mit 3,0 entsprach daher nicht gerade dem, was man sich erträumen würde, aber für das Bestehen und das gewünschte Studium reichte es.

Mit dieser in der Schule jahrelang erprobten Arbeitseinstellung blickte ich auf das anstehende Studium. Ich weiß noch, wie ich meinen alten Heimatpfarrer, Pastor Buschmann, vor dem Studium sorgenvoll fragte, ob das denn anstrengend sei und ob man viel tun müsse. Er beruhigte mich, und so konnte ich frohen Mutes starten. In dem sicheren Wissen, im Studium das zu tun, was nötig ist, und dann eben Priester zu werden.

Entgegen meiner eigenen Erwartung habe ich an der Universität jedoch die Rakete gezündet. In der Schule hatte es nur ein Fach gegeben, das mich wirklich interessiert hatte: Geschichte. Mit entsprechender Motivation setzte ich mich in die Vorlesung im Fach „Alte Kirchengeschichte" bei Prof. Wilhelm Geerlings. Wie der Name dieses Fachs bereits verrät, ging es um die Frühgeschichte der Kirche, also um die ersten Jahrhunderte, in denen die Kirche sich und ihre Lehre geformt hat.

Thema in diesem Semester waren die ersten vier Konzilien. In der Frühzeit der Kirche stand man vor folgendem Problem: man hatte die jüdische Bibel und andere, jüngere Schriften, die etwas von Leben und Lehre Jesu erzählten. Aber wie kann und wie muss man sie verstehen? Die jüdische Bibel ist als Buch im Laufe von Jahrhunderten entstanden und dementsprechend vielschichtig und widersprüchlich. Die neueren Schriften, die seit Beginn des Christentums gesammelt wurden und die das Leben von Jesus und den frühen Christen erzählen, sind ebenfalls oft sehr vage und unpräzise: Was heißt es, dass er der Sohn Gottes ist? Ist er jetzt auch Gott oder ist er Mensch? Wie kann ein Gott am Kreuz sterben? Oder ist er da gar nicht gestorben? Was heißt dann Auferstehung? Was soll eigentlich der Heilige Geist sein, von dem immer wieder die Rede ist? Um diese Fragen rangen die Lehrer der alten Kirche viele hundert Jahre lang, ohne sich einigen zu können. Als das Christentum nicht mehr verfolgt wurde und im 4. Jahrhundert nach und nach zur Staatsreligion im römischen Reich wurde, konnte man endlich das tun, was vorher nicht möglich war: sich in großem Stil zusammensetzen, debattieren und Entscheidungen treffen. Im 4. und 5. Jahrhundert fanden dann vier allgemeine Konzilien statt, in denen all diese Fragen geklärt wurden: Nikaia 325, Konstantinopel 381, Ephesus 431 und Chalkedon 451. Auf diesen Konzilien wurde nach und nach beschlossen, was noch heute von den verschiedenen christlichen Kirchen, ob katholisch, evangelisch oder orthodox, als Grundlage der kirchlichen Lehre gilt und im Glaubensbekenntnis formuliert ist.

Wesentlich ging es bei diesen Konzilien um zwei Problemkreise: ob und wie gehören Vater, Sohn und Heiliger Geist zusammen? Und: ob und wie sind

Gottheit und Menschheit in Christus zusammen zu denken? Die hart erkämpfte Antwort der Konzilien: Vater, Sohn und Heiliger Geist bilden in der Dreifaltigkeit eine Dreiheit der Personen in der Einheit eines Wesens. Jesus Christus ist gleichzeitig Gott und Mensch; in seiner Person sind die beiden Naturen, so das Konzil von Chalkedon, „unvermischt und unveränderlich, ungetrennt und ungesondert" vereint.

Ich hörte diese Aussagen in der Vorlesung und verstand kein Wort. Das ließ mir aber keine Ruhe. Denn schließlich war das ja die Grundlage! Ich wollte ja wissen, was Gott ist, ich wollte verstehen, was die Kirche da Grundlegendes über Gott definiert hat. Also versuchte ich diese Aussagen der Konzilien zu verstehen – als theologische, studentische Aufgabe, aber auch als spirituelle Aufgabe. Schließlich ging es um meinen Gott und von dem wollte ich ja etwas wissen.

Damit begann mein langer Weg durch die Geistesgeschichte. Die Aussagen dieser Konzilien beriefen sich zwar auf biblische Stellen. Sie waren aber nicht selbst biblisch, sondern weiterführende und erklärende Interpretationen der Bibel, die eben nicht wie gewünscht eindeutig und verständlich ist. Dieser Prozess, aus der Bibel die Wahrheit über Gott herauszulesen und festzulegen, vollzog sich mit den Mitteln, mit denen damals eine wissenschaftliche Diskussion geführt wurde: mit den Mitteln der damaligen zeitgenössischen Philosophie. Hier waren die theoretischen Werkzeuge an der Hand, darüber nachzudenken, was eigentlich das Wesen oder die Natur einer Sache ist, was eine Person ist, wo die Unterschiede und Gemeinsamkeiten zwischen der göttlichen und menschlichen Natur sind.

Philosophie ist im Wesentlichen das Arbeiten mit Begriffen. Durch die Begriffe kann man die Wirklichkeit erkennen und erklären. Dies haben die Väter der Konzilien im 4. und 5. Jahrhundert mit den Begriffen der damaligen Philosophie getan. Ich schaute mir zuerst die verschiedenen bedeutenden Theologen jener Zeit an, stellte aber schnell fest, dass ich diese genauso wenig verstehen konnte wie die Konzilstexte. Ich musste die philosophischen Begriffe verstehen, die diese Theologen benutzt haben, um Gott zu erklären. Die dominierende Philosophie jener Zeit war die Platons, der immerhin satte sieben Jahrhunderte vorher gelebt hatte, aber dessen Lehre in der späteren Antike als „Neu-Platonismus" ein großes Comeback erfahren hatte und bei den christli-

chen Theologen sehr präsent war. Ich stürzte mich also auf Platon und die griechische Philosophie, um die Fundamente der christlichen Lehre über Gott endlich verstehen zu können.

Es war ein langer, zäher und mühsamer Weg. Leider hat Platon nicht auf
drei Seiten kurz zusammengestellt, was christliche Verehrer dann sieben Jahrhunderte später für die Erklärung Gottes nutzen würden. Man musste sich langsam hineinlesen, und auch Platon selbst war ja nicht vom Himmel gefallen, sondern hatte wiederum Vorgänger, auf die er sich bezog. Und die man wiederum
braucht, um Platon zu verstehen. Das Ganze wurde also zu einer uferlosen,
aber überaus spannenden Geschichte, die mich sehr packte und in die ich fast
jede freie Minute investierte.

Platon stellte einen wichtigen Schwerpunkt in dieser Findungsphase dar. Er
lebte um 400 v. Chr. und war der erste, historisch wahrnehmbare Philosoph,
der ein sehr umfangreiches und breit gefächertes Werk hinterlassen hat. Alle
Grundlagen und alle Gebiete der Philosophie sind irgendwie auf Platon zurückzuführen, was immerhin noch einen Mathematiker und Philosophen des 20.
Jahrhunderts wie Alfred N. Whitehead zu der Aussage verführte, dass die gesamte Philosophie eigentlich nur aus Fußnoten zu Platon bestehen würde. Vielleicht hat er da etwas übertrieben, aber so ein Kompliment muss man sich erst
einmal verdienen.

Neben Platon las ich in den ersten Semestern meines Studiums verschiedene
andere griechische Philosophen, Aristoteles an erster Stelle, aber auch Parmenides, Heraklit und andere. Bei diesen interessierte mich, wie eigentlich die Idee
der Vernunft entstanden war: was war das eigentlich, als die Philosophen begannen, die Welt rational zu erklären und nach Begründungen und Argumenten
zu suchen? Was waren die Ergebnisse dieser Bemühungen und wie haben die
Christen in den ersten Jahrhunderten diese Ergebnisse auf den christlichen Gott
angewandt? Was entstand da für ein Gottesbild, das ja das in der Kirche bis
heute gültige ist und auf dem die heutige kirchliche Lehre noch immer steht?

Die Theologen der ersten Jahrhunderte haben die kirchliche Lehre auf der
Basis der griechischen und römischen Philosophie gebaut. Seitdem wird diese
Lehre gepflegt und renoviert, aber gebaut wurde sie in jener Zeit von jenen
Leuten: den darum so genannten „Kirchenvätern". Diese las ich in den nächs-
ten Jahren reihenweise. Lateinische wie griechische Autoren. Dabei muss ich

sagen, dass mir die griechischen Autoren besser gefallen haben: sie sind einfach spekulationsfreudiger, phantasievoller und anregender als ihre lateinischen Kollegen, die oft den Charme spröder Juristen hatten (oder teilweise sogar Juristen waren). Leute wie Klemens von Alexandrien, Origenes, Johannes Chrysostomos oder Gregor von Nyssa wurden meine Begleiter. Diese Männer besaßen eine sehr schöne Sprache und waren unglaublich kreativ und ideenreich. Sie waren sehr fest auf dem Boden der griechischen Philosophie, der damals gültigen Sicht auf die Welt, und begannen auf diesem Boden die christliche Lehre zu errichten. Vieles, was an Ideen auf diesem Boden wuchs, wurde dann zwar nicht übernommen oder sogar als Ketzerei verurteilt, aber es waren dennoch wunderbare Ideen, das Christentum bzw. Gott als den größten Inhalt des Christentums weiter und tiefer zu denken. So hatte etwa Origenes, einer der bedeutendsten Autoren jener frühen Zeit, aus dem damaligem Platonismus heraus die Lehre entwickelt, dass die Welt, wenn sie sich als Schöpfung aus Gott heraus entwickelt hat, sie dann auch nach ihrem Ende wieder in ihren göttlichen Ursprung zurückfallen würde. Eigentlich ist es ein sehr schöner Gedanke, dass die Welt an ihrem Ende wieder zu Gott zurückkehrt und wieder heimfindet. Dass die Welt also in Gott zu sich selbst findet. Das widersprach allerdings der Lehre des Endgerichts und der Ewigkeit von Verdammnis und Hölle und wurde daher von der Kirche verurteilt. Schade.

Die christliche Lehre, so wurde es mir immer deutlicher, ist nicht direkt vom Himmel oder aus der Bibel gefallen, sie ist das Ergebnis einer jahrhundertelangen Diskussion, eines langen Austauschs von Ideen, von mehr oder weniger gelungenen Versuchen, das göttliche Geheimnis irgendwie zu durchdringen. Dies geschah mit den Mitteln der Vernunft, der Rationalität, der Argumente – aber natürlich auch mit politischen Spielchen und Intrigen. Das Spannende am Christentum ist jedoch, dass es immerhin als einzige Religion versucht hat, den eigenen Glauben rational und wissenschaftlich zu durchdringen und eine Theo-„Logie" zu schaffen. Vielleicht liegt es daran, dass das Christentum nicht nur ein, sondern vier Evangelien hat. Vier verschiedene Erzählungen über das Leben Jesu, mit verschiedenen Akzenten und Betonungen, mit Widersprüchen und Gegensätzen. Eine einheitliche Schrift mag dazu verführen, dass man eine eindeutige Meinung hat. Vier verschiedene Schriften über ein Thema zwingen zum Interpretieren, zum Diskutieren und Nachdenken. Die Tatsache, dass es nicht nur ein, sondern vier Evangelien gibt, ist eigentlich ein guter Schutz gegen

Fundamentalismus und ein Garant für eine freie Auseinandersetzung. Eigentlich.

Die Kirchenväter beschrieben ihren Glauben und ihren Gott mit den Mitteln der Vernunft. Ich wechselte immer wieder zwischen den Kirchenvätern und den griechischen Philosophen hin und her. Diese Zeit des Hineinlesens war für mich auch ein Abschied von Sicherheiten und Selbstverständlichkeiten. Bis dahin hatte ich mir über diese komplizierten und verwickelten Dinge eigentlich wenig Gedanken gemacht. Beziehungsweise gar keine. Ich war in der Kirchengemeinde aktiv gewesen, ich war zu den Gottesdiensten gegangen, ich habe mir mehr oder weniger aufmerksam angehört, was dort über Gott erzählt wurde. Diese Dinge wurden von den Priestern eigentlich immer als relativ unumstritten dargestellt. So muss man eben diese Bibelstelle verstehen. Das will Gott von einem. Dabei hilft dir die Kirche. Das war alles ein sehr gefestigtes System, das jetzt aber recht schnell ins Schwimmen geriet, als deutlich wurde, dass all das, was da verkündet wurde, nicht so eindeutig ist, wie behauptet, sondern das Resultat eines jahrhundertelangen Ringens. Klar, als historisch interessierter Mensch wusste ich auch vorher, dass die Kirche sich im Laufe der Zeit verändert hatte. Früher waren die Gottesdienste lateinisch, heute nicht mehr. Früher brannten Hexen, heute nicht mehr. Die Kirche hatte sich im Laufe der Zeit immer wieder verändert, das wusste ich auch vorher. Aber dass diese Veränderungen nicht nur irgendwie äußere Dinge betrafen, sondern den Kern der ganzen Sache, den innersten Kern der kirchlichen Lehre, das war mir völlig neu. Diesen Entstehungsprozess wollte ich verstehen und es war wirklich faszinierend, ihn nachzuvollziehen. Dabei löste sich mein Interesse immer mehr vom sturen Nachvollziehen des Weges, der zu den Entscheidungen jener berühmten vier Konzilien geführt hatte.

Hier sollte mich insbesondere ein Mann packen, inhaltlich wie sprachlich, der mich seitdem nie mehr ganz aus seinen Fängen gelassen hat: Augustinus. Auch wenn ich mich sonst eher zu den Griechen als zu den Lateinern hingezogen fühlte: das geistige Niveau, das Augustinus verkörperte, und die Sprache, in der er schrieb: das war und ist eine eigene Liga. Augustinus lebte um das Jahr 400 in Nordafrika und sein umfangreiches Werk ist bis heute in der Kirche wirksam – im Guten wie im Schlechten. Nietzsche schrieb im 19. Jahrhundert, dass man beim Lesen von Augustinus „dem Christentum in den Bauch" schauen würde.

Er hat nicht übertrieben. Wie das Christentum in seinem Innersten tickt, das kann man mit Augustinus lernen. Er hat die westliche, lateinische Kirche in einem ungeheuren Ausmaß beeinflusst und wurde so gleichzeitig zum Segen und zum Fluch für sie: zum Segen in dem, was er über Gott lehrte und schrieb, aber auch zum Fluch in dem, was er über die menschliche Sexualität und die menschlichen Triebe lehrte und schrieb.

Augustinus hat eine überaus interessante Biographie: obwohl Sohn einer Christin, hat er sich als junger Mann vom Christentum entfernt und in den nächsten Jahren eigentlich alles ausprobiert, was an Religionen und Weltanschauungen greifbar war – um in einem langen und kräftezehrenden Ringen letztlich doch zum Christentum zurückzufinden. Diesen wechselvollen Weg hat er in seinen „Bekenntnissen“ beschrieben. Ich weiß nicht mehr, wie ich auf dieses Buch gestoßen bin; vermutlich hatte Prof. Geerlings es in seiner Vorlesung empfohlen, der ein großer Augustinus-Liebhaber und –Experte war.

Die „Bekenntnisse“ gelten als erstes autobiographisches Werk der Geschichte. Bis dahin gab es natürlich Bücher, in denen die Autoren aus ihrem Leben erzählten und sich und ihre Taten verherrlichten. Strenggenommen folgte Augustinus diesem Schema, aber die Verherrlichung bezog er nicht auf sich, sondern auf Gott. Diesem Gott gegenüber beschrieb er sich selbst, und das in einer sehr schonungslosen Art und Weise. Er erschuf damit indirekt eine erste ehrliche und realistische Biographie, weil es ihm nicht um seine Verherrlichung ging, sondern um die Gottes. Wir können in diesem antiken Buch das erste Mal in das innere Ringen eines Menschen eintauchen, in seine psychischen Abgründe, in seine Verzweiflung, in seine Triebhaftigkeit, in sein Kämpfen, in seine Freude, in seinen Glauben. Dieses Buch hatte mich sofort in seinen Bann gezogen, zum einen, weil es einfach faszinierend war, solche intimen Dinge von einem Menschen zu lesen, der vor 1600 Jahren gelebt hat, zum anderen, weil er einen Kampf beschrieb, der auch mein Kampf und mein Ringen war, meine große Frage, die mich nicht mehr losließ: wer oder was ist Gott?

Augustinus blickt in den „Bekenntnissen“ auf sein bisheriges Leben zurück und beschreibt dieses Leben vor dem Hintergrund dieses Kampfes. Die verschiedenen Gruppen und Schulen werden beschrieben, in denen er Gott und die Wahrheit sucht. Schließlich beginnt er sich wieder für das Christentum zu interessieren, kann sich aber noch nicht entscheiden. Als er eines Tages völlig frustriert im Garten sitzt, hört er eine Kinderstimme, die singt: „Nimm, lies!“

Er wundert sich, weil ihm kein derartiges Kinderlied bekannt ist. Er sieht auf dem Tisch eine Bibel liegen; er nimmt sie, schlägt sie auf und liest einen Vers aus dem Römerbrief des Paulus (Röm 13,13-14), der wie ein Blitz bei ihm einschlägt und ihn zum Glauben bekehrt:

„Lasst uns ehrenhaft leben wie am Tag, ohne maßloses Essen und Trinken, ohne Unzucht und Ausschweifung, ohne Streit und Eifersucht! Vielmehr zieht den Herrn Jesus Christus an und sorgt nicht so für euren Leib, dass die Begierden erwachen."

Ich bin mir nicht sicher, ob dieser Vers auch mich derart getroffen hätte wie Augustinus, doch bei ihm schlug er ein – wohlgemerkt nach einem bunten Leben, das durchaus mit den Dingen zu tun hatte, die im Vers beschrieben sind. Augustinus war kein Kind von Traurigkeit gewesen und hatte viel Zeit seines Lebens mit Zerstreuungen jeder Art zugebracht. Immerhin ist auch das Gebet „Mach mich keusch und enthaltsam, aber nicht sofort!" von ihm überliefert. Entsprechend schlugen obige Zeilen aus dem Römerbrief des Paulus bei ihm ein und eröffneten ihm auf einen Schlag die Antwort auf alle seine Fragen.

Ein langes Ringen und Suchen hatte nun endlich ein Ende, Augustinus war endlich am Ziel und erleichtert richtete er ein Gebet an seinen Gott, das ich für eines der schönsten Gebete überhaupt halte:

„Spät habe ich dich geliebt, du Schönheit,
ewig alt und ewig neu,
spät habe ich dich geliebt!
Und siehe, du warst innen
und ich war draußen,
und da suchte ich nach dir.
Du hast gerufen und geschrien und meine Taubheit zerrissen,
du hast geblitzt, geleuchtet und meine Blindheit verscheucht,
du hast mich berührt,
und ich brenne nach dem Frieden in dir."[1]

Man hat als Leser mehrere Hundert Seiten lang diesen großen und intensiven Kampf des Augustinus mitgefochten und dann liest man dieses Gebet. Augustinus blickt auf sein langes Ringen, sein Verzweifeln und Aufbäumen zurück und findet nun endlich erleichtert Ruhe in dem, was er endlich gefunden hat: die Schönheit Gottes. Ich konnte diesen Kampf gut nachempfinden, weil er auch

---

[1] Augustinus: Bekenntnisse X 27,38.

der meine war: wer oder was ist Gott und wie kann ich etwas von ihm erfahren? Ich konnte das Gefühl nachempfinden, das Augustinus in diesem Gebet ausdrückte: es ist kein plötzliches Überwältigtwerden im Sinne einer geistig-religiösen Vergewaltigung; es ist keine Euphorie, kein Explodieren der Gefühle, sondern einfach eine große Erleichterung, ein tiefer Frieden, der einen ausfüllt, wenn er die Nähe Gottes fühlt. Eine lange Sehnsucht wird endlich gestillt, und der Ort, an dem dies passiert, an dem die Nähe Gottes sichtbar wird, ist man selbst.

Hier gab Augustinus mir einen wichtigen Hinweis: suche Gott nicht irgendwo, sondern in dir. In diesem Satz steckt ein Akzent, der uns modernen Menschen unserer Zeit nicht mehr sofort sichtbar ist und schnell missverstanden werden kann. Es ging Augustinus nicht um eine subjektive Gefühlswelt. Um die ging es einem antiken Menschen nie. Für ihn wäre diese Vorstellung ein Grausen gewesen. Das griechische Wort für „eigen" oder „privat", also für jemanden, der für sich lebt, lautete bezeichnenderweise *idios*: ein Eigenbrötler ist ein Idiot. Menschliche Weiterentwicklung kommt nicht aus sich selbst heraus, sondern von außen. Deshalb bestand Bildung in der Antike im Wesentlichen in der Lektüre alter Klassiker: an ihnen sollte der Geist geschult werden und sich weiterentwickeln. Alles andere wäre ein Verharren im Naturzustand, auf dem Level eines Tieres. Idiotie. Wie soll man sich weiterentwickeln, wenn man nur bei sich bleibt? Das Sprechen von „Selbstverwirklichung" hätte den antiken Menschen abgestoßen. Ich muss gestehen, dass ich diesem antiken Bildungsverständnis immer viel abgewinnen konnte, auch wenn die moderne Pädagogik seit Rousseau andere Schwerpunkte setzt. Wenn Augustinus also davon spricht, dass man „in sich selbst einkehren" müsse, meint er damit etwas anderes als wir heute. Es ging ihm nicht darum, dass wir uns meditativ in uns selbst hineinversenken sollen. Es ging nicht um unsere Gefühlswelt. Das Wesentliche sind nicht wir, sondern ist Gott. Aber dessen Erkenntnis passiert in uns! Ein antiker Mensch konnte noch so oft seinen Homer oder seinen Vergil lesen: wenn er den nicht gut in sich verarbeitete, war er wertlos. Ähnlich war es mit Gott. Gott war etwas Äußeres, ein Gegenüber, aber das Wesentliche bestand darin, ihn in sich aufzunehmen, zu verarbeiten, in sich wirken zu lassen. Es geht Augustinus nicht darum, dass wir unsere Subjektivität steigern (Idiotie!), sondern darum, dass wir das Objektive (Gott) in uns aufnehmen und unser Subjektives ihm angleichen und damit groß machen.

43

Hier kommt noch ein weiterer Aspekt hinzu: die Vernunft. Die antiken Menschen gingen davon aus, dass letztlich alles in der Welt durch die Vernunft geordnet ist, sonst würde sie nicht funktionieren. Diese Vernunft war sozusagen das göttliche Wirken in der Welt, der „*logos*". Für den Menschen ging es nun darum, diesen Logos zu erkennen: wie die Welt funktioniert, wie die Welt geordnet ist. In dieser Erkenntnis passierte damit auch Erkenntnis Gottes. Vernunft und Gott waren identisch. Und der Ort, an dem diese Erkenntnis passierte, war der Mensch.

Diese Art der Welt- und Gotteswahrnehmung ist für uns heute fremd und nicht sofort zugänglich. Sie wurde im griechisch-römischen Kulturraum der Antike gelebt. Sie unterscheidet sich zudem sehr vom biblischen Gottesbild, weil Gott dort sehr viel personaler und persönlicher gedacht wird. Die biblische Vorstellung eines Gottes, der aktiv in das Geschehen eingreift, indem er aus eine Wolke heraus zu den Menschen spricht oder feindliche Armeen im Meer ertrinken lässt, ist diesem Denken fremd. Sie ist auch dem modernen Denken fremd, das sehr viel stärker auf die Individualität setzt. Das tut dieses antike Denken auch, aber eben über einen Umweg. Die Individualität ist der Ort der Erkenntnis, nicht ihr Ziel.

Ich hatte mich sehr intensiv mit diesem antiken Denken beschäftigt und ihm viel abgewinnen können, vor allem vermittelt durch die griechischen Philosophen. Jemand wie Augustinus bot mir die Chance, dieses Denken auf das Christentum zu übertragen. Natürlich hatte ich mich immer für historische Zusammenhänge interessiert. Da nimmt man irgendwann eh davon Abstand, dass alles Alte erstmal schlecht und alles Neue erstmal gut ist. Es handelte sich bei meiner intensiven Beschäftigung mit dem antiken Denken aber nicht um eine Nostalgie, nicht um eine romantische Verklärung der Vergangenheit. Es ging vielmehr darum, dass dieser Zeitpunkt der Vergangenheit der entscheidende war, um ein Gottesbild zu verstehen, das bis heute in der Kirche gültig ist. Und damit auch für mich gültig war. Wenn Gott ewig ist, dann sind die Erkenntnisse, die die Kirche oder die Theologen vor 2000 Jahren gewonnen haben, auch heute noch gültig. Und deshalb, so schloss ich weiter, können uns diese uralten Texte und dieses uralte Denken auch etwas über unseren Gott verraten. Natürlich war ich auch fasziniert von dem, was die antiken Philosophen und Theologen niedergeschrieben haben. Ich bin es heute noch. Was sind das für großartige Gedanken! Welche Entwicklungen haben diese Menschen damals angestoßen! Trotzdem war meine Motivation nicht nostalgisch, sondern durchaus auf die Gegenwart bezogen: die damals haben über unseren Gott heute gesprochen.

Meine Motivation war nicht nur eine wissenschaftlich-neugierige. Sie hatte auch eine spirituelle Seite, weil ich eben für mich wissen wollte, wer oder was Gott eigentlich ist und was wir Menschen überhaupt über Gott sagen können. Augustinus und andere Theologen dieser frühen Zeit haben mir bei diesen Fragen immer wieder wichtige Hinweise gegeben und so habe ich diesen Weg weiterverfolgt – auch spirituell. Ein wichtiger Autor dieser Jahre war für mich Dionysius Areopagita. Dieser Mann ist bis heute ein Rätsel. Ein „Dionysius der Areopagit“ wird an einer Stelle in der biblischen Apostelgeschichte erwähnt, als Paulus in Athen ist. Jahrhunderte später tauchten mehrere Schriften unter diesem Namen auf, die aufgrund dieser biblischen Person sofort eine riesige Autorität besaßen und jahrhundertelang eine riesige Wirkung entfalteten. Kamen diese Schriften doch von einem Schüler des Paulus, so glaubte man. Im späten Mittelalter wurden diese Schriften als Fälschungen entlarvt. Der wahre Autor ist bis heute völlig unbekannt, er lebte vermutlich im 5. oder 6. Jahrhundert und stammte wohl aus Syrien. Nichtsdestoweniger sind es bedeutende Schriften, die mir in meiner Spiritualität neue Horizonte eröffneten und in vielem das weiterführten, was Augustinus und einige andere begonnen hatten.

Worum geht es Areopagita? Die Philosophie arbeitet mit Begriffen. Die Kirchenväter mit ihrer philosophischen Erkenntnislehre arbeiteten ebenfalls mit Begriffen, um Gott zu beschreiben, stießen dabei aber an ihre Grenzen. Nun gibt es verschiedene Wege, mit diesen Grenzen umzugehen. Der eine Weg ist derjenige, sie zu leugnen und vorzugeben, Gott besser zu kennen als direkt in den Heiligen Schriften belegbar ist. Das Endergebnis dieser Haltung ist das Dogma der päpstlichen Unfehlbarkeit. Der andere Weg, den erfreulicherweise die Kirchenväter gegangen sind, ist derjenige, diese Grenzen als solche zu akzeptieren. Bei verschiedenen Kirchenvätern bildete sich eine Art der Theologie heraus, die man später „Negative Theologie“ nannte. Sie ist in vielen Punkten aus der spätantiken platonischen Philosophie abgeleitet und deren wichtigster Zeuge in der Antike ist eben jener als Dionysius Areopagita bekannt gewordene Autor. Diese negative Theologie setzt jede Aussage über Gott unter einen Vorbehalt. Ja, wir können sagen, dass Gott groß und gerecht ist. Aber was wir Menschen unter Größe und Gerechtigkeit verstehen, ist ein derart billiger und kleiner Abklatsch von dem, was in Gott groß und gerecht ist, dass wir solche Begriffe nur unter einem Vorbehalt in Bezug auf Gott gebrauchen können. Gegenüber Gott versagen unsere Ausdrucksmöglichkeiten, unsere Sprache kommt hier an ihr Ende, Begriffe werden in Gott wertlos. Sie müssen derart übersteigert werden, dass sie sich in ihr Gegenteil verkehren, wenn wir über Gott sprechen wollen. So spricht Areopagita nicht mehr von einem Licht, in dem Gott wohnt, sondern von einem „überlichthaften Dunkel": das Licht Gottes ist so überhell, dass es nicht von der Dunkelheit unterscheidbar ist. Sprache wird angesichts Gottes zur Poesie, aus Theologie wird Mystik.

Wir stehen hier am Anfang der christlichen Mystik, und diese Mystik hat nichts mit der schwärmerischen Mystik späterer Jahrhunderte zu tun. Dort wurde die Mystik zu einem rauschhaften Ereignis, zu einem geistigen Orgasmus in der Vereinigung mit Gott. Zu dieser Art Mystik habe ich nie einen Zugang gefunden. Ein bemerkenswertes Denkmal dieser Mystik befindet sich in der römischen Kirche Santa Maria della Vittoria. Dort steht eine Statue von Bernini, die eine solche rauschhafte Vereinigung der spanischen Mystikerin Teresa von Avila darstellt. Dieses Standbild verfügt über eine derart erotisch-orgastische Wucht, dass ein französischer Besucher nach der Fertigstellung der Statue augenzwinkernd bemerkte: „Wenn das die himmlische Liebe ist, kenne ich sie auch!" Diese barocke Mystik, die Bernini in dieser Statue bezeugt und die wir heute schnell vor Augen haben, wenn wir an Mystik denken, war mir zu besessen, zu rauschhaft, zu irrational. Bei der Mystik ging es für mich nicht um ein Gefühl oder ein Erleben, das konnte man mit verschiedenen Mitteln herbeiführen – unter anderem auch mit dem, was der Franzose damals beim Anblick der Statue angedeutet hatte. Bei der Mystik sollte es aber eigentlich nicht um ein Erleben, sondern um ein Erkennen gehen, das Erkennen Gottes.

Das, was mich an Areopagita und anderen Autoren in seinem Dunstkreis faszinierte, war eine Mystik, die sich nicht gegen die Vernunft richtete, sondern die Vernunft übersteigerte und nur im Zusammenspiel mit der Vernunft Sinn ergab. Gott ist nicht gegen unsere Vernunft, er ist mehr als sie. Dieser Gedanke macht die Theologie und das vernunftgemäße Suchen nach Gott nicht sinnlos, sondern zur Grundlage, um Gott finden zu können. Das begriffliche Denken wird nicht sinnlos, sondern übersteigert. Ich beschäftigte mich mit Dionysius Areopagita, aber auch mit anderen wie den ebenfalls antiken Autoren Origenes und Gregor von Nyssa, mit Meister Eckhardt und Nikolaus von Kues aus dem Mittelalter oder Johannes vom Kreuz aus dem 16. Jahrhundert. Diese Autoren waren für mich eine wichtige Brücke zwischen meiner Theologie – meinen wissenschaftlichen Versuchen, Gott näher zu kommen – und meiner persönlichen Spiritualität, meinem Glauben an Gott.

Am Anfang meines Theologie-Studiums stand der Wunsch, die Entstehung der kirchlichen Lehre und damit die kirchliche Lehre selbst zu verstehen. Im Zentrum dieser Lehre steht die Definition Gottes: er ist ein göttliches Wesen, das in drei Personen existiert. Diese Definition verschleiert mehr als sie enthüllt, und nicht zufällig ist sie seit ihrer Entstehung um 4. und 5. Jahrhundert nie Teil der normalen Volksfrömmigkeit oder der allgemeinen Spiritualität geworden. Mit anderen Worten: diese abstrakte Definition ist auch nach 1700 Jahren nicht bei den normalen Christen angekommen. Man hat immer mit ihr gefremdelt, weil sie kompliziert ist: wie soll man auch verstehen, dass Gott einer und drei zugleich ist? Die biblischen Hinweise sind rar gesät. Von Christus sind Äußerungen in den Evangelien überliefert, dass er Gott als seinen Vater und sich selbst als dessen Sohn bezeichnet. Des Weiteren heißt es, dass er den Aposteln den Heiligen Geist senden wird. Den Aposteln trägt er schließlich auf, dass sie die Menschen auf den „Namen des Vaters und des Sohnes und des Heiligen Geistes“ taufen sollen. Was bedeutet das alles? Was bedeutet es, „Sohn Gottes“ zu sein? Wenn der Sohn Gottes, also Christus, die Menschen erlöst hat, muss er selbst Gott sein. Wie geht das zusammen mit dem monotheistischen Glauben, dass Gott einer ist?

Nun steht diese Definition aber im Zentrum der kirchlichen Lehre, und das mit Recht, weil es hier um eine Definition über Gott selbst geht. Entsprechend geriet das Thema Dreifaltigkeit schnell in meinen Fokus und war während meines ganzen Studiums das beherrschende Thema. So besuchte ich beispielsweise an den Dreifaltigkeitssonntagen (dem Sonntag nach Pfingsten) mehrere Gottesdienste mit verschiedenen Predigern, um zu hören, was sie über die Dreifaltigkeit sagten. Das Ergebnis war ein absolutes Desaster: entweder sagten die Prediger gar nichts und verwiesen auf den geheimnisvollen Charakter dieser Definition, oder sie kamen mit irgendwelchen herbeikonstruierten Symbolen wie den drei brennenden Kerzen, die zusammen eine Flamme ergeben. Was haben diese Kerzen mit Gott zu tun? Inwiefern kann man Aussagen über Gott mit drei Kerzen belegen? Es war sehr dürftig, weswegen ich diese Feldforschung in den verschiedenen Kirchen relativ schnell wieder eingestellt habe. Nicht eingestellt habe ich allerdings die Lektüre von Büchern über die Dreifaltigkeit. Im Vordergrund standen hier logischerweise – immerhin haben sie ja die Definition geliefert – die antiken Autoren. Was mir dann relativ schnell auffiel: danach kam auch nicht mehr viel. Im Mittelalter gab es noch einige interessante Autoren, wie beispielsweise Richard von St. Viktor, aber das war es dann auch. Da ja die Definitionen bereits gemacht waren, hat man sich in der Neuzeit eher darauf beschränkt, die alten Texte immer wieder neu zusammenzufassen und zu gewichten. Wirklich innovative Sachen passierten eigentlich nicht mehr.

Im Zentrum meiner Bemühungen stand mal wieder der große Augustinus, der mit seinem Werk „De trinitate" das für mich größte und faszinierendste Werk über die Dreifaltigkeit geschrieben hat. Augustinus hat lange an diesem Werk gearbeitet, etwa 25 Jahre. Das heißt nicht, dass er in diesen Jahren ausschließlich an diesem Werk gearbeitet hat, aber diese lange Zeitspanne steht natürlich für ein langes Ringen und Abwägen. Im Mittelalter erzählte man sich folgende Legende über Augustinus, die zwar eine pure Erfindung ist, aber zu schön, um sie nicht zu erwähnen. Es heißt, dass Augustinus in der Zeit der Erstellung von „De trinitate" am Strand spazieren gegangen sei und über die Dreifaltigkeit gebrütet habe. Dort habe er einen kleinen Jungen gesehen, der ein Loch in den Sand gegraben hatte und damit beschäftigt war, mit einem Löffel Wasser aus dem Meer in das Loch zu gießen. Augustinus, so erzählt die Legende weiter, habe sich das Treiben des Jungen eine Weile fasziniert angesehen und ihn dann gefragt, was er denn tun würde. Der Junge habe mit ernster Miene geantwortet, er versuche, das ganze Meer in das Loch zu füllen. Augustinus habe nachsichtig gelächelt und dem Jungen gesagt, dass das wohl unmöglich sei. Der Junge habe sich dann zu Augustinus umgewandt und geantwortet, dass dies eher möglich sei, als dass Augustinus die Dreifaltigkeit verstehen könne. Danach sei der Junge verschwunden.

Es ist eine nette Legende, die in späterer Zeit auf ein Ringen blickt, das zwar großartig ist, Augustinus letztlich aber verloren hat. Es kommt aber nicht immer auf das Ergebnis an. Manchmal ist bereits der Weg zu einem neuen Ergebnis bereits größer als alle Ergebnisse zuvor. Augustinus ging – wie in der Antike üblich – davon aus, dass unser menschlicher Geist ein Abbild des göttlichen

Geistes ist. Dies war bereits für die nichtchristlichen Philosophen selbstverständlich, da menschlicher wie göttlicher Geist eben beide immateriell und geisthaft sind. Die christliche Religion verstärkte dies, indem sie betonte, dass der menschliche Geist ja vom göttlichen Geist geschaffen sei: alles ist schließlich Schöpfung Gottes und aufgrund seines immateriellen Charakters ist der menschliche Geist dem göttlichen sehr verwandt.

Dies bedeutet – und hier beginnt die besondere Arbeit des Augustinus –, dass man im menschlichen Geist forschen muss, um in Gottes Geist hineinsehen zu können. Mit „De trinitate“ entstand so eine erste Psychologie: eine Betrachtung von Prozessen der menschlichen Psyche, allerdings mit der Zielrichtung, Aussagen über innergöttliche Prozesse machen zu können. Diese Intention hatte natürlich Konsequenzen für diese Psychologie, die nichtsdestoweniger genial bleibt. Augustinus fand nun in der menschlichen Psyche bestimmte Dreiheiten, „Ternare“: psychische Mechanismen oder sonstige Gegebenheiten, die nur als Dreiheit funktionieren und die Augustinus als Hinweis auf die göttliche Dreiheit interpretierte: drei und doch eins. Gedächtnis, Einsicht und Wille. Wesen, Tugend und Handlung. Geist, Liebe und Wahrnehmung. Sie sind das, was sie sind, durch das jeweils andere. Der bekannteste Ternar, den Augustinus beschreibt, ist die Liebe: es gibt die Liebe, den Liebenden und den Geliebten. Keiner dieser drei ist alleine denkbar, sie sind zwar drei, aber bilden doch eine Einheit. Augustinus verbraucht massenweise Seiten in der Beschreibung solcher Ternare. Letztlich muss sich Augustinus eingestehen, dass er die entscheidende Brücke von den menschlichen Ternaren zur göttlichen Dreiheit nicht ganz hinkriegt, aber dieser großartige und großangelegte Versuch war für mich eine wichtige Basis meiner eigenen Versuche, die Trinität Gottes denken zu können.

In diesem Zusammenhang stieß ich auf einen Autor, der im Zusammenhang der Dreifaltigkeitslehre eigentlich nicht oft erwähnt wird, für mich aber sehr interessant war und in späteren Jahren für mich eine wichtige Stütze in meinem Denken und Graben werden sollte: Jacques Derrida. Er wurde 1930 in Algerien geboren, lebte später in Paris und war einer der großen französischen Philosophen des 20. Jahrhunderts (er starb 2004). Derrida hatte als Jude nur wenige Bezüge zum Christentum und hat sich deshalb inhaltlich nicht mit der christlichen Dreifaltigkeit auseinandergesetzt. Dass er viele Anknüpfungen zu den von mir geschätzten Augustinus und Areopagita bot und beide sehr gut kannte, war mir zu diesem Zeitpunkt auch nicht klar. Derridas Grundgedanke ist die Differenz. Sie ist grundlegend für unser Denken und für unsere Sprache: Sprache, und mit ihr Bedeutung und Sinn befinden sich immer in einem Zustand der Differenz, der gegenseitigen Unterschiedenheit, in einer ständigen Bewegung eines immer neuen Abgrenzens und Distanzierens. Die Differenz, so Derrida, geht allem voraus: was wir erkennen und was wir aussprechen, verdankt sich diesem Spiel der Differenzen. Dieser Gedanke war für mich vor dem Hintergrund der Dreifaltigkeitslehre natürlich faszinierend, denn diese versucht ja, in Gott ein Geschehen der Differenz zu beschreiben: eine Bewegung, die allem Sein und aller Identität vorausgeht, ein Etwas, das sich dem Spiel der Differenzen verdankt: ein ständiges sich-gegenseitig-Abgrenzen, das trotzdem ein Zusammen bleibt. Ich hatte mich bis zu diesem Zeitpunkt nur wenig mit der modernen Philosophie beschäftigt, aber hier sah ich eine große Möglichkeit, die alte Lehre der Dreifaltigkeit einer modernen Begründung zu unterziehen. Denn mir war immer mehr klar geworden, dass für diese Begründung keine Argumente ausreichen, die 1700 Jahre alt sind und seither nicht mehr tiefgehend aktualisiert wurden.

Diese ersten beiden Jahre meines Studiums waren eine geistig sehr intensive Zeit. Neben dem alltäglichen Kennenlernen des Lebens im Priesterseminar entdeckte ich die Welt der Theologie und der Philosophie. Das Grundstudium der Theologie umfasste zwei Jahre. Diese zwei Jahre habe ich sehr intensiv genutzt und viel gelesen, im Semester, aber auch in den Semesterferien. Meine Eltern waren sicherlich nicht reich, aber wohlhabend und großzügig genug, dass ich in den Semesterferien kein Geld verdienen musste, um das Studium finanzieren zu können. Dadurch ergaben sich in den Semesterferien derart große Zeiträume, wie ich sie seitdem nie mehr in meinem Leben genießen konnte. Ich nutzte sie vor allem, um zu lesen. Vielleicht haben meine Eltern auch wegen dieses Eifers davon Abstand genommen, mich in den Ferien arbeiten zu lassen, ich weiß es nicht. Zumindest war es mir deshalb möglich, die großen Werke der großen Theologen und Philosophen der Geschichte im Laufe der Jahre in den Semesterferien lesen zu können. Ein Schatz, von dem ich heute noch zehre.

Es gab eigentlich keinen, der mich dabei an die Hand nahm und mir inhaltliche Impulse gab. Es waren vor allem die Bücher, die mich zu anderen Büchern führten. In der Dreifaltigkeitslehre hatte ich einen inhaltlichen Schwerpunkt gefunden, der mich noch viele Jahre begleiten würde. Diese Lehre klingt aus heutiger Sicht nicht nur arg „spekulativ", sie ist es auch und zwar im vollsten Sinn des Wortes, wie ihn Platon und vor allem Augustinus geprägt haben. Das „*speculum*" ist der Spiegel, und dieser Spiegel, so Augustinus in der Interpretation eines Paulus-Zitates („Wir sehen jetzt durch einen Spiegel in rätselhafter Form", 1 Kor 13,12), dieser Spiegel sind wir Menschen, ist unser Geist. In ihm spiegelt sich – wenn auch dunkel – das, was wir erkennen wollen: Gott. In der „Spekulation" blickt der Mensch durch diesen Spiegel, und er muss auch in einen Spiegel blicken, um sich zu erkennen. Diese „spekulative" Theologie kann Großartiges hervorbringen und hat das auch getan durch Leute wie Augustinus und andere. Diese Großartigkeit hat mich viele Jahre in den Bann gezogen. Aber diese spekulative Theologie (oder auch Philosophie) hat einen großen Nachteil: sie kann ohne irgendeinen Bezug zur realen Welt (auch zur realen Kirche!) durchgeführt werden. Zwar gilt auch, dass die ganz großen Fragen (Was ist der Mensch? …) nicht lösbar sind, wenn man sie nur auf die Welt bezieht, aber die Gefahr, sich in immer höhere Sphären zu spekulieren und geistig nur noch in den Wolken zu leben, ist durchaus gegeben.

Mein Eifer fiel auch an der Universität auf und hier logischerweise zuerst dem Professor, der für die Geschichte der Alten Kirche und speziell für Augustinus zuständig war: Wilhelm Geerlings. Er war ein Kind des Ruhrgebiets und war von einer sehr rauen und deftigen Herzlichkeit. Wüste Beschimpfungen in seinen Seminaren und Vorlesungen („Arschloch!", „Gottlose Ratte!") waren völlig normal und eine Auszeichnung. Sie waren oft ein Test, ob die beschimpfte Person Rückgrat hat oder nicht. Seine Sprüche und Beschimpfungen waren natürlich legendär. Sie wurden von Studenten gesammelt und in jedem Semester in kleinen Heften veröffentlicht. Sein beliebtestes Opfer war der damalige Professor für Dogmatik, der zugegebenerweise nicht zu den Fleißigsten der Zunft gehörte und von Geerlings immer nur mit „Das Arschloch" benannt wurde: „Arschloch" ohne beigefügtem Namen war immer jener Dogmatiker. Geerlings hielt seine Vorlesungen immer ohne schriftliches Konzept und frei ab und lief wie ein Tiger im Käfig vorne auf seiner Bühne auf und ab, schnell sprechend und mit hochrotem Kopf. Ich brauche nicht erwähnen, dass er Probleme mit dem Blutdruck hatte. So hatte er alleine während meiner Studenzeit drei Herzinfarkte, bei denen er sich bei zweien noch selbst ins Krankenhaus fuhr, bei einem immerhin ließ er sich von einem Mitarbeiter fahren. Geerlings ging mit den Herzproblemen auf seine Art angemessen um, indem er eine jahrelange Ringvorlesung zur Geschichte der Metapher des Herzens anbot. Sein Lebenswandel war sicherlich nicht der gesündeste: sein Leben bestand aus Arbeit, seine Wohnung war laut eigenem Bekunden eine „Bibliothek mit Schlafstelle". Auch seine Ernährung war nicht die gesündeste. Wenn man mit ihm ein Restaurant besuchte, bestellte er erstmal zwei Bier: „Eins zum Kippen und eins zum Genießen!" Er starb später mit 66 Jahren. Eigentlich zu jung, aber bei seinem Lebenswandel fast zu alt.

Trotz aller Beschimpfungen war Geerlings kein Menschenhasser. Im Gegenteil. Aber was er abgrundtief hasste, waren Faulpelze, Weicheier und Blender, Leute, die einfach nur nett sind, oder Leute, die stolz auf irgendwelche Titel sind, die sie eigentlich nicht verdient haben. Er liebte den Kampf und das Ringen, und das Schönste für ihn war, wenn auf seine Angriffe ein gut abgestimmter Konter folgte. Wenn er jemanden in sein Herz geschlossen hatte, ging er für ihn durch dick und dünn. Er kämpfte für seine Leute und besorgte ihnen Stellen. Und die konnte er bieten, was an einer theologischen Fakultät nicht selbstverständlich war. Er war der Herausgeber mehrerer größerer Reihen (u.a. der „Fontes Christiani") und hatte damit einen größeren Hofstaat als sämtliche anderen Kollegen zusammen. Seine inhaltliche Leidenschaft galt Augustinus, den er seinem Temperament entsprechend auch in aussichtslosen Themen tapfer verteidigte („Lieber mit Augustinus irren als mit Ihnen Recht haben!"). In meinem 2. Semester belegte ich bei ihm ein Hauptseminar über die Entwicklung der nachaugustinischen Theologie in Nordafrika, also über Autoren wie Fulgentius von Ruspe, Victor von Vita oder Vigilius von Thapsus. Mit anderen Worten: ein Seminar über Exoten, bei dem eigentlich gesichert ist, dass sich kein Mensch anmeldet. Zu seiner Überraschung fand Geerlings allerdings eine Schar von 3-4 Unentwegten vor, die er auch direkt fragte, wie sie denn auf die Idee gekommen wären, diese Veranstaltung zu wählen. Die normale Antwort: „Ich brauche noch einen Schein!" Als die Reihe an mich kam und ich mit einem „Weil mich das interessiert!" antwortete, habe ich Geerlings das erste und letzte Mal in meinem Leben wortlos staunend gesehen.

In meinem 3. Semester wurde ich zu Geerlings in sein Büro gebeten. An der Türe seines Büros wurde ich von einem aufgeklebten Bild aus einem Asterix-Comic begrüßt, auf dem ein römischer Zenturio heulend an einer Wand lehnt und den Satz „Sie sind alle so dumm, und ich bin ihr Chef" in die Wand schluchzt. Ich trat ein, und Geerlings empfing mich mit dem Satz: „Rasche, ich will Sie haben, bevor irgendein scheiß Systematiker Sie mir wegschnappt!" Dies war der Beginn einer jahrelangen Zusammenarbeit. Geerlings war nicht jemand, der mich eng an die Hand nahm und inhaltlich eng führte. Entsprechend kann ich nicht behaupten, inhaltlich viel von ihm mitgenommen zu haben. Was ich aber von diesem Mann für mein Leben gelernt habe, ist sein Ethos, seine Haltung, seine Mentalität, sich mit Themen zu beschäftigen. Abgesehen von seiner durchaus harten Arbeitseinstellung war ein weiteres wichtiges Kennzeichen dieser Mentalität, immer auf die Quellen zu gehen. Wenn man sich thematisch mit etwas beschäftigt: schau nicht in die Kommentare, schau erst einmal nicht in die Sekundärliteratur, gehe in die Quellen! Schau immer auf das Original und nicht auf seine Kopien! Dies auch zu machen, ist nicht immer einfach. Es ist zeitraubender und einfach anstrengender. Aber genau so entstehen gute Bildung und wirkliches Wissen.

Man sagt heute schnell, Bildung ist nicht das Ansammeln von Wissen, sondern der Umgang mit Wissen. In Zeiten des Internets scheint es in der Konsequenz daher überflüssig, sich Wissen anzueignen, das ja jederzeit online verfügbar ist. Das Dumme ist nur: man kann den Umgang mit Wissen nicht erlernen, wenn man sich selbst keines erworben hat. Der eigenständige Erwerb von Wissen, das Lernen, das oft mühevolle Verarbeiten von Inhalten bleibt die Grundlage von guter Bildung – die entsprechend selten wird, weil die jederzeitige Verfügbarkeit des Wissens schnelle Bildung suggeriert. Ich habe mich in meinem Studium sehr viel mit antiken Autoren beschäftigt und auch viel von den Originaltexten gelesen. Voller Bewunderung habe ich dabei auf die Forscher geblickt, die vor 80 oder 100 Jahren über diese Autoren geschrieben haben. Was für ein Wissen und was für eine Bildung! Diese Menschen haben abends am Kaminfeuer auf Latein ihren Cicero oder auf Griechisch ihren Homer gelesen. Ganz einfach, weil es ihnen Spaß machte! Heute läuft abends Netflix. An dieses damalige Niveau an Quellenkenntnis und Verinnerlichung dieses alten Gedankengutes kommt daher heute keiner mehr heran – auch kein Professor. Ein heutiger Professor hat schon deshalb keine Chance, dieses Niveau zu erreichen, weil er keine Zeit hat, die alten Texte in dieser Masse in Ruhe zu lesen, sondern hektisch zwischen dem Schreiben von Forschungsanträgen und dem Lesen von

Gutachten hin und her eilen muss. Dass diese Entwicklung auf Dauer nicht gut ist für ein wissenschaftliches Fach, dürfte nicht schwer zu folgern sein.

Erste Brüche

Wenn man Theologie studiert und sich auch intensiv mit den Inhalten dieses Studiums beschäftigt, kommt man relativ schnell an den Punkt, an dem man merkt, dass die Dinge über die Kirche und über Gott, die man früher in der Kirchengemeinde immer als relativ klar und eindeutig präsentiert bekam, nicht ganz so klar und eindeutig sind. Ich hatte die Kirche als etwas Festes, Großes, Unveränderliches kennengelernt. Es gibt die Weiheämter, Priester, Bischöfe, den Papst, und man denkt, dass sie immer schon da waren und deshalb notwendigerweise zur Kirche dazugehören. Auf einmal lernte ich, dass diese Ämter nicht schon immer da waren, sondern das Produkt einer historischen Entwicklung sind. In der Frühzeit der Kirche gab es nicht die heutige hierarchische Ämterstruktur, ja noch nicht einmal ein Weiheamt. Es gibt heute die sieben Sakramente (Taufe, Kommunion, Beichte usw.) und man denkt, dass sie immer schon da waren und deshalb notwendigerweise zur Kirche dazugehören. Auf einmal lernte ich, dass es in den ersten 1200 Jahren der Kirche überhaupt keine festen Sakramente gab. Erst im Spätmittelalter konnte man sich auf die Siebenzahl einigen. Man bekommt heute in der Kirchengemeinde und in allem, was man von der Kirche wahrnimmt, das Gefühl vermittelt, dass die Kirche, so wie sie jetzt ist, in ihren Grundfesten immer schon so gewesen ist und deshalb auch immer so sein muss. Christus, so heißt es, hat die kirchlichen Ämter eingesetzt. Nun ist allerdings in den Evangelien weder von Bischöfen noch von Päpsten die Rede. Christus, so heißt es, hat die Sieben Sakramente eingesetzt. Auch von Sakramenten ist in den Evangelien nirgends die Rede. Wenn diese Dinge so eindeutig wären, warum hat Christus sie dann nicht eindeutig gesagt?

Das Bild der Kirche, das ich aus meinem bisherigen Leben mitbrachte, geriet an der Universität schnell ins Schlingern. Dieser Effekt ist jetzt nicht ungewöhnlich und wird oft beschrieben als „Verlust des Kinderglaubens" im Laufe des Theologie-Studiums. Der kann natürlich nur dann eintreten, wenn man sich mit den Inhalten des Studiums auch wirklich beschäftigt, was nicht bei allen Studenten der Fall ist, erst recht nicht bei allen Seminaristen. Einige begriffen die wissenschaftlichen Erkenntnisse, die an der Universität vermittelt wurden,

54

eher als eine Probe oder eine Versuchung, gegen die man kämpfen muss, weniger als einen Erkenntnisgewinn, der den eigenen Glauben verändern kann oder sogar muss.

Dieser Zwiespalt zwischen dem Glauben, den ich von früher mitbrachte, und dem Wissen, das ich an der Universität geliefert bekam, war für mich besonders herausfordernd in Bezug auf das, was über Gott gesagt wurde. Ich stürzte mich auf die Ursprünge der kirchlichen Lehre, auf die antiken Denker – Theologen wie Philosophen – und nahm immer mehr Bruchstellen wahr. Nun war ich kein Privatforscher, sondern bereitete mich darauf vor, ein Mann der Kirche zu werden und lebte in einem Priesterseminar. Das innere Problem war dasjenige, dass sozusagen mein Weg zu Gott oder vielmehr meine spirituelle Suche ein bisschen abseits der kirchlichen und auch biblischen Strukturen war. Natürlich las ich viel in der Bibel, habe sie im Lauf der Jahre mehrere Male komplett von vorne bis hinten durchgelesen. Bestimmte Bücher und Texte der Bibel haben mir viel bedeutet und bedeuten mir heute noch viel, gerade aus dem Alten Testament. Aber für meine eigene Suche nach Gott hat die Bibel erstaunlicherweise keine große Rolle gespielt. Es war eher so, in der Bibel Bestätigungen des eigenen Wegs zu suchen, als sich von der Bibel einen Weg vorgeben zu lassen – ein Verfahren, das die Kirche mit Blick auf die Bibel ja durchaus selbst angewandt hat. Ähnlich ging ich auch mit der Kirche selbst um. Natürlich respektierte ich die Kirche und wollte mit voller Motivation ein Mann der Kirche werden. Aber vor allem wollte ich ein Mann Gottes werden, und das war ein Unterschied. Zumindest für mich.

Ich lernte, dass die Lehre der Kirche nicht vom Himmel fiel, sondern dass ihr ein großes, auch großartiges (!) langes Ringen vorausging. Bezeichnenderweise war ich einer der ganz wenigen Seminaristen, der sich überhaupt für dieses Ringen interessierte. Die meisten Seminaristen lernten in der Dogmatik die Formeln auswendig, ohne sich auch nur im Geringsten dafür zu interessieren, was dahinterstecken könnte und wie diese Formeln überhaupt entstanden sind. Ich interessierte mich hingegen dafür und war damit ziemlich isoliert. Das Wissen um dieses lange kirchliche Ringen um diese Formeln hatte für mich Konsequenzen für meinen Umgang mit der Kirche, denn ich konnte wohl völlig zu Recht davon ausgehen, dass alles, was als Lehre der Kirche verkündet wird, nicht selbstverständlich und auch nicht unhinterfragbar ist. Die Lehre der Kirche war damals entstanden als ein geistiges, aber auch politisches Ringen verschiedener Köpfe, Fraktionen und Parteien. Dieses Ringen brachte Kompromisse, Verurteilungen und Rücknahmen von Verurteilungen, Entscheidungen und Rücknahmen von Entscheidungen hervor. Nicht immer gewannen die besseren Argumente. Oft gewann Schwerter, Goldmünzen oder Giftbecher, bestimmte Minderheiten wurden von Konzilien ausgeschlossen und durften nicht mehr mitentscheiden, Päpste wurden nachträglich zu illegalen Gegenpäpsten erklärt usw. Frommere Theologen verweisen angesichts dieser bunten Entstehungsgeschichte der kirchlichen Lehre auf den Heiligen Geist: der wirke in der Kirche und habe dafür gesorgt, dass die richtige Lehre sich trotz Umwegen dennoch durchgesetzt hätte. Dieses Argument hinkt schon deshalb, weil damit jede kirchliche Lehre – auch die aktuelle – als zu überwindender Umweg deutbar wäre, was wohl kaum der Intention dieser Leute entspricht. Ich konnte solche Äußerungen nie ernstnehmen und empfand sie schlicht und einfach als willkürlich.

Eine ähnliche Zurückhaltung gegenüber dem kirchlich Vorgeschriebenen wurde auch in Bezug auf meine Spiritualität deutlich. Natürlich ist die Spiritualität auch aus Sicht der Kirche etwas zutiefst Persönliches. Dennoch verpflichtet die Kirche die Priester zur Einhaltung bestimmter spiritueller Pflichten, so etwa des sog. „Stundengebets", des klassischen „Breviers". Das Brevier ist den meisten wahrscheinlich aus Don-Camillo-Filmen bekannt: ein dickes Gebetbuch, mit dem der Priester mehrere Mal am Tag durch seinen Garten spaziert und halblaut vor sich hin murmelt. Ein Priester ist verpflichtet, an jedem Tag zu verschiedenen Zeitpunkten zu beten: morgens die Laudes, mittags die Sext mit der Lesehore, abends die Vesper, spätabends die Komplet. Diese Gebete bestehen aus den biblischen Psalmen sowie verschiedenen anderen Texten und Gebeten. Die Priester sind zu diesen Gebeten täglich verpflichtet, die Seminaristen sollen Schritt für Schritt hineinfinden. Ich selbst habe mich mit dem Brevier immer schwergetan und bin dabei nicht der Einzige gewesen. Ich kann zwar einerseits verstehen, dass die Kirche auf einem spirituellen Fundament ihrer Priester besteht und das auch durch diese äußere Form absichern möchte. Aber das heißt eben nicht automatisch, dass diese Form wirklich Teil der persönlichen Spiritualität werden kann bzw. eine wirkliche Stütze des persönlichen Glaubens an Gott. Bei mir war es zumindest nicht so. In meiner Suche nach

Gott suchte ich vielmehr Zuflucht bei Autoren der klassischen christlichen Mystik wie die bereits erwähnten Areopagita oder Johannes vom Kreuz. Diese wirklich großen Texte leben von einer Unmittelbarkeit des Zugangs zu Gott: sie schildern einen Weg des individuellen Menschen zum göttlichen Geheimnis. Was auf diesem Weg damit nur am Rande auftaucht, ist die Kirche. Es ist kein Zufall, dass fast alle der alten Mystiker zeit ihres Lebens Schwierigkeiten mit der Kirche hatten. Wo die Kirche den Anspruch erhebt, dass jeder Zugang zu Gott nur über sie möglich ist, kommt es automatisch zu einer Konfrontation mit einem Zugang zu Gott, der vom Individuum ausgeht.

Mit meiner Haltung, mit einer gewissen distanzierten Uneindeutigkeit auf die Lehre der Kirche zu blicken, wird man in einem Priesterseminar schnell zu einem Zwitterwesen, das zwischen rechts und links, zwischen konservativ und progressiv hin und her schwankt und von beiden Seiten der Studentenschaft sowohl vereinnahmt als auch abgestoßen wird. Ein Priesterseminar ist ein Ort äußerst erregt geführter Diskussionen. Was muss die Kirche tun, um der Krise zu entkommen? Die Konservativen sagen: sie muss sich auf ihre Wurzeln, auf ihre Vergangenheit besinnen und darf nicht den Fehler begehen, sich auf Neues einzulassen. Die Progressiven sagen: die alten Zöpfe müssen ab, wir müssen uns auf die neue Zeit einlassen. Natürlich würde keiner der Betroffenen sagen, dass er seine Sache so grob und holzschnittartig sieht, er würde das etwas differenzierter darstellen. Gegen diese Abmilderung spricht aber die große Intoleranz, mit der die Anliegen der gegnerischen Seite verdammt werden. Diese Intoleranz gibt es auf beiden Seiten, und sie hat es auch für mich nicht leichter gemacht, im Alltag mit anderen Studenten ruhig und ausgewogen über solche Dinge sprechen zu können.

Mein Problem war, dass ich einfach schwer einzuordnen war. Nicht nur für mich, sondern auch für die anderen. Ich hatte beispielsweise überhaupt nichts gegen die lateinische Messe. Damit war ich natürlich absolut auf der Wellenlänge mit den Konservativen, während jeder Progressive mit Abscheu auf mich runterschaute. Die lateinische Messe war für mich etwas historisch Gewachsenes, Latein war die Sprache großer Denker der Kirche wie Augustinus oder Thomas von Aquin, es war die Sprache eines Cicero und eines Ovid. Warum sollte ich gegen Latein sein? Andererseits konnte ich nicht nachvollziehen, dass sich aus diesem berechtigten Respekt vor der lateinischen Messe die These ergibt, dass diese die einzig wahre und einzig gültige Form des Gottesdienstes darstellen sollte. Womit ich dann wieder an konservativer Seite aneckte. Ein solcher Anspruch schien mir völlig absurd, weil Latein mit dem Abendmahl Jesu genauso viel zu tun hat wie Deutsch, Französisch oder Chinesisch. Jesus selbst sprach Aramäisch, die Gebetssprache zurzeit Jesu war Hebräisch, die Jahrzehnte später entstandenen biblischen Berichte über das Abendmahl sind Griechisch. Keine Spur von Latein, das erst Jahrhunderte später zur christlichen Gottesdienstsprache wurde. Meinem Vorschlag, das Abendmahl auf Aramäisch zu halten, konnten konservative Kreise zumeist nicht viel abgewinnen.

Wenn man in der Mitte steht, gibt es das prinzipielle Problem, von beiden Seiten zugleich vereinnahmt und abgestoßen zu werden. Man kennt es aus der Politik, es gilt aber eben auch in der Kirche und der Theologie. Man steht in der Mitte und hat einige Dinge, die man mit Progressiven teilt, und einige Dinge, die man mit Konservativen teilt. Aufgrund dieser Gemeinsamkeiten glauben dann beide Gruppen, dass man zu ihnen gehört. Sie stellen dann Ansprüche, die über diese Gemeinsamkeiten hinausgehen, und wenn man sie nicht erfüllt, gilt man als zu unschlüssig, wenn nicht gar als Verräter. Man wird in der Mitte nicht von den Seiten anerkannt. Für die Progressiven ist jeder, der nicht progressiv ist, konservativ, und für jeden Konservativen ist jeder, der nicht konservativ ist, progressiv. Das Problem in der Mitte ist die mangelnde Eindeutigkeit.

Diese Problematik gab es nach beiden kirchenpolitischen Seiten hin, war aber auf der konservativen Seite schärfer. Sie forderte im Vergleich zur progressiven Seite mehr Eindeutigkeit, wohl dadurch bedingt, dass die Verteidigung von Vergangenem immer eindeutiger und klarer sein kann als die Verteidigung von etwas Zukünftigem. Hier waren die Themen beim Kaffee eindeutig: die böse Welt da draußen, die die Kirche und ihre Wahrheit bedroht. Es ging hierbei weniger um eine inhaltliche Auseinandersetzung, man flüchtete sich in einen Formalismus: das Alte war gut, alles andere war schlecht. Die einzige Chance, solche Menschen zumindest in eine Diskussion und nicht nur in eine Verurteilung zu bringen, lag darin, sie in diesem Formalismus anzugreifen. Das tat ein Student, der kirchenrechtlich sehr fit war, mit großer Leidenschaft. So konnte er alleine mit der Frage, warum es denn nicht möglich sei, die Kommunion im Gottesdienst mit Marmelade zu reichen, stundenlange, äußerst erregt geführte Diskussionen auslösen. Um diese wichtige Frage zu lösen: natürlich war es nicht möglich. Aber der Weg zu dieser Lösung war schwierig und langwierig. Meine

58

persönliche Lösung bei solchen Themen bestand darin, mich in mein Zimmer zurückzuziehen und ein schönes Buch zu lesen. Jede Diskussion dieser Art war vielleicht aus soziologisch-kulturellen Gründen nicht uninteressant, für mich aber dennoch pure Zeitvergeudung und völlig sinnlos.

Zum Ende des Grundstudiums fuhren wir zu dritt nach Rom. Ich und zwei Studenten aus dem konservativen Lager. Irgendwie ahnte ich vorher, dass diese Reise nicht nur Spaß machen würde, aber zum einen war Rom immer eine Reise wert und zum anderen kam ich mit den beiden zu diesem Zeitpunkt eigentlich ganz gut klar – wenn es nicht gerade theologisch wurde. Mein Unwohlsein sollte eine schnelle Bestätigung finden, als geklärt wurde, in Rom den Priesterkragen zu tragen, also ein schwarzes Hemd, das oben am Kragen eine weiße Leiste hat. Zum Hintergrund: jeder katholische Priester ist eigentlich zum täglichen Tragen dieser Priesterkleidung verpflichtet. In Deutschland zumindest macht es die Mehrheit nicht mehr. Gerade dieser Priesterkragen, der sog. „römische Kragen", ist damit zu einem Erkennungszeichen konservativer Priester geworden. In Deutschland ist es in den meisten Bistümern nicht erlaubt, dass auch die Seminaristen einen solchen Kragen tragen dürfen, so auch in unserem Bistum Essen. Nun sahen meine beiden konservativen Mitstreiter ihre große Chance kommen: natürlich waren in Rom solche Kragen erlaubt und auch üblicher als in Deutschland. Was nun diesen beiden die große Chance eröffnete, endlich öffentlich einen Priesterkragen zu zeigen. Ich selbst hatte mir über die Frage, Priesterkragen ja oder nein, vorher keine großen Gedanken gemacht. Von meinem Heimatpfarrer war ich gewöhnt, dass er täglich Priesterkleidung trug, aber das tat er unaufgeregter Selbstverständlichkeit und völlig ohne Standesdünkel. Was bei meinen Kollegen allerdings auftauchte, war eine Art von Vorfreude auf einen Priesterkragen, die mir völlig fremd war. Kaum saßen wir im Zug nach Rom, begann eine Inszenierung.

Wir hatten gerade den Essener Hauptbahnhof verlassen, als die Hemden mit weißen Kragen angezogen, die Breviere hervorgeholt und die Gebete in aller Ausführlichkeit und Lautstärke vorgeführt wurden. Es war nichts anderes als eine plumpe und für mich unglaublich peinliche Inszenierung. Zum einen bestand selbst für die pflichtversessenen Mitbrüder keine Verpflichtung, Priesterkleidung zu tragen und das Brevier zu beten. Zum anderen kann mir keiner versichern, dass es in einem Zugabteil mit anderen Reisenden und der allgemeinen Unruhe möglich ist, mit einer gemeinsamen, laut gesprochenen Reihung von Gebeten zu einer Stimmung zu kommen, die einen in der Beziehung zu Gott näher bringt. Was mich am meisten an dieser Situation aufregte, war weniger die Tatsache an sich, sondern vielmehr die Haltung, mit der sie ausgeführt wurde. Mein alter Heimatpfarrer trug auch jeden Tag Priesterkleidung und betete das Brevier. Er wäre aber nie auf die Idee gekommen, dies laut in einem Zug zu tun. Er hätte still gebetet. Meine lieben Mitbrüder kamen nicht einmal auf die Idee, die anderen Reisenden zu fragen, ob es für sie in Ordnung sei, wenn lautstark Psalmen und Gebete angestimmt werden. Genau hier ist die Grenze vom öffentlich sichtbaren Beten zum aggressiven Inszenieren überschritten. Ähnlich ist es mit der Priesterkleidung. Ich kann nachvollziehen, dass ein Seminarist in Rom sagt: Ich ziehe hier mal so ein Hemd an! Ich selbst holte mir in Rom dann auch so ein Hemd. Sicherlich auch wegen des „Gruppenzwangs". Es brachte aber auch Vorteile in Rom, so ein Hemd zu tragen. Gewisse Türen öffneten sich dann schon, die sonst verschlossen geblieben wären. Was mich also hier peinlich berührte, waren nicht die Hemden an sich. Sondern auch hier die Haltung, die sichtbar wird, wenn die Hemden rausgeholt werden, sobald der Zug aus dem Essener Bahnhof rollt.

Sinn und Zweck des Brevierbetens ist es, mit Gott zu kommunizieren. Kann das in einem vollbesetzten Zugabteil gelingen? Kommt das rüber, dass man mit Gott kommunizieren will? Spätestens die Lautstärke verriet, dass es bei diesen Gebeten nicht um eine Kommunikation mit Gott, sondern mit den anderen Reisenden ging: nämlich um das Signal, dass hier heilige Männer unterwegs sind, verbunden mit der unausgesprochenen Bitte, dass dies auch anzuerkennen und man auch so zu behandeln sei. Diese Gebete dienten nicht der Beziehung zu Gott, sondern der Markierung eines Reviers.

Diese Zugfahrt war jetzt nicht die Hölle, die mich völlig traumatisiert hat. Aber sie steht stellvertretend für viele ähnliche Situationen, die ich im Priesterseminar mit einigen Seminaristen erlebte und die mich immer wieder peinlich berührten. Zum einen, weil sie mir einfach zu aggressiv und zu laut waren, zum anderen, weil in ihnen die riesige Kluft zur normalen Welt deutlich wurde, die ich als ungut empfand. Und darauf stolz zu sein, als peinlich. Denn das Verheerende war ja, dass einige Mitbrüder stolz auf diesen Abstand zur Welt waren, weil diese eh böse und dumm ist und die Wahrheiten der katholischen Kirche nicht mehr verstehen will. Von solchen Situationen gab es im Laufe der Jahre im Priesterseminar sehr viele und sie führten dazu, dass ich in die andere Richtung ausschlug: öffentlich das Brevier zu beten, kam für mich schon deshalb nicht in Frage, weil ich diese Art öffentlicher Inszenierung einiger Mitbrüder ablehnte und sogar verabscheute.

Diese Brüche waren nicht gravierend und stellten auch nicht meinen Wunsch in Frage, Priester zu werden. Aber bereits zu einem recht frühen Zeitpunkt meiner Ausbildung zum Priester tauchten sie auf und waren fortan präsent. Sie führten meinerseits zu einer Haltung, die durchaus verbreitet ist bei vielen, die als Priester oder auch sonstwie in der Kirche arbeiten: man lernt, einige Dinge beiseite zu schieben, die einem nicht passen, und sich auf das zu konzentrieren, was einem passt.

Nach vier Semestern Grundstudium legte ich im Sommer 1996 die 1. Teilprüfung („Vordiplom“) ab. Danach war es üblich, für zwei oder drei Semester an einer anderen Universität zu studieren. Dies war ein durchaus sinnvoller Teil der Priesterausbildung. Viele Seminaristen – so auch ich – waren von Mutters Brust unmittelbar nach dem Abitur an die Brust von Mutter Kirche gewechselt und verfügten nicht gerade über viel Lebenserfahrung. Diese „Freisemester“ in der Mitte des Studiums waren die Gelegenheit, sich Lebenserfahrung zu erwerben und sein Leben und seinen Tagesablauf auf eigene Füße zu stellen. Ich wollte in dieser Zeit nach Rom. Italien war schon immer mein Traumland und Rom war meine Traumstadt. In den Monaten zwischen Abitur und Studium hatte ich Italienisch gelernt, was natürlich eine wichtige Grundlage für einen längeren Aufenthalt in Italien darstellte. Als ich dem Subregens meinen Wunsch mitteilte, nach Rom zu gehen, war dieser nicht gerade begeistert, wusste er doch, dass Rom für einen Seminaristen zum Fluch und Segen gleichzeitig werden kann. Als ich ihm als Alternative für meine Freisemester Neapel vorschlug, das für jeden Menschen noch in ganz anderer Weise Fluch und Segen werden kann, fügte er sich jedoch und war einverstanden. Mein Traum erfüllte sich: ich konnte nach Rom! Zusammen mit Augustinus, Areopagita und Derrida ging es im September 1996 nach Rom.

Wer sähe nicht, wenn er die Geschichte der Kirche durchläuft,
dass sie ein Menschenwerk ist!
Welch eine erbärmliche Rolle lässt man Gott darin spielen!
Friedrich der Große

Rom: im Zentrum der Kirche

Römisches Leben

Rom war immer meine Traumstadt. So lange ich zurückdenken kann, habe ich mich für Geschichte interessiert. Nachdem ich lesen gelernt hatte, habe ich jeden Tag Geschichtsbücher verschlungen, und eine besonders große Rolle spielten dabei natürlich die alten Römer. Als ich jugendlich war, fuhren wir als Familie zweimal nach Rom und voller Begeisterung konnte ich vom Kapitol auf das Forum Romanum blicken und auf dem Palatin durch die Gänge der alten Kaiserpaläste streifen. In dieser Stadt für eine gewisse Zeit leben zu können, war ein Traum für mich, und die Freisemester boten mir dazu die Gelegenheit. Auch hier gilt, dass meine Eltern wohlhabend und motiviert genug waren, mir das Studium und das Leben in dieser herrlichen Stadt zu ermöglichen.

Ein halbes Jahr vor Semesterbeginn fuhren wir zusammen nach Rom, um eine kleine Wohnung für mich zu suchen. Es war eine Katastrophe: keine Chance, eine Wohnung zu finden. Da es noch kein Internet gab, war man auf Quellen und Informationen angewiesen, die wir nicht haben konnten. Also machten wir das, was in Italien lebensnotwendig ist: man nutzt Beziehungen. Ein Verwandter, ein Großonkel, war Priester in der Gemeinschaft des Opus Dei und lebte in Rom. Den fragten wir vorsichtig an, und in der Tat hatte er in seinem Bekanntenkreis einen Priester, der mir eine kleine Wohnung anbieten konnte. Don Bruno, so sein Name, arbeitete im Vatikan und hatte in der Nähe der Piazza Ungheria im Norden Roms eine recht großzügige Wohnung, von der er zwei Teile abgetrennt hatte, die er Studenten – vorzugsweise Seminaristen – zur Verfügung stellte. Es waren zwei kleine Zimmer mit jeweils einem kleinen Bad. Gleich am ersten Abend in meiner Wohnung lernte ich eine neue Realität kennen, als ich das Badezimmer komplett mehrere Zentimeter hoch flutete. Ich wusste nicht, dass man für die Wasserpumpe der Toilette erstmal ein bestimmtes Kabel in die Wand stecken musste. Gewöhnen musste ich mich auch daran, mit den Nachbarn die Telefonleitung zu teilen. Wenn das Telefon klingelte und alle zu Hause waren, nahmen drei Leute ab und konnten sich hören. Wenn klar war, wem der Anruf galt, legten die beiden anderen auf (hoffentlich). Don Bruno war ein Glücksgriff. Nicht nur, weil er die Lösung meiner Wohnungsnot war, sondern auch, weil er sich meiner in seiner Gastfreundschaft und Menschenfreundlichkeit annahm und mich sowohl in die Tücken des römischen Alltags, aber auch in die Geheimnisse des Vatikans einführte und mir Zugang zu Orten und Ereignissen verschaffte, die ich ohne seine Hilfe und ohne seine Tipps nie gesehen hätte. Höhepunkt war für mich die Vatikanische Bibliothek. Es mag für viele Menschen befremdlich klingen, aber in mittelalterlichen Büchern zu stöbern und in den ältesten Abschriften einiger Werke des Augustinus zu blättern, war etwas für mich, das man mit Geld nicht bezahlen kann.

Das Leben in Italien war wunderschön, aber schwer planbar. Viele Deutsche glauben, dass es in Italien keine Gesetze gibt. Ein böser Irrtum. Es gibt dort sogar mehr Gesetze als in Deutschland. Sie werden nur anders gehandhabt. Aber es gibt sie, und sie können Ungemach bereiten. So gab es beispielsweise damals bereits das Gesetz, das Müll getrennt werden muss. In ganz Rom gab es allerdings nicht einen einzigen Müllcontainer, dass man Müll wirklich trennen konnte. Wenn man Pech hatte, einen schlecht gelaunten Menschen vom Ordnungsamt traf und dort keinen Freund („einen Heiligen im Paradies") hatte, musste man trotzdem Strafe zahlen.

Ich wollte mich an der Päpstlichen Universität einschreiben, der ehrwürdigen „Pontificia Università Gregoriana". Die Gregoriana liegt an der Piazza Pilotta, vielleicht 300 Meter von der berühmten Fontana di Trevi entfernt. Ich betrat ehrfürchtig diesen alten Palast und wollte mich für das neue Semester einschreiben, wurde jedoch dahin beschieden, dass ich für eine Einschreibung eine Aufenthaltsgenehmigung bräuchte. Dies entsprach zwar nicht der aktuellen rechtlichen Lage, denn aufgrund des Schengener Abkommens durfte man ja als EU-Bürger innerhalb der EU überall wohnen, wo man wollte, aber gut. Also ging es zum Ausländerbüro, der „Questura" an der Via Genova, in der Nähe des Quirinals. Ich betrat den Innenhof, der mit hunderten Asylbewerbern aus der ganzen Welt aus allen Nähten platzte. Spätestens jetzt wusste ich, warum ich Lebenserfahrungen sammeln sollte. Nach dem ersten Schock fragte ich mich vorsichtig durch und erhielt nach einigen Stunden immerhin den Hinweis, dass in einem bestimmten Stockwerk in einem bestimmten Büro zu einem bestimmten Zeitpunkt von einem bestimmten Beamten Nordamerikaner und EU-Bürger etwas besser behandelt und relativ schnell bearbeitet werden. Ich kämpfte mich zu diesem Trakt durch und stand irgendwann im Büro eines mürrischen Beamten in Uniform, der mir mitteilte, dass ich nur eine Aufenthaltsgenehmigung bekomme, wenn ich an der Universität eingeschrieben sei.

Ein mit logischen Mitteln unlösbares Problem stand vor mir: um mich an der Universität einzuschreiben, brauchte ich eine Aufenthaltsgenehmigung; um die aber zu erhalten, musste ich an der Universität eingeschrieben sein. Ein solches Dilemma, so lernte ich schnell, ist normal für den italienischen Alltag. Ich musste strategisch vorgehen und überlegte, mit welcher von beiden Seiten man besser sprechen konnte. Eindeutig die Sekretärin an der Gregoriana. Also ging ich dorthin und konnte immerhin eine Bescheinigung rausverhandeln, die vorläufig meine Immatrikulation für den Fall bestätigte, dass ich eine Aufenthaltsgenehmigung einreiche. Dummerweise ließ ich diese Bescheinigung auf Deutsch ausstellen (ich brauchte sie auch für das Kreiswehrersatzamt in Deutschland), was – so dachte ich naiverweise – ja keine großen Auswirkungen haben dürfte. Das Entscheidende war die Matrikelnummer, bei der ja egal war, ob vor einer langen Zahlenreihe „Matrikelnummer" oder „numero di matricula" stand. Dachte ich naiverweise. Wieder im Büro dieses entzückenden Beamten in der Questura an der Via Genova teilte mir dieser mit wichtiger Miene mit, dass leider nur italienischsprachige Dokumente berücksichtigt werden können. Vor meinem geistigen Auge sah ich mich wieder in einer langen Schlange stehen. Mindestens zweimal. Und nun – ich war ja bereits einige Wochen im Land – tat ich das, was man in so einer Situation in Italien tut: man redet miteinander. Oder vielleicht nicht miteinander, aber man redet. So lange, bis man das bekommt, was man haben will. Ich brachte also in diesem Büro immer wieder neue Gründe vor, warum man dieses deutschsprachige Dokument durchaus anerkennen könnte. Dabei blieb ich in jeder Sekunde äußerst freundlich – verließ das Büro aber nicht. Irgendwann honorierte die schlecht gelaunte Uniform vor mir meine Bemühungen und stellte das ersehnte Schriftstück aus, das ich dann erleichtert zur Sekretärin der Universität trug.

Nun begann mein Alltag an der Päpstlichen Universität Gregoriana. Im Unterschied zu Deutschland kann man in Italien an einer staatlichen Universität keine Theologie studieren. So gibt es in Rom Dutzende kirchliche Hochschulen, die gewöhnlich in der Trägerschaft von irgendwelchen Orden sind und die sich fachlich innerhalb der Theologie oder sonstwie spezialisiert haben, um eine entsprechende Anzahl an Studenten auch außerhalb der eigenen Gemeinschaft anzuziehen. Die größte dieser Hochschulen ist die traditionsreiche Päpstliche Universität Gregoriana. Sie wurde 1551 im Zuge der Gegenreformation von Jesuiten gegründet und wurde schnell zu der kirchlichen Kaderschmiede schlechthin. Die Liste der Päpste, Kardinäle und Bischöfe, die an ihr ausgebildet wurden, ist endlos. Alleine die prachtvolle barock-klassizistische Architektur des Gebäudes war beeindruckend, gerade für jemanden wie mich, der bisher mit dem grauen Beton der Bochumer Ruhr-Universität klarkommen musste. Bis in die 1960er Jahre hinein war Latein die offizielle Amtssprache der Gregoriana. Das war selbst zu meiner Zeit noch spürbar, wenn man beispielsweise Ausleihscheine für Bücher auf Latein ausfüllen musste. Offizielle Sprachen der Gregoriana waren Italienisch, Spanisch, Französisch, Englisch und Deutsch. Die Vorlesungen waren alle auf Italienisch, die Seminare konnten auch in den anderen Sprachen angeboten werden. Dieser Sprachenmix und diese Multikulturalität der Studenten aus etwa 200 Nationen führte im Lauf der Zeit zu einem sprachwissenschaftlich hoch interessanten Phänomen, denn auf den Gängen der Gregoriana wurde ein eigenwilliger Mix aus all diesen Sprachen gesprochen, der bereits Kennzeichen einer eigenen Sprache herausbildete und für jeden Außenstehenden völlig unverständlich war.

Die Studentinnen und Studenten – insgesamt 2-3000 – waren eine wohl weltweit einmalige Ansammlung von Seminaristen, Priestern und Ordensleuten. „Normale" Laienstudenten gab es zwar, waren aber Exoten und bunte Farbtupfer in einem recht schwarz gefärbten Gesamtbild. Diejenigen, die dort nicht in schwarz oder Ordenskleidung herumliefen, waren meist Seminaristen aus Ländern wie Deutschland, in denen die Priesterkleidung für Seminaristen nicht üblich war. Bei den deutschen Seminaristen musste man zwei Sorten unterscheiden. Die eine Sorte – zu der ich gehörte – studierte für zwei bis drei Semester in Rom während der Freisemester. Diese Seminaristen wohnten nicht in einem Priesterseminar, sondern in der Stadt verstreut an den Orten, an denen Studenten eben so wohnten: in kleinen Apartments, in Wohngemeinschaften oder Studentenwohnheimen. Die andere Sorte waren die „Germaniker". Sie waren Seminaristen, die von ihren Heimatbistümern für das weitere Studium nach Rom geschickt wurden. Sie wohnten im „Collegium Germanicum et Hungaricum", einem Priesterseminar in der Nähe der Piazza Barberini, das seit dem 16. Jahrhundert Seminaristen aus den deutschsprachigen Ländern und dem damals zu Österreich gehörigen Ungarn beherbergte. Selbstverständlich waren diese Seminaristen von ihren Bischöfen für eine höhere kirchliche Karriere vorgesehen und deshalb in Rom. Das Wissen darum gab einigen „Germanikern" manchmal ein etwas zu großes Selbstbewusstsein; die freundlicheren von ihnen waren immerhin so großzügig, die generationenlang erprobten Prüfungsskripte herauszugeben. Bereits zu meiner Zeit nahm die Zahl der deutschen Seminaristen im Germanicum aufgrund des allgemeinen Priestermangels stark ab. Denn es ist klar, dass es sich ein Bischof zweimal überlegt, einen der wenigen Seminaristen nach Rom zu schicken – und damit in der Regel auf Dauer weg vom eigenen Bistum –, wenn zu Hause kaum noch Priester für die Pfarrgemeinden da sind.

Das durchschnittliche Niveau in den Veranstaltungen an der Gregoriana lag meiner Meinung nach deutlich unter dem, was ich aus Deutschland gewohnt war. Der Grund dafür lag darin, dass das Bildungsniveau der aus aller Welt kommenden Studenten sehr unterschiedlich war. Es war daher gewöhnlich so, dass man an der Gregoriana das Grundstudium in der Theologie und in der Philosophie absolvierte. Danach spezialisierte man sich in einem Fachbereich und besuchte eine der in diesem Fachbereich spezialisierten Ordenshochschulen. Hier lag dann auch die Stärke dieser Ausbildung in Rom, die eben in wirklich jedem denkbaren theologischen Fachbereich eine gute Hochschule mit einer gut sortierten Bibliothek bieten konnte. So ging ich oft in das Augustinianum in der Nähe des Petersplatzes, das seinen Schwerpunkt bei Augustinus und den Kirchenvätern hatte. Dort schrieb ich einen Großteil meiner Diplomarbeit, mit der mich Geerlings in Bochum beauftragt hatte, und konnte dort auf eine auf die Kirchenväter ausgerichtete Bibliothek zurückgreifen, die weltweit ihresgleichen suchte.

Die Professorin (eine habe ich dort erlebt) und Professoren der Gregoriana waren ebenfalls zumeist Priester oder Ordensleute. Sie kamen aus aller Herren Länder und ihr Italienisch war oft sehr gewöhnungsbedürftig. Gerade das der

US-amerikanischen Dozenten war eigentlich unverständlich. Das Italienisch älterer deutscher Dozenten hingegen klang eher wie Latein. Unter meinen Professoren war auch der spanische Dogmatiker und Jesuit Luis Ladaria, später Kardinal und als Nachnachfolger von Joseph Ratzinger Präfekt der Glaubenskongregation. Seine Vorlesungen hatten mir damals recht gut gefallen, sie waren sehr solide und gut aufgebaut. Er konnte die historischen und systematischen Zusammenhänge gut darstellen, war jedoch inhaltlich wenig innovativ. Unter meinen Dozenten an der Gregoriana beeindruckte mich am meisten der Deutsche Elmar Salmann, ein Benediktiner aus dem westfälischen Kloster Gerleve. Er war unglaublich belesen und hatte viele bedeutende Denker der Theologie- und Philosophiegeschichte verinnerlicht. Und verinnerlicht heißt hier nicht nur, dass er sie irgendwie kannte, sondern dass er sie wirklich in einer sehr tiefgründigen Weise verstanden hatte – auch wenn er selbst das bestreiten würde, zumindest offiziell. Er war in der Lage, jeden Denker, jeden Text und jeden Begriff in wirklich meisterhafter Weise zu durchleuchten und miteinander in Beziehung zu setzen. Wo gehobelt wird, fallen natürlich Späne. Die Seminarsitzungen mit ihm sahen gewöhnlich so aus, dass die eigentlichen Referenten nur wenige Minuten Gelegenheit hatten, Gehör zu finden und ansonsten der Meister selbst in endlosen Monologen „kommentierte". Was er dabei sagte, war sehr beeindruckend, aber es war brutal: man musste sehr konzentriert zuhören, und wenn man einmal draußen war, hatte man für den Rest der Doppelstunde nicht den Hauch einer Chance, wieder reinzukommen. Nach den Seminarsitzungen tauschten wir uns dann untereinander aus, bis zu welcher Minute man es geschafft hatte.

Rom ist eine herrliche Stadt. Sicherlich nahm ich mir Zeit, die Stadt Rom zu erkunden. Ich liebte es, einfach durch die Innenstadt zu schlendern und mal in diesen Palast und mal in jene Kirche hineinzugehen. Was ein Reichtum an Geschichte und Kultur in dieser Stadt! Im Unterschied zu einigen anderen Studenten nahm ich für Besichtigungen jedoch relativ wenig Zeit in Anspruch, ich war sehr oft an der Universität und hatte ja zudem die Erstellung meiner Diplomarbeit für Geerlings in Deutschland im Nacken. Dennoch kamen die Besichtigungen nicht zu kurz und anderthalb Jahre in Rom zu verbringen, bot natürlich die Gelegenheit, auch viele verborgene Schätze dieser Stadt kennenzulernen.

Nach alter jesuitischer Tradition war am Samstag normaler Vorlesungstag, während der Donnerstag frei war. An diesem Donnerstag trafen wir deutschen Studenten uns immer bei Don Antonio Tedesco („Deutsch"), dem Leiter des Deutschen Pilgerbüros in Rom. Er war ein vorzüglicher Kenner der Stadt und bot uns Führungen an Orten an, die oft selbst Experten unbekannt waren. Daneben vermittelte er viel Wissen, aber auch viele Tricks, die man gut als Fremdenführer in Rom gebrauchen konnte und auf die ich dann später selbst gerne zurückgriff.

Für jeden geschichtlich Interessierten ist Rom das Paradies auf Erden. Das Faszinierende an dieser Stadt ist die Tatsache, dass sie immer „die" Stadt schlechthin war: in der Antike, im Mittelalter, in der Moderne. Jede Epoche hat sich in dieser Stadt verewigt, hat sich mit anderen Epochen vermischt und hat ein neues faszinierendes Zusammen geschaffen, das einmalig ist. Dabei ist Rom kein Museum geworden wie etwa Venedig oder Amsterdam, sondern ist eine lebendige Stadt geblieben, die nicht eine ferne Vergangenheit für Touristen präsentiert, sondern diese Vergangenheit lebendig weiterentwickelt. Rom ist schon in seinem äußeren Erscheinen durch und durch katholisch, nicht nur wegen der über 1000 Kirchen. Die Päpste vergangener Jahrhunderte waren es, die nach dem Untergang des antiken Roms und dem Absturz im frühen Mittelalter ein neues Rom geschaffen und die Siedlungsgeschichte der Stadt geprägt haben. Die Päpste waren es, die die großen Straßen und Plätze anlegen ließen. Deren Familien die großen Paläste besaßen, die überall in der Innenstadt stehen. Deren Behörden und Hochschulen in Rom an jeder Ecke stehen. Die Stadt ist das in großartiger Weise Stein gewordene Symbol einer unermesslich reichen und mächtigen Kirche. Die Päpste früherer Zeiten haben die Welt regiert, sie haben Könige und Kaiser gekrönt und abgesetzt, haben Frieden zwischen Ländern vermittelt, aber auch Kriege angezettelt; sie waren Förderer der Kunst und der Wissenschaften, aber sie haben auch Hexen und Ketzer verbrennen lassen. Die Päpste haben den Verlauf der Geschichte mitbestimmt, in guter wie auch in schlechter Weise, und von all dem erzählt diese faszinierende Stadt.

Die katholische Kirche und die Stadt Rom sind im Laufe der Jahrhunderte eine Symbiose eingegangen. Es ist nicht nur so, dass man Rom nicht verstehen kann ohne das Katholische, man kann auch die katholische Kirche nicht verstehen ohne diesen Ort: Rom. Das Papsttum hat sich jahrhundertelang in unermesslicher Macht und unermesslichem Reichtum in dieser Stadt abgebildet und selbst verwirklicht. Und dieses Bild, an dem die Kirche jahrhundertelang gebaut hat, wirkt natürlich auf die Kirche zurück: sie orientiert sich immer neu an dem, was sie selbst geschaffen hat. Geschichte ist nie etwas nur Vergangenes, sie wirkt immer auf die Gegenwart. Die Kirche macht dies in einer sehr bewussten und sehr ausufernden Weise. Das nicht zu tun, ist für die Kirche und den Papst vielleicht sogar unmöglich.

Wenn man in Marmor und Gold lebt, wenn man jeden Tag von den schönsten Kunstwerken umgeben ist, die Menschen je geschaffen haben: wie kann das nicht auf die eigene Haltung abfärben? Natürlich sind die Zeiten vorbei, in denen die Päpste mit der Tiara, der dreifachen Krone, gekrönt wurden und mit einer Sänfte und begleitet von Straußenwedeln und einem Baldachin in den Petersdom getragen wurden. Aber was ist das noch immer für ein Rausch, wenn der riesige Petersdom mit zehntausenden Gläubigen gefüllt ist, wenn sich vor dem Gottesdienst langsam die Spannung ausbreitet, eine lange Reihe von Bischöfen und Kardinälen in festlichen Gewändern würdevoll in den Dom einzieht, dann eine geschickte Kunstpause folgt, der riesige Dom auf einmal taghell erleuchtet wird und der Papst alleine in goldenen Gewändern langsam durch den Mittelgang nach vorne schreitet? Es ist ein Rausch, dem man sich nur schwer oder gar nicht entziehen kann – nicht als Zuschauer und auch nicht als Akteur. Was in diesen Momenten im Petersdom sichtbar wird, stammt aus uralten Zeiten, es atmet den Geist des Hofzeremoniells der römischen Kaiser. Der Geist dieser antiken Huldigungsriten ist in die päpstliche Liturgie eingegangen, weil die Päpste sich allen Kaisern und Königen gleichrangig, wenn nicht sogar überlegen fühlten und dies in der Liturgie wirkungsvoll zum Ausdruck bringen konnten. Wenn der Papst in seinen Gewändern durch den riesigen Raum des Petersdoms schreitet, spürt jeder körperlich, dass sich in diesem einen Menschen der riesige Anspruch der Kirche verdichtet, über allem in der Welt zu stehen. Diese Liturgie ist keine oberflächliche Show, sie ist nicht nur Inszenierung, sie ist eine immer neue Selbst- und Fremdvergewisserung, eine immer neue Gestaltwerdung der Kirche selbst. Was hier passiert, ist kein Rückblick auf die Vergangenheit, sondern das Neuwerden dieser Vergangenheit im Jetzt. Wenn der Papst sich in diesem uralten Zeremoniell ausdrückt, dann macht er in jeder Sekunde deutlich, dass dieser ungeheure Anspruch des Papstes und der Kirche, der damals dazu führte, dass dieses Zeremoniell übernommen wurde, noch immer aktuell ist. Dieses Zeremoniell feierte damals, dass der Papst über allem steht, und das feiert es heute noch. In jeder dieser Zeremonien feiert der riesige Anspruch des Papstes einen Neubeginn.

Wenn man in Rom lebt und öfter diese Zeremonien besucht, gewinnt man ein Gefühl für diesen Anspruch bzw. dafür, dass diese Inszenierung einen bestimmten Anspruch in die Wirklichkeit holt. Was hier passiert, ist eine Grundfunktion der Kirche: sie feiert das, was sie sein will, und in dieser Feier ist sie es auch. Diese Feiern sind jedes Mal eine neue Gestaltwerdung der Kirche und ihrer Strukturen. Inszenierung ist nie nur Inszenierung, nie nur Show. Sie macht etwas mit dem, der sie sieht, und sie macht etwas mit dem, der sie macht. Das gilt für die hohe Liturgie im Petersdom, aber nicht nur dort.

Nehmen wir zum Beispiel einen Gottesdienst in einer normalen Pfarrkirche. Der Priester zieht mit seinen Messdienern in die Kirche ein, die Glocken läuten, die Orgel ertönt, die Leute erheben sich, Weihrauch liegt in der Luft. Der Effekt dieser Inszenierung ist von seinem Mechanismus her der gleiche wie im Petersdom. Wenn der Priester im Altarraum steht, sich die Messdiener vor ihm verneigen, die Leute beim Hochgebet niederknien: in jeder Sekunde wird auch hier ein bestimmter Anspruch deutlich, den der Priester gegenüber allen anderen verkörpert. Wenn sich alle im Gottesdienst vor dem Priester verneigen oder niederknien, dann arbeitet das doch – sowohl im Priester als auch in denen, die sich vor ihm niederknien. Jeder Gottesdienst, der in der Kirche gefeiert wird, und bei dem ein Priester in Gewändern im Altarraum steht, manifestiert den unüberwindlichen Abstand zwischen Priester und Nichtpriester, manifestiert die hierarchische Struktur der Kirche. Der Priester kann tausendmal darauf hinweisen, dass es ja gar nicht um ihn geht, sondern um Christus. Das ist völlig egal, weil das, was man vor sich sieht, etwas völlig anderes deutlich macht. Und dies gilt ja nicht nur für den Gottesdienst. Nehmen wir die Sitzung eines Kirchenvorstands oder Pfarrgemeinderats. Das sind Gremien von ehrenamtlich engagierten Leuten, die in den Pfarrgemeinden gewählt wurden, sich um die pastoralen oder wirtschaftlichen Belange der Pfarrei zu kümmern. Das tun diese Menschen durchaus im Anspruch, auf Augenhöhe mit dem Pfarrer zu sein, der bei Abstimmungen nur eine Stimme von vielen hat. Aber wie realistisch ist dieser Anspruch, wenn der Pfarrer am Beginn der Sitzung ein Gebet spricht, die Leute segnet und sie sich beim Kreuzzeichen vor dem Pfarrer leicht verneigen? Kann man danach wirklich auf Augenhöhe miteinander sprechen? Kann man dies, wenn man jeden Sonntag in der Kirche sichtbar vor dem Pfarrer auf die

Knie sinkt? Man darf diese Dinge nicht unterschätzen. Oft wird so getan, als hätten diese Dinge keine Auswirkungen, als könnte man als reflektierter Mensch diese Dinge trennen, den Menschen Priester von seinem Amt. Teilweise gelingt das sicherlich, aber eben nicht vollkommen. Die Inszenierung wirkt immer, in jedem Gottesdienst, bei dem ein Priester oben im Altarraum steht.

Diese Inszenierungen sind mächtig, und keiner hat um diese Macht in den letzten Jahrzehnten so gut gewusst wie Papst Johannes Paul II. Dass er als junger Mann als Schauspieler in einem Theater tätig war, ist sicherlich kein Nachteil gewesen. Wenn man die Bilder von diesem Papst sieht, wie er mit wehendem Gewand tief im Gebet versunken bei einer Massenveranstaltung steht: das ist wirklich hohe Kunst, und das meine ich wirklich ohne jede negative Konnotation. Ich hatte Johannes Paul II. zum ersten Mal live bei seinem Deutschlandbesuch im Mai 1987 im Gelsenkirchener Parkstadion gesehen. 90.000 Menschen. Ich war 12 Jahre alt und war noch nie mit so vielen Menschen an einem Ort gewesen. Ich erlebte einen Papst, der es meisterhaft verstand, mit diesen Menschenmassen umzugehen. Alleine einen einzigen Menschen sprechen zu hören und 90.000 hören still dabei zu: es ist gigantisch. In meiner Zeit in Rom erlebte ich den Papst öfter bei öffentlichen, aber auch nichtöffentlichen Veranstaltungen. Seine Krankheit war bereits sichtbar, hat ihn aber noch nicht wesentlich behindert. Was mir in dieser Zeit auffiel und was sich in den nächsten Jahren noch einmal steigern würde, war die Inszenierung dieser Krankheit, die Inszenierung einer Schwäche, um auf eine Stärke hinzuweisen. Der Papst wurde immer gebrechlicher, als Person und Mensch immer schwächer. In dieser Schwäche hielt er aber an seiner großen Rolle fest und machte damit diese Rolle umso stärker.

In Rom erwirbt man sich ein Gefühl für die Macht der Inszenierung. Die ganze Stadt mit ihren Kirchen und kirchlichen Palästen ist bereits eine Inszenierung. Die Liturgien in den großen, prachtvollen Kirchen der Stadt sind Inszenierung eines bestimmten Bilds von Kirche. Inszenierung ist erst einmal nichts Negatives, sie sind eine Fokussierung der Realität auf eine bestimmte Botschaft. Leider kann diese Fokussierung auf einen bestimmten Aspekt der Realität dazu dienen, andere Aspekte der Realität auszublenden. Auch darin ist die Kirche unerreichte Meisterin. Auch das lernt man in Rom.

An einem relativ frühen Zeitpunkt meiner römischen Zeit kam ich bei meinen Spaziergängen durch die Stadt zufällig in die Kirche „La Maddalena", ein wunderschönes Rokoko-Kirchlein in der Nähe des Pantheons. Die Kirche ist im Besitz des Kamillianer-Ordens, und das sollte Auswirkungen für meinen Besuch dieser Kirche haben. Ich betrat die relativ dunkle Kirche, schaute wie bei Barock- und Rokokokirchen üblich erst einmal nach oben, zum Deckengemälde, und ging durch den Mittelgang weiter nach vorne, um mich dann irgendwo mittig in die Bank zu setzen und in Ruhe zu schauen und die wunderschöne Kirche auf mich wirken zu lassen. Auf einmal setzte sich jemand neben mich. Ich drehte mich um und sah einen Kamillianer-Mönch, vielleicht Ende 20, der mich freundlich anlächelte. Ich nickte ihm höflich zu, und er fragte mich, wie es mir geht und woher ich kommen würde. Ich stellte mich kurz als deutschen Seminaristen vor, der seit kurzem hier in Rom leben würde. Der Mönch war entzückt und lobte mein schon sehr gutes Italienisch, seines sei leider nicht so gut. Er stammte aus Kolumbien und sei ebenfalls noch nicht lange in Rom. Wir plauderten ein bisschen weiter, und er fragte mich, ob ich ihm nicht ab und zu etwas Italienisch beibringen könnte. Ich war in diesem Augenblick eher zögerlich, da ich wenig Lust hatte, mir eine solche Verpflichtung ans Bein zu binden. Abgesehen davon meldete mir mein Instinkt, dass irgendwas komisch war. Wir plauderten noch ein bisschen und dann verließ ich die Kirche, verbunden mit dem Versprechen, mal wieder vorbeizuschauen, wenn ich in der Nähe sei. Das war kurze Zeit später der Fall, und ich ging in die Kirche, warum auch immer. Wahrscheinlich vor allem aus dem normalen Interesse heraus, nette Leute kennenzulernen und nett war der Kerl, keine Frage. Wie der Zufall es will, war er auch in der Kirche und freute sich, mich wieder zu sehen. Er umarmte mich und wir setzten uns hin. Dann fragte er mich beiläufig, ob es nicht besser wäre, wenn wir in einen der hinteren Räume gehen und ein bisschen quatschen wollten. Ich stimmte zu, warum auch nicht. Als wir nach hinten gingen, sagte er noch fröhlich, wie schön das wäre, dann könnte man ja etwas Italienisch üben. Als wir in diesem Raum ankamen, umarmte er mich noch einmal, was ich dann doch etwas befremdlich fand. Als dann seine Hände begannen, meinen Körper zärtlich abzutasten, war ich einige Sekunden vor Schreck wie gelähmt. Als er mich dann am Hals küsste, war diese Schockstarre jedoch vorbei. Es war jetzt eindeutig, was er wollte. Und was ich nicht wollte. Ich drückte ihn energisch weg und meinte, dass ich nun gehen müsse. Er lächelte, schaute mich dabei so treu an wie ein Dackel und meinte: „Schade, vielleicht sehen wir uns ja wieder." Ich schaute ihn an, sagte kein Wort und verließ den Raum. Die Kirche „La Maddalena" habe ich seitdem nicht mehr betreten.

Faktisch ist in dieser Episode nicht viel passiert, außer, dass ich einen homosexuellen Annäherungsversuch abgewehrt habe. Und trotzdem hatte dieses Erlebnis damals bei mir eingeschlagen. Weniger wegen der Handlung an sich als vielmehr wegen dieser Selbstverständlichkeit, mit der ein katholischer Priester sich in seiner Kirche jeden Tag Frischfleisch einsammelt. Ich kannte Homosexualität bereits aus dem Priesterseminar in Bochum. Wie berichtet, sind dort wegen einer homosexuellen Erpressungsgeschichte mehrere Leute aus dem Haus entfernt worden. Natürlich war Homosexualität auch weiterhin ein Thema. Vermutlich, so munkelte man über gewisse Leute, gab es auch weiterhin homosexuelle Beziehungen in unserem Priesterseminar. Das lief aber versteckter und subtiler ab. Nicht so dreist. Nicht so offensichtlich. Nicht so selbstverständlich. Nicht durch einen Priester. Dieser Mönch hatte mir – in durchaus schmerzhafter Weise – einen Schleier von den Augen gerissen, der mich bisher an solche Dinge nicht hatte glauben lassen. Die ich aber jetzt überall wahrnahm. Dieser Mönch war leider kein Einzelfall.

Rom wimmelte von Seminaristen und Priestern, gerade auch jungen Priestern. Viele von denen waren ausgesprochen gut aussehend: gut gekleidet, sehr gepflegt, besaßen sehr charmante und höfliche Umgangsformen. Dabei schwang oft auch ein Hauch Erotik mit. Rom ist wahrscheinlich der einzige Ort auf der Welt, an dem man Kalender mit jungen, erotischen, schwarz gekleideten Priestern erwerben kann. Viele Seminaristen und Priester hatten eine sehr erotische Ausstrahlung in ihren oft femininen Bewegungen, in der zärtlichen Art, wie sich beiläufig berührten, in der Art, wie sie sich umarmten, im Händchenhalten im Restaurant. Bemühten sich im heimatlichen Bochum die Seminaristen darum, ihre Homosexualität zu verbergen und zu verstecken, wurde sie in Rom in einer für mich sehr verstörenden Art und Weise ausgelebt: in den Kirchen, an der Universität, im Restaurant, im Vatikan. Ohne sich dabei an irgendeine Öffentlichkeit zu stören oder um irgendeine Diskretion zu bemühen. Es war völlig normal, dass Priester in Priesterkleidung zum Schwulenstrich gingen. An der Gregoriana wurde uns jüngeren Semestern angeboten, dass wir uns liebevoll an einen bestimmten Bischof wenden und ganz besonders lieb zu ihm sollten, wenn wir in Rom bleiben und Karriere machen wollten. Man sah diese Dinge nicht sofort. Was man sofort sah, waren irgendwie infantil bis homophil anmutende Verhaltensweisen vieler gut aussehender Kleriker. Da konnte etwas hinterstecken, musste aber nicht. Mit der Zeit fiel einem aber die Häufung auf, und man sah genauer hin. Und kam dann aus dem Staunen nicht mehr heraus, weil man auf Netzwerke stieß, die bis in höchste und allerhöchste kirchliche Kreise hineinreichten. Bischöfe und Kardinäle im Vatikan waren Teil dieser Netzwerke und vergaben aus diesen Netzwerken heraus zahlreiche Posten in den vielen kirchlichen Verwaltungen, die tausenden Priestern in Rom Arbeit und Macht schenkten.

Um es klar zu sagen: es geht nicht darum, Homosexuelle zu verurteilen. Warum sollen Männer die Erfüllung ihrer sexuellen Wünsche nicht in anderen Männern sehen und sie lieben? Nur ging es hier nicht um Liebe, sondern brutal gesagt um Triebabfuhr und um Macht. Die sexuellen Beziehungen waren das Bindeglied von Machtstrukturen. Man konnte über die sexuelle Beziehung in diese Machtstrukturen eintreten und so an ihnen partizipieren. Das hatte mit Liebe oder Partnerschaft überhaupt nichts zu tun. Zudem war auffallend, dass vor allem konservative Seminaristen und Priester Teil dieser Netzwerke waren. Diese Männer hatten wenig Hemmungen, im Restaurant miteinander Händchen zu halten, waren aber paradoxerweise öffentlich die größten Kämpfer für die katholische Verurteilung von Homosexualität und für die Beibehaltung des Zölibats. Und da war es für mich durchaus verstörend, dass Geistliche, von denen ich wusste, dass sie Teil dieser Netzwerke waren und ihre Homosexualität ansonsten mehr oder weniger öffentlich zelebrierten, gleichzeitig jede homosexuelle und jede sexuelle Handlung überhaupt aufs Übelste verdammten. Wie ging das zusammen?

Ich konnte mir auf diese Dinge nicht so recht einen Reim machen. Ich habe damals aber mit niemanden über diese Dinge gesprochen. Nicht mit meinen Eltern, nicht mit Freunden, mit keinem. Schließlich war es ja nach wie vor mein Wunsch, Priester zu werden. Da wollte ich nicht das mit Dreck beschmutzen, was ja meine Zukunft sein würde. Welche Fragen hätten meine Eltern oder meine Freunde hinsichtlich der Kirche gestellt, wenn ich ihnen das erzählt hätte? Was hätten sie über meine Zukunft in dieser Kirche gedacht? Diese Fragen wollte ich mir ersparen. Für mich war klar, dass ich nicht Teil dieser Netzwerke werden wollte. Sollen die machen, was sie wollen, das ist ihre Geschichte und hat mit mir nichts zu tun. So schloss ich diese Dinge damals für mich ab.

Diese Dinge verfolgten mich nicht jeden Tag. Ich konnte mein Leben in Rom genießen und auch zur Universität gehen, ohne Angst haben zu müssen, von einem bösen Priester um die Ecke gezogen und vergewaltigt zu werden. Aber diese Dinge waren trotzdem sehr präsent und schwangen einfach mit, wenn man sich im kirchlichen Raum bewegte. Die an sich perfekten liturgischen und zeremoniellen Inszenierungen bekamen etwas Dunkles, weil ich nach einiger Zeit eben auch das wahrnahm, was hinter diesen Inszenierungen steckte: nämlich Menschen, deren Schattenseiten ich immer mehr kennenlernte.

Eines Tages hörte ich, dass die Kirchengemeinde, in der ich wohnte, in der folgenden Woche an einem Abend einen sehr speziellen Gast haben würde, der sofort mein Interesse weckte: Gabriele Amorth, dessen Namen nicht nur düster klang, sondern der sich auch mit dem Düsteren an sich beschäftigte: er war der Exorzist von Rom. Mit dem Thema Exorzismus verbindet man gemeinhin irgendwelche Horrorfilme und ist vielleicht mit einem gewissen Gruseln erleichtert darüber, dass diese Dinge in der katholischen Kirche mittelalterlich und längst vorbei sind. Das stimmt nicht ganz.

Ein Exorzismus ist ganz allgemein ein Gebet oder eine Handlung, um Gott zu bitten, einen Menschen aus der Hand des Bösen zu befreien. Dies betrifft sehr viele Gebete, die ständig in der katholischen Kirche auftauchen und die gar nicht weiter auffallen: etwa die Bitte im Vater Unser („erlöse uns von dem Bösen") oder das Exorzismus-Gebet im Taufritus. Diese Gebete sind sehr unauffällig und werden überhaupt nicht in Verbindung gebracht mit dem, was man sonst unter einer „Teufelsaustreibung" verstehen würde. Neben diesen Gebeten, die man „Kleinen Exorzismus" nennt, gibt es aber auch den „Großen Exorzismus", den nur besonders ausgebildete und besonders beauftragte Priester durchführen dürfen. Hierbei geht es tatsächlich um Teufels- und Dämonenaustreibung in engerem Sinne. Bis zu diesem Zeitpunkt hatte ich noch keinen Kontakt mit dieser Praxis gehabt, abgesehen von einer italienischen Familie in Deutschland, die mir begeistert davon berichtet hatte, dass ihre kleine Tochter früher immer panische Zustände in der Nähe von Kirchengebäuden bekam, wovon sie durch einen Exorzisten in Italien geheilt worden wäre. In Deutschland gab es zu meiner Zeit als Student zwei Exorzisten, einen in München und einen in Frankfurt. Der Exorzismus war also in Deutschland kein größeres Thema, wobei 1976 der Tod der 22jährigen Anneliese Michel bei einem Exorzismus zumindest kurzzeitig für großes Aufsehen sorgte – zumal die Begebenheit im Film „Requiem" publikumswirksam dargestellt wurde. Anders als in dem eher distanzierten Mitteleuropa sah die Situation in anderen Ländern aus. In Italien beispielsweise gab es etwa 200 Exorzisten, die tätig waren.

Gabriele Amorth war der Superstar der Exorzisten. Zeit seines Lebens kämpfte er für die kirchliche und öffentliche Anerkennung des Exorzismus. Hierbei berief er sich insbesondere auf die biblischen Zeugnisse, die von Dämonenaustreibungen erzählen. 1992 hatte er mit einigen anderen Priestern die Internationale Exorzistenvereinigung gegründet, deren Vorsitzender er wurde und die später auch vom Vatikan offiziell anerkannt wurde. Im Laufe seines Lebens hatte Amorth nach eigenem Bekunden etwa 70.000 Austreibungen durchgeführt.

Dieser Mann war also in meiner römischen Kirchengemeinde San Roberto Bellarmino an der Piazza Ungheria für einen Abend angekündigt, und natürlich weckte diese Veranstaltung sofort mein Interesse: Was ist das für ein Mann? An diesem Abend war ein etwa einstündiger Vortrag von Amorth vorgesehen. Vor seinem Vortrag fand noch ein gemeinsames Gebet statt, das als „Gebet zum Heiligen Geist" angekündigt war. Pünktlich war ich in einem Raum des Gemeindezentrums, zusammen mit vielleicht 20 bis 30 Personen. Dann begann die Gebetsstunde, die aus einzelnen Gebeten, Texten und Liedern bestand. Die Art und Weise, wie sie vorgetragen wurden und wie einige auf sie reagierten, war mir völlig neu: Trance und „Zungenreden". Das Zungenreden ist eine Praxis, von der vor allem Paulus im Neuen Testament berichtet: es ist das Sprechen fremder, unbekannter Sprachen durch die Gabe des Heiligen Geistes. Konkret ist es allerdings ein Lallen oder Brabbeln, das einen tranceähnlichen Zustand begleitet. Genau das geschah nun mit einigen in jener Gebetseinheit zum Heiligen Geist. Ich hatte Derartiges weder bisher erlebt, noch damit an diesem Abend gerechnet. Erstaunt sah ich, wie immer mehr Leute neben mir lallend und verzückt zusammenbrachen. Ich war mehr als irritiert und schaute genauso erschrocken wie interessiert auf das, was sich um mich herum abspielte. Dieser tranceartige Zustand trat nur bei einer Minderheit der Anwesenden ein. Die anderen Personen, die bei klarem Bewusstsein blieben, schienen derartige Dinge aber schon öfter erlebt oder selbst erfahren zu haben.

Diese aufgeladene Stimmung nahm dann langsam ab. Es kam eine Pause, nach der Gabriele Amorth den Raum betrat. Ich hatte ihn nie vorher gesehen. Es waren noch nicht die Zeiten des Internets, in denen man jeden Namen und jedes Gesicht herausfinden kann. Hätte man mich vorher gefragt, was für einen Menschen ich mir unter Amorth vorstellen würde, so hätte ich auf eine Mischung des Großinquisitors von Dostojewski und dem Bibliothekar aus „Der Name der Rose" von Umbero Eco getippt. Genau so ein Mensch betrat nun den Raum, nur in echt. Er war etwas über 70 Jahre alt, sah aber deutlich älter aus. Er bewegte sich eher schleppend. Auf seinem haarlosen Schädel spiegelte sich das Licht der Lampen, sein Gesicht war weniger von vielen kleinen Falten als vielmehr von großen Furchen durchzogen. Er sah dennoch nicht bedrohlich aus, freundlich grüßte er an der Türe einen Herrn, der ihn empfing. Aber selbst in diesem freundlichen Gruß kam rüber, dass diese Freundlichkeit etwas Erzwungenes hatte, etwas Anerzogenes. Man spürte irgendwie, dass dieser Mensch litt, an der Welt und an allem litt. Es war ein gewisser Missmut, eine Unzufriedenheit zu spüren, dass er überhaupt auf dieser Welt war. Langsam ging er zum Rednerpult, begann mit irgendwelchen Allgemeinplätzen, kam aber schnell zum eigentlichen Thema: dem Exorzismus. Er hielt sich nicht lange mit den biblischen Begründungen auf und ging zügig dazu über, das Wirken des Teufels in unserem Leben zu beschreiben. Kurz gesagt: er ist überall. Ob wir ein Stück Schokolade essen, einen schönen Film schauen oder ob wir Sex haben wollen: immer steckt der Teufel mit seinen Versuchungen dahinter. Das ganze Leben des Menschen ist ein einziger Kampf gegen diese Versuchungen. Danach folgte ein Rundumschlag gegen Coca-Cola, die Filmindustrie, die Politik, die Pornographie und die Moderne an sich. In allem verbirgt sich der Teufel und will uns von Gott wegziehen. Amorth entwarf das Panorama eines furchtbaren und allumfassenden Kampfes gegen den Teufel, bei dem er an der Spitze steht – mit Mut und Beharrlichkeit. Man sah Amorth an, dass dieser ewige Kampf Spuren hinterließ, man sah ihm aber auch an, dass ihm das egal war. Ich hörte ihm zu und fragte mich die ganze Zeit, wie ein Mensch psychisch überhaupt in der Lage sein kann, sein ganzes Leben als einen solchen Kampf zu begreifen. In jeder Sekunde die Macht des Versuchers zu spüren. Ich war gar nicht mal so sehr darüber entsetzt, was er da konkret mit den einzelnen Menschen im Exorzismus machte – darüber sprach er kaum –, sondern darüber, wie düster ein Leben aussehen muss, das von solchen Parametern bestimmt ist. Wie kann man glücklich werden, wenn alles, was uns glücklich macht, irgendwie vom Teufel ist? Teilweise wurde es nahezu absurd, wenn er etwa davon erzählte, dass er sich täglich mit dem Teufel unterhalten würde: er auf Latein, der Teufel auf Italienisch. Verstanden haben sich beide anscheinend trotzdem. Nach dem Vortrag ging ich langsam nach Hause – fest entschlossen, dem Teufel nachzugeben und ein leckeres Pastagericht zu kochen, einfach um zu genießen.

Dieser Abend hat mich noch lange beschäftigt, gerade auch die Trancezustände während der Gebetszeit vor dem Vortrag. Es war einerseits faszinierend, weil es die Urzeiten der Religiosität zum Klingen brachte. Vor Jahrtausenden bereits haben sich Schamanen ekstatisch mit dem Göttlichen vereint und dabei ihr Bewusstsein verloren. Und gerade diese Bewusstlosigkeit war Ausdruck ihrer Nähe zum Göttlichen: der Schamane war nicht mehr in unserer Welt, er war in der anderen Welt. Die berühmte Pythia des Orakels in Delphi brabbelte und lallte irgendwelche Verse, aber genau diese unverständlichen Verse waren der Wille der Götter. Diese uralten religiösen Mechanismen greifen auch noch heute. Das mitzuerleben war ausgesprochen spannend, aber für mich auch verstörend. Ebenso verstörend wie das Weltbild von Gabriele Amorth und sein Kampf gegen den Teufel. Man darf die Bedeutung dieses Kampfes für die Kirche nicht unterschätzen. Von diesem Kampf ist zwar in Deutschland nicht viel zu spüren, aber er ist sehr präsent in der katholischen Kirche und wurde in den letzten Jahrzehnten eher ausgeweitet als eingeschränkt. Wenige Jahre nach meinem Aufenthalt in Rom verfügte Johannes Paul II., dass zukünftig in jedem Bistum auf der Welt mindestens ein Exorzist tätig sein soll. Sein Nachfolger, Ratzinger bzw. Benedikt XVI., setzte diese Pläne dann in die Tat um und ließ tausende neue Exorzisten ausbilden. Der aktuelle Papst Franziskus spricht ebenfalls sehr oft vom Teufel, der die Kirche in Bedrängnis bringen würde. Der Exorzismus bzw. der Kampf gegen den Teufel ist ein historischer Bestandteil der Kirche, der vielleicht in Deutschland nicht mehr auffällig ist, aber von Rom her eindeutig wieder gefördert wird und als wichtiger Teil der Remissionierung des atheistischen Europas gesehen wird. In diesem Kampf oder vielmehr: in diesem Weltbild dahinter stecken zwei große Gefahren für die Kirche: einerseits einen intensiven Kampf zu führen, den man nicht gewinnen kann, andererseits die Krise oder die Niederlagen der Kirche als Teil dieses Kampfes zu sehen und zu vieles dem Teufel anzulasten, anstatt bei sich selbst nach Fehlern zu suchen.

Rom ist gigantisch. Und die Kirche in Rom ist auch gigantisch. Es sind die Paläste und die Kirchen. Es sind die Massen an Priestern, Ordensleuten und geistlichen Gemeinschaften. Die Kirche ist omnipräsent und sie erzeugt ein Gefühl von Macht, Ewigkeit und Unvergänglichkeit. Doch darin liegt auch eine Gefahr, weil diese Realität mehr Inszenierung ist als der Kirche lieb sein kann. Die Kirche befindet sich in einer objektiven Krise, aber die ist in Rom kaum spürbar. Kann sie vielleicht auch gar nicht sein in diesem Umfeld. Kann ein Papst ein Gefühl für die Schwere einer Krise bekommen, wenn er in Gold durch den vollen Petersdom zieht? Wenn Zehntausende ihm zujubeln? Kann ein römischer Prälat aus der päpstlichen Verwaltung ein Gefühl für die Krise bekommen? Rom ist Geschichte pur. Rom war irgendwie schon immer. Rom ist die ewige Stadt. Und die tiefe Verbindung der katholischen Kirche mit dieser Stadt macht ihr klar, dass sie selbst auch ewig ist. Das macht unflexibel und unsensibel, wenn Flexibilität und Sensibilität gefragt wären. Wie beispielsweise in einer Krise. Die ist bei genauem Hinsehen auch in Rom durchaus spürbar. Auch dort werden immer weniger Priester geweiht. Auch dort werden die Kirchen immer leerer. Doch all das ist überlagert von einer gigantischen Inszenierung, der man nur schwer entkommen kann oder vielleicht gar nicht entkommen will.

Die Kirche lebt in und auch von einer Inszenierung. Diese Inszenierung kann ein derartiges Übergewicht gewinnen, dass sie zum Selbstzweck wird, dass die Realität nicht mehr gesehen wird, weil eine eigene Realität, eine eigene Wahrnehmungsblase aufgebaut ist. Das gilt nicht nur für den Papst und den Vatikan. Ende der 1980er Jahre wurde der damalige Bischof von Essen, Franz Hengsbach, darauf hingewiesen, dass man etwas tun müsse, weil die Kirchen immer leerer würden. Seine Antwort? „Meine Herren, das kann ich nicht nachvollziehen. Wenn ich irgendwohin komme, sind die Kirchen immer voll." Welche Chance hat ein Papst, die Realität wahrzunehmen, welche Chance ein Bischof? Die Kirche in Rom zeigt sich in einer ungeheuren Größe und Macht. Aber diese Inszenierung steht auf sehr wackligen Füßen, weil die Symbole, die die Kirche gebraucht, um sich zu inszenieren, nicht mehr eine Realität abbilden wie in der Zeit, in der sie entwickelt wurden. Sie weisen auf eine Zeit hin, die eigentlich längst vergangen ist. Zumindest außerhalb dieser kirchlichen Binnenwelt. Aber diese Binnenwelt kann nicht ewig nur als Binnenwelt existieren. Irgendwann schlägt die Realität zu.

Ich erinnere mich noch an einen Empfang beim belgischen Botschafter, zu dem ich dank eines mir bekannten Priesters Zugang erhielt. Es war ein alter Palazzo in der Innenstadt in der Nähe der Piazza Navona, der nach außen dreckig und verkommen aussah, innen aber außerordentlich prachtvoll war. Diese Pracht war nicht nur die vergangener Zeiten. Als ich am Buffet stand (das erste Mal in meinem Leben, das ich mich an Kaviar wirklich satt essen konnte), fielen mir an der Wand bemalte Fliesen auf, die mich an Andalusien erinnerten, wo ich kurz zuvor gewesen war. Ich sprach den Botschafter darauf an und er bestätigte mir, dass er diese handgemalten Fliesen aus Andalusien hat kommen lassen. Was mir an diesem Abend allerdings am meisten auffiel, war nicht etwa die vielleicht etwas übertrieben kostspielige Ausstattung des Palazzos, sondern die Masse an schwarzgekleideten Priestern, die den Hauptteil der Gäste ausmachte. Es war für mich völlig fremd, dass bei einem Empfang eines Diplomaten nicht mehrheitlich Diplomaten, Politiker oder Wirtschaftsleute anwesend waren, sondern katholische Priester, die sich lachend und schmatzend durch den Abend amüsierten. Dieser Abend verriet mehr über die Situation der katholischen Kirche in Rom als so manche Barockkirche. Die ist Vergangenheit, diese Priester waren Gegenwart. Und trotzdem hatte ich das Gefühl, einer Welt beizuwohnen, die an ihr Ende geraten ist.

Das deutlichste Kennzeichen dieser Brüchigkeit der kirchlichen Welt war für mich der erschreckende moralische Zustand der Kirche: Homophobe Schwulen-Netzwerke, Korruption, Postengeschacher. Nun hat es diese Dinge immer in der Kirche gegeben. Die Geschichte der Kirche ist voll von ihnen. Gerne wird hier auf eine alte Erzählung verwiesen. Vor ein paar hundert Jahren habe ein Jude darüber nachgedacht, zum katholischen Glauben überzutreten. Vorher jedoch, so teilte der Jude seinen katholischen Freunden mit, wolle er nach Rom gehen und sich die Kirche dort ansehen. Den katholischen Freunden, die Rom kannten, schwante Übles. Gespannt warteten sie auf die Rückkehr ihres Freundes. Der kam wieder mit folgender Nachricht: „Ich bin nach Rom gefahren. Es war ein einziger Ort der Sünde. Der Papst hatte mehrere Kinder, die Kardinäle waren korrupt, die Priester gingen zu Huren. Aber ich werde ka tholisch. Eine Religion, die das aushält, muss die wahre sein!" Dieses nette Geschichtchen bezieht sich auf die Tatsache, dass die katholische Kirche trotz aller moralischen Verfehlungen in der Vergangenheit alle Krisen überstanden hat und auch nach 2000 Jahren noch existent ist. Das ist zwar korrekt, verkennt aber die Tatsache, dass die Kirche im Laufe ihrer Geschichte sehr oft gezwungen war, auf Krisen zu reagieren und sich auch immer wieder verändert hat, zumindest innerhalb eines gewissen Rahmens. Es gab immer wieder neue Aufbrüche, die altes Fehlverhalten zumindest ein Stück weit korrigiert haben. Die Kirche wurde nicht alt, weil sie alles laufen ließ und die Hände in den Schoß legte. Mit dieser Haltung hätte sie weder den Untergang des römischen Reiches noch die Reformation überstanden. Die Geschichte der Kirche – gerade wie sie sich in Rom darbietet – ist nicht nur die Erzählung der ewigen Kirche, sondern auch die der wandlungsfähigen Kirche. Bei allem Entsetzen über den aktuellen Zustand der Kirche hat mich dies in Rom beruhigt.

Einer meiner Lieblingsorte in Rom, der für vieles steht, was die römische Kirche im Guten wie im Schlechten ausmacht, ist das Kloster Santi Quattro Coronati im Süden Roms, das sich abseits der großen Touristenströme befindet. Es liegt auf dem Caelius-Hügel, etwa auf halber Strecke zwischen dem Lateran und dem Kolosseum an der nach dem Kloster benannten Straße SS. Quattro. Diese Straße ist heute nicht sehr stark befahren und eher unbedeutend, im Mittelalter war sie allerdings eine der wichtigsten Verbindungen in der Stadt: die Via Papalis, die Prozessionsstraße, die von der Lateranbasilika ins Zentrum und von dort aus zum Vatikan führte. In jener Zeit war diese Gegend nahezu unbesiedelt. In der ehemaligen Millionenstadt Rom lebten im 9. Jahrhundert vielleicht noch 15-20.000 Menschen in einem engen Gebiet an der Tiberschleife, in den Vierteln um die Piazza Navona und den Campo de' Fiori. Der Rest war unbesiedelt, nur einzelne Klöster und Gärten waren in diesen Gebieten zu finden, die aber noch immer innerhalb des mittlerweile viel zu großen antiken Mauerrings lagen. Eines dieser alten Klöster ist das Kloster Quattro Coronati, das von außen wie eine klobige Burg aussieht und mit einem wuchtigen Wehrturm versehen wurde, um die Via Papalis in dieser verlassenen Gegend vor Banditen zu schützen. Man betritt das Kloster, in dem noch heute Augustiner Chorfrauen leben, durch das Tor im Turm und durchquert einen Innenhof. Im zweiten Innenhof geht man durch eine Türe auf der rechten Seite und betritt einen großen, leeren Raum, in dem sich auf der linken Seite ein verschlossenes Fenster zu den eigentlichen Klosterräumen befindet. Man muss dort klingeln, sagen, dass man in die „Cappella San Silvestro" gehen will und bekommt von einer Nonne einen Schlüssel in die Hand gedrückt, gegen eine Spende natürlich. Gegenüber ist eine große Türe, die man öffnet und durch die man nun die Kapelle betreten kann. Die Kapelle ist benannt nach Papst Silvester I. und ist berühmt für die Freskenmalereien an den beiden Außenwänden, die aus der Mitte des 13. Jahrhunderts stammen. Sie erzählen die Geschichte von Papst Silvester I. und dem römischen Kaiser Konstantin I., dem ersten christlichen Kaiser auf dem Caesarenthron. Der Kaiser, so erzählt der Bilderzyklus, ist von einem Aussatz befallen. Im Traum erscheinen ihm die beiden Apostelfürsten Petrus und Paulus und befehlen dem Kaiser, für seine Heilung nicht wie geplant im Blut Neugeborener zu baden, sondern den im Exil lebenden Papst Silvester nach Rom zurückzuholen. Silvester kommt nach Rom zurück und wird von Konstantin empfangen, der vor ihm auf die Knie sinkt. Er lässt sich von Silvester taufen und wird in diesem Augenblick vom Aussatz geheilt. Wieder kniet der Kaiser vor dem Papst nieder und überreicht ihm die Herrschaftsinsignien der Stadt Rom, die von nun an vom Papst regiert werden soll.

Dies ist die Geschichte der berühmten „Konstantinischen Schenkung". Nichts an ihr ist wahr, außer dass die beiden handelnden Personen in der Tat um 300 gelebt haben. Insbesondere diese Schenkung, die Abtretung der Herrschaft über Rom an den Papst durch den ersten christlichen römischen Kaiser hat nie stattgefunden. Die Schenkung ist eine Fälschung von Mönchen, die vermutlich im 8. Jahrhundert in einem Kloster in der Nähe von Paris entstanden ist. Sie wurde anschließend jahrhundertelang von den Päpsten als wahr verkauft und rechtfertigte ihre Herrschaft über Mittelitalien, aber auch ihren Anspruch, über jeder weltlichen Gewalt zu stehen und über Könige und Kaiser herrschen zu können. Diese Legende hatte also eine riesige Auswirkung auf das Papsttum und damit auf die europäische Geschichte – was sie allerdings nicht wahrer macht. Diese Legende ist sehr repräsentativ für einen wichtigen Aspekt der Geschichte der Päpste und der römischen Kirche: sie ist immer wieder geprägt von einem zynischen und kalten Machtwillen, der eigentlich vor nichts zurückschreckt und mit einem biblischen Verständnis des Christentums, das von Demut und Nächstenliebe spricht, oft nur noch sehr marginal bis gar nicht verbunden ist. Die Geschichte des Papsttums ist die Geschichte von Machtpolitikern, die Kriege begonnen, ihre Feinde vergiftet, Andersdenkende verbrannt und ihre toten Vorgänger unter Umständen aus den Gräbern geholt und anschließend in den Tiber geworfen haben. Natürlich hat sich das Papsttum auch große historische Verdienste erworben, insbesondere in der Förderung der Künste und der Kultur. Diese Vorzüge dürfen aber nicht davon abhalten, auch auf die böse Seite, wirklich böse Seite der Päpste zu blicken, die in diesen Momenten ihren eigenen Ansprüchen in keiner Weise gerecht werden wollten und aus eigenem Machterhalt heraus über Leichen gingen. Rom ist voll von historischen Zeugnissen dieser Geschichte, und diese Stadt lehrt einen, auch diese böse Seite der päpstlichen Geschichte immer mitzudenken.

Doch das Kloster Quattro Coronati ist nicht nur das künstlerisch schönste Zeugnis der deftigsten Lüge der Kirchengeschichte. Ebenfalls am zweiten Innenhof angeschlossen ist die eigentliche Kirche des Klosters, die Basilika. Sie ist künstlerisch relativ wertlos und kann getrost schnell durchquert werden, um dann hinten links durch eine Türe in den Kreuzgang zu gelangen. Dieser Kreuzgang, der aus den Anfängen des 13. Jahrhunderts stammt, ist für mich einer der schönsten Orte in dieser Stadt. Der Gang selbst ist von schlanken Säulen getragen und umschließt einen kleinen, viereckigen Garten mit Orangenbäumen. In der Mitte dieses Gartens steht ein kleiner, aus einem einzigen Marmorblock gehauener Brunnen. Wenn es absolut still ist – immerhin verlaufen sich nur wenige Touristen hierhin –, kann man im Gang stehend das Plätschern dieses Brunnens vernehmen. Bis dahin wusste ich gar nicht, dass Wasser mal so und mal so fließen kann, aber das Hören dieses Plätscherns in diesem Kreuzgang schafft eine unglaubliche innere Ruhe. Das Getöse der Stadt ist auf einmal weit weg und man fühlt, wie sich in einem ein sehr tiefer Frieden ausbreitet. Dieser Eindruck ist unglaublich und mir von vielen anderen Menschen bestätigt worden.

Ich liebe diesen Ort, und auch er steht für einen wichtigen Aspekt der römischen Kirche. Diese uralte Kirche hat in ihrer langen Geschichte immer wieder großartige Zeugnisse eines tiefen christlichen Glaubens geschaffen. Dies gehört ebenso zur Geschichte der Kirche wie der zynische Machtwille der Päpste und der kirchlichen Hierarchie. Von beidem habe ich in Rom viel erfahren und lernen dürfen, und man wird der Kirche nicht gerecht, wenn man einen dieser beiden Aspekte ausblendet.

Scholastik

Ein Großonkel von mir lebte damals in Rom. Er war Professor und Priester des Opus Dei, einer geistlichen Gemeinschaft, die in den 1920er Jahren vom spanischen Priester Josemaría Escrivá gegründet wurde und weltweit etwa 90.000 Mitglieder hat. Das Opus Dei ist seit seiner Gründung sehr umstritten, da es ein sehr konservatives Weltbild vertritt, das von vielen Beobachtern als fundamentalistisch eingeordnet wird. Politisch wird dem Opus Dei nachgesagt, sich eher am rechten Rand zu engagieren und mit Leuten wie Franco oder Pinochet recht gut klargekommen zu sein. Fakt ist jedenfalls, dass Papst Johannes Paul II. und diverse konservative Bischöfe in Deutschland – wie Kardinal Meisner in Köln – das Opus Dei stark gefördert und Leuten des Opus Dei durchaus gute Posten verschafft haben. Das Opus Dei bemüht sich sehr um Diskretion und arbeitet viel im Verborgenen, ist aber ausgesprochen gut in politischen und gesellschaftlichen Kreisen vernetzt – eine Mischung, die schnell verdächtig macht, zumal man dem Opus Dei auch eine recht gute finanzielle Grundausstattung nachsagt. Ein bekannter Pfarrer von mir hatte in seiner Gemeinde im Ruhrgebiet eine Einrichtung des Opus Dei, die auch in der Jugendarbeit tätig war. Als sich besorgte Eltern an den Pfarrer wandten und darauf hinwiesen, dass ihre Tochter regelmäßig diese Einrichtung besuchte, antwortete dieser „beruhigend": „Machen Sie sich keine Sorgen! Für das Opus Dei ist Ihre Tochter nicht schlau genug und sind Sie nicht reich genug." Da mag viel Wahres dran sein. Ich muss gestehen, dass ich mit diesen Elementen an sich wenig Probleme habe. Sie sind natürlich Teil einer Elitenbildung. Mit der habe ich keine Schwierigkeiten, sie ist sogar notwendig: eine Organisation wie die Kirche muss eine Elitenbildung betreiben. Womit ich eher Schwierigkeiten habe, ist diese Diskretion, diese Geheimhaltung, diese Abschottung nach außen, die eben schnell an eine sektenähnliche Gemeinschaft erinnert und unweigerlich die Frage hervorruft, warum diese Geheimhaltung denn nötig ist.

Mein Großonkel war Mitglied dieser Gemeinschaft, aber keineswegs ein menschenfressendes Ungeheuer, sondern ein ausgesprochen netter und herzlicher Mensch. Er war es gewesen, der mir über seine Bekanntschaft mit Don Bruno die Wohnung in Rom besorgt hatte. Davon abgesehen, war es gerade für mich als Neuankömmling in Rom ein beruhigendes Gefühl, dass man einen

Verwandten in der Stadt hatte und nicht völlig fremd und allein war. Wir trafen uns regelmäßig, gewöhnlich zu einem Abendessen in irgendeinem Restaurant in der Innenstadt, manchmal besichtigten wir etwas, manchmal lud er mich auch zu Veranstaltungen des Opus Dei ein. Dies tat er nicht in der Absicht, mich für das Opus Dei anzuwerben. Da spürte er wohl, dass wir uns innerhalb der Kirche in unterschiedlichen Mentalitäten bewegten. Entsprechend haben wir uns immer sehr wenig über das Opus Dei oder über kirchenpolitische Fragen unterhalten. Wir respektierten beide die Grenze des anderen und wussten, dass der jeweils andere gute Gründe für seine Haltung hatte. Oft lud er mich vor dem gemeinsamen Abendessen zu einer Andacht in ein Haus seiner Gemeinschaft ein. Diese Andacht bestand gewöhnlich aus einer Stunde Anbetung (für die Nichtkatholiken: kniende Verehrung des in einer goldenen Monstranz ausgestellten heiligen Brotes, der Hostie), anschließend eine Vesper, oft mit einem kurzen geistlichen Vortrag. Diese Gebetseinheiten, aber auch die Gespräche und das Zusammensein mit einzelnen Mitgliedern des Opus Dei waren für mich ein Eintauchen in einen sehr klassischen Katholizismus, den ich in dieser Form ansatzweise von meinem Heimatpfarrer kannte, aber beispielsweise überhaupt nicht vom Priesterseminar oder der Universität in Bochum. Ich habe diese Gelegenheiten beim Opus Dei gerne wahrgenommen, um meine eigene Position in der Kirche und in der Theologie, meine eigene Spiritualität und mein eigenes Nachdenken über Gott zu hinterfragen. Ich war ja historisch durchaus interessiert und der Vergangenheit damit zumindest irgendwie positiv verbunden. Da lag es für mich nahe, diese konservativ-klassische Form für mich zu befragen, und das lag für mich in dieser Zeit in Rom zum einen deshalb nahe, weil dieser konservativ-klassische Geist in der römischen Kirche noch sehr präsent war, aber auch, weil das intellektuelle Niveau meiner Gesprächspartner beim Opus Dei und in seinem Dunstkreis oft deutlich höher war als ich es bisher in Deutschland von Konservativen kennengelernt hatte.

Beim Konservativismus – auch beim katholischen – gibt es einen bunten Strauß an unterschiedlichen Motiven. Es sind oft Nostalgie und Freude am Vertrauten – oft gepaart mit Angst vor dem Unvertrauten. Diese Gefühle sind verständlich und legitim, dürfen aber nicht zur Blockade dessen führen, was nötig ist. Neben mehr oder weniger eindeutigen Gefühlen gibt es auch rationale Begründungen, die von konservativen Katholiken angeführt werden. Diese theologischen Begründungen fußen eigentlich immer in der Scholastik bzw. in der in ihr verankerten Theologie. Die Scholastik ist eine im Mittelalter entwickelte Argumentationsführung, die inhaltlich auf die Philosophie des Aristoteles zurückgeht. Sie löste im Mittelalter die von Platon und Augustinus dominierte Theologie weitgehend ab. Mit Abstand bedeutendster Autor der Scholastik war Thomas von Aquin (1225-1274). Er war Dominikanermönch, und sein Weg zum Mönchtum – gerade zu diesem damals neumodischen Bettelorden – war alles andere als einfach. Seine adlige Familie hatte andere Pläne mit ihm und sperrte ihn in ein Turmverlies. Um seine geistige Grundmotivation in etwas körperlichere Bahnen zu lenken, schickte man auch eine Prostituierte in sein Verlies. Vergeblich. Thomas widerstand und blieb zumindest diesen körperlichen Genüssen gegenüber verschlossen. Dies galt jedoch nicht für andere körperliche Genüsse: sein Leibesumfang soll im Laufe der Jahre so umfangreich geworden sein, dass man in seinen Schreibtisch eine halbrunde Öffnung aussägen musste. Thomas von Aquin war der bedeutendste Theologe seiner Zeit und hat große Bücher hinterlassen, die bis heute zur theologischen Standardliteratur gehören. Am Ende seines Lebens, so wird berichtet, hatte er eine Vision, in der er Gott gesehen habe. Mit dem Satz „Alles, was ich bisher geschrieben habe, ist wie Stroh im Vergleich mit dem, was ich gesehen habe" schrieb Thomas bis zu seinem Tod keine einzige Zeile mehr. Er starb am 7. März 1274 im Zisterzienserkloster Fossanova, zwischen Rom und Neapel gelegen. Da bei seinem Tod bereits absehbar war, dass er als großer Heiliger in die Geschichte der Kirche eingehen würde, begann sofort nach seinem letzten Atemzug ein großer Kampf um seinen Leichnam: mit Waffengewalt musste sein Leichnam vor Reliquienjägern geschützt werden, die sich einzelne Körperteile sichern wollten.

Ich war von Rom aus oft in Neapel, wo ich hin und wieder die Kirche San Domenico Maggiore besuchte, in dessen Konvent damals Thomas gelebt hatte und wo noch vieles an ihn erinnert: man kann seine Zelle besichtigen, aber auch die Kapelle mit dem Kreuz, vor dem er jeden Tag gebetet hat. Ich war oft in dieser Kapelle und habe an sein Erlebnis einige Monate vor seinem Tod denken müssen: Gott gesehen zu haben und dann zu erkennen, dass das gigantische theologische Werk, das man in seinem Leben geschaffen hat, das schon zu seinen Lebzeiten als höchste und treffendste Beschreibung Gottes galt, eigentlich „nur Stroh" gegenüber dem ist, was Gott wirklich ist. Was bedeutete das für mich und meine eigenen intensiven Gehversuche in der Theologie? Was bedeutete das für meine Versuche, Gott über die Theologie näher zu kommen? Wie ich hatte auch Thomas sich intensiv mit Dionysius Areopagita beschäftigt, der zu seiner Zeit noch die Autorität als Apostelschüler besaß. Bereits vor diesem Erlebnis, Gott „geschaut" zu haben (was auch immer da genau passiert sein mag), hatte er bei der Erstellung seiner Werke bereits durch Areopagita ein Gefühl dafür, dass sie alle viel Wichtiges über Gott erzählen können, ihn aber nicht letztgültig aussagen können. Hinter dieser Haltung steckt viel Demut, die Thomas selbst gewiss hatte und um die ich mich auch immer bemüht habe: wir werden nie in der Lage sein, Gott so beschreiben zu können, wie er ist. Das darf uns nicht von Versuchen abhalten, dies zu tun, aber es bleiben Versuche. Diese Demut hatte Thomas, viele seiner Verehrer leider nicht.

Im 19. Jahrhundert gab es Überlegungen, Thomas zum definitiven Lehrer der Kirche zu ernennen. Das scheiterte zwar, aber immerhin wurde sein Werk zur „Grundlage der christlichen Philosophie" erklärt. Die Scholastik bzw. die Weiterführung in der Neuscholastik war bis zur Mitte des 20. Jahrhunderts die dominierende Schule innerhalb der katholischen Theologie. Diese Dominanz ist mittlerweile vorbei, aber gerade in konservativen Kreisen ist die scholastische Theologie noch immer von herausragender Bedeutung. Ich muss gestehen, dass ich nie eine große Leidenschaft für die Scholastiker entwickeln konnte, die mir oft als äußerst spröde Begriffsakrobaten erschienen („Wie viele Engel passen auf eine Nadelspitze?"). Aber das ist ja kein Beweis dafür, dass der Inhalt schlecht ist. In Bochum hatte mir Geerlings die Lektüre moderner scholastischer Dogmatiken empfohlen, wie etwa die von Ludwig Ott („Mit Ott zu Gott"), da diese – abseits von der Frage, ob man ihre Lehre heute noch vertreten kann – hervorragend geeignet seien, ein grundlegendes Verständnis für die Fachbegriffe und für das System der klassischen Dogmatik zu gewinnen. Auch diese Empfehlung hat in mir keine große Leidenschaft ausgelöst, auch wenn ich meinen Ott gelesen habe und mich durchaus mit mittelalterlichen Scholastikern wie Thomas von Aquin, Anselm von Canterbury, Johannes Scottus Eriugena oder Petrus Abaelardus beschäftigt hatte. Bevor ich nach Rom gegangen war, hatte ich diese Leute eher beiläufig zur Kenntnis genommen. Nun, in Rom, wurde ich immer wieder auf diese Theologen gedrängt, weil das Ergebnis ihrer

Theologie mir jeden Tag über den Weg lief – in Form von konservativen Seminaristen und Priestern, in Form eines bestimmten Bildes von Kirche, das in Rom überall präsent ist.

Man hat der scholastischen Theologie oft eine gewisse Theorielastigkeit vorgeworfen. Diese ist kein Zufall und auch nicht nur eine methodische Frage, sondern ist vor allem Konsequenz ihres Inhalts, namentlich der aristotelischen Metaphysik. Was ist die Metaphysik? Sie ist das große Streitthema der Philosophiegeschichte, das uns jetzt seit 2500 Jahren noch immer nicht in Ruhe lässt. Der Name verdankt sich dem gleichnamigen Buch des Aristoteles. Viele Jahre nach seinem Tod wurden seine Werke geordnet, und das bis dahin unbenannte Buch, das man buchstäblich hinter der „Physik" einsortierte, heißt seitdem „Metaphysik", „hinter der Physik" („*ta meta ta physika*"). Die Deutung dieses Titels ging schnell dahin, dass sie eben die Dinge zum Thema hat, die nicht in einer naturwissenschaftlichen Physik bearbeitet werden können und eben hinter bzw. jenseits der Physik sind. Es geht um die ganz großen Themen: Was ist Gott? Was ist die Welt? Gibt es ewiges Leben? Was ist die Seele? Was ist Sein?

Diesen Fragen geht die aristotelische (und damit auch die scholastische) Metaphysik gewöhnlich deduktiv nach: aus dem großen Allgemeinen wird auf das kleine Konkrete geschlossen. Die Frage ist nun natürlich, was genau das große Allgemeine ist, und diese Frage ist für konservative Katholiken relativ eindeutig: der katholische Gott bzw. der Gott, wie ihn die katholische Kirche verkündet. Er ist die Grundlage jeder Aussage über die Welt. Was kann man über Gott und die Welt sagen? Hier trifft Aristoteles in seiner Metaphysik eine wichtige Aussage: eine Sache ist in ihrem Wesen unveränderlich. Das, was wir an einer Sache – und in der ganzen Welt – als veränderlich wahrnehmen, ist nur etwas Äußeres und Nebensächliches, das das Wesen einer Sache nicht betrifft.

Hieraus werden oft zwei Dinge gefolgert, die beide durchaus folgenschwer für die Kirche sind. Das eine: wenn Gott mit den aristotelisch-scholastischen Attributen als eins, unteilbar, ewig und unveränderlich bezeichnet wird, ist es faktisch unmöglich, die in der Bibel erzählte Geschichte Gottes nachzuvollziehen. Dort wird berichtet, wie Gott handelt, wie er zu den Menschen spricht, wie er agiert und reagiert, wie er Gefühle zeigt, wie er zornig wird, wie er besänftigt wird, wie er Mensch wird. Wie sind diese Veränderungen Gottes mit seiner absoluten Unveränderlichkeit in Einklang zu bringen? Welchen Sinn hat es dann, zu diesem Gott zu beten und beispielsweise um die Hilfe Gottes zu bitten, wenn ja ein helfendes Eingreifen Gottes eine Veränderung bedeuten würde, die es seitens Gottes nicht geben kann? Diese Dinge sind faktisch unlösbar. Abgesehen von den spirituellen Herausforderungen ergibt sich noch eine weitere Schwierigkeit aus der Ewigkeit und Unveränderlichkeit des Wesens Gottes und der Welt: Veränderungen im Gottes- und Menschenbild werden zu einem Verrat am Wesen Gottes und der Welt. Wenn auf einmal eine neue Theorie über Gott oder die Welt auftaucht, die nicht als eine Weiterführung der bisherigen Theorien verstanden werden kann, ist sie logisch nicht integrierbar, ohne alle bisherigen Theorien über den Haufen zu werfen, was für eine Religion natürlich unmöglich ist, ohne sich selbst aufzugeben. Dies führte zu den großen Schwierigkeiten der Kirche zu Beginn der Neuzeit, den naturwissenschaftlichen Fortschritt verarbeiten zu können. Die Kirche ist fest eingefügt in das Offenbarungssystem Gottes. Gott offenbart sich durch die Kirche der Welt in einer unveränderlichen Art und Weise. Die Kirche hat diese Offenbarung erkannt und hat sich selbst auf diese Offenbarung hin aufgebaut. Eine strukturelle Veränderung der Kirche ist damit unmöglich, weil sie Teil eines unveränderlichen Geschehens und damit selbst unveränderlich ist. Die Ewigkeit Gottes baut die Ewigkeit der Kirche. Und eine Veränderung der Kirche würde sie aus diesem ewigen Offenbarungsgeschehen entfernen und damit entkernen und zerstören.

Nach dem gleichen Muster arbeitet das Naturrecht. Da die Welt letztlich ein festes, unveränderliches System ist, kann man aus der Erkenntnis dieser Welt unveränderliche moralische Forderungen ableiten. Dies wurde in der Geschichte durchaus positiv genutzt – etwa bei der Begründung der Menschen- und Bürgerrechte –, kann aber auch zur Begründung von Dingen herangezogen werden, die vielleicht nicht zeitlos gültig und heutzutage umstritten sind: das klassische Rollenverständnis von Mann und Frau, die Verurteilung von Homosexualität, die Reduzierung der Sexualität auf die Fortpflanzung usw. In diesen Punkten erweist sich die in der Scholastik und im Naturrecht fußende klassische katholische Morallehre als veränderungsunfähig.

Ich konnte den Grundgedanken der aristotelischen Metaphysik und des damit verbundenen Naturrechts, dass die Welt letztlich ein unveränderliches System ist, gut nachvollziehen. Die Konsequenzen, die daraus gezogen wurden, erschienen mir allerdings willkürlich und sehr katholisch gefärbt. Denn es ist die katholische Brille, durch die das erkannt wird, was die natürliche Grundlage einer moralischen Vorschrift ist. Wenn ich beispielsweise zu Recht feststelle, dass der biologische Sinn der Sexualität die Fortpflanzung ist, dann kann ich nur dann behaupten, dass damit andere Formen der Sexualität tabu sind, wenn ich ausblende, dass es auch in der Natur nicht nur Sexualität bei der Fortpflanzung gibt. Es ist eine katholische Brille, die hier bestimmte Dinge sieht und nicht sieht, und daraus entstand in meinen Augen eine Morallehre, die in der Auswahl ihrer Grundlagen und damit auch in ihren Konsequenzen willkürlich ist: man sieht und findet das, was gut passt und die eigene Lehre stützt. Abgesehen davon fand ich überhaupt den Sprung sehr gewagt: mit welcher Begründung kann ich eigentlich von Beobachtungen der Natur auf moralische Vorschriften schließen? Ist menschliche Kultur nur Nachahmung der Natur?

Die Annahme eines ewigen, unveränderlichen Prinzips hat große Auswirkungen, wie man die Welt sieht und mit welchen moralischen Vorstellungen man in die Welt hineingeht. Hier liegt auch eine wichtige Ursache für ein gegenseitiges Missverstehen, das in unseren Gesellschaften – aber auch in der Kirche – sehr präsent ist und mit dem ich in Diskussionen und Gesprächen immer wieder zu tun hatte. Die Frage ist diejenige: nach welchen Kriterien beurteile ich eine moralische Situation? Die meisten Menschen urteilen nach dem Gemeinwohl. Konservative Katholiken, die im Rahmen der Scholastik argumentieren, urteilen hingegen nach einem der Welt enthobenen ewigen Prinzip. Nehmen wir das Beispiel Homosexualität. Wenn es durch das Naturrecht und die göttliche Offenbarung heißt, dass Homosexualität widernatürlich und schlecht ist, dann muss ich diese verbieten. Dies passiert in bester Absicht, weil ein Verstoß gegen das Naturrecht auch schlechte Folgen für die Gesellschaft haben muss, die auf Dauer nur existieren kann, wenn sie sich an den ewigen Prinzipien des Naturrechts orientiert. Wenn ich aber kein ewiges Prinzip, sondern das Gemeinwohl im Kopf habe, dann gibt es eine andere Antwort. Dann muss ich überlegen: vorausgesetzt, dass jeder Mensch ein freies Wesen ist, und vorausgesetzt, dass eine sexuelle Handlung mit einem anderen Menschen einvernehmlich ist: kann man sagen, dass die Homosexualität das Gemeinwohl gefährdet? Dann ein Verbot oder eine Verurteilung der Homosexualität zu begründen, fällt schon deutlich schwerer: inwiefern verstößt Homosexualität gegen das Gemeinwohl?

Die Schwierigkeit ist diejenige, dass eine gemeinsame Gesprächsbasis nicht vorhanden ist. Die eine Seite argumentiert mit den ewigen Prinzipien des Naturrechts, die andere mit dem Gemeinwohl. Beide Seiten können sich nicht verstehen in ihren moralischen Urteilen, weil sie völlig unterschiedlich ticken und nicht miteinander kompatibel sind. Das konkrete Problem in den Gesprächen war und ist meistens dasjenige, dass man oft über die moralischen Urteile selbst spricht, nicht aber über die Grundlage, auf der sie getroffen werden. Diese Grundlage ist für viele konservative Katholiken das Naturrecht, und das empfand ich aus verschiedenen Gründen als äußerst fragwürdig.

Neben der Ewigkeit und Unveränderlichkeit gibt es noch einen zweiten schwerwiegenden Aspekt der scholastischen Theologie: die Unterscheidung zwischen dem unveränderlichen Wesenskern („Substanz") und dem veränderlichen Äußeren und Materiellen („Akzidens"). Denn diese Differenzierung macht es möglich, etwas zu trennen, was eigentlich zusammengehört: das äußere Tun und das innere Sein. Dann kann nicht nur in der Eucharistie das Äußerlich-Materielle des Brotes etwas völlig anderes sein als sein inneres Wesen, sondern auch das sündhafte Äußere der Kirche kann völlig unabhängig von ihrem Inneren gesehen werden. Wenn in der Kirche schlechte Dinge passieren, so kann man dann argumentieren, haben sie nichts mit ihrem eigentlichen Wesen zu tun, sondern sind eben zufällige Äußerlichkeiten, die mal passieren und mal nicht. Diese Folgerung bleibt nicht ohne Konsequenzen für das Kirchenbild, aber auch für das Selbstbild, das viele Amtsträger in der Kirche haben.

Nehmen wir ein konkretes Beispiel. Vor einigen Jahren sah ich beim italienischen Privatsender Canale5 eine Fernsehsendung, in der ein verdeckter Reporter – Carmelo Abbate – sich in die vatikanische Priester-Schwulenszene einschleuste. Die versteckte Kamera läuft die ganze Zeit mit, als einige Priester sich mit einigen Callboys treffen. Nach dem Besuch einer Schwulen-Party geht es in die Privatwohnung eines Priesters, wo dieser sich mit einem anderen Priester genüsslich ins Schlafzimmer zurückzieht. Abbate schläft im Wohnzimmer ein. Am nächsten Morgen wird er wach und sieht zu seinem großen Erstaunen, wie der Priester am Wohnzimmertisch alleine die Messe feiert: Messbuch, Stola, Brot, Wein, alles ist vorhanden. Er wundert sich und spricht den Priester anschließend an, weil er das, was er da sieht, nicht verbinden kann mit dem, was in der Nacht zuvor gelaufen ist. Die Antwort des Priesters: „Das in der letzten Nacht war nicht ich, das war nur mein Körper! Das hier in der Messe, das bin ich!" Als ich diese Sendung sah und diese Antwort hörte, spürte ich einen Schlag. Ich saß mit offenen Mund vor dem Fernseher. Wie ist es möglich, sich selbst derart von seinen körperlichen Bedürfnissen zu trennen? Sich selbst derart in Geistiges und Körperliches aufzuteilen? Ist das nicht schizophren? Erst nach und nach wurde mir klar, dass die Wurzeln dieser Antwort nicht in einer psychischen Erkrankung liegen, sondern – so komisch es klingt – in der Metaphysik des Aristoteles: in der Annahme, dass das Wesen einer Sache nicht von seinen äußeren Taten tangiert werden kann. Dann kann ich als Priester solche Dinge tun und trotzdem davon überzeugt sein, ein heiligmäßiger Mensch zu sein. Hier liegt der Ursprung für das verstörende Fehlen jeglichen Unrechtsbewusstseins vieler kirchlicher Amtsträger.

In diesem Grundgedanken, wie er lange Zeit vor dem Christentum von Aristoteles in seiner Metaphysik und später dann von Thomas formuliert wurde, dass das Wesen einer Sache von seinen konkreten Umständen und seinen äußeren Gegebenheiten zu unterscheiden ist, steckt auch etwas Großartiges, weil es natürlich auch die Würde und das unverlierbar Große des Menschen beschreiben kann, der unabhängig von dem, was er macht und wie er ist, einfach Mensch ist, und aufgrund seines Menschseins eine Würde besitzt. Diese Differenzierung kann aber zur Gefahr werden, wenn dieses Äußere, dieses Zufällige nicht nur vom Kern der Sache unterschieden, sondern sogar getrennt wird, was weder Aristoteles noch Thomas mitgemacht hätten. Eine Sache besteht aus Substanz und Akzidens, aus Form und Materie. Sie sind zu unterscheiden, aber man kann sie nicht trennen.

Wenn viele moderne konservative Gefolgsleute dies tun, dann ist das eine unzulässige Vergröberung, die zur Konsequenz hat, dass die Kirche oder kirchliche Amtsträger unschöne Dinge tun können, ohne das Gefühl haben zu müssen, dass das eigentliche Wesen der Kirche oder des kirchlichen Amtes davon betroffen ist. Man bleibt heilig, trotz aller Sünde. Das klingt für uns, die wir ja bekanntlich alle Sünder sind, irgendwie schön, kann aber auch verführen, gewisse Sünden nicht abzustellen. Wie man leider auch bei kirchlichen Amtsträgern feststellen muss.

Ich bin in Rom mit vielen konservativen Katholiken zusammengetroffen, die die Welt im Rahmen der alten scholastischen Theologie sehen. Mit allen Konsequenzen für ihr Welt-, Kirchen- und Selbstbild. Unter diesen Leuten waren einige wirklich fitte Theologen, die ihren Thomas gut gelesen hatten, aber meistens war es eine bestimmte Mentalität, eine Grundhaltung, die irgendwie aus der Scholastik kam, aber als solche nur noch grob präsent war. Das ist völlig normal – nicht jeder reflektiert ständig sein Weltbild auf seine philosophischen und historischen Grundlagen hin –, entbindet aber auch nicht von der Verantwortung, die eigenen Annahmen zumindest einmal zu hinterfragen, wenn man sieht, wie zum einen moralische Standards in der eigenen Kirche überhaupt nicht funktionieren, und zum anderen die ganze Welt irgendwie anders tickt. Dann ist das ewige „Die Welt ist böse", das ich ständig gehört habe, einfach zu billig. Rom lebt aus dieser spannenden Mischung aus Vergangenheit und Gegenwart. Es macht Rom zu einer interessanten Stadt, die immer wieder zwischen diesen beiden Polen hin und her schwingt: zwischen dem prallen Leben des Heute und der zeitlosen Ewigkeit. Nur geht die Kirche daran kaputt, wenn sie nur noch glanzvolle Fassade einer anderen Welt ist - glanzvolle Fassade, aber eben nur Fassade eines erschreckend leeren Raumes. Glanz und Leere konnte ich in Rom sehen, und beides hat mein Bild der Kirche verändert.

Nach etwa anderthalb Jahren, im Frühjahr 1998, war meine römische Zeit zu Ende. Es war eine wunderbare Zeit gewesen, auch wenn ich wegen der tollen italienischen Küche knapp 12 Kilo zugenommen hatte. Ich lernte die Stadt und Italien kennen und lieben. Ich konnte eintauchen in die Geschichte dieser einzigartigen Stadt und in die Geschichte der Kirche. Ich lernte viele Menschen aus der ganzen Welt kennen, die mein kirchliches und allgemein kulturelles Bild unglaublich erweitert haben. In Bezug auf die Kirche gab es jedoch auch einen Schatten. Vieles erschien nur als eine glanzvolle Fassade, als äußere Inszenierung einer Mentalität, die eigentlich vorbei war. Es wurde eine alte Kirche zelebriert, an die die Zelebranten selbst nicht mehr so richtig glauben konnten, aber festhielten. Vielleicht aus Nostalgie, vielleicht aus Gewohnheit oder Angst, vielleicht aus bloßem Machtwillen heraus, vielleicht auch aus Dummheit, Ignoranz oder Stolz. Die Gründe mögen vielfältig sein, und ich habe sehr unterschiedliche Menschen kennengelernt, die diese verschiedenen Gründe sehr treffend verkörperten. Die Kirche in Rom schien mir als ein großer, prachtvoller Riese, der auf sehr tönernen Füßen steht. Das wichtigste Signal dieses schwachen Fundaments war mir das konkrete Leben der Amtsträger, die den kirchlichen und eigenen Ansprüchen oft überhaupt nicht gerecht wurden. Dies galt für die vielen Fälle von Korruption und luxuriösestem Privatleben kirchlicher Würdenträger, die immer wieder die römischen Tageszeitungen füllten. Dies galt für mich aber vor allem beim Thema Sexualität. Ich bereitete mich darauf vor, im Zölibat zu leben und sah, wie man mit dem Zölibat an der Spitze der Weltkirche umging: große, einflussreiche Netzwerke, die auf sexuellen Beziehungen und Erpressungen beruhten; Priester, die einen offen an der Universität, in der Kirche oder sonstwo verführen wollten; Bischöfe und Kardinäle, die in der Öffentlichkeit die größten und schärfsten Ankläger homosexueller Handlungen waren und sich Strichjungen kommen ließen. Vielleicht hätte ich es eher verstanden, wenn solche Dinge diskreter und im Verborgenen gelaufen wären. Es waren ja auch nur Menschen. Aber diese Dreistigkeit, mit der diese Dinge gelebt und völlig entgegengesetzt offiziell verkündet wurden, hat mich zutiefst abgestoßen. In welchem Zustand befindet sich eine Organisation, dessen Führung nicht mehr an das glaubt, wofür die Organisation steht?

Ich hatte über diese Dinge viele Jahre nicht gesprochen und sie nach hinten gedrängt. Weil sie nicht der Kirche entsprachen, für die ich ja Priester werden wollte. Es war eine geschlossene Welt, in der ich nicht drin war und mit der ich auch nichts zu tun haben wollte. Die ich aber trotzdem nicht vergessen konnte.

Die Zeit in Rom war wunderschön, vielleicht die schönste meines Lebens. Ich lernte das Leben kennen, lernte aber auch kennen, wie sehr die Kirche selbst in einem bestimmten Leben steht. Mit Blick auf meine Biographie blieb beides nicht folgenlos.

Macht

Wie funktioniert kirchliche Macht? Ich habe darüber viel gelernt in meiner Zeit in Rom. Es ist nun einmal so, dass die Zentrale der Kirche in Rom liegt. Entsprechend groß ist der Einfluss der italienischen Kultur auf die Kirche. Bereits der Name Machiavelli bürgt für eine alte, wirkungsvolle Tradition Italiens in der Erkenntnis und im Umgang mit Macht. Was Niccolò Machiavelli (1469-1527) auszeichnete, war ein sehr realistischer Blick auf die Macht. Es ging ihm in seinen beiden großen Werken „Der Fürst" und „Die Gespräche" nicht darum, wie

Macht funktionieren *sollte*, sondern mit gnadenloser Klarheit darum, wie sie *faktisch* funktioniert. Diese oft zynische Illusionslosigkeit der Macht ist ein Erbe, das er hinterlassen hat.

Als ich in Rom lebte, bekam ich noch die letzten großen Jahre eines Politikers mit, der ein Virtuose der Macht war: des Christdemokraten Giulio Andreotti (1919-2013). Er ist die wichtigste Gestalt des politischen Italiens nach dem II. Weltkrieg, an nahezu jeder Regierung beteiligt – als Minister oder Ministerpräsident. Alleine schon seine Spitznamen verraten, dass es sich um eine interessante Persönlichkeit handeln muss: der Göttliche, der Bucklige, der Fuchs, die Spinne, der schwarze Papst, der Beelzebub, die Sphinx. Die äußere Erscheinung Andreottis war alles andere als eindrucksvoll: ein buckliges, altes Männchen mit einem Eulengesicht. Das Interessante: so sah er nicht nur im hohen Alter aus, sondern irgendwie schon ein Leben lang. 1974 wurde Andreotti von der Journalistin Oriella Fallaci interviewt. Ihre Beschreibung Andreottis ist in vielfacher Hinsicht treffend und die meiner Meinung nach beste Charakterisierung, die je über ihn geschrieben wurde:

„Er sprach mit seiner langsamen, höflichen Stimme, wie ein Beichtvater, der einem die Buße von fünf Vaterunser, fünf Salve Regina, zehn Requiem Aeternam auferlegt, und ich spürte ein Unbehagen, das ich nicht benennen konnte. Dann wurde mir plötzlich klar, dass es kein Unbehagen war. Es war Angst. Dieser Mann machte mir Angst. Aber warum? Er hatte mich mit erlesener Freundlichkeit empfangen: herzlich. Er hatte mich zum Lachen gebracht: witzig, und seine Erscheinung war gewiss nicht bedrohlich. Diese Schultern, schmal wie Kinderschultern, und gebogen. Dieser fast rührende Mangel an Hals. Dieses glatte Gesicht, auf dem man sich keinen Bart vorstellen kann. Diese zarten Hände mit den langen, kerzenweißen Fingern. Diese Haltung der ständigen Verteidigung. Er stand in sich versunken, den Kopf im Hemd versenkt, wie ein kränklicher Junge, der sich vor einem Regenguss unter einen Regenschirm kauert, oder wie eine Schildkröte, die scheu aus ihrem Panzer steigt. Wer hat Angst vor einem kränklichen Jungen, wer hat Angst vor einer Schildkröte? Wem tun sie weh? Erst später, viel später, wurde mir klar, dass meine Angst von genau diesen Dingen ausging: von der Macht, die hinter diesen Dingen steht. Wahre Macht braucht keine Aufgeblasenheit, keine langen Bärte, keine bellenden Stimmen. Wahre Macht

erwürgt einen mit Seidenbändern, Höflichkeit, Intelligenz. Intelligenz, meine Güte, er hatte welche. So viel, dass er sich den Luxus leisten konnte, sie nicht zu zeigen."[2]

An dieser Beschreibung sind mehrere Dinge interessant. Erst einmal das Katholische, das Fallaci als „Beichtvater" beschreibt. Andreotti, ein waschechter Römer, ein „Romano de Roma", war bereits seit frühester Kindheit ein frommer Katholik und zutiefst verbunden mit der katholischen Kirche. Es ist nicht nur die Tatsache, dass Andreotti bis zu seinem Tod jeden Morgen um 6 Uhr die Messe besuchte und bestens bekannt war mit allen, die im Vatikan Rang und Namen hatten. Andreotti hatte das Katholische derart verinnerlicht, dass man ihn als politische Ausformung des Katholischseins bezeichnen könnte. Genau das macht ihn zu einem wichtigen Zeugen dafür, wie die Macht der katholischen Kirche funktioniert. Nicht, dass die Kirche sich Andreotti als Vorbild genommen hätte: vielmehr werden beide aus den gleichen Quellen gespeist, der gleichen Tradition und Mentalität, die sich in ihnen ausdrückt. Andreotti wird oft beschrieben als eine Mischung aus Machiavelli, Richelieu und Talleyrand, drei historischen Virtuosen der Macht. Interessanterweise sind die letzten beiden dieser Reihe katholische Priester gewesen: Richelieu war Kardinal, Talleyrand ehemaliger Bischof. Einzig Machiavelli war nur so katholisch.

Fallaci beschreibt ausführlich das wenig beeindruckende, kränklich wirkende Äußere Andreottis, das in einem krassen Gegensatz steht zur Macht, die dieser Mann besaß. In genau diesem Gegensatz steckte ein Prinzip seiner Macht. Eine deutlich sichtbare Macht ist kalkulierbar und angreifbar, eine unsichtbare Macht ist unangreifbar, sie stimuliert die Phantasie und ist deshalb immer größer und auch angsteinflößender als sie in der Realität sein könnte. Andreottis ganzes Wesen strahlte äußerste Zurückhaltung und Bescheidenheit aus, ein netter Tonfall, eine leise Stimme. Als der Schauspieler Marlon Brando die Filmrolle des „Paten" übernahm, besuchte er einen Mafiaboss im Gefängnis und war überrascht von seiner kleinen, unscheinbaren Gestalt und seiner leisen Stimme. Brando begriff – wie Fallaci –, dass wahre Macht nicht laut sein muss, und ließ den Paten im Film leise und undeutlich sprechen. Wer etwas zu sagen hat, kann leise sprechen, weil trotzdem jeder auf seine Stimme hört, ob er jetzt ein Mafiaboss ist oder ein Kardinal – oder eine Mischung aus beiden, wie Andreotti.

---

[2] Fallaci, Oriella: Intervista con la storia.

Fallaci fühlte sich an einen Beichtvater erinnert. Was Andreotti hier verkörperte, war in der Tat etwas Kirchliches und man kann sich bei dieser Beschreibung auch einen hohen Kirchenfürsten vorstellen. Kardinäle und Bischöfe — man denke nur an Ratzinger — agieren im persönlichen Kontakt oft sehr ähnlich wie Andreotti in jenem Gespräch: leise sprechende, intelligente, gebildete, höfliche alte Herren, die jedes Wort bewusst einsetzen, und die es schaffen, ihre eigentliche Botschaft zwischen den Zeilen aufleuchten zu lassen. Hier liegt ein weiteres wichtiges Merkmal: die Kunst alles und nichts zugleich zu sagen. Von Charles-Maurice de Talleyrand (1754-1838) ist der meisterhafte Satz überliefert: „Die Sprache ist dem Menschen gegeben, um seine Gedanken zu verbergen." Bei Gesprächen mit Kardinälen und bei kirchlichen Verlautbarungen ist es immer wichtig, zwischen den Zeilen zu lesen. Das, was geschrieben steht, ist nur die halbe Information. Maximal. Die wichtigere Information besteht in dem, was nicht gesagt wird. Die Sprache der kirchlichen Macht ist bewusst vage, und in dieser Vagheit zugleich geschliffen und präzise. Es gibt kein klares Ja und kein klares Nein, alles ertrinkt in einer Flut von frommen Phrasen, die aber trotzdem Klarheit schaffen in dem, was sie nicht sagen. Die Sprache der Kirche will nicht zeigen, sie will verbergen und indem sie verbirgt, macht sie deutlich, dass hinter ihr etwas Unausgesprochenes steht, ein großes Geheimnis, aus dem sie ihre Macht empfängt. Es ist natürlich nicht so, dass Bischöfe sich „Der Pate" oder Lehrfilme über Andreotti anschauen, um an ihrer Rhetorik zu feilen. Die kirchliche Sprache der Macht funktioniert nicht ähnlich, weil sie von Andreotti übernommen wurde, sondern weil beide sich ähnlichen Quellen verdanken.

Eines der beliebtesten Zitate Andreottis, das er immer wieder gebrauchte, ist bezeichnenderweise von Talleyrand übernommen: „Die Macht verschleißt den, der sie nicht hat." Diese Aussage mag überraschen, denn wir haben Regierungen vor Augen, die lange im Amt sind und einen langen Tod sterben: sie haben keine neuen Ideen mehr, kein neues Personal, sie verschleißen. Die Kunst besteht nun darin, die Macht so sicher zu machen, dass nicht der Machthaber verschleißt, sondern derjenige, der die Macht haben will, und der deswegen verschleißt, weil er keine Chance hat. Es gibt eine berühmte Szene in dem von Giuseppe Tomasi de Lampedusa geschriebenen Roman „Der Leopard". Der Fürst von Salina, ein Mann des Hochadels des 19. Jahrhunderts, macht sich Sorgen um den neuen demokratischen Nationalstaat Italien, der sein altes Sizilien zu überrollen droht. Er macht seinem Neffen Tancredi Vorhaltungen, dass er sich mit dieser neuen Sache gemein machen würde. Dieser antwortet mit einem Satz, der zu einer Ikone wurde: „Wenn wir wollen, dass alles bleibt wie es ist, muss alles sich ändern." Man bleibt an der Macht, indem man sich ändert. Ohne sich zu ändern. Man ändert etwas Oberflächliches, um das Wesentliche nicht zu ändern. Seit dem Krieg haben über 70 Regierungen Italien regiert, einige hielten nur wenige Wochen oder gar Tage. Trotzdem saßen jahrzehntelang in allen Regierungen dieselben Leute und vor allem einer: Andreotti. Diese Kunst, oberflächliche Dinge zu ändern, um den Kern der Sache nicht zu ändern, beherrscht die katholische Kirche wie niemand anders. Unzählige Gesprächsrunden, Reformen und Strukturprozesse, die nicht an die wirklich tragenden Strukturen rühren, aber ein verbreitetes Bedürfnis nach Veränderung stillen. Es ist ein Mechanismus, die von Gott selbst so gewollten Strukturen zu erhalten: Veränderungen schützen das Unveränderliche. Die Macht verschleißt den, der sie nicht hat.

Der Journalist Luigi Abete hat die Kommunikation Andreottis einmal als eine solche beschrieben, die „Ursache und Wirkung" vertauschen würde. Vielleicht hat keiner die Kommunikation Andreottis (und der Kirche) so gut verstanden wie Abete. Andreotti wie auch die Kirche lebten davon, dass die normale Welt, die wir jeden Tag vor uns sehen, nicht die richtige Welt ist. Hinter ihr steckt eine Welt der Geheimnisse, die diese Welt dominiert: sie ist die „eigentliche" Welt, auf die es ankommt. Bei Andreotti war es eine Welt von Netzwerken, Geheimbünden und Mafia, bei der Kirche ist es die Welt der Heiligen und Gottes. Das mögen jeweils unterschiedliche Dinge sein, der Mechanismus ist der gleiche: es ist die Umkehrung dessen, was die eigentliche Welt ist: nämlich nicht die Welt hier, sondern das Geheimnisvolle, aus dem Andreotti oder die Kirche ihre Macht ziehen. Wenn die Kirche beispielsweise bei der Eucharistie davon spricht, dass das Brot auf dem Altar nicht Brot, sondern wirklich und real der Leib Christi ist, dann macht sie aus einem Symbol eine Realität – und die Realität zu einem bloßen Symbol. Damit passiert das, was Abete als Vertauschung von Ursache und Wirkung in der Kommunikation Andreottis erkannt hat. Die Kirche stützt sich damit auf uralte, aus der Antike und dem Mittelalter überlieferte Denkmuster. Für die Menschen jener Zeiten war es selbstverständlich, dass „diese" Welt eingebettet war in die unsichtbare Welt von geistigen Wesen, die „diese" Welt beherrschten: Dämonen, Engel, Götter bzw.

Gott. Platon hatte mit seiner Ideenlehre diese Weltsicht in die Philosophie gebracht: die Realität der Welt sind nicht die Dinge der Welt selbst, sondern die Ideen, die geistigen Wirklichkeiten, die diese Dinge hervorbringen und in deren Abhängigkeit die Dinge funktionieren. Solche Thesen sind uns heute fremd. Für die meisten Menschen unserer Zeit ist diese Welt Realität und nichts anderes. Die Menschen früherer Zeiten konnten sich jedoch nicht anders erklären, warum die Welt so funktioniert wie sie funktioniert. Es brauchte etwas, das diese Welt auf unsichtbare Weise beherrscht und ordnet, damit sie nicht aus den Fugen gerät. Und schon sind wir bei einer unsichtbaren Welt, die diese sichtbare Welt beherrscht: religiös das Göttliche, platonisch-philosophisch die Ideen. Diese Weltsicht wurde spätestens am Ende des Mittelalters zerstört: die Moderne begann in dem Augenblick, in dem der Mensch nicht mehr in das Jenseits und in das Unsichtbare schaute, um diese Welt zu erklären, sondern in die Welt selbst. Die Kirche hat diese Entwicklung nicht mitgemacht, da für sie mit Gott ihr wesentlicher Bezugspunkt Teil des Unsichtbaren und des Jenseits war.

Diese Weltsicht, die nach modernen Maßstäben eine Vertauschung von Ursache und Wirkung darstellt, hat der Kirche seit jeher große Macht gegeben. Sie war die Sprecherin dessen, was diese Welt dominiert, des großen Geheimnisses, das unsere Welt erklärt. Diese Macht hat etwas Faszinierendes, und diese Faszination hält auch heute noch an. Wir Menschen sind aus ganz unterschiedlichen Gründen nicht zufrieden mit dieser Welt und hören auf jemanden, der uns von einer besseren und mächtigeren Welt erzählt, der geheimnisvoll immer wieder auf diese jenseitige Welt verweist und damit eine große, überirdische Macht andeutet. Dieses Überirdische wird nie völlig offen gelegt, es wird gleichzeitig aufgedeckt und verborgen. Die Macht besteht darin, dass man spürt, dass hinter dem, was man da sieht, viel mehr steckt als das, was man sieht. Davon lebte die Kirche genauso wie Andreotti.

Machiavelli schreibt in seinem „Fürsten" passenderweise, dass der Machthaber seine Macht mit einem „Schein" versehen soll. Macht besteht nicht darin, die Realität zu zeigen, sondern darin, dass sie zeigt, dass sie mehr ist als die Realität. Denn hier liegt die Quelle der Macht, über die Realität herrschen zu können. Diese Quelle der kirchlichen Macht versiegt allerdings: indem die Menschen immer weniger an Gott glauben, glauben sie auch immer weniger an den, der ihnen von Gott erzählt oder vielmehr mit diesem Gott in der Welt Einfluss ausübt. Die Macht versiegt, die Kirche schwindet.

Als ich in Italien lebte, lag das Machtsystem Andreottis in seinen letzten Zügen. Seine Welt ging unter, die Zukunft gehörte dem neuen Stern am politischen Himmel Italiens: Silvio Berlusconi. Andreottis Sprachspiele waren zu subtil und zu feinsinnig geworden, das ermüdende Entziffern und zwischen-den-Zeilen-lesen erwies sich immer weniger dem gewachsen, was ein Berlusconi verkörperte: das grelle Licht der Scheinwerfer, gutes Aussehen, schnelle Sprüche und gute Laune. Als ich in Italien lebte, war ich Zeuge dieses Wechsels einer politischen Mentalität. In dieser zunehmenden Machtlosigkeit Andreottis erkannte ich auch die zunehmende Machtlosigkeit der Kirche in ihrer Sprache und in ihrer Kommunikation. Die Sprache der Kirche wurde überhaupt nicht mehr verstanden. Andreotti wie die Kirche lebten in ihrer Kommunikation von Andeutungen, von einem Geheimnis, das sie nicht vollständig preisgeben wollen, ihnen aber große Macht verlieh. In den heutigen Medien und in der heutigen Kommunikation gibt es kein Geheimnis mehr. Die Mühe, zwischen den Zeilen zu lesen, macht sich heute keiner mehr, weil das, was nicht sofort sichtbar wird, nicht wichtig sein kann. Die Kirche kann und will nicht verstehen, dass ihre Sprache Ausdruck einer Mentalität ist, die nicht mehr verstanden wird und damit stumpf wird. Die Sprache der Kirche ist nicht mehr Ausdruck ihrer Macht, sondern ihrer Machtlosigkeit.

Will jemand mein Nachfolger sein, verleugne er sich selbst
und nehme sein Kreuz auf sich.
Matthäus 16,24

Auf dem Weg zur Priesterweihe

Zurück in Bochum

Nach anderthalb Jahren in Rom kehrte ich im April 1998 zum Sommersemester wieder in das Bochumer Priesterseminar zurück. Direkt danach ging es jedoch wieder nach Rom: das Priesterseminar machte mit allen Seminaristen und der Hausleitung eine Fahrt nach Rom. Der Regens bat mich, eine Privataudienz beim Papst zu arrangieren. Ich fragte Don Bruno, meinen Vermieter aus römischen Zeiten – der ja im Vatikan arbeitete –, was zu tun sei, und nach seinen Anweisungen legte ich dann los. Das Verfahren war eigentlich relativ simpel: man musste dem Privatsekretär des Papstes, Stanislaw Dziwisz, einen sehr fromm und sehr höflich gehaltenen Brief schreiben und untertänigst um die Ehre einer Privataudienz beim Heiligen Vater bitten. Jahre vorher hatte ein amerikanischer Journalist eine Privataudienz beim Papst gehabt und in einer Zeitschrift auch das dafür nötige Verfahren beschrieben: einfach einen Brief an den Sekretär schreiben. Danach strömten zuerst amerikanische Touristen und dann auch der Rest der Welt zur Privataudienz, was zur Folge hatte, dass der Zugang eingeschränkt wurde. Was man nun zusätzlich brauchte, war ein entsprechend katholischer Hintergrund, aber der war für ein Priesterseminar natürlich gegeben. Es ist für einigermaßen Normalsterbliche nicht möglich, einen genauen Termin für eine solche Audienz zu vereinbaren. Man gibt den Zeitraum an, in dem man sich in Rom aufhält. Entweder hört man dann nichts mehr oder man erhält an einem Abend einen Anruf im Hotel, dass am nächsten Morgen in aller Frühe die Audienz stattfindet. An diesem Abend war ich mit einigen anderen Seminaristen im Fußballstadion, um mir ein Spiel zwischen dem AS Rom und dem AC Mailand anzusehen. Von dem Anruf bekamen wir also erst einmal nichts mit, sondern erfuhren erst von ihm, nachdem wir nachts über den

Zaun des Hotels geklettert waren, das durch die dort regierenden Ordensschwestern bereits wie eine Festung verriegelt war. Nach wenigen Stunden Schlaf fanden wir uns am nächsten Morgen – wie gewünscht – um 6:30 Uhr an der Porta del Bronzo ein, dem Bronzetor auf der rechten Seite des Petersplatzes. Wir wurden eingelassen und erst einmal einer ziemlich genauen Sicherheitskontrolle unterzogen. Danach hieß es warten. Nach vielleicht zehn Minuten wurden wir zu einem Aufzug gebracht, der uns wenige Stockwerke höher in den Damasushof entließ, den Innenhof des Apostolischen Palastes. Hier wurden wir dann in einen Raum geleitet, wo wir wieder warten mussten. Nach einiger Zeit kam dann ein Diener und führte uns durch endlose lange Gänge – mit wunderbaren Fresken aus der Renaissance und dem Frühbarock – in die modern gestaltete Privatkapelle des Papstes. Dort warteten wir noch einmal mehrere Minuten, bis dann der Papst kam und eine Messe hielt. Beim Gottesdienst machte er einen sehr in sich gekehrten Eindruck und schien uns kaum zu beachten. Nach dem Gottesdienst wurden wir in einen großen Saal gebracht, wo dann noch kurz die Möglichkeit zu einer persönlichen Begrüßung bestand. Wir Seminaristen stellten uns in einer Reihe auf, der Papst schritt mit unserem Regens zusammen diese Parade entlang und gab jedem von uns die Hand, oft auch garniert mit ein oder zwei Sätzen oder kurzen Fragen. Hierbei schien der Papst trotz seiner Krankheit und seiner langsamen, etwas zittrigen Bewegungen deutlich wacher und aufmerksamer als vorher in der Kapelle. Nach einem gemeinsamen Gruppenfoto war die Audienz dann zu Ende.

Solche Audienzen machte der Papst jeden Tag, und es ist klar, dass bei einer solchen „Privataudienz" so etwas wie ein persönlicher Kontakt nicht möglich war. Es war dennoch ein beeindruckendes Erlebnis.

Der Neuanfang im Bochumer Priesterseminar 1998 war nicht vergleichbar mit meinem Beginn 1994. In diesen Jahren – besonders in Rom – war viel mit mir passiert: an purer Lebenserfahrung, an Kirchenerfahrung, an breiter Lektüre theologischer und philosophischer Texte. All das machte das Wiedereinfügen in die Hausgemeinschaft nicht unbedingt einfacher, es ging aber irgendwie. Dabei kam mir sicherlich auch zugute, auf meiner neuen Etage mit einigen Seminaristen zusammen zu sein, die ebenfalls relativ pragmatisch und lebenslustig mit dem Seminarleben umgingen und nicht allzu fromm waren.

Sogar meine Fußballleidenschaft erhielt in dieser Zeit neue Nahrung. Vor dem Priesterseminar war ein großer Fußballplatz mit einem sehr schönen Rasen, auf dem wir hin und wieder mit einigen Leuten Fußball spielten. Nun hatte einer von uns herausgefunden, dass es eine Deutsche Meisterschaft der Priesterseminare gab. Zuerst fanden jeweils an einem Wochenende eine nord- und eine süddeutsche Meisterschaft statt, anschließend dann die gesamtdeutsche für die Mannschaften, die sich qualifiziert hatten. Begeistert beschlossen wir, den Titel ruhmreich in die deutsche Fußballgegend schlechthin zu holen: in unser Ruhrgebiet. Wir meldeten uns an und waren automatisch für die gesamtdeutsche Meisterschaft qualifiziert, da sich für die norddeutsche Meisterschaft nur wir Essener und die Aachener angemeldet hatten, die damit ebenfalls direkt qualifiziert waren. Dies sollte auch in den folgenden Jahren so bleiben, so dass wir gewöhnlich mit unserem Bus in Bonn die Aachener einsammelten und dann zusammen zu irgendeinem süddeutschen Priesterseminar weiterfuhren. Die Aachener und wir Ruhrgebietler schnitten jedes Mal schlecht ab und mussten uns die beiden letzten Plätze teilen, waren aber als Stimmungsmacher immer sehr beliebt. In einem Jahr staunten wir alle dann, dass die nicht gerade erfolgsverwöhnten Aachener mit einigen guten neuen Leuten auf einmal alles in Grund und Boden spielten. Kurze Zeit später kam heraus, dass ein paar Spieler von Alemannia Aachen eingesetzt worden waren, das damals immerhin in der Regionalliga spielte. Darauf wurde Aachen für ein Jahr gesperrt. Ich persönlich konnte die chronisch erfolglosen Aachener zwar gut verstehen. Immerhin hatte ich einmal als Trainer der Messdienermannschaft beim Pfarrfußballturnier im heimatlichen Dümpten auch ein paar Spieler vom SV Dümpten 13 eingesetzt, und wir hatten zum ersten Mal überhaupt seit dem Krieg das Turnier gewinnen können. Deshalb will ich jetzt nicht mit dem Finger auf die Aachener zeigen, aber wenn man sich erwischen lässt, muss Strafe einfach sein.

Im Laufe der Jahre lernten wir über diese Fußballturniere viele andere Priesterseminare und viele andere Seminaristen in ganz Deutschland kennen. Gerade das Trierer Priesterseminar mit seinem eigenen Weinberg sowie das Regensburger Priesterseminar sind mir da als sehr gastfreundlich in Erinnerung – auch wenn es dort für uns Preußen durchaus größere Verständigungsschwierigkeiten mit dem ortsansässigen Schiedsrichter gab. Oberpfälzisch ist ein schrecklicher Dialekt.

Bereits in meiner Zeit in Rom hatte ich Seminaristen aus der ganzen Welt kennengelernt. Besonders eng wurde der Kontakt natürlich zu Seminaristen aus deutschsprachigen Gebieten. Durch diese vielen Kontakte bekam ich ein sehr breit gefächertes Bild von der Situation in den einzelnen Priesterseminaren. Nun ergänzt durch die Fahrten zu verschiedenen Priesterseminaren, haben sich dann viele Kontakte und viele Kenntnisse über die einzelnen Seminare verfestigt. Dabei fiel mir schnell auf, dass viele Bistümer in ihren Priesterseminaren eine andere Politik an den Tag legten als wir es im Bistum Essen kannten. Die anderen Priesterseminare hatten oft deutlich mehr verpflichtendes Hausprogramm, die Seminaristen waren im Schnitt konservativer und die Anzahl der Seminaristen war oft deutlich höher. Zwischen allen drei Faktoren – Hausprogramm, konservativ, größere Anzahl – besteht ein Zusammenhang. Viele Bistümer, die eher konservativ sind, wünschen auch einen konservativen Priesternachwuchs. Dies sichern sie ab, indem das für die Seminaristen verpflichtende Hausprogramm hochgefahren wird, das die persönliche Freiheit einschränkt und die gewünschte Prägung ausbaut. Neben dem Nachwuchs, das aus dem Gebiet des eigenen Bistums kommt, nehmen viele konservative Bistümer teilweise massiv Seminaristen aus den Gebieten anderer Bistümer auf. Dies kann zum einen daran liegen, dass es für einen konservativen Seminaristen aus einem liberalen Bistum attraktiv erscheint, das Bistum zu wechseln. Zum anderen sind die konservativen Bistümer aber auch nicht zimperlich in der Auswahl ihrer Seminaristen. Dabei geht es nicht nur darum, mit etwas höheren Weihezahlen zu glänzen, es steckt auch eine theologische Intention dahinter. Ein liberales Bistum definiert den Priester und seine Aufgaben – und die damit verbundenen Kompetenzen – nicht derart auf die liturgischen Funktionen fixiert wie ein konservatives Bistum. Wenn die Priester nicht nur Gottesdienste halten, sondern auch bestimmte soziale, didaktische und psychologische Fähigkeiten haben sollen, ist die Messlatte höher, was gleichzeitig bedeutet, dass eine engere Auswahl getroffen wird. Dies heißt nicht, dass diese Fähigkeiten in den konservativen Bistümern keine Rolle spielen. Es ist aber eine Frage, von wo aus ich das Priesteramt aufbaue. Hier sind die konservativen Bistümer sehr auf die Liturgie und auf die klassischen Rollen fixiert, die anderen Faktoren spielen eine geringere Rolle. Der Priester wird hier zumeist als Spender der Sakramente verstanden. Entsprechend werben diese Bistümer auch teilweise massiv Priester aus Osteuropa, Afrika oder aus Indien an, die der deutschen Sprache oft nicht mächtig sind und sich oft sehr schwer damit tun, in Deutschland eine Kirchengemeine zu leiten. Hier muss hinzugefügt werden, dass dieser „Priesterhandel" viele Orden in Afrika oder Indien finanziert: die Orden schicken eine bestimmte Anzahl ihrer Priester nach Deutschland, kassieren die für diese Länder sehr üppigen deutschen Priestergehälter, geben den in Deutschland lebenden Priestern jedoch nur ein sehr dürftiges Taschengeld, das gerade zum Leben reicht. Dieses System funktioniert, weil die Orden das Geld brauchen und die Bistümer Priester brauchen, die zumindest einen Gottesdienst halten können. Alles andere ist nachrangig, auch das Lebensglück dieser gehandelten Priester, die dann wiederum in den Kirchengemeinden auf der Suche nach Spenden sind, um einigermaßen über die Runden zu kommen.

Das Verständnis des Priesteramtes prägt die Auswahl der Seminaristen. Hier sind die Kriterien in jedem Bistum sicherlich unterschiedlich. Es gibt allerdings sogar Bistümer, die ganz offensichtlich keine spürbaren Kriterien haben außer Geschlecht und Taufnachweis. Unter diesen Bistümern wurde in den 1990er Jahren das Bistum Eichstätt bekannt. Unter dem dortigen Bischof Mixa soll es üblich gewesen sein – so hörte ich bereits in Rom –, dass Seminaristen, die in einem anderen Bistum vor die Tür gesetzt wurden, aktiv angeworben wurden und ihnen klargemacht wurde, dass sie in jedem Fall geweiht würden und man sich auch nicht für ihre Vergangenheit interessieren würde. Nun ist es ja so, dass man nicht immer grundlos aus einem Priesterseminar fliegt. Entsprechend hat diese langjährige Praxis in Eichstätt (aber auch in anderen konservativen Bistümern) zwar für ein volleres Priesterseminar als in liberaleren Bistümern gesorgt, mit Blick auf die Leute, die dann geweiht wurden, darf man aber große Fragezeichen setzen.

Im Kontakt mit anderen Priesterseminaren taten sich manchmal Welten auf, die ich in dieser Form trotz meiner römischen Erfahrungen nicht erwartet hätte. Schon im Eingangsbereich eines Priesterseminars konnte man oft spüren, dass die Uhren anders tickten. So gab es beispielsweise eine Kooperation unseres Bochumer Seminars mit dem Paderborner Seminar: wir Bochumer besuchten Paderborn für einige Fortbildungen und die uns. Als ich das erste Mal im Paderborner Seminar war, traf ich überraschenderweise einen alten Bekannten, den ich viele Jahre nicht gesehen hatte und von ihm auch nicht wusste, dass er überhaupt Seminarist in Paderborn war. Was er mir aus dem dortigen Seminarleben erzählte, war krass. So erzählte er mir, dass auf einer Nachbaretage sieben

Leute gewesen seien, sechs von ihnen homosexuell. Deren „Anführer" habe öffentlich getönt: „Den siebten kriegen wir auch noch warm, sonst ist er bald weg!" Eine Woche später sei er ausgezogen. Vor diesem Hintergrund verwunderte mich dann zumindest die Aussage von weiblichen Theologie-Studentinnen aus Paderborn, dass sie jedes Mal das Gefühl hätten, mit den Blicken ausgezogen zu werden, wenn sie das Priesterseminar betreten würden. Als die Paderborner wiederum zu Gast in Bochum waren, gab es eine Beschwerde aus ihren Reihen, weil beim Gottesdienst eine Frau die Orgel in der Kapelle des Priesterseminars gespielt hätte, was dem Ort und seiner Würde nicht angemessen sei.

Solchen Dingen bin ich im Laufe der Jahre in verschiedenen Priesterseminaren sehr oft begegnet. Um nicht missverstanden zu werden oder zu einseitig zu sein: ich habe dort auch viele gute junge Männer kennengelernt, die sich ernsthaft und bemüht auf ihre Aufgabe als Priester vorbereiten – fachlich wie menschlich. Was ich aber auch oft erlebte, war eine ausgeprägte Frauenfeindlichkeit, in einigen Seminaren auch rechtsradikale oder antisemitische Äußerungen, sowie eine teilweise auch aggressive Homosexualität, wenn beispielsweise Neulinge von älteren Seminaristen als „Frischfleisch" bezeichnet und auch so behandelt wurden. Einige Hausleitungen waren in diese Dinge sogar involviert, die meisten schauten jedoch weg – meistens, weil ihr Bischof hohe Weihezahlen wünschte und es für die Hausleitung daher nicht möglich war, bei den Seminaristen auszusortieren. Viele Hausleitungen zogen die Konsequenz und traten zurück. Ihre Nachfolger waren gegenüber dem Bischof kooperativer. Hauptsache, die Weihezahlen blieben oben.

Diese Dinge waren selten ein großes Geheimnis. Sie sprachen sich in kirchlichen Kreisen schnell rum. Grob kann man sagen: je konservativer der Bischof, desto furchtbarer waren die Verhältnisse im Priesterseminar. Nicht, weil der Bischof das so wünschen würde – wobei es durchaus Fälle gab, in denen die Bischöfe diese Verhältnisse aktiv mittrugen, auch sexuell –, sondern weil sie es in Kauf nahmen, um genügend Priester zu haben und so die sakramentale Struktur der Kirche zu erhalten. Wenn ich glaube, dass die Struktur der Kirche priesterlich ist und die Kirche nur über ihre Priester existieren kann, dann wird es eine Frage der Existenz, genügend Priester zu haben. Je mehr ich davon überzeugt bin, desto mehr bin ich gezwungen, die Augen zu verschließen und Männer zu weihen, die in vielerlei Hinsicht tickende Zeitbomben sind. Hier ist jedoch jeder Bischof frei und Herr in seinem Bistum. Sicher gibt es Standards der Deutschen Bischofskonferenz und natürlich auch der Weltkirche. Aber an die hält sich nicht jeder. Die anderen deutschen Bischöfe können nichts dagegen tun und die römische Zentrale will es anscheinend nicht.

Die Situation im Priesterseminar in Bochum, in das ich mich nach meiner römischen Zeit neu einfinden musste, war dagegen relativ friedlich. In den anderthalb Jahren meiner Abwesenheit war die Anzahl der Seminaristen noch einmal geringer geworden. Immerhin konnte ich nun eines der besseren, neuen Zimmer beziehen, mit eigenem Bad und eigenem Telefon. Das war schon ganz angenehm. Womit ich mich noch schwerer tat als in meiner vorrömischen Zeit, waren die endlosen Diskussionen über theologische Themen: Konservative wie Progressive hauten ihre Thesen raus, ohne einander zuzuhören oder auch nur ihre Thesen irgendwie zu begründen. Auf konservativer Seite war es ein Jammern über die böse Welt und über die Krise der Kirche, die immer schlimmer wird, je mehr die Kirche dem Zeitgeist hinterherjagen würde. Die Krise und Erfolglosigkeit der Kirche wurde dann pseudo-spirituell mit einem „Erfolg ist keiner der Namen Gottes" abgetan, der gegen die Kirche laufende Trend mit einem „Die Mehrheit muss nicht in der Wahrheit sein". Armselig. Argumentativ berief man sich auf die Tradition, auf das Lehramt und auf den Gehorsam gegenüber dem Papst.

Auf der progressiven Seite gab es durchaus ein größeres Bemühen um eine gewisse theologische Tiefe, aber auch da blieb vieles im Ansatz stecken. Hier wurde vor allem mit der persönlichen Gefühlslage argumentiert. Man fühle sich bei bestimmten Dingen „unwohl", deshalb müssten sie abgeschafft werden. Nun ist das Problem allgemein bekannt, dass man nur schwer gegen eine persönliche Befindlichkeit argumentieren kann. Schließlich hat jeder ein Recht auf seine Gefühle. Die Frage ist nur, was sich aus diesen Gefühlen für die kirchliche Allgemeinheit ergeben soll. Ich habe mich mit diesen Hinweisen auf die eigenen Gefühle immer sehr schwer getan, weil ich positiv gesprochen zu rational und negativ gesprochen zu verkopft war. Es geht ja nicht darum, keine eigenen Gefühle zu haben oder diese zu unterdrücken, wie es beispielsweise die antiken Stoiker anzielten. Es geht darum, wie ich die Gefühle einordne – für mich selbst, aber im Falle theologischer Diskussionen auch für die theologische Lehre bzw. für mein Gottesbild.

Nehmen wir als konkretes Beispiel ein Besinnungswochenende, das wir mit allen Seminaristen aus Bochum bei Ordensschwestern in einem Kloster abhielten. Dort ging es thematisch darum, dass wir unsere weiblichen Anteile aufspüren und in unser Gottesbild übertragen sollten. Nun bin ich keiner, der ausschließlich testosterongesteuert ist. Trotzdem war diese Aufgabenstellung eine Herausforderung für mich: was war jetzt eigentlich weiblich? Mitfühlend? Ist das ein Kennzeichen des Weiblichen? Kann ich das als Mann nicht sein? Meine Hauptschwierigkeit bestand allerdings in der Übertragung des Weiblichen in das Göttliche, die für mich keinen Sinn ergab. Ich gebe gerne zu, dass das Sprechen von Gott als Vater seine Grenzen hat. Diese Grenzen gibt es aber auch, wenn ich von Gott als Mutter spreche. Ich konnte keinen Sinn darin erkennen, mit Geschlechtskategorien über etwas zu sprechen, das jenseits jeder Art von Geschlechtlichkeit ist. Warum eine begrenzte Metapher durch eine andere ersetzen?

Bei diesem Wochenende, aber auch in vielen Diskussionen ging es fast ausschließlich um die Gefühlsebene. Das führte dann oft dazu, dass die Diskussionen sich im Kreise drehten oder ganz abbrachen: die eine Seite sagte, sie fühle sich angesichts einer These unwohl, die andere Seite sagte, diese These stimme nicht mit dem überein, was der Papst sagte. Was fehlte, war eine gemeinsame Basis, das Zurückgehen auf eine gemeinsame Grundlage, von der aus man dann argumentativ voranschreiten kann. Es geht nicht nur um Tradition oder Gefühle, es geht auch um Vernunft. Vernunft passiert im gegenseitigen Sich-Verständigen, und dieses Verständigen verlangt nach einer gemeinsamen Basis. Jeder Versuch, auf diese gemeinsame Basis zurückzugehen, scheiterte, weil keine von beiden Seiten – weder die konservative noch die progressive – daran überhaupt Interesse hatte. Weswegen ich mich an diesen Diskussionen gewöhnlich nicht beteiligte. Was ich vergeblich einforderte, war inhaltlich das, was die Aufgabe der Philosophie aus Sicht der Theologie ist: die Klärung der Begriffe, die Vernunftebene. An der war überhaupt kein Interesse, was schon daran deutlich wurde, dass ich mit maximal einem anderen Seminaristen die Philosophie-Vorlesungen besuchte. Die allermeisten hatten im Laufe ihres Studiums nicht eine einzige Philosophie-Stunde besucht.

In früheren Zeiten war einem dreijährigen Theologiestudium immer ein zweijähriges Philosophiestudium vorgeschaltet. Die Aussage war klar: bevor man in der Theologie damit beginnt, mit Begriffen über Gott zu sprechen, muss man die Arbeit mit den Begriffen lernen. Intellektuell und wissenschaftlich ist die Theologie nicht überlebensfähig, wenn diese Verbindung gekappt wird. Theologie ist eben nicht nur Glauben oder Fühlen, sondern ein rationales Sprechen über Gott. Alles andere ist auch legitim, aber eben keine Theologie. Wenn sich also Theologen über Gott unterhalten und dies mit dem Anspruch verbinden, nicht nur über den persönlichen Glauben zu sprechen, sondern über etwas für die ganze Theologie Gültiges, dann sind sie auf diese Ebene der Philosophie angewiesen: Wie kann ich überhaupt meine Meinung begründen? Was heißt es, dass ich mit bestimmten Begriffen über Gott spreche? Was ist eigentlich Sprache? Theologie kann nicht gelingen ohne diese philosophischen Grundlagen, und ein Gespräch unter Theologen leider auch nicht. Die Motivation fast aller Seminaristen, die ich im Laufe der Jahrzehnte kennenlernte, diese Ebene zu berücksichtigen, war sehr gering. Dies führte dazu, dass das Gespräch untereinander inhaltlich genauso wenig weiterkam wie das theologische Denken als solches.

Ich habe mich an diesen endlosen Diskussionen, die unter den Seminaristen stattfanden, nur selten beteiligt. Nicht, weil ich alle Antworten gewusst hätte und die anderen zu blöd gewesen wären, diesen Antworten zu folgen. Ich hatte nicht die Antworten, aber ich hatte Fragen. Die hatte keiner sehen wollen, weil jeder nur Antworten hatte. Diese Haltung brachte mir bei einigen den Ruf ein, zu verkopft zu sein und über den Dingen zu schweben, ohne sich festlegen zu können oder zu wollen. Das mag sogar korrekt sein. Die Frage ist nur, ob nicht genau diese Eigenschaften nicht auch eine gute Seite haben und vielleicht sogar notwendig sind.

Alles ist Auslegung

In einer Diskussion im Priesterseminar trumpfte ein konservativer Seminarist mit der These auf, dass die Theologie doch eigentlich nur aus überflüssigen Diskussionen bestehen würde. Schließlich gäbe es zu jeder Frage lehramtliche Äußerungen. Da stünde dann schwarz auf weiß, was zu tun und zu denken sei. Das sei objektiv und jeder wisse, woran er sei. Ich erinnere mich noch, wie mir vor Entsetzen die Luft wegblieb. Dieses Entsetzen bezog sich weniger auf die durchaus fragwürdige Haltung, mit sklavischem Gehorsam auf jede lehramtliche Äußerung zu hören, sondern auf den grundsätzlichen Umgang mit Texten:

welcher Text ist denn wirklich eindeutig? Welche menschliche Äußerung ist denn objektiv und für immer und für alle gültig? Dass so etwas jemand behaupten konnte, der kurz vor Abschluss des Theologiestudiums stand, war für mich absolut unbegreiflich. Immerhin ging es hier um eine der ganz zentralen Fragen der Theologie: wie kann ich die biblischen oder historischen Zeugnisse verstehen? Was sind eigentlich die Bedingungen unseres Verstehens? Diese Fragen nicht zu berücksichtigen, schien mir ein Rückfall in übelste Ignoranz zu sein.

Diese Fragen sind das Thema der Hermeneutik. Da es in der Geschichtswissenschaft ebenfalls um das Verstehen historischer Texte geht, hatte mich die Hermeneutik bereits seit einiger Zeit zumindest am Rande interessiert. In der zweiten Hälfte meines Studiums rückte die Hermeneutik in den Mittelpunkt meines Interesses, denn ich sah immer mehr, dass es für eine Wissenschaft wie die Theologie überlebenswichtig ist, sehr genau darauf zu blicken, wie sie eigentlich das versteht, auf das sie immer wieder zurückgreift: die Bibel, die Texte aus der Geschichte der Theologie und der Kirche. Die Theologie ist Auslegung, und die Bedingungen gelingender Auslegung und gelingenden Verstehens sind die Materie der Hermeneutik.

Die Ursprünge der Hermeneutik liegen – wie bei so vielen guten Dingen – in der griechischen Antike. Die Dichtung Homers, für die Griechen das Werk schlechthin, erforderte eine angemessene Auslegung. Diese war aus zwei Gründen nötig, die dann auch für das Christentum gleichermaßen gültig werden sollten: die Texte definierten die eigene Kultur und waren damit so wichtig, dass man sie nicht außer Acht lassen konnte, waren gleichzeitig aber auch oft widersprüchlich, anstößig oder schwer verständlich. Was bei den Griechen für Homer galt, galt bei den Christen für die Bibel: es brauchte eine Methodik, mit den Texten umzugehen und sie zu verstehen. Das hieß konkret, erst einmal zu schauen, welche Kriterien sich aus der Vernunft ergeben, nach denen man diese Texte überhaupt beurteilen kann. Im Laufe der Zeit hat sich eine sehr ausgefeilte Lehre entwickelt, wie die Bibel auszulegen ist. Höhepunkt dieser Auslegungslehre waren sicherlich das 16. und 17. Jahrhundert, als Theologen wie Melanchthon, Flacius oder Dannhauer den Impuls der neuen lutherisch-reformierten Theologie aufgriffen, die Bibel wieder stärker ins Zentrum der Theologie zu rücken. Im Laufe des 17. und 18. Jahrhunderts entstanden dann Einzelhermeneutiken, die für die verschiedenen wissenschaftlichen Disziplinen entwickelt wurden. Diese Entwicklung kam am Ende des 18. Jahrhunderts zum Erliegen, der Grund war Immanuel Kant. Die bisherige Hermeneutik hatte davon gelebt, aus der Perspektive der Vernunft auf die Texte zu blicken. Diese Perspektive zerstörte Kant. Die Vernunft ist nicht etwas über uns Schwebendes, Objektives, sondern etwas, das sich unserem Zugang zur Welt, unserer Wahrnehmung verdankt. Ein Meilenstein der Philosophie, eine „kopernikanische Wende", die allerdings die bisherige Philosophie und damit auch die bisherige Hermeneutik enthauptet hat.

Anfang des 19. Jahrhunderts entsteht dann mit Schleiermacher und anderen eine neue Hermeneutik, die grundsätzlicher an die Frage herangeht: nicht, wie kann ich diesen Text oder dieses Thema auslegen?, sondern: wie kann ich überhaupt einen Text auslegen? Der Unterschied ist, dass man nicht mit einem klaren Vorverständnis an den Text herangeht, sondern das Verständnis im Text selbst sucht. Es geht nicht mehr darum, mit einem Vorverständnis Lücken und Missverständnisse zu klären, sondern durch den Text selbst zu einem neuen Verständnis zu kommen. Das Verstehen bringe ich nicht mit, es geschieht im und am Text selbst. Bereits hier wird deutlich, dass diese Hermeneutik nur schwer oder vielleicht gar nicht kompatibel ist mit der kirchlichen Auslegung der Bibel und der eigenen kirchlichen Texte: hier geht es ganz entscheidend um das Vorverständnis, nämlich das der Kirche. Sie legt den Rahmen fest, in dem die Texte verstanden werden können, nicht die Texte selbst. Die Kirche ist im Besitz einer ewiggültigen, objektiven Wahrheit, die sie in ihren eigenen Texten immer neu ausformuliert. Diese Art von ewiger Gültigkeit und Objektivität wird von der Hermeneutik bezweifelt: sie kennt keinen Stillstand, sondern eine ständige Weiterentwicklung des Verstehens eines Textes. Die Hermeneutik spricht von einem „Zirkel", treffender wäre vielleicht eine „Spirale": ein Satz oder ein Text wird zur Kenntnis genommen. In dieser Kenntnisnahme entstehen neue Sätze und Texte, die wiederum verstanden werden müssen. Das hermeneutische Verstehen ist ein immer neues Verstehen, das niemals aufhört. Vor diesem Hintergrund können kirchliche Aussagen nur verstörend wirken, wenn sie beanspruchen, etwas ewig Gültiges auszudrücken. Für die Hermeneutik ist das überhaupt nicht möglich, weil sich die Grundlage der Texte ständig ändert: die Sprache selbst und damit auch das Verstehen.

Bereits vor meiner römischen Zeit, im 3. oder 4. Semester, hatte ich Heideggers berühmtes Werk „Sein und Zeit" gelesen. In seiner Tragweite und Bedeutung hatte ich dieses Buch zu diesem Zeitpunkt noch nicht erfasst. Ich las es damals mit Augustinus im Hinterkopf und war vor allem erstaunt, dass sich ein Großteil von „Sein und Zeit" wie eine moderne Fassung der Zeitanalyse des Augustinus im 10. Buch seiner „Bekenntnisse" las. Nach meiner Rückkehr nach Bochum, als ich mich immer mehr mit der Hermeneutik beschäftigte, stieß ich von neuem auf Heidegger, wiederum auf „Sein und Zeit", aber auch auf andere Werke wie vor allem seine „Hermeneutik der Faktizität".

Martin Heidegger (1889-1976) ist einer der umstrittenen Philosophen des 20. Jahrhunderts. Unumstritten besitzen seine Werke einen riesigen Einfluss. Aber es gibt auch eine Schattenseite: sein kurzzeitiges Engagement für den Nationalsozialismus, das zwar nicht lange dauerte, von dem er sich später aber auch eher halbherzig distanziert hat, sowie sein Antisemitismus, der allerdings erst in den letzten Jahren durch die Veröffentlichung der „Schwarzen Hefte" in seiner ganzen Tragweite sichtbar wurde. Soll man sich mit so einem Menschen beschäftigen? Jahre später wurde mein Doktorvater Walter Schweidler bei einem Vortrag über Heidegger mit dieser Frage konfrontiert, und er antwortete in einer Weise, die ich auch für mich sehr treffend fand. Schweidler sagte, er würde sich mit Heidegger beschäftigen, obwohl er um seine moralischen Grenzen wisse. Der Grund? „Weil ich etwas von ihm lernen konnte!" Sich mit einem Autor zu beschäftigen, bedeutet nicht, ihn zu verehren oder ihm in allem zu folgen. Aber wenn man etwas von diesem Autor lernen kann, ist es legitim, sich mit ihm zu beschäftigen. Was habe ich von Heidegger gelernt?

Heidegger verfügt über eine sehr bedeutungsschwere Rhetorik. Vieles wird aufgeblasen und aufgeplustert in neuen, aber alt und würdig klingenden Begriffen. Man spürt in seiner Rhetorik: was er da beschreibt, hat Bedeutung und betrifft unsere ganze Existenz. Dies gilt auch für die Hermeneutik. Heidegger begreift die Hermeneutik nicht nur als ein technisches Verfahren, um alte Texte zu entziffern, sondern als eine Tätigkeit, die zu unserem Menschsein gehört und die unser Menschsein ausmacht. Wir wollen verstehen und wir müssen verstehen, um Menschen zu sein. Denn ob wir wollen oder nicht: wir stehen in einer Welt und wir müssen uns zu dieser Welt verhalten, und zwar verstehend. Dieses Verstehen macht unsere Existenz aus. Diese „Existentialhermeneutik" versucht nun das abzuarbeiten, was uns an daran hindert, diesem Verstehen näherzukommen. Die Wahrheit, die diese Hermeneutik freilegen will, ist nicht die des

Textes, es ist unsere eigene, weil sich in dieser Äußerung die menschliche Existenz selbst ausspricht. Die Hermeneutik legt als Methode diese Existenz von dem frei, was sich verdeckend darauf gelegt hat. Heidegger sieht die gesamte bisherige Tradition der Philosophie als eine solche Verdeckung. Mit entsprechend großem Eifer blickt er auf die ganz frühen Philosophen Griechenlands – wie Heraklit oder Parmenides –, die noch die ursprüngliche Idee von dieser Existenz hatten, bevor die auf sie folgende Philosophie mit ihren Begriffen, Phrasen und Luftschlössern alles erstickt hat.

Ich war nie ein Anhänger Heideggers, aber er hat mir zwei wichtige Perspektiven eröffnet: die eine, dass Verstehen und Verstehen-wollen nicht etwas Nebensächliches ist. Die christliche Tradition ist hier sehr ambivalent. Sie unterschied in früheren Zeiten zwischen dem erstrebenswerten Wunsch, Gott und das Geistige zu erkennen (*studiositas*) und einer lasterhaften Neugierde, die irgendwie umherschweift (*curiositas*). In der Praxis lief das darauf hinaus, dass das Streben nach Erkenntnis und Verstehen sich nur auf Gott bzw. auf das von der Kirche Vermittelte beziehen durfte. Alles andere war eigentlich lasterhaft. Einen entsprechend schweren Stand hatten etwa die Naturwissenschaften im Mittelalter: sie waren eine überflüssige Neugierde, ein Frevel, in das Geheimnis der Schöpfung Gottes vorzudringen. Natürlich sind diese Zeiten des Mittelalters bei den (meisten) heutigen Theologen und Priestern vorbei. Dennoch gibt oft es eine grundlegende Skepsis gegen Forschungsdrang und intellektuelle Neugierde. Man will gerade den einfachen Gläubigen nicht alles an Wissen zumuten. Früher gab es daher den Index, eine Liste verbotener Bücher. Ratzinger, damals noch Erzbischof in München, sagte an Silvester 1979 in seiner Predigt: „Der christliche Gläubige ist eine einfache Person. Aufgabe der Bischöfe ist es deshalb, den Glauben dieser kleinen Leute vor dem Einfluss von Intellektuellen zu bewahren."

Solche Sätze fallen nicht vom Himmel und sind auch kein exklusives Gut von Joseph Ratzinger. Sie entsprechen einer gerade in hohen kirchlichen Kreisen weit verbreiteten Haltung, ein ewiggültiges Traditionsgut weiterzugeben, aber jedem Forschungsdrang schon deshalb skeptisch gegenüberzustehen, weil dieser ja etwas Neues hervorbringen könnte, was aber gar nicht legitim sein kann, weil es das Alte in Frage stellen würde. Fragen ist eben auch immer Hinterfragen und Kritisieren. Es soll vermieden werden, etwas neugierig zu betrachten oder wirklich verstehen zu wollen. Es wird einem „normalen" Gläubigen nicht zugetraut, mit diesem Wissen umgehen zu können: all dies dient dem Schutz dessen, was da ist. Man könnte es als gewünschte Verdummung bezeichnen.

Heidegger hat hier für mich einen wichtigen Akzent gesetzt. Dass der Mensch nach Wissen streben soll und in diesem Streben wirklich Mensch wird, lehrten bereits die alten Griechen. Was Heidegger hinzufügt, ist eine andere Blickrichtung: das Wissen- und Verstehenwollen ist nicht etwas, das der Mensch zusätzlich tun muss, um Mensch zu sein, sondern er ist Mensch und als solcher gehört das Wissen- und Verstehenwollen zu seinem Wesen. Dieses Verstehenwollen muss nicht erworben werden, es ist bereits da. Begründen muss man damit nicht das vernünftige Hinterfragen, sondern den Verzicht darauf. Es ist nicht nur normal, sondern man ist es sich selbst schuldig, Fragen zu stellen. Gerade in Zeiten des Priesterseminars war ich von gewissen Leuten – konservativ wie progressiv – immer wieder dem Vorwurf ausgesetzt, verkopft zu sein und alles zu hinterfragen. Ich habe nie bezweifelt – auch für mich und mein Leben nicht –, dass wir Menschen emotional sind und auch emotional sein müssen. Aber wir sind eben auch rational, und diese Rationalität zu unterdrücken ist für uns genauso gefährlich wie die Unterdrückung von Emotionen.

Den zweiten Impuls, den ich von Heidegger in dieser Zeit mitnahm, war das „Graben". Heidegger hatte gespürt, dass die Philosophie im Laufe der Jahrhunderte abgeglitten war, sich hinter bloßen Begriffen versteckte und mit diesen Begriffen Scheingefechte austrug. Er wollte hinter diese Begriffe blicken, auf das, worum es der Philosophie eigentlich geht. Dies tat er, indem er historisch hinter diese Begriffe zurückging und etwa bei den ganz frühen griechischen Philosophen wie Heraklit zu graben begann. Nun schien es mir immer mehr so, dass sich dieser Eindruck Heideggers über die Philosophie mit voller Berechtigung auch auf die Theologie übertragen ließe: sie hatte sich im Laufe der Jahrhunderte immer mehr von ihrem eigentlichen Thema entfernt und war zum Kreisen und Schlingern um die immer gleichen Begriffe geworden, die immer leerer wurden.

Wie in der Philosophie muss es in der Theologie darum gehen, auf das zu blicken, was die Begriffe eigentlich bezeichnen wollen. Das bedeutet, auf die Ursprünge dieser Begriffe zu schauen: was sollten sie damals ausdrücken? Auf welche Realität wurde damals verwiesen, wenn von einem Gott in drei Personen gesprochen wurde? Oder von den zwei Naturen Christi? Worum ging es da eigentlich? Heidegger und die anderen Hermeneutiker lehrten mich, dass Begriffe immer eine Geschichte haben. Wenn diese Veränderungen der Begriffe nicht berücksichtigt werden und man sklavisch daran festhält, dass ein Begriff immer für die exakt gleiche Sache steht, dann gelange ich zu einer endlosen Diskussion über immer leerer und inhaltloser werdende Wörter. Man diskutiert jahrhundertelang über „Metaphysik" oder „Natur" oder „Gott", ohne auch nur einen dieser Begriffe in Verbindung mit dem zu setzen, wofür sie ursprünglich eingesetzt wurden.

Heidegger hat mir zwei wichtige Impulse gegeben: verstehen zu wollen und zu graben. Das sind eher Motivationen als Inhalte. Inhaltlich bedeutender für mich wurde ein Schüler von ihm, Hans-Georg Gadamer. Er war nicht so charismatisch wie Heidegger, aber vielleicht gerade deshalb inhaltlich stärker. Es ist wohl so, dass beides zusammen schwierig ist: jemand, der charismatisch und motivierend ist, ist oft unpräzise und inhaltlich schwach. Vielleicht weil er mehr auf den blickt, zu dem er spricht, als auf das, worüber er spricht. Während Heidegger mit großem Pathos den Beginn einer neuen Philosophie ankündigte und die Existenz des Menschen in einer „Fundamentalontologie" offenlegen wollte, kam Gadamer eher ruhig und bescheiden daher. Aber mit klarerem Inhalt.

Gadamer ist Jahrgang 1900. Und starb 2002. Das ist ein langes Leben, in dem in der Welt viel passierte: von Kaiser Wilhelm bis zum Internet. Gadamer hat viel Geschichte erlebt und dies hat sicherlich auch sein großes Thema mitbestimmt: alles ist Geschichte. Wir sind zu einer bestimmten Zeit an einem bestimmten Ort in eine bestimmte Kultur mit einer bestimmten Sprache geboren und aufgewachsen. Diese Herkunft vermittelt uns bereits eine bestimmte Sicht auf die Welt, ein Verstehen. Diesen Horizont können wir nie völlig verlassen. Jeder Versuch des Verstehens, aber auch jeder Versuch des Äußerns ist von dieser Herkunft geprägt. Gadamer begriff das Verstehen nicht als das Ergreifen und Inbesitznehmen von etwas. Sondern als ein Gespräch: ein Gespräch, das lange vor uns begonnen hat und das wir fortsetzen. Vernunft ist nicht etwas Absolutes, sondern sie entwickelt sich immer weiter in der Geschichte: mit dem Leben und Denken der Menschen. Jeder Glaube, man könne sich dieser Geschichtlichkeit entziehen und der Geschichte enthobene, objektive Aussagen machen, sei naiv. Gadamer traf diese Aussage mit Blick auf die europäische

Aufklärung, die für mich relevante Stoßrichtung war natürlich eine andere: die kirchliche Lehre.

Natürlich war mir wie jedem einigermaßen wachen Studenten der Kirchengeschichte klar, dass sich die kirchliche Lehre im Laufe der Zeit verändert und entwickelt hat. Deshalb gab es ja früher Kreuzzüge und Hexenverbrennungen und heute nicht mehr. Natürlich hat sich die kirchliche Lehre immer wieder verändert. Was Gadamer in mir schärfte, war jedoch nicht nur den Blick auf die Geschichtlichkeit einer bestimmten Äußerung, sondern auch der Geschichtlichkeit dessen, der die Äußerung macht. Ich kann heute das gleiche Wort gebrauchen und die gleiche Sache sehen wie ein Mensch vor 1000 oder vor 100 Jahren: wir meinen und wir sehen etwas Anderes. Wenn Christus über Gott spricht oder Augustinus oder Thomas von Aquin oder Papst Johannes Paul II. oder Martin Luther King, dann zielen sie alle zwar auf den gleichen Gott, weil sie sich zu dem gleichen Gott bekennen: ihr Verständnis von Gott ist meilenweit voneinander entfernt – und das unwiderruflich. Nicht nur die Äußerung über Gott ist zeitgebunden und geschichtlich, sondern bereits der Blick auf Gott. Was hat das für Konsequenzen für die kirchliche Lehre? Die Kirche lebt aus einer objektiven Wahrheit – Gott – und verweist darauf, diese objektive Wahrheit auch objektiv ausdrücken zu können. Dem Hinweis von Gadamer, dass dies eigentlich gar nicht geht, würde die Kirche widersprechen mit einem Hinweis auf den Heiligen Geist: diese objektive Wahrheit sei zwar Menschen nicht möglich, aber der Kirche unter der Führung des Heiligen Geistes schon. Mich hat dieser Hinweis schon mit Blick auf die wechselvolle Geschichte der kirchlichen Lehre wenig überzeugt, die selbst mit viel gutem Willen nicht als gradlinige und von einer objektiven Wahrheit getragene Entwicklung erkennbar ist.

Was ist die kirchliche Lehre? Sie blickt auf eine Wahrheit – sei sie jetzt objektiv oder nicht – und formuliert sie in Sätzen. Die kirchliche Lehre ist ganz fundamental eine sprachliche Äußerung. Überhaupt zu glauben, dass eine sprachliche Äußerung eine objektive Wahrheit darstellen oder etwas definieren könnte, verkennt den Charakter der Sprache und genau hier hat Gadamer mir damals einen riesigen geistigen Horizont eröffnet.

116

Der kanadische Philosoph Jean Grondin berichtet von einer sehr interessanten Begegnung mit Gadamer 1988 in Heidelberg.[3] Er habe Gadamer gefragt, worin er denn den universalen Aspekt seiner Hermeneutik sehen würde. Gadamer habe kurz nachgedacht und dann gesagt: „Im *verbum interius*, im inneren Wort." Grondin habe erstaunt nachgefragt, denn von dieser Bedeutung des „inneren Wortes" – einem Begriff aus der antiken stoischen Philosophie – sei in Gadamers Werken nirgendwo die Rede. Gadamer habe dann ausgeführt: „Die Universalität liegt in der inneren Sprache, darin, dass man nicht alles sagen kann. Man kann nicht alles ausdrücken, was in der Seele ist." Diese Erkenntnis, so Gadamer, sei ihm bei der Lektüre des Werkes „De trinitate" des Augustinus gekommen, und sie sei für ihn absolut grundlegend geworden. Die Sprache muss immer hinter dem zurückbleiben, was sie eigentlich sagen will. Sie kann nie das in Worte fassen, was der menschliche Geist ausdrücken will. Trotzdem ist die Sprache etwas Großartiges, denn sie ist trotz aller Defizite die größte Möglichkeit, die wir haben, das mitzuteilen, was in uns vorgeht, und so mit anderen Menschen in ein Gespräch zu kommen.

Was ich von Gadamer als erstes mitnahm, war die Methodik, die sich aus seiner Philosophie ergab. Eine Aussage steht nie für sich, sondern immer in einem Kontext. Den muss ich verstehen, um die Aussage zu verstehen. Das bedeutet konkret, jede Aussage auf ihren Kontext zu hinterfragen. Eine Aussage ist kein Zufall, sondern es gibt Gründe, warum sie getroffen wurde. Ohne diese Gründe kann ich die Aussage nicht verstehen. Jede Aussage, so formuliert es Gadamer, ist die Antwort auf eine Frage. Und die Antwort kann ich nicht verstehen, wenn ich die Frage nicht kenne.

Gegen Ende meines Studiums las ich ein eher unscheinbares und relativ unbekanntes Werk, das mir diese hermeneutische Methodik sehr konkret vor Augen führte: „Gnosis und spätantiker Geist", das Hans Jonas in zwei Teilen vor und nach dem II. Weltkrieg veröffentlicht hatte. Was macht Jonas in diesem Buch? Die Gnosis war eine religiöse Bewegung in der Spätantike, vor allem bekannt geworden durch ein sehr bipolares Weltbild: die Welt als Kampf zwischen Licht und Dunkel, Gut und Böse. Jonas nahm nun die Texte der Gnosis, die es gab, und verglich sie mit anderen religiösen und auch philosophischen Texten jener

---

[3] Vgl. Grondin, Jean: Einführung in die philosophische Hermeneutik, S. 9.

Zeit. Er stellte Parallelen zwischen diesen Texten fest und schloss von diesen Parallelen auf eine gemeinsame Mentalität, auf Strukturen einer allgemeinen Befindlichkeit in der Spätantike, die sich eben in den verschiedenen Texten und Gruppierungen ausdrückte. Das Besondere: Jonas verließ die rein textliche Ebene – die reinen Aussagen – und ging von diesen auf die Ebene des Bewusstseins, der Mentalität: dessen, was sich in den Texten zwar ausdrückt, aber nicht völlig in den Texten aufgeht und auch gar nicht aufgehen kann, weil es Texte und Sprache sind. Die Texte sind Ausdruck einer Mentalität; sie sind Antworten, die ich nicht verstehen kann ohne die Fragen, die sie hervorgerufen haben. Das Faszinierende an diesem Werk war für mich, dass Jonas auf diese Weise etwas darstellen konnte, was viel wichtiger war als die Texte selbst: was die Menschen damals fühlten und dachten, die diese Texte geschrieben haben. Die Texte sind unverzichtbare Werkzeuge, zum Eigentlichen vorzudringen, aber sie sind nicht mit ihm identisch. Dieses Eigentliche drückt sich nicht nur in Texten aus, es drückt sich aus in der Architektur, in der bildenden Kunst, in der Musik, in allem, auf das wir zugreifen können und was die Menschen in ihrem schöpferischen Geist geschaffen haben: dies alles ist damit Bild ihres Geistes und verrät uns viel, aber nie alles über ihren Geist.

Zu dieser Zeit, gegen Ende meines Studiums, hatte Prof. Geerlings mir vorgeschlagen, nach dem Studium bei ihm zu promovieren, den Doktor der Theologie zu machen. Dem war ich nicht abgeneigt, und durch dieses Buch von Jonas hatte ich auch mein Thema gefunden: die Anwendung dieser Methodik auf die frühe Theologie, auf die Entstehung der kirchlichen Dogmatik. Die Aussagen über die Dreifaltigkeit, über Christus, über die Kirche: sie standen damals in einem bestimmten Kontext, sie antworteten auf eine bestimmte Fragestellung und sind auch nur so zu verstehen. Dies beinhaltete natürlich gewisse Schwierigkeiten mit der kirchlichen Lehre als solcher, die ja inhaltlich vom genauen Gegenteil ausgeht: dass es keinen zeitgenössischen Kontext dieser Aussage gibt, sondern einen zeitunabhängigen, ewigen Kontext. Der große Unterschied: das eine hinterfragt diese Aussagen und macht sie eventuell für heute ungültig oder zumindest erneuerungsbedürftig, das andere verbietet die Möglichkeit der Hinterfragung. Als ich Geerlings von meiner Idee für eine mögliche Promotion erzählte, meinte er nur: „Rasche, darüber machen Sie bitte erst ein Buch, wenn Sie die Professur haben!" Geerlings sah natürlich sofort, dass ich mit einem solchen Thema eigentlich keine Chance in einer Theologie hatte, die

118

doch recht eng durch den Vatikan und das Lehramt kontrolliert wird. Ich nahm dann auch schnell wieder Abstand von diesem Thema – nicht, weil es mich nicht mehr interessierte, sondern weil ich verstand, dass es nicht unbedingt klug wäre, mit diesem Thema als Erstlingswerk in Erscheinung zu treten. Zumal ja noch völlig offen war, ob ich überhaupt promovieren könnte.

Die Situation war folgende: ich war als Seminarist im Priesterseminar und bereitete mich dort als Student auf meine Zukunft als Priester vor. Damit war ich in einem Abhängigkeitsverhältnis gegenüber dem Leiter des Priesterseminars bzw. gegenüber dem Bischof von Essen. Eine Promotion erforderte daher ihre Genehmigung. Natürlich gab es die Option, die Ausbildung nach dem Studium zu unterbrechen. Der normalerweise vorgesehene Weg war der folgende: nach dem Studium ging der Seminarist in den sog. „Pastoralkurs". Das waren anderthalb Jahre, in denen sich seminarinterne Ausbildungszeiten abwechseln mit Praxiszeiten in einer Kirchengemeinde. Nach einem Jahr erfolgte die Weihe zum Diakon, ein halbes Jahr später die Priesterweihe.

Die Option, die nun im Raum stand, war diejenige, diesen Ausbildungsweg durch die dreijährige Promotion zu unterbrechen und nicht sofort in den Pastoralkurs zu gehen. Geerlings schrieb im Frühjahr 1999, kurz vor Ende meines Studiums, einen Brief an den Bischof von Essen, in dem er ihn darum bat, mich für eine Promotion in der Theologie freizustellen. Freundlich, aber bestimmt lehnte der Bischof ab. Diese Ablehnung war angesichts des allgemeinen Priestermangels und des immer größeren Bedarfs an Priestern in den Gemeinden keine große Überraschung, aber natürlich trotzdem eine herbe Enttäuschung für mich.

Was tun? Nun stand natürlich die Option im Raum, den Ausbildungsweg trotzdem für die Promotion zu unterbrechen. Mehrere Professoren begannen, mit einer Promotion zu locken, Geerlings bot mir ein Forschungsstipendium an, so dass meine finanzielle Unabhängigkeit gesichert war. Natürlich hätte dieser Schritt beim Bistum Essen keine Begeisterung hervorgerufen. Aber ein Studienkollege meinte durchaus treffend: „Meinst du, die nehmen dich hinterher nicht mehr, weil du schlauer geworden bist?"

Trotzdem lehnte ich Geerlings' Angebot nach mehreren Wochen harten Ringens ab. Dafür ausschlaggebend waren zwei Gründe. Zum einen wollte ich ja eigentlich Priester werden. Natürlich lockte der Doktortitel. Aber er bedeutete mir weniger als das Priesteramt. Natürlich sah ich Vieles in der Kirche, das mir nicht gefiel. Das brachte mich allerdings nicht davon ab, das Priesteramt anzustreben. Ich wollte Priester werden, und wenn es mit einem Doktortitel oder einer akademischen Karriere etwas werden sollte, ging das als Priester eh nur mit dem Segen der Kirche. Der andere Grund war familiär. Von meinen vier Großeltern lebten 1999 noch drei. Nur der Großvater väterlicherseits war bereits 1991 verstorben, die anderen lebten noch. Jung waren sie natürlich nicht mehr. Sie waren sehr stolz auf mich und freuten sich darüber, dass ich Priester werden sollte. Würden Sie in fünf Jahren noch leben, wenn ich nach drei Jahren Promotion und knapp zwei Jahren Pastoralkurs geweiht würde? Dass ich zum Priester geweiht werden sollte, war für mich unumstößlich. Dann lieber zu einem früheren Zeitpunkt, der es meinen Großeltern noch erlauben würde, diesen besonderen Augenblick zu erleben. Ich teilte also Geerlings mit, dass ich nach dem Studium in den Pastoralkurs gehen würde. Nach der Priesterweihe könnte man dann das Ziel Promotion noch einmal angehen.

Pastoralkurs

Nach dem Abschluss meines Studiums im Sommer 1999 begann im Herbst der Pastoralkurs. Es begannen wochenlange Einheiten im Priesterseminar: das pädagogische Rüstzeug für den Schulunterricht, Kirchenrecht, Staatskirchenrecht, Rhetorik, Gesprächsführung, Psychologie, Liturgie, Kunst, Soziales usw. Man wurde in allem fit gemacht, was einen im späteren Leben als Priester erwarten konnte. Für die Theorie-Einheiten im Priesterseminar kam erschwerend hinzu, dass mein Weihejahrgang nur aus zwei Personen bestand: mir und noch einem. Wir saßen wochen- und monatelang zu zweit einem bis drei Referenten gegenüber. Den Rekord hielt eine Veranstaltung mit fünf Referenten. Für zwei Personen. Das ist nicht nur absurd, es ist auch anstrengend. Dass mein lieber Mitbruder, der mit mir zusammen geweiht wurde, kirchenpolitisch deutlich konservativer tickte als ich, machte es nicht einfacher.

Neben den Theorie-Blöcken im Priesterseminar standen die Praxis-Blöcke in der Kirchengemeinde an. Ich wurde mit dem zukünftigen Priestermangel schnell vertraut gemacht und direkt zwei Kirchengemeinden zugeordnet: St. Suitbert und St. Mariä Heimsuchung in Essen-Überruhr. Beide Gemeinden unterstanden dem gleichen Pfarrer, der für diese Zeit mein Mentor und praktischer

Ausbilder war. In den ersten Monaten wohnte ich in einem Zimmer eines privaten Kellers eines Gemeindemitglieds, das ich auch nur durch die Garage betreten konnte. Das klingt genauso brutal wie es war. Nach einigen Monaten konnte ich allerdings in das Pfarrhaus von St. Mariä Heimsuchung ziehen, da der dortige Kaplan versetzt worden und kein Nachfolger vorgesehen war.

In den ersten Monaten stand der Schulunterricht im Vordergrund. An mehreren Vormittagen in der Woche ging es in die Grundschule, wo ich unter Anleitung zweier Lehrerinnen zwei Klassen im Fach Religion unterrichtete: eine 3. und eine 4. Klasse. Diese Zeit in der Schule war für mich kein Vergnügen. Für jemanden wie mich, dem man ja durchaus mit etwas Recht nachsagte, verkopft zu sein, war es unglaublich schwer, mich darauf einzulassen, wie Kinder ticken. Gerade als große Gruppe. Es ging irgendwie, und ich habe auch die erforderlichen Prüfungen ohne Ach und Krach überstanden, aber mir war klar, dass der Schulunterricht nach Möglichkeit nicht den Schwerpunkt meines zukünftigen priesterlichen Lebens bilden sollte.

Im Laufe der Zeit stand jedoch immer mehr das Gemeindeleben im Vordergrund und hier zuerst die Kinder- und Jugendarbeit: Messdiener, Pfadfinder, KjG, freie Jugendarbeit, Kommunionkinder, Firmlinge, Sternsinger. Die Arbeit mit diesen Kindern und Jugendlichen gefiel mir deutlich besser. Zum einen waren sie oft älter als die Kinder, die ich in der Schule hatte, zum anderen war man in der Gestaltung der Stunden oder allgemein in der Arbeit mit diesen Kindern und Jugendlichen freier und weniger an Vorgaben, Stundenprotokolle und Auswertungen gebunden als in der Schule. War ich von meiner Heimatgemeinde in Mülheim die Arbeit mit den Messdienern gewöhnt, kam für mich neu die Arbeit in den Jugendverbänden hinzu, hier KjG und Pfadfinder. Im Unterschied zu den Messdienern haben die Jugendverbände relativ klare, demokratische Strukturen, die in Satzungen geregelt sind. Demgegenüber wird die Leitung bei den Messdienern wahlweise wahrgenommen vom Pfarrer, Kaplan, Küster, von einer Leiterrunde oder einem irgendwann von irgendwem ernannten Leiter. Da kann eine Messdienerschaft schonmal Glück oder Pech mit der Leitung haben. Die Jugendverbände sind durch ihre Satzungen und ihre demokratischen Strukturen gegenüber personellen Fehlbesetzungen oder sonstwie schwierigen Situationen besser abgesichert. Die Satzung regelt die Mechanismen, mit denen Leitungen berufen und abberufen werden, welche Rechte eine Leitung hat und welche Rechte die normalen Mitglieder der Jugendverbände haben, die Kinder und Jugendlichen. Ich war in den Folgejahren nie ein Freund oft endloser Satzungsdiskussionen auf irgendwelchen Jahresversammlungen eines Jugendverbands. Aber diese Satzungen und diese Strukturen bieten ein hohes Maß an inhaltlicher und personeller Sicherheit für die Verbände.

Neben der Kinder- und Jugendarbeit ging es den folgenden Monaten vor allem darum, hinter die Kulissen einer Kirchengemeinde zu schauen. Natürlich kannte ich meine Heimatgemeinde in Mülheim und wusste, was in einer Kirchengemeinde passierte. Ein Blick hinter die Kulissen war trotz aller Vorkenntnisse etwas völlig anderes. Hier hatte ich einen Pfarrer als guten Mentor, der sehr überlegt und reflektiert die Gemeinde leitete und mir die Mechanismen der Gemeinde sehr gut erklären konnte. Vor allem lernte ich bei diesem Pfarrer die Wichtigkeit des Umgangs mit Menschen. Nicht, dass der Pfarrer ein Menschenfänger gewesen wäre, der mit Charisma und Rhetorik die Menschen in seinen Bann gezogen hätte. Aber er konnte in seiner ruhigen und respektvollen Art die Menschen gewinnen – nicht für sich, sondern für die Sache, für die Pfarrgemeinde. Das Leben in einer Pfarrgemeinde kann nur gelingen durch den Einsatz vieler Menschen, die sich ehrenamtlich engagieren. Ich habe im Laufe der Jahre in den verschiedenen Pfarreien die Erfahrung gemacht, dass es weniger wichtig ist, ob der Pfarrer jetzt konservativ oder progressiv ist: das A und O ist der respektvolle Umgang mit den Menschen, sie nicht von oben herab zu behandeln, sondern ernst zu nehmen. Im Allgemeinen fiel es den konservativen Pfarrern aufgrund ihres überhöhten Amtsverständnisses schwerer, ihre Gemeindemitglieder als vollmündige Menschen zu sehen. Ich muss aber auch gestehen, dass viele ihrer progressiven Mitbrüder ebenfalls sehr machtbewusst agieren konnten. Letztlich ist es dann eben doch nicht nur eine Frage des Amts- und Kirchenverständnisses, sondern der eigenen Machtmittel und des eigenen Machtwillens. Man kann auch theoretisch für ein schwächeres Amt sein und es trotzdem praktisch machtvoll ausüben.

So oder so gilt jedoch, dass die Zeiten schlicht und einfach vorbei sind, in denen man dem Pfarrer blind folgt. Es gibt zwar noch immer einen Vertrauensvorschuss, der den Pfarrern und Priestern entgegengebracht wird. Den darf man allerdings nicht enttäuschen, sonst steht man schnell alleine da.

Eine Pfarrei steht und fällt mit ihrem Pfarrer. Ich habe Pfarreien gesehen, die unter einem guten Pfarrer viele Jahre in Blüte standen und in denen sich viele Menschen engagierten. Folgt allerdings auf einen guten Pfarrer ein schlechter Pfarrer, der die Menschen verprellt, kann auch eine jahrzehntelange Blüte in wenigen Monaten beendet werden. Das geht erschreckend schnell. Auf diese Weise habe ich im Laufe der Jahre viele Pfarrgemeinden kaputtgehen sehen. In meiner Ausbildungszeit in Essen-Überruhr hatte ich damals einen Pfarrer, der sehr gut und sehr reflektiert die Leitung der Pfarrei wahrgenommen hat und von dem ich viel über das Thema „Leitung" lernen konnte. Leitung braucht Organisation. Leitung schafft Strukturen. Aber Leitung ist immer Leitung von Menschen.

Nach einem Jahr Pastoralkurs stand die Diakonenweihe an. Das Diakonat ist im Rahmen der Priesterausbildung die Vorstufe zum Priesteramt. Bei der Diakonenweihe erfolgt dann auch das Versprechen gegenüber dem Bischof, dem Zölibat gemäß zu leben.

Der Zölibat. Er ist sicherlich eines der am meisten überfrachteten Themen der Kirche. Ordensleute, Priester und Diakone, die auf dem Weg zum Priesteramt sind, sind verpflichtet, zölibatär zu leben. Das bedeutet nicht nur ehelos zu leben, sondern sexuell enthaltsam. Da das mit der sexuellen Enthaltsamkeit erwiesenermaßen nicht einfach ist, ergeben sich gewisse Schwierigkeiten, die logischerweise so alt sind wie der Zölibat selbst. Entsprechend umstritten ist der Zölibat – nicht erst heute, sondern seit seinem Beginn.

Der Zölibat wird mit verschiedenen Argumenten begründet, die nur bedingt überzeugen können. Zentral ist die spirituelle Begründung, die sich auf die Bibel beruft. Jesus selbst hat ehelos gelebt. In Mt 19,12 heißt es, dass es Menschen gebe, die „um des Himmelreiches willen" „unfähig zur Ehe" sein würden. Paulus empfiehlt an mehreren Stellen seiner Briefe die Ehelosigkeit: „Der Unverheiratete sorgt sich um die Sache des Herrn; er will dem Herrn gefallen. Der Verheiratete sorgt sich um die Dinge der Welt; er will seiner Frau gefallen" (1 Kor 7,32-33; vgl. auch 1 Kor 7,7 u.a.) Es gibt also in der Bibel mehr oder weniger eindeutige Empfehlungen, ehelos zu leben. Damit soll eine radikale und ausschließliche Hinordnung auf Gott und das Reich Gottes zum Ausdruck gebracht werden. Diese Empfehlungen gibt es. Nirgends gibt es allerdings die Kopplung dieser Ehelosigkeit an die Nachfolge Christi. Im ersten Jahrtausend des Christentums galt folgende Praxis: der Zölibat wird empfohlen, Ordensleute verpflichten sich zum Zölibat, die normalen Priester sind zu ihm nicht verpflichtet. Bis zum 12. Jahrhundert.

Ich konnte diese spirituelle Begründung durchaus nachvollziehen. Natürlich ist jemand ohne Frau und Familie ungebundener und freier, sein Leben vollständig Gott zur Verfügung zu stellen. Das leuchtete mir ein. Wenn man von einer Sache so überzeugt ist, dass sie das ganze Leben ausfüllen soll, dann kann es Sinn machen, auf Frau und Familie zu verzichten. Was ich aber nie nachvollziehen konnte, war die Ausschließlichkeit und Unverzichtbarkeit des Zölibats. Natürlich kann die Ehelosigkeit große Ressourcen für Gott eröffnen – aber geht das nur mit dem Zölibat, ein gottgemäßes Leben zu führen? Wird da nicht eine spirituelle Höchstform für zu viele Menschen verpflichtend gemacht, die ihr Leben zwar Gott weihen wollen, aber nicht ehelos bleiben wollen? Kann nicht auch ein verheirateter Priester ein guter Priester sein? Warum wird aus einigen wenigen Empfehlungen aus dem Neuen Testament ein verbindliches Gesetz gemacht, während das bei anderen Empfehlungen nicht gilt? Eigentum dürfen Priester ja beispielsweise haben, was im Neuen Testament ebenfalls sehr kritisch gesehen wird.

Die eigentliche Wurzel des Zölibats ist die kirchliche Sexuallehre. Und die bedeutet – kurz zusammengefasst: Sexualität ist an sich schlecht und sündhaft und nur zu tolerieren zum Zweck der Fortpflanzung innerhalb der Ehe. Die Antike war ursprünglich sehr aufgeschlossen gegenüber der Sexualität und sah in ihr eine sehr positive Kraft. Das änderte sich erst in der Zeit des Hellenismus, also ab dem 4. Jahrhundert v. Chr. Es kam zu einer starken Vermischung der orientalischen Kulturen mit der den Mittelmeerraum dominierenden griechisch-römischen Kultur. Dies führte im griechisch-römischen Westen zu einer Spiritualisierung, einer neuen religiösen Aufgeladenheit der Gesellschaft. Neue Religionen und Mysterienkulte schossen aus dem Boden, die Menschen fühlten sich mehr als zuvor dem Spirituell-Religiösen verbunden. Diese neue religiöse Vergeistigung des Menschen bedeutete jedoch zugleich eine zunehmende Leibfeindlichkeit. Die Religionen und Kulte begannen, die Befreiung der Seele zu versprechen; selbst die Philosophie – an erster Stelle die Stoa – versprach eine Überwindung körperlicher Bedürfnisse, um das Unkörperliche und Geistige zu schauen. Neuplatoniker wie Plotin – der eifrig im Christentum rezipiert wurde – sahen im Körper nicht mehr als das Gefängnis der unsterblichen Seele. In dieser Atmosphäre entstand das Christentum und empfahl nun, ehelos und sexuell enthaltsam zu leben, um Gott näher zu kommen.

Einen Meilenstein dieser Entwicklung setzte dann Augustinus. Ich habe Augustinus immer sehr geschätzt. Seine Gottessuche. Seine Fähigkeit, in das Innere des Menschen zu schauen. Seine Beschreibungen des Lebens und Wirkens Gottes. Die Größe seiner Sprache. Die Tiefe seiner Gedanken. Aber Augustinus hat auch eine Schattenseite. Wie die andere, die große Seite seiner Theologie, ist auch diese Schattenseite zum Erbe der Kirche geworden. Zu diesem Schatten gehört ganz wesentlich das, was er über die menschliche Sexualität geschrieben hat. Die Sexualität mit ihrer Lust, so Augustinus, ist das Ergebnis der Sünde Adams und Evas. In jedem sexuellen Akt eines Menschen setzt sich diese Ursünde fort und wird zur Erbsünde, die jeden Menschen erfasst und unterwirft. Die Natur des Menschen, so Augustinus, ist durch diese Sünde wesentlich gestört und zur ewigen Verdammnis verurteilt, aus der nur Gott erlösen kann. Die Sexualität ist zentrales Merkmal dieser todgeweihten Natur des Menschen. Woher kommt dieser Hass auf die Sexualität, der in jener Zeit grassierte? Die Sexualität wird als eine Macht wahrgenommen, die sich nicht völlig beherrschen lässt. Sie ist etwas Körperliches, das durch den Geist nicht völlig kontrollierbar ist. Gott ist jedoch Geist. Das Große im Menschen ist geistig. Das Körperliche ist gebrechlich, krank und sterblich und muss möglichst überwunden werden. Die Sexualität mit ihren Trieben und Bedürfnissen wird als etwas wahrgenommen, das sich nicht überwinden lässt, und stellt damit eine Macht dar, die der eigentlichen, rein geistigen Natur des Menschen widerspricht. Augustinus hat diesen Leib-Geist-Dualismus nicht erfunden, aber er hat ihn noch einmal verschärft. Die Kirche hat ihn übernommen und verteidigt ihn bis heute. Warum sonst sollte die Sexualität keinen eigenen Wert haben und nur für den Fall einer ehelichen Fortpflanzung toleriert werden? Warum dieser erbitterte Kampf gegen Verhütungsmittel? Warum das starre Festhalten am Zölibat?

Ich konnte mit Blick auf den Zölibat nachvollziehen, dass es um ein Zeichen einer völligen Verfügbarkeit gegenüber Gott (und damit auch der Kirche) geht. Ein Mensch, der den Zölibat übernimmt, macht deutlich, dass er sein Leben einer Sache unterordnet, die so wichtig ist, dass sein Leben dieser Sache gehören soll. Das ist ein starkes Zeichen, das ich nachvollziehen konnte. Was ich nie nachvollziehen konnte, war diese Leibfeindlichkeit und Leibverachtung, die ja die inhaltliche Grundlage des Zölibats ist. Als wäre der Mensch so klar in Körperlichkeit und Geistigkeit zu trennen! Als wäre die spätantike Meinung noch gültig, dass nur das Geistige gut sein kann und alles Körperliche schlecht ist!

Bei der Diakonenweihe musste ich dem Bischof versprechen, zölibatär zu leben, und ich habe dieses Versprechen abgegeben. Nicht aus großer innerer Überzeugung, sondern aus dem Wissen, dass ich Priester werden will und ich dafür den Zölibat hinnehmen muss. Man kann darüber streiten, ob das eine stabile Grundlage für ein solches Versprechen ist. Meine Erfahrung ist zumindest die, dass die meisten Priester keine andere Grundlage haben als diese: ihn hinzunehmen als Bedingung für die Priesterweihe.

Die Diakonenweihe fand im Bistum Essen gewöhnlich in der Heimatkirche von einem der Weihekandidaten statt. Da meine Heimatkirche St. Barbara in Mülheim bereits einige Jahre zuvor Ort einer Diakonenweihe gewesen war, entschieden wir uns, die Weihe in der Heimatkirche des anderen Weihekandidaten stattfinden zu lassen: St. Josef in Essen-Katernberg. Eine Diakonenweihe besteht aus folgenden Elementen: die Kandidaten legen öffentlich das Weiheversprechen ab, in dem sie unter anderem eine zölibatäre Lebensweise geloben. Anschließend legen die Kandidaten sich als Zeichen ihrer Demut flach auf den Boden, während die Gemeinde die Allerheiligenlitanei anstimmt und die Heiligen um den Beistand für die Kandidaten bittet. Dann erheben sich die Kandidaten, knien vor dem Bischof hin, der den Kandidaten die Hände auflegt und sie zu Diakonen weiht. Danach werden die neuen Diakone in ihre neuen liturgischen Gewänder gekleidet und ihnen ein Evangelienbuch als Zeichen ihres Verkündigungsdienstes überreicht. Alles in allem ist die Diakonenweihe ein knapp zweistündiger Gottesdienst, der in aller Pracht und Feierlichkeit vollzogen wird. Für die Weihekandidaten – so auch für mich – ist die Diakonenweihe der entscheidende Schritt hin zum Priesteramt: die Grundentscheidung und die grundsätzlichen Versprechen werden hier abgegeben. Von diesem Augenblick an ist der Weg zum Priestertum endgültig eingeschlagen.

Trotz aller Bedeutung der Diakonenweihe wird die Erinnerung an sie durch meine Priesterweihe überlagert. Sie war ein schöner, feierlicher Zwischenschritt, der mir allerdings vor allem wegen der darauf folgenden Veränderungen in meinem Dienst in Erinnerung bleibt, nicht wegen der Weihe an sich. Nun folgten in der Kirchengemeinde die Dienste, die man originär mit dem späteren Priesterberuf verbindet: Trauungen, Taufen, Beerdigungen. Der Dienst in der Gemeinde wurde nun sehr viel konkreter: aus einem Praktikum wurde ein Beruf.

Was nun in der Gemeinde folgte, waren vor allem Beerdigungen. Trauungen gab es allgemein nicht viele in der Gemeinde, von denen ich eine einzige vornehmen durfte. Taufen gab es immerhin einige, Beerdigungen hingegen sehr viele. Bei zwei Priestern in der Gemeinde und jährlich ca. 200 Beerdigungen war Hilfe nötig und die konnte und musste ich dann leisten. Auch wenn der Pfarrer sich bemühte, mir in den ersten Wochen keine schweren Fälle zu geben, so konnte man vieles eben nicht vorhersehen. Als ich als blutiger Anfänger bei meiner insgesamt zweiten Beerdigung bei der Witwe des Verstorbenen eintraf, fragte diese mich freundlich, ob wir vielleicht noch kurz zu ihrem Mann gehen könnten. Ich war etwas verwirrt, da ich davon ausging, dass ihr Mann in der Totenhalle des Friedhofs liegen würde, stimmte aber sofort zu. Wir gingen dann in den Keller, in dem in einem runtergekühlten Raum die Leiche ihres Mannes lag. Im Laufe der Jahre und mit vielen Erfahrungen im Hinterkopf geht man vielleicht gelassen mit so einer Situation um. Äußerlich blieb ich auch gelassen, fühlte mich jedoch völlig davon überrollt, bereits bei meiner zweiten Beerdigung demjenigen ins Gesicht zu sehen, den ich am nächsten Tag beerdigen sollte. Wenige Wochen später nahm ich eine normale Beerdigung an, die Ehefrau war gestorben, der Ehemann lebte, wenn auch schwerstkrank im Krankenhaus. Noch bevor ich mit irgendwelchen Angehörigen Kontakt aufnehmen konnte, verstarb auch der Ehemann. An sich eine rührende Geschichte: beide Ehepartner waren todkrank, lagen zusammen monatelang im Krankenhaus und verstarben sozusagen gemeinsam. Eine Doppelbeerdigung macht man jedoch auch nicht jede Woche, was auch für die Sargträger galt, die mehrere Anläufe unternehmen mussten, bis sie sich so koordiniert hatten, dass sie beide Särge gleichzeitig auf die nebeneinander liegenden Grablöcher stellen und dann hinablassen konnten. Ich hatte schon die Befürchtung, dass ich spezialisiert sei auf außergewöhnliche Beerdigungen, aber es kamen dann auch „normale" Beerdigungen.

In den Monaten zwischen Diakonen- und Priesterweihe lernte ich ganz wesentliche Bereiche der seelsorglichen Tätigkeit kennen. Beerdigungen oder die Seelsorge mit Kranken oder Schwerstkranken waren sicherlich die größten Herausforderungen, aber auch die Felder, in denen man menschlich am meisten lernen konnte. In einem Gemeindepraktikum als Student hatte ich das erste Mal einen Sterbenden gesehen, der im Krankenhaus auf der Intensivstation lag. Auch wenn mir dieser erste Fall natürlich näher ging als spätere Fälle: so ganz habe ich den Respekt vor der Situation dieser Menschen nie verloren, und das war auch nie mein Ziel. Natürlich kann man nicht jeden Fall innerlich über Tage mitschleppen und das wäre auf Dauer auch nicht gesund. Aber diese Fälle dürfen auch nicht zu einer kalten Routine werden, weil diese Menschen, die schwer krank sind oder sterbend oder die um einen toten Mitmenschen trauern, in erster Linie Mitgefühl und Respekt verdient haben.

Häufig Kontakt mit Sterbenden oder Trauernden zu haben, hat meine Einstellung zum Leben sicherlich in vielen Punkten verändert. Trotz allem Gewinn, den ich aus den Begegnungen mit diesen Menschen ziehen konnte, war ich froh, dass ich nicht jeden Tag ausschließlich mit ihnen zu tun hatte. Nach einem Sterbefall standen die glücklichen Eltern mit ihrem Säugling wegen einer Taufe vor der Tür. Da konnte es auch harte Wechsel geben, die man psychisch erst einmal hinkriegen musste. So erlebte ich es in meiner Zeit als Diakon in Essen-Überruhr, dass ich von einem Sterbefall direkt in eine Karnevalssitzung gehen und dort auftreten musste. Diese Wechsel sind manchmal hart, aber sie sind trotzdem gut, weil sie das relativieren, was man in den einzelnen Situationen erlebt: das Leben besteht nicht nur aus Krankheit und Tod, aber auch nicht nur aus Spaß und Karneval. Beides muss man wissen.

Am Ende des Studiums hatten wir ein Praktikum in der Universitäts-Klinik in Münster und lernten dort den Alltag eines Seelsorgers im Krankenhaus kennen. Ein Priester, der auch Medizin studiert hatte, war dort Krankenhausseelsorger und führte uns in seine Arbeit ein. Er war dort bereits mehrere Jahrzehnte tätig, und das war nicht spurlos an ihm vorbeigegangen. Er war ein sehr höflicher Mensch, der einem freundlich zulächelte. Was er nicht mehr konnte, war lachen. Er strahlte keine Griesgrämigkeit aus und war nicht mürrisch, aber unbefangen lachen: das konnte er nicht mehr. Wenn man jahrzehntelang jeden Tag mit dem Leid Schwerstkranker und Sterbender konfrontiert ist und keine Möglichkeit hat, diese Erfahrungen irgendwie auszugleichen, verändert es einen in einer nicht nur guten Weise. Ich hatte diese Zeit im Krankenhaus mit diesem Seelsorger zusammen durchaus als Warnung begriffen. Entsprechend war ich später auch bewusst dankbar dafür, in meiner seelsorglichen Arbeit nicht nur mit Leid, sondern auch mit Freude konfrontiert zu werden, und habe darauf geachtet, mir dieses Gleichgewicht im Leben zu erhalten.

Um ein Gleichgewicht ging es auch zusehends in anderer Hinsicht: es wurde im Laufe der Zeit immer schwerer, neben dem Leben in der kirchlichen Binnenwelt Kontakte zur nichtkirchlichen Außenwelt aufrecht zu erhalten. Ich war bereits in einer kirchlichen Binnenwelt großgeworden: der Kirchengemeinde in Mülheim. Ich war als Kind nur kurz in einem Sportverein gewesen und habe auch nie etwas Musikalisches gemacht. Neben der Kirchengemeinde gab es nur die Schule als Welt, in der ich in direkter Weise mit nichtkirchlichen Menschen in Kontakt trat. Als Jugendlicher kam dann noch das Fußballstadion hinzu, ich besaß eine Dauerkarte am Bökelberg und besuchte regelmäßig die Spiele der Mönchengladbacher Borussia. Nach dem Wegfall der Schule mit dem Abitur blieb für mich erstmal nur noch das Fußballstadion als einzige Welt, die nichts mit der Kirche zu tun hatte. Aber auch die Stadionbesuche wurden immer schwieriger, da im Lauf der Jahre das Wochenendprogramm im Priesterseminar und später in den Kirchengemeinden immer üppiger wurde. Ein einzelner Gottesdienst am Wochenende ist mit dem Fußballstadion normalerweise noch vereinbar. Wenn man aber als Diakon und später als Priester zwischen drei und fünf Gottesdiensten am Wochenende hat, ist ein Stadionbesuch nur noch sehr selten möglich. Je mehr man in das kirchliche Amt hineinwächst, desto größer wird der Abstand zu Menschen, die nichts oder nur wenig mit der Kirche zu tun haben. Als ich noch Diakon war, wurde ich noch oft darauf angesprochen, warum ich denn Priester werden will und warum ich mich gegen Frau und Familie entscheiden würde. Mit dem Augenblick der Priesterweihe war das vorbei. In den Augen der Leute war der Zug abgefahren, man lebte in der Welt der Kirche, und das war es. Als Priester traf ich selbstverständlich nahezu täglich Leute, die mit der Kirche in ihrem Alltag nichts am Hut hatten. Aber ich traf sie immer in einem kirchlichen Kontext, da diese Leute einen Angehörigen beerdigen, heiraten oder sonst eine kirchliche Dienstleistung haben wollten. Ich habe mich Zeit meines Lebens als Priester immer bemüht, nicht nur Kontakt zu anderen Priestern zu haben, sondern auch mit „normalen" Menschen freundschaftliche Beziehungen zu haben. Aber selbst diese „normalen" Menschen waren immerhin Menschen aus katholischen Kirchengemeinden. Damit waren sie zumeist „normaler" als viele Priester, aber immer noch Teil der katholischen Binnenwelt.

Priesterweihe

Im Oktober 2000 wurde ich in Essen-Katernberg zum Diakon geweiht. Neben dem Einarbeiten in neue Felder der seelsorglichen Arbeit begannen danach die umfangreichen Vorbereitungen für die Priesterweihe, die im Juni 2001 anstand. In diesen Monaten kam ich in Kontakt mit einem Verwandten, mit dem ich dann viele Jahre eine sehr freundschaftliche Beziehung führen sollte: Ernst Rasche. Der Hintergrund war folgender: es ist üblich, dass der Neupriester zu seiner Priesterweihe von seinen Eltern, Verwandten und der Heimatgemeinde bestimmte Dinge geschenkt bekommt, die er für seinen Dienst als Priester braucht: Kelch, Schale, Gewänder usw. Üblicherweise gibt der Weihekandidat selbst die Sachen in Auftrag, da sie natürlich auch seinen Wünschen und Vorstellungen entsprechen müssen. Ich hatte einen Verwandten in meiner Heimatstadt Mülheim, Ernst Rasche, der als Bildhauer zu einer gewissen Bekanntheit gelangt war und neben seinen Skulpturen in ganz Deutschland Kirchen und öffentliche Plätze gestaltet hatte. Die ganze Mülheimer Innenstadt strotzt geradezu von seinen Plätzen und Brunnenanlagen. Trotz unserer Verwandtschaft hatte ich nie Kontakt zu ihm gehabt. Als ich jedoch hörte, dass seine Frau Elisabeth als Gold- und Metallschmiedin tätig gewesen war, besuchte ich die beiden mit dem Wunsch, ob sie meinen Kelch gestalten könnte. Ich wurde von den beiden sehr freundlich aufgenommen, aufgrund ihres hohen Alters musste Elisabeth mir allerdings diesen Wunsch versagen. In den folgenden Jahren – bis zum Tod der beiden 2009 und 2018 – blieb ich mit beiden in engem Kontakt und besuchte sie oft in der Mülheimer Altstadt. Mit ihrer Lebenserfahrung und ihrer Liebe zur Kunst wurden sie mir wichtige Gesprächspartner. So brachte ich ihn – wie einige andere Künstler auch – mit dem Wunsch zur Verzweiflung, ein Bild über die Dreifaltigkeit zu malen. Ich erinnere mich noch an seinen Blick und an seine aufgeblasenen Wangen, als ich diesen Wunsch äußerte. Die Dreifaltigkeit hatte für mich ja eine sehr große Bedeutung. Sie stellte den für mich höchsten sprachlichen Ausdruck der Erfahrung Gottes dar. Ich bewegte mich dabei immer sehr stark in der Welt des Denkens und der Sprache. Entsprechend spannend war es für mich, wie die bildende Kunst mit diesem Gottesbild umgeht und versucht, so etwas Abstraktes wie „Dreifaltigkeit" in ein Bild zu setzen.

Ernst Rasche war zeit seines Lebens eng mit der katholischen Kirche verbunden und ein gläubiger Mensch. Dennoch war dieses Thema eine große Herausforderung für ihn. Wir haben uns mehrere Male über die Dreifaltigkeit unterhalten und beide viel gelernt: der eine über die Sprache, die von Gott erzählt, der andere von der Kunst, die von Gott erzählt. Schließlich fertigte er für mich ein Bild über die Dreifaltigkeit an: eine abstrakte, unfigürliche Zeichnung, die Gott als dynamisches, nach außen und innen wirkende Beziehung darstellt. Ich habe mich damals sehr über dieses Bild gefreut, traf es nach unseren Gesprächen nicht ohne Zufall auch mein Bild von Gott, das stark von Augustinus und seinen Darstellungen in „De trinitate" geprägt worden war: Gott als Beziehung selbst.

Als „Primizbild", also als mein Mottobild für die Priesterweihe, wählte ich das Bild der europäischen Kunst aus, das dieser Vorstellung meiner Meinung nach am nächsten kam: die „Dreifaltigkeit" des Russen Andrej Rubljow aus dem frühen 15. Jahrhundert, die dann auch auf meinem Messgewand dargestellt wurde. Seitdem die Dreifaltigkeit zum Kern der christlichen Lehre gehörte, stellte sich der christlichen Kunst die unlösbare Aufgabe, sie bildlich darzustellen. Nun gibt es im Alten Testament eine interessante Erzählung (Gen 18,1-8): Gott besucht Abraham und zwar in Gestalt dreier Männer. Was die wissenschaftliche Exegese mittlerweile mit verschiedenen historischen Textschichten erklärt, bot christlichen Künstlern die Möglichkeit, die Dreifaltigkeit bildlich darzustellen: Gott in Gestalt dreier Männer zu Gast bei Abraham. Rubljow malte eine Szene, in der drei Männer – dargestellt als Engel – an einem Tisch sitzen. Diese Männer sind einander in Blicken und Körperhaltung in einer derart intensiven Weise zugewandt, dass sie geistig zu verschmelzen scheinen. Drei und eins zugleich. In diesem Bild schaffte Rubljow etwas, an dem die Theologie gescheitert ist. Dieses Bild wurde mein Bild für den Start in das Leben als Priester.

Die Vorbereitungen auf die Priesterweihe waren außerordentlich vielfältig. Neben diesen spannenden Aufgaben, die viel mit Kunst und Kreativität zu tun hatten, gab es auch viel Organisatorisches, langweiliges und zeitraubendes Zeug, das aber eben auch getan werden musste. Um die Priesterweihe herum waren noch zahlreiche andere Veranstaltungen gruppiert. Auf die Priesterweihe folgt gewöhnlich die erste Messe des Neupriesters, die er als verantwortlicher „Zelebrant" hält, die sog. „Primiz". Dem Segen des Neupriesters, dem „Primizsegen" schreibt die kirchliche Tradition eine besondere Wirkung zu. Sie ist im Range eines päpstlichen Segens und hat entsprechende Gnadenwirkungen wie den Sündenerlass. Entsprechend begehrt war der Primizsegen in früheren Zeiten, als die Menschen lange Märsche unternahmen, um einen solchen Segen und den damit verbundenen Erlass aller Sünden zu erhalten. Die Primiz wurde vor einigen Generationen noch mit Riten begangen, die an eine Hochzeit erinnerten: der Neupriester wurde mit einer Kutsche aus dem Elternhaus abgeholt und in die Kirche gebracht, eine „Primizbraut" war ebenfalls anwesend. Vielleicht mag es diese und ähnliche Riten heute noch im ländlichen Raum geben, im Ruhrgebiet spielen sie keine Rolle mehr. Auch wenn viele alte Riten der Primiz längst verschwunden sind, ist eine Primiz bis heute für die Heimatgemeinde eine sehr feierliche Angelegenheit, kann sie doch voller Stolz auf einen der ihren blicken, der sich entschlossen hat, Priester zu werden. Neben der Primiz in der Heimatgemeinde gibt es dann noch Primizen im Priesterseminar und in der Praktikumsgemeinde. Einige Neupriester nehmen diese Phase nach der Priesterweihe zum Anlass, im Rahmen einer wahren Primiztournee sämtliche Orte zu besuchen, an denen sie irgendwie irgendwann gewirkt haben oder zu denen sie irgendwie eingeladen werden. Für mich waren die normalen Primizen allerdings schon stressig genug. All diese festlichen Anlässe ziehen sich über 1-2 Wochen und erfordern eine monatelange Vorbereitung: welche Kirchen, welche Räume, welche Priester, welche Chöre, welche Musik, welches Essen, wer zum Essen, wer nicht, wer hält wann eine Ansprache …

In der Woche unmittelbar vor der Priesterweihe befindet man sich im Kloster. Das ist eigentlich eine gute Sache, um aus der Organisations-Tretmühle herauszukommen und mit einer gewissen Ruhe und spirituellen Stärkung in die Priesterweihe und in die Primizen zu gehen. Man muss jedoch hinzufügen, dass es seit der Verbreitung des Mobiltelefons deutlich schwieriger ist, einen Ort zu finden, an dem man unerreichbar ist. Zudem ist es auch nicht so, dass das Fehlen äußerer Aktivitäten einen automatisch ruhiger macht. Bei mir war es zumindest nicht so.

Am 1. Juni 2001, dem Freitag vor Pfingsten, war es schließlich soweit: die Priesterweihe. Wir waren zu zweit, die wir zu Priestern geweiht wurden. Das war für damalige Verhältnisse keine große Zahl, mittlerweile wäre es eine. Die anderthalb Jahre Pastoralausbildung zu zweit durchzustehen, war nicht immer einfach – gerade, wenn man sich kirchenpolitisch nicht auf der gleichen Wellenlänge befindet. Mit der Zeit fanden wir beide einen gewissen „*modus vivendi*", waren dann aber auch froh, dass der Pastoralkurs vorbei war und es nach der Priesterweihe hinaus in die Welt ging. In der Woche vor der Priesterweihe befanden wir uns in einem Benediktinerinnenkloster im Süden Kölns. Am Freitagmorgen – abends war die Priesterweihe in Essen – fuhren wir zurück in das Bochumer Priesterseminar. Dort erledigte ich am späten Vormittag noch ein paar organisatorische Telefonate, die mich zum einen eher aufregten als beruhigten, zum anderen war meine Konzentrationsfähigkeit aber eh etwas angeschlagen. Eigentlich war ich wie in einem Tunnel auf die Priesterweihe am Abend hin. Abgesehen von der spirituellen, biographischen oder theologischen Dimension dieser Feier ist es einfach eine lange Feier, bei der man mehr als im Fokus steht und – wenn man drüber nachdenkt – verdammt viele peinliche Fehler machen kann, über die die Chroniken des Bistums noch jahrhundertelang berichten werden. Zwischen dem Mittagessen im Priesterseminar und der Abfahrt Richtung Essener Dom am Nachmittag lagen einige Stunden. Sie waren lang und zäh.

Endlich ging es los, in einem Reisebus, der für sämtliche Insassen des Priesterseminars gechartert worden war. Es herrschte eine aufgeregte, fast kindlich freudige Stimmung, denn schließlich ist das, was an diesem Tag passiert, ja auch der Sinn und Zweck des Priesterseminars: neue Priester machen. Schulter klopfen, tausendmal die lästige Frage, wie es einem geht, dann fuhren wir los, über die A 40 Richtung Essen. Etwa anderthalb Stunden vor der Priesterweihe kamen wir am Essener Dom an. Während die anderen Seminaristen nun noch irgendwo in der Innenstadt einen Kaffee einnahmen, wurden wir Weihekandidaten in bestimmte, etwas abgeschiedene Räumlichkeiten der Sakristei gebracht, wo uns dann von den Domküstern die Gewänder angelegt wurden. Und dann wurde erst einmal wieder gewartet. Wir zwei Weihekandidaten waren nun alleine in diesem großen, hohen Raum, die ganze Zeit beaufsichtigt von einem Domküster, von dem ich bis heute nicht weiß, ob er bereitstand, uns zwischendurch Wasser anzubieten, oder darauf aufpasste, ob wir es uns nicht in letzter Sekunde anders überlegen und fliehen würden.

Ich habe in dieser Stunde sehr viel aus dem Fenster geschaut. Man konnte von diesem Fenster runter in den Kreuzgang des Domes blicken, durch den viele Menschen zur Priesterweihe in den Dom hineinströmten. Viele von ihnen kannte ich. Aus meiner Heimatgemeinde in Mülheim. Aus meinen Praktikumsgemeinden. Ich sah, wie sie sich freuten und fröhlich plappernd in den Dom gingen. In Erinnerung ist mir besonders ein lebenslustiger, älterer Herr, „Siggi", der in einer meiner beiden Praktikumsgemeinden in Essen-Überruhr wohnte, in denen ich als Diakon tätig gewesen war. Er half fast jeden Tag im Gottesdienst als Messdiener und/oder Küster aus und hatte mir gegenüber immer wieder geäußert, wie froh er sei, dass es noch junge Leute wie mich gäbe, die Priester würden. Jetzt sah ich ihn stolz lächelnd mit der Fahne seiner KAB auf der Schulter durch den Kreuzgang in den Dom schreiten. Das rührte mich natürlich schon an. Ich war nicht so eitel, die Freude dieser Menschen auf mich als Person zu beziehen oder auf bestimmte Eigenschaften von mir. Es waren alles Menschen, die ihr Leben lang in einer katholischen Kirchengemeinde aktiv waren und für die ihr katholischer Glaube die alles entscheidende Stütze ihres Lebens war. Diese Menschen mussten seit Jahrzehnten miterleben, wie alles den Bach runterging. Umso mehr freuten sich diese Menschen, wenn es noch junge Männer gab, die zu Priestern geweiht wurden. Weil es ein Zeichen der Hoffnung war, dass nicht alles aus und vorbei ist, sondern dass die Kirche weitergeht und weiterlebt; dass das weiterlebt, woran sie ihr Leben lang geglaubt haben. In der Zeit, als ich von diesem Fenster aus in den Kreuzgang runterschaute und die fröhlichen Menschen sah, die in den Dom gingen, wurde mir so massiv wie nie zuvor bewusst, welche große Erwartungen und Hoffnungen Menschen in mich setzten. Das machte mich jetzt nicht stolz, weil ich das Priesteramt nicht als einen Verdienst von mir ansah. Aber es machte mich glücklich, weil das, was ich selbst ja immer gelebt hatte und zukünftig noch mehr leben wollte, von vielen Menschen getragen wurde.

Schließlich ging es nach unten in die eigentliche Domsakristei, in der alle anderen Mitwirkenden versammelt waren: Messdiener, Priester, die Leitung des Priesterseminars, der Dompropst, die Weihbischöfe sowie der Bischof von Essen, Hubert Luthe. Man grüßte sich kurz, und dann ging es auch endlich los. In einer feierlichen Prozession schritten wir durch den Kreuzgang und dann in den Dom. Durch die Menschenmenge hindurch gingen wir im Mittelgang nach vorne, begleitet von feierlichem Chorgesang, eingehüllt in die Schwaden süßen Weihrauchs. In den ersten Reihen saßen die beiden Familien von uns beiden

Weihekandidaten. Ich sah meine Eltern, meine Schwester, die Großeltern, andere Verwandte. Viele von ihnen sahen mit dieser Situation genauso überfordert aus wie ich mich fühlte. Während die Prozession hoch in den Altarraum zog, blieben wir Weihekandidaten unten stehen. Noch war der Altarraum nicht unser Ort, sondern das normale Kirchenschiff.

Am Anfang des Gottesdienstes wurden wir Kandidaten kurz vorgestellt, und die Leitung des Priesterseminars versicherte dem Bischof öffentlich, dass die Kandidaten ihre Ausbildung zur allgemeinen Zufriedenheit absolviert haben und für würdig gehalten werden, ihr Amt als Priester anzutreten. Danach wurde es für uns erst einmal ruhig. Die Liturgie nahm ihren Lauf, ohne dass wir erst einmal aktiv werden mussten. Dabei hörte ich kaum eine Sekunde der Predigt des Bischofs zu, sondern ging hundert Mal die darauf folgende, eigentliche Weiheliturgie durch. Worüber der Bischof bei meiner Priesterweihe gepredigt hat, weiß ich daher bis heute nicht. Nach der Predigt ging es dann wirklich los.

Wir traten nach vorne, an die Stufen des Altarraums, um vor dem oberhalb von uns stehenden Bischof das sog. Weiheversprechen abzugeben. Der Bischof stellte uns nacheinander verschiedene Fragen, die wir dann jeweils mit einem „Ich bin bereit!" beantworteten. So versprachen wir, ehelos zu leben, Gott und den Menschen zu dienen, ein Leben des Gebetes zu führen und dem Bischof und seinen Nachfolgern Ehrfurcht und Gehorsam entgegenzubringen. Auf diese Versprechen folgte die Allerheiligenlitanei, in der die Heiligen angerufen wurden, die Weihekandidaten auf ihrem neuen Weg zu unterstützen. Als Ausdruck dieser Bitte, aber auch als Ausdruck der Demut gegenüber der danach folgenden eigentlichen Weihe, legten wir uns flach auf den Boden. Bei diesen Allerheiligenlitaneien suchen die Kandidaten sich gewöhnlich noch ihre Lieblingsheiligen aus: den Namenspatron und sonstige besondere Heilige, mit denen man sich verbunden fühlt. Auf dem Boden liegend, war ich froh, dass wir nur zu zweit waren und diese eh schon lange Reihe von Heiligen nicht völlig in die Endlosigkeit ausgedehnt worden war. Irgendwann war diese Reihe an ihr Ende gekommen, und wir konnten uns erheben. Wir knieten auf der obersten Stufe nieder und der Bischof legte schweigend seine beiden Hände auf unseren Kopf. Anschließend folgten in einer langen Reihe alle anderen Priester: die Weihbischöfe, das Domkapitel sowie sämtliche im Altarraum anwesenden Priester. Eine lange Reihe von über hundert Priestern schritt an uns vorbei und legte uns schweigend die Hände auf. Als diese Reihe vorbeigezogen war, blieben wir knien. Der Bischof sang feierlich das Weihegebet, das die Priesterweihe als solche vollendete. Nun waren wir Priester.

Mit nach dieser langen Zeit etwas eingeschlafenen Beinen erhoben wir uns etwas zittrig. Unsere Heimatpfarrer traten mit jeweils ein bis zwei Gehilfen zu uns und legten uns die neuen, priesterlichen Obergewänder an. Dann knieten wir nacheinander vor dem sitzenden Bischof nieder. Dieser salbte uns die Hände mit dem auch bei einer Taufe verwendeten Chrisam-Öl und überreichte uns Kelch und Hostienschale als Zeichen unserer neuen Tätigkeit am Altar. Dabei spricht der Bischof unter anderem einen Satz aus, den ich für eine sehr starke und sehr treffende Beschreibung dessen halte, was der Priester nach katholischem Verständnis ist: „Bedenke, was du tust; ahme nach, was du vollziehst." Was der Priester im Gottesdienst tut, ist keine äußere Form: sein Leben besteht daraus, das abzubilden, was er da tut.

Anschließend war es erst einmal geschafft: der Bischof umarmte uns als seine neuen Mitbrüder, und wir konnten uns erleichtert oben in den Altarraum setzen und zusehen, wie der Altar für die weitere Messfeier vorbereitet wurde. Während das Hochgebetes traten wir dann zum Bischof an den Altar und konnten zum ersten Mal die dem Priester vorbehaltenen Wandlungsworte sprechen.

Irgendwann – nach etwa 2,5 Stunden – war der Gottesdienst zu Ende. Der Bischof wandte sich an die versammelte Gemeinde, wünschte uns beiden Neupriestern für die Zukunft alles Gute und dann kam der feierliche Auszug. Eine nicht enden wollende Prozession von Messdienern und Priestern schlängelte sich durch den Altarraum nach unten in den Mittelgang und von da nach draußen. Am Schluss kamen der Bischof und wir beiden Neupriester. Langsamen Schrittes gingen wir durch den Mittelgang nach draußen, erleichtert nach rechts und links blickend, um Familienmitglieder und Freunde zu erspähen. Am Ende des Mittelgangs, vor einem riesigen Kerzenleuchter, bog die Prozession dann ab Richtung Ausgang. Ich erinnere mich noch, wie ich diese Gelegenheit nutzte, hinter mich in den noch vollen und vom Weihrauch nebelerfüllten Dom hineinzublicken. Es war ein Gefühl riesiger Erleichterung, es geschafft zu haben. Diese mehrstündige Zeremonie. Aber auch die sechseinhalb Jahre Studium und Ausbildung im Priesterseminar, die diesem Tag vorangegangen waren. Auch die vielen Jahre in meiner Heimatgemeinde, die ja irgendwie auf diesen Tag zugelaufen waren. Ich war erleichtert, nun am Ziel zu sein. Dieser Tag und dieser Augenblick war aber nicht nur Rückblick, er war für mich auch Blick nach vorne. Nun war ich Priester. Nun war ich nicht irgendwie mit der Kirche verbunden, als Priester war ich Kirche. Natürlich ist jeder getaufte Christ Kirche. In der Theorie. In der Praxis läuft alles in der Kirche über die Priester. Sie sind die Struktur der Kirche. Sie sind Kirche. In all den Jahren der Ausbildung, die in diesem Augenblick hinter mir lagen, habe ich immer wieder erfahren, wie die priesterliche Hierarchie die Kirche abbildet. Nun war ich selbst Teil dieser Hierarchie, und ich erinnere mich noch sehr deutlich an diesen Augenblick an diesem großen Kerzenleuchter im Dom, in dem ich spürte, in einer neuen Weise selbst Kirche zu sein und nun die Möglichkeit zu haben, diese Kirche zu gestalten und auch zu verändern, damit das Große des Christentums, das ich in Augustinus und vielen anderen erkannt habe, durch mich weitergehen möge und die Kirche wieder einen Weg aus dieser Krise herausfinden möge. Das waren große, durchaus etwas hochtrabende Gedanken. Aber sie waren eben auch die Konsequenz dessen, was in vielen Jahren Ausbildung und in mehreren Stunden Priesterweihe angelegt war.

Durch den Kreuzgang und den Applaus der Menschen hindurch zogen wir in die Sakristei, wo uns der Bischof und verschiedene Personen der Bistumsleitung noch einmal gratulierten. Wir konnten uns umziehen, ein Glas Wasser trinken und kurz durchatmen, bevor es zum Empfang in die große Aula des nebenan liegenden Generalvikariats ging. Dort warteten viele hundert Gäste: Familie, Verwandte, Freunde, Gemeindemitglieder, Weggefährten jeder Art. Uns beiden Neupriestern wurde jeweils eine bestimmte Ecke der Aula zugewiesen, wo wir die Glückwünsche entgegennehmen sollten. Es folgte nun eine nicht enden wollende Reihe von Gratulanten, die über einen hinweg donnerte. Händeschütteln über Händeschütteln. Zeit zum Innehalten oder für Gespräche war natürlich nicht. Erschöpft und glücklich nahm ich die vielen Gratulationen entgegen. Ich freute mich, dass so viele Menschen mir Glück wünschten, konnte aber nichts von dem sortieren oder verarbeiten, was da gerade passierte. Ganz abgesehen davon, dass wahrscheinlich jeder in dem Raum sich kurz am Buffet versorgen konnte außer uns beiden Neupriestern.

Nach vielleicht einer Stunde ging es dann mit den anderen Bewohnern des Priesterseminars wieder zum Bus, um die Feier intern im Priesterseminar fortzusetzen – ohne Familie allerdings. Meine Familie – Eltern, Schwester, Verwandte – gingen nun irgendwo in einem Restaurant essen, und ich weiß noch,

dass ich es irgendwie deplatziert fand, in diesen Bus zu steigen und im Priesterseminar weiter zu feiern, während meine Familie an einem anderen Ort ohne
mich feierte. Ich fand es deplatziert, aber natürlich entsprach das einer bestimmten Botschaft: die Priesterweihe ist keine familiäre Angelegenheit; im Gegenteil
bedeutet sie, Abschied von der Familie zu nehmen. Die Priesterweihe ist nicht
Sache einer Familie, sie ist Sache der Kirche.

Im Priesterseminar wurde dann mit den Bewohnern des Priesterseminars –
Hausleitung, Seminaristen usw. – weitergefeiert, und hier konnten wir ausge-
hungerten Neupriester nun endlich etwas zu essen zu uns nehmen und in Ruhe
ein paar Bier oder Wein trinken. Irgendwann fiel ich dann todmüde ins Bett,
ohne allerdings gut schlafen zu können.

Am nächsten Morgen, dem Samstag des Pfingstwochenendes, ging der Mara-
thon weiter: die sog. „Hausprimiz". Der Bischof kam ins Priesterseminar und
hielt mit uns beiden Neupriestern zusammen die Messe. Hierzu geladen war
zumindest auch der engste Familienkreis, also Eltern, Schwester und die beiden
noch lebenden Großeltern. Am Ende des Gottesdienstes spendeten wir
Neupriester jedem Einzelnen den feierlichen Primizsegen, zuerst dem Bischof.
Wie schon erwähnt, werden diesem Segen durch die kirchliche Tradition alle
möglichen Wirkungen und Eigenschaften zugesagt. Was mir aber besonders in
Erinnerung bleibt, ist die Spendung dieses Segens meinen Eltern. In mir schrie
alles auf, dass da irgendetwas nicht stimmte, als sich meine Eltern vor mir ver-
neigten, um von mir den Segen zu empfangen. Wenn irgendein „normaler"
Gläubiger zu mir kam und diesen Segen haben wollte, war das etwas anderes:
er kam zu mir, weil ich Neupriester war, und ich gab ihm diesen Segen. Bei
Eltern, Schwester oder anderen Menschen meines privatesten Umfelds galt
diese Hackordnung jedoch nicht: wenn diese Personen einem gegenübertraten,
fühlte ich mich nie als Priester, sondern immer als Sohn oder Bruder. Und das
gab diesem Segen oder später auch anderen vergleichbaren Handlungen immer
etwas Unechtes, Aufgesetztes. Knapp zwei Jahre später erlebte ich das Ex-
tremste an einer solchen unechten Situation, als ich meiner Großmutter die
Sterbesakramente spenden musste.

Nach dem Gottesdienst in der Seminarkapelle ging es Richtung Speisesaal
zu einem wirklich vorzüglichen Mittagessen. Es war nicht so, dass die Seminar-
küche einen jeden Tag verwöhnt hatte, aber wenn sie wollte, dann konnte sie

richtig hochfahren, vor allem, wenn große Feste mit vielen Gästen anstanden. Wir sprachen dann intern von „Propagandaküche", und das traf es eigentlich ganz gut. Es war lecker und entspannt, und danach ging es Richtung Heimat nach Mülheim, denn am nächsten Tag stand dort die große Primizfeier in der Heimatgemeinde an.

Diese Messe in meiner Heimatkirche war natürlich etwas ganz Besonderes für mich. Sie war mein Gruß und gleichzeitig auch mein endgültiger Abschied von meiner Heimatgemeinde, die mich ja so sehr geprägt hatte und in der ich in vielen Jahren auf den Weg geschickt wurde, Priester zu werden. Natürlich erfüllte es mich mit großem Stolz, nun als Priester auf meine alte Heimat zuzutreten und ihr sagen zu können: Ihr habt auf mich gehofft, ihr habt hohe Erwartungen in mich gesetzt: hier sind sie nun erfüllt! Diese Primiz war zugleich die erste Messe, der ich selbst vorstand. Kein anderer Priester, ich selbst musste durch diesen Gottesdienst führen, eröffnen, Gebete sprechen, das Hochgebet usw. Die Tatsache, dass es die erste Messe ist, verrät bereits, dass dafür überhaupt keine Routine vorhanden sein kann. Natürlich übt man vorher intensiv. Aber man kann eben nicht alles üben, erst recht nicht einen solchen Gottesdienst.

Die vielen Priester, die zusammen mit mir diesen Gottesdienst feiern wollten, zogen sich im benachbarten Kindergarten um, da unsere Sakristei gar nicht genug Platz bot. Ich selbst zog mich mit dem Heimatpfarrer und den zwölf Priestern, die mit am Altar stehen sollten, in der eigentlichen Sakristei der Kirche um. Natürlich war ich überpünktlich und tigerte nervös bereits über eine Stunde vor Beginn des Gottesdienstes durch unsere Sakristei, die sich dann aber recht schnell mit allen möglichen Leuten füllte. Kurz vor dem Auszug betrat die lange Phalanx der Messdiener den Raum. Ich begrüßte einige, die ich noch aus meiner Zeit kannte, dann sah ich am Ende der Reihe einen ganz kleinen Messdiener, der ganz offensichtlich sehr nervös war. Ich fragte ihn, ob mit ihm alles in Ordnung sei. „Naja", antwortete er, „ich bin ein bisschen aufgeregt, schließlich ist das meine erste Messe!" Ich musste auflachen. So hat jeder seine Baustelle, seine Herausforderungen und seine Perspektive. Irgendwie schloss sich in diesem Augenblick der Kreis, der fast 20 Jahre vorher für mich am Heiligen Abend 1982 als kleiner Messdiener begonnen hatte.

Es ging hinaus Richtung Kindergarten, um die anderen Priester abzuholen und dann feierlich in die Kirche einzuziehen. Dies war für mich ein besonderer

Augenblick, fühlte ich mich doch mit dieser Kirche und der Gemeinde sehr stark verbunden. Dieser Ort mit den vielen Menschen, die dort waren, hatte mich zu dem gemacht, was ich nun war: katholischer Priester. Wir zogen in die Kirche ein, und ich betrat den Altarraum. Es fiel mir schwer, diesen Gottesdienst wirklich zu genießen. Zu groß war der Druck, zu konzentriert war ich, bloß keine Fehler zu machen. Das Wetter war anfangs noch nicht wunschgemäß, es war bewölkt und relativ dunkel. Als ich jedoch gerade den Altarraum betreten hatte und am Altar stand, um Weihrauch einzulegen, brach erstmals ein Sonnenstrahl in die Kirche hinein und erzeugte ein tolles Bild, wie ich auf einmal in einer frisch aufsteigenden Weihrauchwolke in einem Lichtkegel stehe. Wie mir später berichtet wurde, hat eine ältere Verwandte in diesem Augenblick gerührt ausgerufen: „Jetzt hat Gott ihn angenommen!" Im Nachhinein konnte ich nur froh sein, diese Offenbarung in diesem Augenblick nicht gehört zu haben. Sie belegt aber sehr gut, wie Symbole entstehen: Zeichen werden überall da sichtbar, wo man sie sucht. Und dann wird man sie nicht mehr los.

Bei den Primizen ist es nicht üblich, dass der Neupriester selbst predigt. Er bestimmt einen anderen Priester, mit dem er sich besonders verbunden fühlt und der für ihn eine wichtige Person ist. Für diese Aufgabe hatte ich im Vorfeld Prof. Geerlings angesprochen, der für mich im Laufe meines Studiums eine sehr wichtige Person geworden war. Abgesehen davon ging es natürlich auch um ein Signal, dass ich mich sehr bewusst und sehr klar in dem Umfeld bewegen möchte, in dem Geerlings zu Hause war: dem der wissenschaftlichen Theologie. Aufgrund von Geerlings' Temperament hatte ich ein bisschen Sorge, dass er die Kanzel umreißen würde, aber es ging alles gut. Geerlings und das Kirchengebäude überstanden den Gottesdienst ohne weitere Blessuren. Von dem weiteren Gottesdienst habe ich vor allem noch in Erinnerung, wie ich versuchte, mich und meine lieben priesterlichen Mitbrüder im Zaum zu halten. Ich war in diesem Gottesdienst der Hauptzelebrant. Mit mir zelebrierten zwölf weitere Priester im Altarraum. Im Unterschied zu mir waren die anderen natürlich alle erfahren und hatten viele Dienstjahre auf ihrem Buckel, was zu meinem großen Entsetzen aber nicht bedeutete, dass die wirklich wussten, wie sie sich bewegen sollten. Es waren eben viele Priester auf engem Raum, für einige war es eine fremde Kirche. Dennoch frage ich mich heute noch, wie diese Priester mit ihrer jahrelangen Erfahrung am Altar so viele kleine Fehlerchen machten, die mich natürlich nicht ruhiger machten. Schließlich sollte ja alles perfekt ablaufen. Und

140

wenn man bei seiner ersten richtigen Messe als Priester nicht nur sich selbst, sondern auch die lieben Mitbrüder sortieren muss, macht einen das nicht ruhiger.

Nach dem Gottesdienst fand im Pfarrsaal ein Empfang der Pfarrgemeinde statt. Reden wurden gehalten, Geschenke wurden überreicht, ein festliches Mittagessen wurde eingenommen. Ich freute mich, so viele Leute wiederzutreffen, die mich gerade in meiner Kindheit und Jugend wie auch immer begleitet hatten. Es wurden viele Hände geschüttelt und viele Schultern geklopft. Nach diesem Empfang ging es wieder in der Kirche weiter mit der sog. „Primizandacht". Zum einen gab es hier den Primizsegen, zum anderen war es hier die Aufgabe des Neupriesters, eine Predigt zu halten. Natürlich nutzt jeder Neupriester dabei die Gelegenheit, noch einmal auf seine Berufungsgeschichte und seine besondere Motivation zurückzublicken, aber auch den Blick nach vorne zu lenken: was will ich als Priester?

Ich hielt eine Predigt – wie zu erwarten – über das Thema Dreifaltigkeit. Sie war seit Beginn meines Studiums mein großes Thema. Es ging mir nicht darum, in dieser Predigt die Dreifaltigkeit zu beweisen oder darum, wie toll ich studiert hatte. Vielmehr ging es mir darum, mein priesterliches Leben als einen Rückgriff auf die Fundamente zu beschreiben. Mit dem Thema Dreifaltigkeit liegt eigentlich das Kernthema des christlichen Glaubens vor, dass irgendwie dennoch keinen zu interessieren scheint. Wenn wir als Christen jetzt über die Krise nachdenken und darüber, wie wir das Christentum wieder fit machen müssen für die Zukunft, muss es dann nicht in erster Linie darum gehen, sich mit diesen Fundamenten zu beschäftigen? Gerade weil sie sperrig und unverständlich sind? Genau da sah ich meine zukünftige Aufgabe. Natürlich etwas zu idealistisch, aber das gehört sich schließlich auch für einen solchen Neubeginn, wie die Priesterweihe einen darstellt.

Mit dieser Andacht war der größte Stress für mich eigentlich geschafft. Die anschließende Feier im Pfarrsaal war dann nicht mehr öffentlich, sondern privat und endlich konnte ich mich dann auch etwas entspannen. In der Woche drauf ließ ich mir in meiner Heimatkirche einige Messen geben, um möglichst schnell Routine zu bekommen. Am nächsten Wochenende stand dann das nächste Ereignis an: die Primiz in meinen Praktikumsgemeinden in Essen-Überruhr. Der Ablauf war ähnlich: große Messe in der Kirche, dann ein Empfang im Pfarrsaal, anschließend dann die Andacht in der Kirche mit dem Primizsegen. Wie auch in meiner Heimatgemeinde gab es einen großen, öffentlichen Andrang, über den ich mich sehr freute. Ich hatte mich in Überruhr durchaus wohl gefühlt und mich mit den Leuten gut verstanden. Diese Feierlichkeiten in Überruhr waren aber natürlich nicht derart emotional für mich wie in meiner Heimatgemeinde, zumal in diesen Tagen der Antritt an meiner ersten Stelle seinen Schatten vorauswarf: St. Georg in Essen-Heisingen, nur wenige Kilometer von Überruhr entfernt.

Mit den Feierlichkeiten in Essen-Überruhr endete der Feier-Zyklus, der etwas über eine Woche zuvor mit der Priesterweihe im Essener Dom begonnen hatte. Natürlich waren diese Tage – gerade die des ersten Wochenendes, des Pfingstwochenendes – Stress pur. Natürlich waren es auch wunderschöne Tage, in denen ich von unglaublich vielen Menschen zu meinem Weg beglückwünscht wurde, und ich spürte, dass ich mein Leben in den Dienst einer Sache stellte, die das Anliegen vieler war. Trotzdem gab es etwas in mir, das sich sträubte. Ich spürte, dass diese Feierlichkeiten etwas feiern, das gar nicht da ist oder vielmehr: was ich nicht vollständig sein konnte und wollte. Diese Tage feierten mein neues Priestertum. Ich hatte dieses Priestertum angestrebt und freute mich auch darüber. Zugleich spürte ich aber, dass dieses Priestertum, das da gefeiert wird, mich auch erschlagen und erdrücken kann. Wie reagiert man, wenn man hört, dass man „von Gott angenommen ist", wenn man laut kirchlicher Tradition ein „zweiter Christus" ist? Ich reagierte mit Abwehr, viele Neupriester gingen jedoch darin auf. Sie waren nichts anderes mehr, trugen fortan jeden Tag Priesterkleidung, züchteten sich einen Habitus und ein Wesen an, das nichts anderes mehr war als priesterlich. Ich fand dieses Aufgehen im Priesteramt furchtbar. Oft waren dies eher schwache Persönlichkeiten, die nun im Priesteramt eine Rolle gefunden hatten, in der sie Stärke und Selbstbewusstsein demonstrieren konnten: indem sie sich selbst verleugneten und in diesem Priesteramt aufgingen. Nichtpriester waren für sie oft halbe Menschen; Priester oder Seminaristen, die ihren Weg aufgaben, waren Verräter. Solange ich zurückdenken kann, reagierte ich allergisch, wenn ich das Gefühl hatte, dass mich etwas vereinnahmen will. Dieses Gefühl hatte ich auch in den Tagen meiner Priesterweihe. Trotz aller Freude über diese Tage blieb in diesen Tagen auch eine Distanz, ein Vorbehalt, ein Unwille.

Die Priesterweihe im Essener Dom wurde per Video aufgezeichnet. Ich habe mir diese Aufnahmen nicht ein einziges Mal angesehen. Weil ich es irgendwie nicht angemessen fand, weil ich nicht nur das sein wollte, was da gefeiert wurde, weil ich von denen abgestoßen war, die einen Menschen nur danach definieren, ob er ein Priester ist oder nicht. Diese Priesterweihe vermittelte mir eine wirklich große Aufgabe. Sie machte mich aber nicht zu einem besseren Menschen, auch wenn viele Menschen und vor allem auch viele Priester das glaubten. Mich mit diesen nicht in einem Boot zu fühlen, war der Grund meines Unwillens, mir den Film meiner Priesterweihe anzuschauen. Eine ältere Verwandte schaute sich das Video jeden Tag an.

Promotion I

Wenige Wochen vor meiner Priesterweihe – im Frühjahr 2001 – bat mich Prof. Geerlings, zu ihm ins Büro zu kommen. Hier schlug er mir vor, doch noch bei ihm die Promotion zu schreiben: „Bevor Sie jetzt anfangen, irgendwelche kleinen Sachen zu schreiben, schreiben Sie doch eine große!" Ich musste kurz nachdenken. Ich stand kurz vor der Priesterweihe und vor meiner ersten Stelle als Kaplan. Es war eigentlich nicht abzuschätzen, wie mein Alltag in der Pfarrei aussehen würde und wieviel Zeit ich überhaupt für die Promotion einsetzen könnte. Andererseits war dies für mich eine große Chance. Wer weiß, ob ich noch in einigen Jahren ohne weitere Bindung an die Universität von Geerlings oder einem anderen Professor ein solches Angebot kriegen würde. Dass das Bistum mich später noch einmal freistellen würde für eine Promotion, hielt ich eher für ausgeschlossen. Angesichts des allgemeinen Priestermangels hatte ein Bistum natürlich kein großes Interesse, Leute in die Wissenschaft zu schicken. Also akzeptierte ich Geerlings' Angebot, machte ihm aber klar, dass die Promotion ausschließlich in meiner Freizeit laufen kann. Bald sei ich Kaplan in einer Kirchengemeinde und diesen Auftrag – so sagte ich Geerlings – würde ich sehr ernst nehmen. Was es an Freizeit gibt, könnte ich gerne in die Promotion stecken, mehr aber eben nicht. Geerlings stimmte sofort zu: „Lassen Sie sich Zeit! Sie haben keinen Druck! Nehmen Sie sich die Zeit, die Sie brauchen!"

Geerlings schlug mir eine Arbeit über Augustinus vor. Er hatte wenige Jahre vorher begonnen, eine neue Übersetzungsreihe über die Werke des Augustinus herauszugeben. In dieser Reihe sollte ich einen Band übernehmen und das Werk

„Die 83 verschiedenen Quaestionen" übersetzen und kommentieren. Diese „Quaestionen" waren einzelne Fragen, die Augustinus in den frühen Jahren vor seiner Bischofsweihe behandelt hatte. Es waren kurze schriftliche Antworten auf theologische und philosophische Fragen, die bei ihm eingegangen waren. Um diese der Nachwelt zu erhalten, hatte Augustinus sie nach seiner Bischofsweihe sortiert und veröffentlicht. Inhaltlich waren diese Fragen sehr weit und breit gefächert; einiges war wohl von ausschließlich damaligem Interesse, anderes war durchaus auch für das Gesamtwerk des Augustinus spannend: insbesondere seine Überführung der platonischen Ideenlehre in die christliche Theologie und die immer stärkere Bedeutung des Paulus für Augustinus, die erstmals in diesen Quaestionen sichtbar wird. Die Sache, die mir an dieser Arbeit weniger gefiel, war die Übersetzungsarbeit. Natürlich konnte ich einigermaßen Latein, aber für eine derart umfassende Übersetzungsarbeit fühlte ich mich weder fit noch motiviert genug. „Ich bin Theologe, kein Philologe", versuchte ich gegenüber Geerlings einzuwenden. Ohne Erfolg, das Thema stand. Und blieb stehen.

Ich wusste, dass ich mit dieser Promotion ein Wagnis gegenüber dem Bistum eingehen würde. Der Bischof hatte am Ende meines Studiums die Anfrage abgelehnt, mich zur Promotion freizustellen. Andere interessierte Professoren nahmen dann von weiteren Anfragen Abstand. Es war klar: der Bischof brauchte Priester in der Pfarrei, nicht an der Universität. Indem ich jetzt eine Promotion begann, stellte ich mich gegen diese Entscheidung des Bischofs. Aber was genau war die Entscheidung des Bischofs? Er wollte mich als Kaplan in der Pfarrei haben, und das tat ich. Mit vollem Einsatz. Ging es den Bischof etwas an, was ich in meiner Freizeit machte? Andere machten Reisen oder Ausflüge in ihrer freien Zeit oder hatten irgendwelche anderen durchaus zeitintensiven Hobbies. Was war daran schlecht, in seiner Freizeit Bücher zu lesen oder lateinische Texte zu übersetzen? Ein weiterer Punkt kam hinzu. Ich konnte mit der damaligen Absage des Bischofs leben. Er hatte ja durchaus recht mit seinem Anliegen, Priester in der Gemeinde einzusetzen. Was es mir danach allerdings schwer machte, diese Entscheidung zu akzeptieren, waren die Freistellungen, die nach meiner Absage kamen. Es war eben doch nicht so, dass gar keine Priester freigestellt wurden. Allerdings wurden Priester freigestellt, die einen Doktor machten, um ihre Karriere im Bistum anzuschieben. Eine wissenschaftliche Motivation war meistens nicht vorhanden. Da sah es bei mir anders aus. Es ging mir überhaupt nicht um eine spätere Karriere als Dr., sondern darum, mir über diesen Doktortitel irgendwie die Möglichkeit zu verschaffen, auf Dauer wissenschaftlich tätig sein zu können, in welcher genauen Funktion auch immer. Im Laufe meines Studiums hatte ich unglaublich viele theologische und philosophische Bücher gelesen. Der Grund dafür war mein Wunsch, zu verstehen, was eigentlich der Inhalt der kirchlichen Lehre ist, wie sie sich historisch entwickelt hat und wie sie zu dem geworden ist, wie sie heute ist. Wenn die Kirche über Gott spricht – und von mir verlangt, über Gott zu sprechen –: was können wir eigentlich über Gott sagen? Was kann ich über Gott sagen? Meine Leidenschaft war nicht ausgelegt auf eine wissenschaftliche Karriere. Sie war ausgelegt auf Wissen. Und ich wusste, dass ich wissenschaftliche Reputation brauchen würde, wenn ich diese Leidenschaft auf Dauer fortsetzen wollte. Diese Leidenschaft war natürlich theologisch, im Kern war sie jedoch für mich auch eine spirituelle Angelegenheit, sonst hätte ich in der Folgezeit nicht so viele Mühen auf mich genommen.

Unmittelbar nach dem Gespräch mit Geerlings besorgte ich mir die Texte und begann mit den Übersetzungen. Diese Arbeit musste im Geheimen über die Bühne gehen. Dies bedeutete zum einen, dass ich nicht die Universitätsbibliothek in Bochum nutzen konnte. Zu viele Leute kannten mich dort und würden nur dumme Fragen stellen, was ich nach meinem Studium noch regelmäßig in der Bibliothek machen würde. Da ich noch als Diakon und danach als Kaplan im Essener Süden tätig war, bot sich die Diözesanbibliothek in Essen-Werden an, in die sich eigentlich nie jemand verlief. Dort konnte ich recht einfach Bücher bestellen und sie schnell abholen, ohne Angst haben zu müssen, Seminaristen oder der Hausleitung des Priesterseminars über den Weg zu laufen. Zum anderen musste ich auch in meiner neuen Pfarrei darauf achten, dass diese Arbeit im Verborgenen passiert. Das galt besonders für meinen Vorgesetzten, den Pfarrer. Dieser war ein lieber und zugewandter Mensch und hätte mir vielleicht sogar noch seelsorgliche Arbeit in der Pfarrei abgenommen. Genau das wollte ich nicht. Die Arbeit in der Pfarrei war mein Beruf und mein Auftrag, die Arbeit an der Promotion war mein Hobby. Und damit der Pfarrer noch nicht einmal Gelegenheit erhält, mir etwas abzunehmen, verschwieg ich ihm die Promotion. Denn selbst wenn er mir dabei keine Arbeit abnehmen wollte: es konnte immer sein, dass ich eine Aufgabe aus Zeitgründen nicht erfüllen konnte – völlig unabhängig von der Promotion. Der Pfarrer hätte jedesmal meine Promotion im Hinterkopf gehabt, und das wollte ich nicht. Aus diesem Grund wusste keine einzige Person in der Pfarrei von meiner Promotion. Sie war mein Hobby. Nicht mehr, aber auch nicht weniger. Natürlich band diese Promotion Ressourcen. Ressourcen, die ich an den freien Tagen oder im Urlaub brauchte, um mich zu erholen. Das war nur sehr eingeschränkt möglich. Was an Urlaub und freien Tagen vorhanden war, wurde jahrelang in die Promotion gesteckt. Auf Dauer war so etwas nicht unbedingt gesund, für einen eingegrenzten Zeitraum ging es.

Nichts verbleibt in der gleichen Gestalt, und Veränderung liebend
schafft die Natur stets neu aus anderen andere Formen.
Ovid

Start als Priester

Im Essener Süden

Zwei Wochen nach meiner Priesterweihe war die offizielle feierliche Einführung in meiner neuen Pfarrei St. Georg, Essen-Heisingen. Ich war in der Diakonenzeit in unmittelbarer Nachbarschaft, in Essen-Überruhr, tätig gewesen und kannte Heisingen daher bereits zumindest oberflächlich. Heisingen ist ein sehr schön gelegener Stadtteil am Baldeneysee im Essener Süden, nach drei Seiten hin von Wasser umgeben, nach einer Seite hin von einem Waldgebiet, dem Schellenberger Wald. Diese isolierte Lage hatte dabei geholfen, dem Stadtteil eine recht dörfliche Mentalität zu bewahren. Vor einigen wenigen Generationen war Heisingen auch in der Tat noch ein Dorf gewesen: ein kleiner Ortskern mit Rathaus und zwei Kirchen, umgeben von verschiedenen Gehöften. Dann kam die Industrialisierung, Kohle wurde gefunden und das Dorf platzte aus allen Nähten. Ehemals arme Bauern wurden durch Bebauung ihrer Grundstücke steinreich. Heute stellt sich die Situation Heisingens so dar, dass auch die letzten freien Grundstücke zugebaut werden. Wer nach Heisingen hinzieht, ist recht wohlhabend, da Heisingen wegen der schönen Seelage ein sehr begehrtes Wohngebiet ist. Die Kirchengemeinde bestand zu meiner Zeit aus etwa 6000 Katholiken und galt als eine der aktivsten und attraktivsten Gemeinden im Essener Süden. Insbesondere das Jugend- und Vereinsleben war vorbildlich. 120 Messdiener, 150 Pfadfinder, ein von den Jugendlichen selbst organisierter Jugendtreff (das „tz") sowie mehrere Jugendbands prägten das Gemeindeleben ebenso deutlich wie die Kolpingsfamilie, der Kirchenchor und andere Gruppierungen. Der Pfarrer Leonhard Pilorz, der mein Vorgesetzter war, war ein ausgesprochen lieber und netter Mensch. Das Gute war, dass wir beide uns eigentlich sehr gut ergänzten: hatte er viel Freude, mit jungen Familien und kleinen Kindern zu arbeiten und sich deshalb schwerpunktmäßig um die Kindergärten, Kindergottesdienste und Kommunionkinder kümmerte, lagen mir eher die älteren Kinder bzw. die Jugendlichen und jungen Erwachsenen. Neben dem Pfarrer und mir waren in der Gemeinde noch eine Gemeindereferentin und ein pensionierter Diakon aktiv. Mit ihnen war es ein gutes Miteinander, es war eine schöne Zeit in Heisingen.

Für mich ging es erst einmal darum, in den neuen Alltag hineinzukommen und eine gewisse berufliche Routine zu entwickeln. Wie sah der neue Alltag aus? Der Tag begann gewöhnlich mit einem Gottesdienst in der Kirche – abwechselnd mit dem Pfarrer. Dies waren pro Woche mehrere Schulgottesdienste für die Grundschulen, aber auch normale Gottesdienste für einige, wenige Gottesdienstbesucher – vorwiegend ältere Damen. Wenn eine Beerdigung anstand, wurde der dazugehörige Gottesdienst in den normalen Wochentagsgottesdienst gelegt. Eine Beerdigung machte die Vormittage oft unkalkulierbar. Todesfälle haben keinen wochenlangen Vorlauf. Man freut sich über einen ruhigen Vormittag mit einer Messe um 9 Uhr … dann kommen eine oder mehrere Beerdigungen rein und schon ist der Vormittag weg. Einer Beerdigung ging normalerweise ein Besuch bei den Angehörigen voraus, um den Ablauf der Feier zu besprechen und natürlich auch um nähere Informationen über den Verstorbenen zu erhalten, um Material für die Traueransprache zu haben. Auf diese Besuche konnte man sich eigentlich nicht vorbereiten, es war nicht vorherzusehen, was einen dort erwartete. Es gab dort ehrliche Trauer um einen verstorbenen Partner oder Elternteil, es gab aber auch Erleichterung darüber, dass Tyrannen und Ekel verstorben sind, die jahre- oder jahrzehntelang die Familien unterdrückt hatten. Es gab Verstorbene, bei denen man bei den Angehörigen raushörte, was sie für wunderbare Menschen gewesen waren, und es gab Verstorbene, die mehrere Male im Gefängnis waren, weil sie ihre eigenen Töchter vergewaltigt hatten. Es gab Verstorbene, die keine Angehörige hatten und für die sich nicht ein einziger Mensch interessierte, und es gab Verstorbene, die viele Hundert Trauergäste anzogen. Alles war immer möglich. Weder die Verstorbenen noch die Trauer der Angehörigen waren berechenbar.

Vor Überraschungen war man natürlich auch nicht bei der Beerdigungsfeier selbst sicher. Auch hier menschelte es hin und wieder gehörig, sei es, dass die

Friedhofsverwaltung das falsche Grab geöffnet hatte oder sich ein Sarg beim Absenken verkeilte. In solchen Augenblicken konnte man nur gute Miene zum bösen Spiel machen und versuchen, etwas von der Würde des Augenblicks zu bewahren. Auch wenn es schwerfiel. So standen wir einmal an einem Urnengrab. Ich nickte dem Träger zu, dass er die Urne absenken könne. Der Träger nahm die Urne an beiden Fäden auf, hob sie an und senkte sie in das Loch. Gewöhnlich ließ er die Fäden dann fallen, sobald er mit der Urne den Boden im Loch spürte. Aber da kam nichts. Der Träger schaute mich ratlos an. Ich nickte nochmals, schließlich musste die Urne ja runter. Der Träger beugte sich noch mehr über das Loch und bückte sich, fand aber immer noch keinen Boden. Schließlich legte er sich flach hin, mit beiden Armen im Loch, um endlich Boden für die Urne zu finden. Das Ganze kam mir mittlerweile sehr komisch vor, und ich schaute mich um. Etwa zwanzig Meter entfernt standen zwei Friedhofsgärtner zwischen den Bäumen, schauten sich dieses Schauspiel an und grinsten breit. Ich schaute rüber zum Bestatter, der mit hochrotem Kopf auch schon die Gärtner wahrgenommen hatte. Was kam hinterher raus? Es gab wohl einen Krach zwischen den Friedhofsgärtnern und den Sargträgern, und auf diese Weise wollte man den Trägern eins auswischen. Natürlich ging dies eigentlich nicht, wenn davon eine Beerdigungsfeier betroffen ist und entsprechend kam eine faustdicke Beschwerde bei der Friedhofsverwaltung rein. Menschliche, kleinliche Zwistigkeiten machen eben auch nicht vor dem Tod halt.

Folgende Episode ist sicherlich ein Höhepunkt der Beerdigungsgeschichte, auch wenn ich ihn selbst nicht direkt erlebt, sondern nur direkt danach von verschiedenen Augenzeugen unterrichtet wurde, da ich die nächste Beerdigung hatte. Dass ich kein Augenzeuge jener Beerdigung wurde, bedaure ich bis heute. Eine ältere Dame war gestorben; ihr Sohn, der bis zum Schluss bei ihr lebte, war der nächste Angehörige. Er fragte den Pfarrer im Vorfeld, ob er am offenen Sarg seiner Mutter in der Halle noch ein paar Worte sagen dürfte, was natürlich kein Problem war. Auf das Zeichen des Pfarrers hin trat der Sohn dann vor den Sarg seiner Mutter und sagte zu ihr: „Liebe Mama, mein Leben lang hast du für mich gesorgt. Du hast für mich gekocht und mir die Wäsche gemacht. Du hast eingekauft und das Haus geputzt. Du hast jeden Wunsch von meinen Lippen abgelesen. Nun bist du tot, und ich muss schauen, wie es weitergeht." Der Sohn drehte sich um zu einer Frau in der ersten Reihe: „Schatz, willst du mich heiraten?" Während der Pfarrer mit offenem Mund versuchte, das Geschehene zu verarbeiten, brach die Organistin oben auf der Orgelbühne still lachend zusammen.

Die Vorbereitung von Gottesdiensten wurde schnell zur Routine – mit all ihren Vor- und Nachteilen. Besondere Mühe und besonders viel Zeit verwandte ich auf die Predigtvorbereitung. Die Predigtausbildung im Priesterseminar hatte ich als eher dünn empfunden. Es war eher ein Austausch darüber gewesen, mit welcher spirituellen Einstellung man auf den biblischen Text zutritt. Rhetorische Expertise wurde nur wenig vermittelt. Ich habe dem Predigen immer eine sehr große Bedeutung beigemessen und befand mich damit offensichtlich nicht im Konsens mit vielen meiner priesterlichen Mitbrüder. Zumindest war es nicht unüblich, Predigten wortwörtlich aus irgendwelchen Vorlagen abzuschreiben oder aus dem Internet auszudrucken – und sie dann womöglich sogar vorzutragen, ohne sie vorher auch nur gelesen zu haben, was hin und wieder für peinliche Situationen sorgte. Ich konnte dies nicht nachvollziehen. Schließlich ist die Predigt der Teil der Messe, in dem ich als Priester etwas kreativ machen konnte und nicht nur vorgegebene Texte vortragen musste. Wo hatten die Leute die Gelegenheit, in einer verständlichen Sprache etwas über ihren Glauben zu erfahren, wenn nicht in der Predigt? Unzufrieden mit der eher mageren Predigtausbildung im Priesterseminar verschaffte ich mir Literatur über Rhetorik und bildete mich fort in der Kunst des Redens. Wenn ich predigen musste, hatte ich am Samstagmorgen – vor den anderen Gottesdiensten – eine Messe im Altenheim. Hier hielt ich meine Predigt frei und ohne Zettel und Stichworte. Wenn ich mir die Predigt nicht gut merken konnte und zu sehr rudern musste, wusste ich, dass die Predigt nicht stringent genug und inhaltlich zu weit zerfasert war. Ganz abgesehen davon, dass die alten Menschen schneller und schonungsloser einnicken, wenn es langweilig wird. Nach der Altenheimmesse wurde dann nachgebessert. Diese Schule hat mich gelehrt, kurz, prägnant und mit rotem Faden zu predigen. Diese Methode war in den ersten Jahren durchaus zeitaufwendig, hat sich aber im Laufe der Zeit mehr als bezahlt gemacht.

Predigen bedeutet, jede Woche die vorgegebenen biblischen Texte für die Gottesdienstbesucher auszulegen. Von diesen Texten, auf die man sich dabei stützt, gibt es an jedem Wochenende drei: einem aus dem Alten Testament, einen aus den Evangelien und einen aus den anderen Texten des Neuen Testaments, also meistens ein Paulusbrief. Bei diesen Texten gibt es natürlich schöne und weniger schöne. Texte, die nicht zur kirchlichen Lehre passen, tauchen eigentlich nicht auf oder werden zumindest eingeklammert, so etwa die Stelle, an der sich Jesus darüber beklagt, dass die Geistlichen es lieben, in tollen Gewändern umherzustolzieren und es bei den Festen auf die vorderen Plätze abzusehen. Man kann jetzt durchaus darüber spekulieren, was wohl die Kirche bewogen haben mag, diese Sätze aus einem größeren Text auszuklammern. Ich selbst habe gerade die Texte geschätzt, in denen es Spitzen und Anstößigkeiten gab. Wenn beispielsweise Paulus das Schweigen der Frauen in der Gemeinde fordert, hat man die Aufmerksamkeit der Gemeinde eben schneller als mit der hundertsten Wunderheilung Jesu. Ich habe oft die alttestamentlichen Stellen behandelt. Das Alte Testament ist in einem viel größeren Zeitraum entstanden, wurde entsprechend von viel mehr Personen geschrieben und bietet eine ungeheure Fülle an Geschichten, Themen, an hoher Dichtkunst und tiefen Gedanken. Leider ist es bereits die Tendenz in der Auswahl biblischer Texte, die in die Richtung drängt, möglichst einfache und unumstrittene Texte anzubieten. Ich halte dies für eine Verkürzung und Vereinfachung der biblischen Botschaft. Die Bibel erzählt die Geschichte der Menschen mit Gott, zuerst des Volkes Israel, dann Christi, dann der ersten Christen. Diese Geschichte war nie glatt, sie hatte immer Ecken und Kanten, Schönes und Schreckliches, Anziehendes und Abstoßendes. Es war nie der liebe Gott, auf den die heutige Verkündigung allerdings fokussiert ist. Das ist kurzsichtig und dem menschlichen Leben nicht angemessen. Es geht nicht darum, in der Verkündigung Angst und Schrecken zu verbreiten, wie es mal üblich war. Es geht um die Realität des Lebens. Weder war das damalige Leben der Menschen mit Gott nur schön, noch ist es eines unserer Leben. Die Menschen sitzen in der Kirche, hören vom lieben Gott, gehen nach Hause zu einem schwerstkranken und leidenden Angehörigen und fragen sich zu Recht, was denn nun mit dem lieben Gott ist, der die Blinden sehend und die Kranken gesund macht. Die Geschichte eines Menschen mit seinem Gott ist nie einfach, gradlinig und schön. Gott selbst ist es auch nicht und dann sollte er auch nicht so dargestellt werden. Es wäre der Lebensrealität der Gottesdienstbesucher angemessener.

Es zählt zu den faszinierenden Seiten des Priesterberufs, unglaublich vielen Menschen zu begegnen und so im Laufe der Jahre viel über das menschliche Leben lernen zu können. Vom Landtagsabgeordneten bis zum Puffbesitzer, von millionenschweren Unternehmern bis zu Menschen in entsetzlicher Armut, von Richtern bis zu Schwerverbrechern. Ich habe viele wunderbare Menschen kennengelernt, die wie und wo auch immer wirkliche menschliche Größe bewiesen haben. Zugleich lernt man als Priester und Seelsorger aber auch weniger angenehme Zeitgenossen kennen, Menschen, die einfach nur böse und niederträchtig sind. Die Existenz solcher Menschen wird oft negiert oder zumindest relativiert. Ich halte das für naiv.

Als viele Jahre später Russland damit drohte, die Ukraine zu überfallen, führte ich ein längeres Gespräch mit einem Münchener Philosophen. Im Unterschied zu ihm plädierte ich für massive Waffenlieferungen an die Ukraine, um Russland jede Lust auf ein militärisches Abenteuer zu nehmen. Mein Gegenüber meinte darauf nachdenklich, dass es schon auffällig sei, dass ich als ehemaliger katholischer Priester und ein weiterer evangelischer Pfarrer die einzigen Personen in seinem Bekanntenkreis seien, die für Waffenlieferungen plädieren würden. Es sei doch eigenartig, dass ausgerechnet die beiden, denen es ja schon beruflich um den Frieden gehen müsste, für Waffenlieferungen seien? Diese Frage hat mich nachdenklich gemacht und die Antwort liegt wahrscheinlich in der seelsorglichen Praxis, in der jahrelangen Erfahrung, dass es einfach böse Menschen gibt, mit denen man nicht reden kann und die man auch mit den vernünftigsten Argumenten nicht von ihrem Weg abbringen kann. Ich habe Mütter kennengelernt, die ihre erwachsenen Kinder wie Sklaven halten und nur unter eigener Aufsicht vor die Tür lassen. Ich habe Ehemänner kennengelernt, die jahrelang ihre Frauen schlagen und misshandeln. Glaubt irgendwer, dass man solche Menschen mit Argumenten und gutem Zureden von ihrem Handeln abbringen kann? Viele gehen davon aus, dass böse Dinge aufgrund von mangelndem Wissen passieren oder als mehr oder weniger berechtigte Reaktion auf erlittenes Unrecht. Wenn jemand etwas Böses tut, müsse es dafür einen Grund geben. Nach vielen Jahren Seelsorge halte ich das für Blödsinn. Das meiste Böse passiert nicht, weil es einen Grund gibt, sondern weil es einfach böse Menschen gibt, empathielose Narzissten, die überhaupt nicht in der Lage sind, irgendeine Art von Mitgefühl für ihre Mitmenschen zu entwickeln. Diese

Lebenserfahrung lehrt einen, dass die Mittel der Überzeugungskraft sehr begrenzt sind und es bei solchen Menschen um klare Grenzen geht – nicht nur bei Putin. Alles andere ist naiv und verlängert das Leid der Menschen, die unter ihnen leiden müssen.

Wenn man mich fragen würde, bei welcher Tätigkeit als Seelsorger ich am meisten gelernt und für mein Leben gewonnen hätte, dann wäre meine Antwort eindeutig: es war das Zusammensein mit Sterbenden. Die Sterbenden, die den nahen Tod vor Augen haben, brauchen sich nicht mehr verstellen: sie blicken sehr offen und sehr schonungslos auf ihr bisheriges Leben zurück. In all den Jahren habe ich von diesen Menschen viel Bedauern über ihre bisherigen Leben gehört. Dieses Bedauern bezog sich aber nie auf berufliche Dinge. Keiner stellte fest, dass er in seinem Leben mehr hätte arbeiten müssen. Das Bedauern bezog sich immer auf persönliche Beziehungen: Trennung vom Partner, Krach mit Geschwistern oder langjährigen Freunden, Streit mit den eigenen Kindern. In diesen Stunden oder auch Tagen vor dem Tod gewichteten diese Menschen, was wirklich in ihrem Leben Bedeutung hatte. Und das waren eben die Beziehungen zu anderen Menschen. Hier gab es Versagen und Versäumnisse, die ihnen leid taten und über die sie sprechen wollten.

Die Menschen gingen sehr unterschiedlich in den Tod. Einige waren froh, mit einer Krankheit nicht mehr weiterleben zu müssen und endlich erlöst zu werden. Andere klammerten sich an jede Sekunde und wollten weiterleben. Wieder andere nahmen es geradezu stoisch hin, dass es nun bald passieren würde. Es war sehr unterschiedlich, und auch wenn ich die Sterbenden noch aus besseren Zeiten kannte, war es eigentlich nicht vorhersehbar, mit welcher Haltung jemand in den Tod ging. Die größten Kämpfer und die härtesten Kerle brachen manchmal völlig zusammen, während zarte und schwächliche Personen an innerer Stärke oft über sich hinauswuchsen. Diese Ungewissheit sehe ich auch für mich selbst: wer kann schon mit Sicherheit sagen, wie er auf eine tödliche Diagnose oder auf einen nahen Tod reagieren würde? Eine bestimmte Gruppe jedoch war auffallend häufig nur sehr schwer oder gar nicht in der Lage, sich vom Leben zu verabschieden: katholische Priester. Es war für mich im Laufe der Jahre schon auffällig, dass besonders oft katholische Priester sich sehr schwer taten, mit ihrer eigenen Sterblichkeit klarzukommen – und das, wo sie ja jahrzehntelang Sterbenden beigestanden und von der Hoffnung auf die Auferstehung erzählt haben. Der Augenblick, in dem man selbst mit dieser Frage nach der Hoffnung angesichts des nahen Todes konfrontiert wird, hat vielleicht vieles von dem als pure, gedankenlose Routine entlarvt, was jahrzehntelang gelebt und gesagt wurde.

Im Laufe der Jahre kam ich angesichts der Fülle menschlicher Biographien immer mehr zur Erkenntnis, dass es nichts gibt, was es nicht gibt. Ich traf eine Frau, die sechsfache Witwe war: sechs Ehemänner hat sie in ihrem Leben beerdigen müssen. Ich verheiratete ein Paar, bei dem beide Partner in den 90ern waren. Es gibt Leben, die eine Zeitlang sensationell laufen, um dann gnadenlos zu scheitern. Es gibt Leben, die nur aus Glück zu bestehen scheinen, und Leben, die nur aus Pech und Ungemach oder Schmerzen und Krankheit bestehen. Alles in allem lernte ich jedoch immer mehr die menschliche Fähigkeit kennen, auch unter furchtbarsten Umständen noch irgendwie lebensfähig zu bleiben. Mit jahrzehntelangen schwersten Erkrankungen. Mit Ehemännern, die ihre Frauen über Jahre misshandeln. Diese Menschen lebten weiter, oft sogar einigermaßen zufrieden, zumindest nach außen. Nachvollziehen konnte ich es nicht immer. Die Fälle, an denen ich selbst am härtesten zu knacken hatte, waren die Fälle, wo die Lösung eigentlich nahelag, aber trotzdem nicht in Frage kam: Frauen, die jahrzehntelang von ihren Männern misshandelt wurden und sich trotzdem nicht von ihnen trennen konnten. Und wenn sie es dann mal geschafft hatten, unmittelbar danach auf den nächsten Mann hereinfielen, der sie schlug. Diese Fälle waren für mich die bittersten, weil eine Lösung eigentlich sichtbar, aber eben trotzdem nicht möglich war. Ähnlich gelagert waren die Fälle von Suiziden. Gerade in Essen-Heisingen hatten wir jedes Jahr mehrere Suizide – der kalte See bot im Winter eine effektive Möglichkeit, das eigene Leben zu beenden. Diese Fälle waren oft dramatisch und auch für mich als Seelsorger eine große Herausforderung. So werde ich sicherlich nie den Fall einer 17jährigen jungen Frau vergessen, die sich erhängte. Eine Woche später erhängte sich auch ihr Vater aus Trauer über den Tod seiner Tochter. Solche Fälle sind einfach hart und auch für einen Seelsorger nicht „lösbar". Es sind Abgründe und Tiefen des menschlichen Lebens, mit denen man nicht konfrontiert werden möchte, aber man als Priester und Seelsorger dennoch einen Dienst verrichten muss – der hoffentlich auch den Hinterbliebenen irgendwie helfen kann. Wenn das überhaupt geht.

Ein normaler Wochentag bestand zu einem großen Teil aus Seelsorge im weiteren Sinne. Besuche von Menschen, die irgendwie Seelsorge brauchten oder mit denen man ein familiäres kirchliches Fest vorbereitete. Diese Termine waren nicht immer planbar und saisonal sehr unterschiedlich. Auch an den Abenden fanden viele Besuche statt. Daneben gab es an den Abenden Jugendleiterrunden und ähnliches.

Besondere Bedeutung für die Arbeit in der Pfarrgemeinde hatten die beiden großen Gremien, die es in jeder Pfarrgemeinde gab: der Kirchenvorstand und der Pfarrgemeinderat. Der Kirchenvorstand ist für die rechtlichen und finanziellen Belange der Pfarrgemeinde zuständig. Die Pfarrei in Heisingen besaß neben den im engeren Sinne kirchlichen Gebäuden weitere Immobilien, die verwaltet werden mussten, unter anderem das Pfarrzentrum, zwei Kindergärten und ein Altenheim. Vorsitzender des Kirchenvorstands war der Pfarrer, der allerdings auch nur eine Stimme hatte und von den anderen Mitgliedern überstimmt werden konnte. Der Kirchenvorstand in Heisingen war mit ausgesprochen guten und fähigen Leuten bestückt, da im betuchten Heisingen eben viele Menschen wohnten, die in der Leitung von Unternehmen und Organisationen erfahren waren. In jener Zeit habe ich die Arbeit von guten Juristen schätzen gelernt. Einer der bekanntesten Strafrechtler des Ruhrgebiets, Dr. Wolfgang Küpper-Fahrenberg, war Mitglied des Kirchenvorstands. Küpper-Fahrenberg war allgemein als echtes Original bekannt und gefürchtet. Ich erinnere mich noch an unsere erste Begegnung im Kirchenvorstand. Als neues Mitglied und frischgebackener Kaplan betrat ich den Raum und stellte mich kurz vor. Am anderen Ende des Tisches saß oder vielmehr thronte Küpper-Fahrenberg, vor sich eine Flasche Pils. „Kaplan", sagte er mit einem sehr selbstbewussten Unterton, „ich habe gehört, Sie hätten Ahnung von Fußball. Dann sagen Sie mir mal, wie Inter Mailand in den 30er Jahren hieß." Ich schaute ihm zwei Sekunden in die Augen und antwortete bewusst müde und gleichgültig lächelnd: „Ambrosiana!" Die Antwort war richtig und das Eis zwischen uns war gebrochen. Wir wurden gute Freunde. Natürlich hatte ich mit dieser Fußballfrage etwas Glück, da ich in Italien gelebt hatte und daher den italienischen Fußball hervorragend kannte, aber solche Details zählen in solchen Augenblicken nicht. Der Kirchenvorstand bestand aus kompetenten und erfahrenen Leuten, mit denen zusammenzuarbeiten mir viel Spaß machte und mir auch in unternehmerischen, organisatorischen oder juristischen Belangen einen großen Erfahrungsschatz verschaffte.

Neben dem Kirchenvorstand gab es den Pfarrgemeinderat, der ebenfalls demokratisch von den Gemeindemitgliedern gewählt wurde. Er war zuständig für die gesellschaftliche und pastorale Arbeit der Pfarrgemeinde. In diesem Gremium lag eine gewisse Gefahr, der es nicht immer entkommen konnte. Während der Kirchenvorstand in seiner Arbeit (und damit auch in seinen Entscheidungen) inhaltlich sehr konkret an die finanziellen und unternehmerischen Belange der Pfarrei gebunden war, war der Pfarrgemeinderat in seiner Arbeit inhaltlich sehr frei und damit zugleich auch – und das war die allzeit gegenwärtige Gefahr – sehr unkonkret. Mit anderen Worten: der Pfarrgemeinderat war immer dafür anfällig, in langen Sitzungen viel heiße Luft zu produzieren. Natürlich gab es in diesem Gremium fitte und engagierte Leute, die konkret planen und arbeiten konnten. Aber eben auch viele Leute, die die Sitzungen oft endlos in die Länge zogen. Ich weiß nicht, wie viel Lebenszeit ich verloren habe wegen irgendwelcher Grundsatzreden oder wegen endloser Diskussionen über die Würstchenpreise beim Pfarrfest oder den Blumenschmuck in der Kirche. Ein Pfarrgemeinderat hatte – je nach Größe der Pfarrgemeinde – 15 bis 20 Mitglieder. Ich muss gestehen, dass ich in meiner langen Sitzungsgeschichte nicht oft Gremien dieser Größe erlebt habe, die effektiv und gut zusammenarbeiten können. Vielleicht ist es hier ein schwerer Geburtsfehler der Pfarrgemeinderäte. Während meiner Tätigkeit in den Pfarrgemeinden habe ich sicherlich einzelne Leute aus den Pfarrgemeinderäten sehr geschätzt – ein Freund dieser Gremien bin ich allerdings nie geworden. Dies lag zum einen an einigen strukturellen Fehlern dieses Konstrukts – sicherlich aber auch an meiner oft zu wenig vorhandenen Geduld, soviel sei zugestanden.

Ein wichtiges Standbein der Pfarrgemeinde in Essen-Heisingen war die Jugendarbeit, für die ich als Kaplan in weiten Teilen zuständig war. Hier bestand meine Aufgabe nicht darin, einzelne Gruppenstunden für die Kinder zu halten, sondern wesentlich darin, die Leiterrunden am Laufen zu halten. Eine weitere wichtige Aufgabe, die ich mir vorher in dieser Bedeutung nicht vorgestellt hätte, war die Verteidigung der Jugendarbeit nach außen. In einem Gebilde wie der Pfarrgemeinde gab es immer wieder Reibereien und Interessenskonflikte zwischen den verschiedenen Gruppierungen und Generationen. Gerade die Kinder und Jugendlichen waren auf Unterstützer und Verteidiger angewiesen: sie funktionierten nicht immer gemäß den Regeln. Alleine das Aufräumen der Jugendräume war ein Dauerbrenner. Hier war es eine wichtige Aufgabe für mich, den Spagat hinzukriegen zwischen den Anliegen der Jugendarbeit und den natürlich auch oft berechtigten Anliegen der Pfarrgemeinde gegenüber der Jugendarbeit.

So veranstaltete die Jugend im „tz", dem Jugendkeller, einmal einen „Wer-wird-Millionär"-Quizabend. Hierfür wurden Plakate gedruckt und aufgehängt. Ich hatte diese im Vorfeld nicht gesehen und war einigermaßen erstaunt, als erste Beschwerden gerade von älteren Gemeindemitgliedern bei der Sekretärin im Pfarrbüro eintrafen. Der Grund? Auf dem Plakat war eine Karikatur zu sehen, in der Günther Jauch dem Papst die Quizfrage stellt, was denn „Fellatio" sei. Eine ältere Dame gab im Pfarrbüro an, das Plakat zuerst lustig gefunden zu haben. Dann habe sie in einem Wörterbuch nachgeschaut, was denn „Fellatio" sei und fordere nun die sofortige Entfernung des Plakats. Andernfalls, so fügte die Dame hinzu, würde sie den Schaukasten kaputtschlagen und das Plakat selbst entsorgen. Das Ganze ging natürlich rum in der Gemeinde. Pfarrgemeinderatsmitglieder riefen mich an, der Pfarrer bat mich zum Gespräch. Der Tenor: nimm das Plakat raus! Diese ganze Geschichte war natürlich unangenehm. Auch ich fand das Plakat nicht unbedingt geschmackvoll und gelungen. Der für mich entscheidende Punkt war aber der folgende: hätten Leute aus der Gemeinde höflich nachgefragt, hätte ich das Plakat vielleicht sogar rausgenommen. Oder zumindest ein Gespräch dieser Leute mit den Jugendlichen organisiert. Aber diese Art, der Kirchengemeinde damit zu drohen, den Schaukasten zu zerstören, durfte einfach keinen Erfolg haben. Zum einen ging es um das Signal an die Pfarrgemeinde: hier wird keiner mit seinem Anliegen Erfolg haben, bloß weil er ausfallend wird. Zum anderen ging es um das Signal an die Jugendlichen, dass wir ihnen seitens der Gemeindeleitung einen geschützten Raum geben und ein gewisses Grundvertrauen entgegenbringen. Wenn das nicht vorhanden ist, so fühlte ich, können wir die Jugendarbeit einpacken. Abgesehen davon dachte ich: soll die Frau doch den Schaukasten einschlagen! Zum einen ist sie – und ihr Anliegen – dann öffentlich völlig diskreditiert, zum anderen kriegen wir dann endlich einen neuen Schaukasten bezahlt.

Der Pfarrer, der ja der Letztverantwortliche in der Pfarrei ist, überließ mir die Entscheidung, bat mich aber, das Plakat abzuhängen. Ich blieb hart. Ich versprach, mit den Jugendlichen zu sprechen. Denn in der Tat konnte es nur sinnvoll sein, wenn die Jugendlichen in Zukunft etwas besser über den Inhalt ihrer Plakate nachdenken. Aber nach diesen Drohungen wäre es einfach ein fatales Signal gewesen, die Plakate abzuhängen. Der Pfarrer – das muss ich ihm hoch anrechnen – akzeptierte meine Entscheidung, natürlich wohlwissend, dass im Falle eines weiteren Theaters dann ich im Kreuzfeuer stünde und nicht er.

Nicht immer liefen Debatten über die Jugendarbeit derart öffentlich und derart überhitzt ab. Aber irgendetwas war immer, wo Leute zum Gespräch zusammengebracht werden mussten, Eltern beruhigt, aber auch Jugendleiter wieder auf gewisse Prinzipien der Jugendarbeit hingewiesen werden mussten. Es war oft ein Spagat, bei dem ich aber erst einmal auf Seiten der Jugendlichen stand und ihnen einen Vertrauensvorschuss gab. Der war nicht unendlich, aber erst einmal gab es ihn.

Es gibt als Priester in einer Kirchengemeinde eine Fülle an Situationen, mit denen man jede Woche konfrontiert wird. Viele ernste, berechtigte Gespräche, aber auch viele Dinge, die absurd waren, aber deshalb nicht unbedingt weniger Zeit kosteten. Wobei natürlich die Frage ist, was absurd ist. Viele Dinge, die mir absurd erschienen, waren es für andere eben nicht. So rief mich einmal eine Frau an und wollte wissen, ob es möglich sei, Beate taufen zu lassen. Ich kannte weder die Anruferin noch jene Beate und fragte nach, wie alt denn Beate sei. „Ein halbes Jahr", war die Antwort. „Nun", sagte ich, „das Alter scheint mir doch recht normal für eine Taufe. Wo sehen Sie denn Schwierigkeiten, dass eine Taufe nicht möglich sei?" Ein paar Sekunden hörte ich nichts, dann kam die etwas gepresste Antwort: „Wissen Sie, Beate ist ein Hund." Ich atmete tief durch. „In diesem Fall ist es in der Tat etwas schwierig. Wir taufen keine Hunde." Die Frau ließ nicht locker: „Warum denn nicht?" Pflichtgemäß spulte ich die Antwort ab: „Weil die Taufe ein Bekenntnis zum christlichen Glauben ist und der Wunsch vorhanden sein muss, Christ zu werden. Das wird bei Ihrem Hund leider nicht hinhauen." „Tut es bei einem Baby aber auch nicht!", war die schnelle Antwort. Zack, dachte ich, versenkt, da hat sie recht. Guter Konter, aber ich gab mich nicht geschlagen. „Naja", sagte ich, „bei einem Baby haben wir aber die berechtigte Hoffnung, dass es das im Laufe seines Lebens lernen wird. Aus diesem Baby wird ein vollberechtigtes Mitglied unserer Kirche. Bei einem Hund kann ich mir das nur schwer vorstellen." Ich spürte, dass ich den entscheidenden Treffer gesetzt hatte. Die Opposition am anderen Ende des

Hörers wankte. Ich hörte die Stimme eines Mannes im Hintergrund, der der Anruferin zurief: „Ich habe dir doch gesagt, das bringt nichts!" Die Frau bedankte sich und legte auf.

Eines Abends in der Adventszeit klingelte es gegen 23 Uhr an der Türe. Ich öffnete. Vor mir stand unser Organist, mit hochrotem Kopf und völlig außer Atem. „Herr Kaplan", sagte er keuchend, „das klingt jetzt alles etwas verrückt, aber Sie müssen mal mitkommen in die Kirche!" Während wir hinübergingen, erzählte er mir zwischen seinen Atemzügen stoßweise folgendes: er habe für ein Orgelkonzert geübt, wie er es oft spätabends machen würde. Er habe oben auf der Orgelbühne gesessen, auf einmal hätte es einen großen Knall gegeben, die ganze Kirche hätte gebebt. Er habe danach auf der Orgelbühne das größere Licht angemacht, um zumindest etwas in der dunklen Kirche erkennen zu können. Das klinge jetzt etwas albern, aber da sei eine große leuchtende Taube auf ihn zugeflogen! Skeptisch schaute ich ihn an. „Naja, ich glaube ja jetzt nicht, dass das Endgericht begonnen hat, aber … ich verstehe das nicht!" Durch die Sakristei betraten wir das Kirchengebäude, ich schaltete die große Beleuchtung an und wir gingen in den Kirchenraum. Einen Tag vorher waren die Weihnachtsbäume in der Kirche aufgestellt worden. Vor uns lag eine riesige Tanne auf dem Boden, die umgefallen war. Über uns zog eine goldene Taube ihre Kreise durch den großen Kirchenraum. Was war passiert? Über dem Taufbecken hing eine goldene Taube, die mit Drähten an der Decke befestigt war. Als der Tannenbaum umfiel, stieß er anscheinend gegen die Taube, die zuerst mit einem großen Knall in die gegenüberliegende Wand fuhr – das Loch war deutlich zu sehen – und danach an den Drähten durch die Kirche flog und noch stundenlang ihre Kreise zog. Ich konnte mir gut vorstellen, dass das durchaus respekteinflößend ist, wenn man mit dem dürftigen Licht der Orgelbühne in die Kirche hineinschaut und auf einmal eine große, golden leuchtende Taube auf sich zufliegen sieht, aber der Beginn des Endgerichts war es eben nicht. Das Loch in der Wand erinnerte noch viele Jahre an diese Episode, die den Organisten zumindest für einige Minuten sicher etwas frommer und gottesfürchtiger gemacht hat.

Eine der für mich unangenehmsten Verpflichtungen als Priester war die Beichte. Nun sind die Zeiten vergangener Generation ja vorbei, in denen der Beichtende in einem dunklen, muffig riechenden Holzkasten angsterfüllt seine Sünden bekannte und dafür vom Priester gemaßregelt wurde. Heute finden die

„Beichtgespräche" meistens in hellen, freundlichen Zimmern statt. Aber ich empfand bereits den Mechanismus der Beichte als schwierig. Der Beichtende geht mit seinen Sünden zum Priester. Er zählt dem Priester seine Sünden auf oder berichtet von einer irgendwie sündhaften Situation, die er bereut. Der Priester redet mit ihm über diese Dinge und spricht dann ein Gebet, in dem dem Beichtenden die Sünden vergeben werden. Mein erstes Problem: was soll ich zu den Sünden sagen? Entweder bleibt es allgemein, dann ist völlig belanglos („Sie wissen, dass man nicht lügen soll!") oder man wird konkret, aber dazu fehlte mir jede Kompetenz. Was machte mich zu einem kompetenten Berater bei Eheproblemen? Mein nächstes Problem: die Sündenvergebung. Ich hatte immer das Gefühl, Gott ins Handwerk zu pfuschen bzw. mich in eine Sache hineinzubegeben, die sich zwischen dem „Sünder" und Gott abzuspielen hatte. Warum musste ich mir die Sünden anhören, wenn Gott sie vergibt? Oft wurden Dinge genannt, die sowohl dem Beichtenden als auch mir peinlich waren. Wozu musste ich sie hören?

In den normalen Kirchengemeinden – so auch damals in Heisingen – fanden Beichten eigentlich kaum noch statt. An Karfreitag boten der Pfarrer und ich Beichtzeiten in der Kirche an, zu denen jedoch nur ganz wenige kamen – vielleicht insgesamt drei bis sechs Leute an diesem Tag. Im Laufe des Jahres konnten einzelne Anfragen reinkommen, aber auch die waren so gut wie nicht vorhanden. Jedes Jahr im Frühjahr gab es allerdings eine Massenbeichte: wenn die Kommunionkinder zum ersten (und wahrscheinlich letzten) Mal zur Beichte gingen. Es ist gut und auch sinnvoll, dass man schon diesen Kindern mit acht oder neun Jahren ein Gefühl dafür vermittelt, dass sie für ihr Handeln verantwortlich sind, dass sie in ihrem Handeln auch schwere Fehler begehen können und sie sich damit gegenüber Gott und ihrem Nächsten „versündigen". Aber ist diese Beichte dafür das richtige Werkzeug? Die Beichtgespräche mit den Kindern liefen in den meisten Fällen so ab, dass die Mädchen oft sehr lange suchen mussten, bis sie überhaupt etwas Nennenswertes als Sünde beichten konnten, während die Jungen oft mit einem stolzen Lächeln von ihren neuesten Schandtaten berichteten und manchmal schwer zu bremsen waren.

Für mich am schlimmsten war die Beichte im Essener Dom. Zwar gab es im Dunstkreis des Doms Heerscharen an Priestern, die im Generalvikariat oder allgemein in den höheren Etagen des Bistums aktiv waren. Dies bedeutete aber nicht, dass sie sich berufen fühlten, im Essener Dom in den Beichtstuhl zu gehen. Das mussten dann reihum die Kapläne aus dem Essener Stadtgebiet. Also hin und wieder auch ich. Es war schrecklich. Die Situation entsprach dem, wie es früher allgemein üblich und verhasst war: ein muffig riechender Holzkasten, in dem man als „Beichtvater" irgendwelche hastig hingeflüsterten Sündenkataloge hörte und mit einem Gebet beenden musste. Soviel sei zugestanden: hier gab es Beichtende, man hatte gut zu tun. Aber was waren das für Menschen? Bis auf wenige Ausnahmen waren es höchst skrupulöse Menschen, die wegen absoluten Nichtigkeiten jede Woche oder sogar jeden Tag zur Beichte gingen. Diese Menschen verfügten oft über gar kein Selbstbewusstsein – zumindest nicht gegenüber dem Priester und der Kirche. Ihr Leben war davon bestimmt, ständig zu sündigen und deshalb ständig um Lossprechung von den Sünden bitten zu müssen. Müsste es nicht eigentlich so sein, dass der christliche Glaube Mut und Lebensfreude vermittelt? So war es eindeutig nicht immer. Diesen Menschen wurde über viele Jahrzehnte von der Kirche eingetrichtert, dass sie Sünder sind. Natürlich ist jeder Mensch ein Sünder. Weil jeder Mensch in seinem Leben Fehler begeht. Aber ist oder darf die Sünde das Kennzeichen des Menschen sein? Seine Haupteigenschaft, die ihn beschreibt? Muss diese Schlechtigkeit des Menschen nicht vor dem Hintergrund dessen gesehen werden, was gut an ihm ist? Diese guten Seiten hatte die Kirche nicht immer im Blick. Was das mit einigen Menschen machte, habe ich immer wieder in den Beichtstühlen des Doms erfahren müssen.

Jugend und Kirche

Als ich einige Monate in Heisingen war, traten Ende 2001 zwei junge Erwachsene auf mich zu, „Tommy" und „Socke". Sie waren Leiter bei den Pfadfindern und hatten seit vielen Jahren – wenig überraschend – festgestellt, dass es immer schwerer war, junge Menschen für Gottesdienste zu begeistern. Ihre Idee, die sie mir vorstellten: eine Gruppe zu bilden, die hin und wieder begeisternde Jugendgottesdienste organisiert und das mit großem Aufwand. Besser weniger und aufwendige Gottesdienste, die mitziehen, als jeden Sonntag ein Gottesdienst, bei dem man einschläft. Was die beiden mir vorstellten, klang erst einmal absolut plausibel. Ich konnte mir zwar noch nicht genau vorstellen, wie so ein

Gottesdienst aussehen sollte, der einen Jugendlichen hinter dem Ofen hervorlockt, aber das Handlungsbedarf bestand, war offensichtlich. Mir war auch sofort klar, dass ein solcher Gottesdienst in vielen Dingen mit klassischen Gottesdiensten brechen musste, um für Jugendliche attraktiv zu sein. Denn wie sollte ein Gottesdienst aussehen, zu dem Jugendliche freiwillig hingehen und den sie toll finden? Anders musste er aussehen, wie genau, wusste ich auch nicht. Und Tommy und Socke auch nicht. Wir drei beschlossen, es zu versuchen.

Wir suchten uns mehrere Mitstreiter, einige kreative Köpfe, einige, die gute Musik machen konnten, einige, die Licht- und Bühnentechnik beherrschten. Um finanziell und werbetechnisch stärker auftreten zu können, beschlossen wir, einen offiziellen Verein zu gründen. Wie so oft, dauerte die Diskussion über den Vereinsnamen länger als die über die Vereinsgründung. Schließlich setzte sich ein Name durch, über den ich eigentlich nicht begeistert war, der aber im Laufe der Jahre seine Werbetauglichkeit beweisen sollte: „Krasse Kirche".

In den ersten Monaten ging es erst einmal darum, mit der Veranstaltung diverser Feste und Partys die Kassen zu füllen. Für den Herbst 2002 ging es dann an die Gestaltung des ersten Gottesdienstes. Hier galt: nicht kleckern, sondern klotzen. Das gesamte Kirchenschiff wurde leergeräumt, die Bänke entfernt. Alleine dieser Effekt war gigantisch. Die Kirche war eine neugotische Kirche. Gotische Kirchen streben architektonisch eigentlich nach oben; die Bänke, die dort heute zumeist in diesen Kirchen stehen, halten das Gewicht des Raumes aber unten. Nun war dieser Raum frei, und die Beleuchtung setzte die Architektur in die Rolle, die sie eigentlich ausfüllen wollte: die Aufmerksamkeit in den Raum und nach oben zu lenken. Die Musik wurde von der eigenen Band gespielt, hierbei ging es um Lieder der Pop- und Rockmusik, die von Jugendlichen auch in ihrer Freizeit gehört wurden, aber textlich für einen Gottesdienst verwertbar waren. Davon gibt es mehr, als man vorher glaubt. Des Weiteren wurden Texte und Theaterstücke geschrieben, die gesamte Kirche wurde technisch aufgerüstet, viele Kilometer Kabel wurden verlegt. Schließlich war alles vorbereitet, eine monatelange Planungsphase lag hinter uns. Wir saßen am Vorabend des Gottesdienstes bei einem Bier in der Sakristei und wetteten, wieviele Leute am nächsten Tag wohl kommen würden. Ich schrieb die Zahlen auf. Die meisten nannten Zahlen zwischen 50 und 100. Tommy ging am weitesten und nannte 122. Da ich aufschrieb, konnte ich als letzter eine Zahl nennen. Ich hatte keine Ahnung, dachte mir aber, dass 122 zu reißen sind. Ich schrieb 123 auf. Alles drüber war damit meins. Am nächsten Tag kamen 400. Der Kasten Bier war meiner.

Es wurde ein riesiger Erfolg. Die Lokalpresse berichtete. Wir beschlossen, die nächsten Gottesdienste anzugehen, aber uns dabei nicht auf Heisingen zu beschränken, sondern auch in andere Kirchen im Essener Stadtgebiet zu gehen – ob jetzt evangelisch oder katholisch. Die Gottesdienste waren keine Abendmahlsfeiern und verzichteten ausdrücklich auf liturgische Elemente, die eindeutig einer bestimmten Konfession zuzuordnen sind. Wir wollten nicht diejenigen erreichen, die sonst in die Kirche gehen und konfessionell fest verankert sind, sondern diejenigen, die mit Kirche und Glauben sonst überhaupt nichts am Hut haben. Wir bekamen immer mehr Anfragen und gingen in den nächsten Jahren auf Wanderschaft.

Der Aufwand, den wir betrieben, war beträchtlich und sicherlich ein Grund für den Erfolg von Krasse Kirche. In einer Szene wird Wind gebraucht? Also besorgen wir eine Windmaschine von der Messe Düsseldorf. In einer Szene brauchen wir eine Telefonzelle? Wird besorgt. Nicht kleckern, sondern klotzen. Mehrere unserer Mitglieder arbeiteten als Lichttechniker im Theater und das haben wir uns sehr zunutze gemacht – sowohl was die Requisiten betraf als auch die Licht- und Bühnentechnik. Auch die Werbung wurde mit einem immensen Aufwand betrieben: eine selbst produzierte Radiosendung beim Radio Essen, großflächige Plakatierungen, Zeitungsberichte, eine Internetseite. Der Erfolg gab uns recht: die Besucherzahlen schwankten zwischen 300 und 1000 – Zahlen, die sonst kein Jugendgottesdienst im Ruhrgebiet bieten konnte. Selbst das Fernsehen berichtete. Das Bistum Essen reagierte etwas zwiegespalten. Einerseits fiel uns auf, dass bei offiziellen Jugendgottesdiensten des Bistums bestimmte Stilmittel von uns übernommen wurden. Andererseits war dem Bistum dieser Erfolg nicht ganz geheuer, da die Krasse Kirche natürlich auch deshalb Erfolg hatte, weil sie komplett anders vorging als die offiziellen kirchlichen Stellen.

Immerhin konnten wir auch einmal den Bischof von Essen bei der Krassen Kirche begrüßen. Die Sache war diejenige: es ging um das immer aktuelle Thema „Sexualität". Die Mitglieder des Vereins wollten schon beim ersten Gottesdienst Sexualität als Thema haben. Ich hatte davon aus taktischen Gründen abgeraten: es wäre gut, erst einmal mehrere Gottesdienste durchzuführen und sich einen gewissen Bekanntheitsgrad zu erarbeiten, bevor man an das Thema Sexualität geht. Die anderen ließen sich überzeugen und so führten wir dann erst Ende 2003 einen Gottesdienst zum Thema Sexualität in St. Josef, Essen-Kupferdreh, durch.

Ich selbst war durch dieses Thema in der Bredouille. Ich sollte natürlich eine Ansprache über dieses Thema halten und wusste ganz genau: egal, was ich über Sexualität sagen würde, ich wäre geliefert. Entweder bin ich danach bei der Bistumsleitung oder bei den Gottesdienstbesuchern verbrannt. Es war inhaltlich für mich überhaupt nicht möglich, bei diesem Thema eine Brücke zu schlagen zwischen der offiziellen kirchlichen Lehre und dem Empfinden der „normalen" Menschen. Ich kam daher auf die Idee, den damaligen Bischof von Essen einzuladen, Felix Genn. Er ist Vertreter des Lehramtes und konnte daher viel unangreifbarer sprechen als ich. Dachte ich zumindest. Der Bischof stimmte zumindest einem Besuch bei der Krassen Kirche sofort und ohne Umschweife zu. Es folgten dann zwei Vorgespräche, die für mich sehr lehrreich wurden. Der Bischof wies mich direkt darauf hin, dass dieser Gottesdienst sehr genau und sehr präzise geplant sein müsse, da er wenig Lust habe, so wörtlich, „wegen dieses Gottesdienstes nach Rom zu fahren". Ich schaute ihn erstaunt an, und der Bischof erklärte mir folgendes: es sei so, dass bei solchen Gelegenheiten immer mehrere Leute im Publikum sitzen würden, die für irgendwelche konservativen Blättchen mitschreiben. Diese Blättchen würde eigentlich keiner lesen – außer irgendwelchen Bischöfen oder Prälaten in der römischen Kurie. Was aber zur Folge hätte, dass er im Falle von Äußerungen, die lehramtlich vielleicht etwas strittig wären, nach Rom zum Gespräch zitiert würde. Ich war entsetzt darüber, dass selbst ein Bischof von solchen Dingen bedroht war. Wer konnte sich in der Kirche überhaupt noch frei äußern, wenn selbst ein Bischof aufpassen musste, wegen eines Jugendgottesdienstes nach Rom gebeten zu werden? Was ist das für eine Kultur der Denunziation und der Denkverbote?

Wir haben den Gottesdienst dann sehr präzise vorbereitet, um den Bischof nicht in eine Falle laufen zu lassen und in jedem Fall den Gesprächsverlauf von ihm mit den Jugendlichen gut abzusichern. Während der Bischof dann eher inhaltlich über das Thema Sexualität sprach, konnte ich im Nachgang darüber sprechen, wie die Kirche mit dem Thema Sexualität umgeht. Das war natürlich auch kritisch gegenüber der Kirche, aber inhaltlich deutlich weniger heikel.

164

Irgendwann war es dann geschafft. Der Gottesdienst war ohne besondere Vorfälle und atmosphärische Störungen zu Ende gegangen. Erleichtert atmete ich auf, als die Menschenmassen entspannt und fröhlich plappernd nach draußen schlenderten. Wenige Minuten nach dem Ende des Gottesdienstes sah ich, wie der Bischof im hinteren Teil des Altarraums zu einem stillen Gebet vor dem Tabernakel schweigend und mit geschlossenen Augen niederkniete. Ich maß dem allerdings keine große Bedeutung bei, vielleicht entsprach dies einfach seiner Frömmigkeit, nach so einem aufregenden Gottesdienst zur Ruhe zu kommen. Wenige Wochen später hörte ich allerdings aus verschiedenen Quellen aus dem Umfeld des Bischofs, dass er sich über diesen Gottesdienst beklagt habe und nach dem Gottesdienst erst einmal das Bedürfnis verspürt hätte, für all die, so wörtlich, „armen Seelen" zu beten, die diesen Gottesdienst vorbereitet und besucht hätten. Meinen Leuten von Krasse Kirche habe ich nie von dieser Information berichtet, schließlich wollte ich sie nicht entmutigen. Offiziell hieß es seitens des Bistums immer, dass alles gut gewesen sei.

„Krasse Kirche" lief etwa sechs Jahre und das mit großem Erfolg. Wir wurden über Essen hinaus bekannt, erhielten Einladungen aus verschiedenen Städten des Ruhrgebiets. Über Radio Essen liefen von uns produzierte Sendungen, regelmäßig besuchten große Massen unsere Gottesdienste. Was haben wir in diesen Gottesdiensten gemacht? Es war nicht nur eine Frage des Aufwands.

Erst einmal waren diese Gottesdienste für den Teilnehmer völlig voraussetzungslos. Wenn normalerweise jemand einen katholischen Gottesdienst am Sonntag besucht, dann muss er bereits eine Menge an Vorwissen mitbringen, um das nachzuvollziehen, was da eigentlich passiert. Was macht der da vorne in diesen komischen Gewändern? Wann muss ich stehen, wann muss ich knien? Eine riesige Blockade, das zu verstehen, was da vorne im Altarraum passiert, ist zudem die Sprache. Das betrifft sowohl die vorgeschriebenen Gebete aus dem Messbuch als auch oft die mehr oder weniger frei gesprochenen Worte des Priesters: es ist schlicht und einfach oft eine völlig unverständliche Anhäufung von leeren Worthülsen und theologischen Bildern, die überhaupt nicht mehr vermittelbar sind. Wenn der Priester vorne das Gebet vorliest, in dem Gott dafür gedankt wird, „dass du uns von der Erbschuld Adams befreit hast": was kann ein Gottesdienstbesucher darunter verstehen? Oder positiv für sich mitnehmen? In den 1990er Jahren setzte die Deutsche Bischofskonferenz eine

Kommission aus Liturgiewissenschaftlern ein, um die alten Texte zu überarbeiten: zu einem verständlichen Deutsch und einem nachvollziehbaren Inhalt. Das war offenbar nicht jedermanns Interesse. Kardinal Meisner, Erzbischof von Köln und der für die Bischofskonferenz für Liturgie Zuständige, löste die Kommission nach einiger Zeit auf, ersetzte die Liturgiewissenschaftler durch Latein-Experten und übertrug ihnen die Aufgabe, die alten lateinischen Texte präziser zu übersetzen. Keine zeitgemäßen Texte, sondern die alten Texte aus dem 16. Jahrhundert oder älter. Die allerdings präziser.

Natürlich besteht ein Gottesdienst nicht nur aus Sprache. Er besteht in seinem Äußeren aus Musik, aus dem Kirchenraum, der Architektur des Gebäudes, aus einem Gottesdienstleiter, der einem gefällt oder nicht, aus Bänken oder Stühlen, die bequem sind oder nicht usw. Kurzum: es gibt unzählige Dinge, die einen Gottesdienst beeinflussen und für den Besucher gelingen oder scheitern lassen. Es ist nicht nur die Sprache. Aber die Sprache spielt eine ganz große Rolle und es gibt keinen einzigen Grund, eine Sprache zu gebrauchen, die inhaltlich keiner versteht. Der Hinweis auf all die anderen wichtigen Dinge hilft da auch nicht weiter. Schließlich werden die nicht besser, wenn die Sprache schlechter wird.

Im Gegensatz zu der offiziellen Liturgie-Kommission bemühten wir uns bei Krasse Kirche um eine klare, verständliche, angemessene Sprache. Natürlich kamen die Jugendlichen und Erwachsenen auch zu Krasse Kirche, weil dort eine tolle Show mit guter Musik geboten wurde. Das Wichtigste und in der Vorbereitung Schwierigste waren jedoch die Texte, die Sprache. Sie waren keine Anbiederung an die Jugendlichen, kein Slang. Es waren Texte, die von Jugendlichen und jungen Erwachsenen geschrieben waren, die sich lange mit dem Thema und mit Gott beschäftigt hatten und davon berichteten. Man merkte den Texten an, dass es in ihnen um etwas Wichtiges geht, aber es war die Sprache des Alltags. Es waren authentische Berichte und Erzählungen und deshalb hörte man ihnen zu. Vielleicht war diese Sprache das Erfolgsgeheimnis von Krasse Kirche.

Ein weiteres Erfolgsgeheimnis: Krasse Kirche war nicht Kirche. Als Priester war ich zwar Teil dieses Vereins, aber nicht ihr Vorsitzender. Das war nicht mein Verein oder ein Verein der Kirche, sondern ein Verein von jungen Menschen, die andere Menschen von Gott begeistern wollen. Denen die Kirche dabei nicht reinreden kann. Und die deshalb authentisch sind. Wenn ich als Priester etwas von Gott erzählte, war es deutlich schwieriger, authentisch zu sein. Was ich sagte, musste ich ja berufsmäßig sagen. Damit verlor das Gesagte automatisch an Authentizität in den Augen und Ohren der Jugendlichen. Diesen Nachteil hatten die Leute von Krasse Kirche nicht und entsprechend wichtig waren ihre Zeugnisse.

Nach einigen, sehr erfolgreichen Jahren mussten wir 2009 dieses tolle Projekt einstellen. Gründe dafür gab es mehrere. Der Hauptgrund: wir haben den entscheidenden Generationenwechsel nicht hingekriegt. Die Gründergeneration musste langsam ab- oder zumindest kürzertreten. Das Leben war weitergegangen: aus den Jugendlichen aus dem Essener Süden waren Arbeitnehmer und Studenten, schließlich auch Eltern geworden, die nicht mehr über die zeitlichen Ressourcen verfügten, die nötig waren, die Krasse Kirche auf gewünschtem Niveau weiterzuführen. Ich selbst war seit 2006 nicht mehr in Essen-Heisingen wohnhaft und konnte die Krasse Kirche nur noch mit halber Kraft aus der Ferne unterstützen. Neue Leute kamen kaum nach, die „alten" Leute hatten immer weniger Zeit und in der verbliebenen Zeit immer mehr Stress, was sich nicht gerade positiv auf das Miteinander im Verein auswirkte. Nach einiger Zeit des Dahinschleppens beschlossen wir, die Krasse Kirche zu beenden. Durchaus mit Wehmut und im Gefühl, eine tolle Zeit gehabt zu haben, aber auch im Wissen darum, dass es nicht mehr weiterging.

Nun waren wir nicht die Einzigen, die Jugend und Kirche zusammenbringen wollten. Im Sommer 2004 rief mich der Diözesanjugendseelsorger an und fragte mich, ob ich Lust hätte, im Auftrag des Bistums für eine knappe Woche nach Rom zu fahren. Das klang natürlich super. Entsprechend sagte ich meine Bereitschaft zu, fragte aber auch sofort nach, worum es dabei gehen würde. Um das erste eucharistische Treffen europäischer Jugendlicher. Mein Gesicht wurde zu Stein. Ich liebte Rom und nahm jede Gelegenheit wahr, dorthin zu fahren, aber ich sah mich fünf Tage kniend auf harten Kirchenbänken vor einer Monstranz, was mich nur wenig begeistern konnte. Statt einer Antwort atmete ich laut in den Hörer, was der Diözesanjugendseelsorger zum Anlass nahm, mir betont freundlich und verständnisvoll die ganze Sache zu erklären. Der Bischof würde überlegen, in den nächsten Jahren Jugendliche des Bistums zu diesem eucharistischen Treffen einzuladen. Nun wolle er sich vorher allerdings ein Bild davon machen, was dort eigentlich geschehen würde und wollte deshalb zwei Priester als Kundschafter dorthin senden: mich und meinen lieben Mitbruder, der mit mir einige Jahre vorher geweiht worden war. Mit anderen Worten: einen Liberalen und einen Konservativen. Ich kann nicht behaupten, dass mich dieser Ausflug auch nur irgendwie mit Vorfreude erfüllen konnte, aber gehorsam stimmte ich zu. Rom ist Rom, und Gelegenheiten, die Stadt zu genießen, würde es schon geben.

Wenige Monate später flogen wir nach Rom. Die erste Enttäuschung war die Unterkunft, die nicht in der Stadt Rom lag, sondern weit außerhalb am Fuß der Albaner Berge, was lange Fahrtzeiten bedeutete und es unmöglich machte, abends noch in ein gutes Restaurant in Trastevere oder zu einem Spiel des AS Rom zu entweichen. Insgesamt mehrere tausend Jugendliche oder vielmehr junge Erwachsene hatten sich zu diesem Treffen versammelt. Sie waren in der übergroßen Mehrheit in sog. „Geistlichen Gemeinschaften" organisiert: Legionäre Christi, das Werk, Regnum Christi, Totus Tuus, die Fokolar-Bewegung, Legio Mariae, Gemeinschaft Zion, Gemeinschaft Immanuel, Schönstatt, Neukatechumenat, Gemeinschaft Charles de Foucault, Comunione e liberazione, Verbum Dei usw.

Von solchen Geistlichen Gemeinschaften gibt es viele Dutzend. Sie sind im 20. Jahrhundert entstanden, die meisten nach den 1960er Jahren. Gegründet wurden sie im Regelfall von einer charismatischen Persönlichkeit, die es verstand, viele Menschen für den Glauben zu begeistern. Diese Gemeinschaften treten mit dem Anspruch auf, den Glauben der Menschen zu erneuern und den Menschen eine Oase zu bieten, in der sie wieder zu Christus zurückfinden können. Die vergangenen Päpste – allen voran Johannes Paul II. – haben in diesen Gemeinschaften ein wichtiges Werkzeug gesehen, die Remissionierung Europas anzugehen und haben diese Gemeinschaften nach Kräften gefördert. Einige dieser Gemeinschaften – wie etwa die Gemeinschaft von Taizé – verstehen sich als überkonfessionell und bemühen sich, sich nicht zu sehr von der Amtshierarchie der Kirche vereinnahmen zu lassen. Die meisten Gemeinschaften hingegen sehen sich in einem besonderen Gehorsam mit dem Papst und der Hierarchie verbunden – was ihnen mit vielen Vorteilen, Geld und guten Posten vergolten wird. Ich hatte im Laufe meines Studiums sporadisch Kontakt mit einigen dieser Gemeinschaften gehabt, habe mich jedoch nie zu ihnen hingezogen gefühlt. Das war mir alles zu fromm und oft auch zu fanatisch und abgehoben.

Nun in Rom sollte ich die Gelegenheit haben, mehr als zuvor in diese Gemeinschaften hineinzutauchen und sie kennenzulernen. Wie überall gab es dort nette und weniger nette Menschen. Was viele dieser Menschen allerdings gemeinsam hatten, war eine gewisse Art der Weltabgewandtheit. Die konnte mal etwas sympathischer mit einer gewissen Traurigkeit oder Melancholie gelebt werden, öfter aber unsympathischer mit einer gewissen Weltverachtung. Ähnlich wie man es bei Sekten kennt, war es so, dass sich alles Entscheidende für diese Menschen in der sehr begrenzten Welt ihrer eigenen Gemeinschaft abspielte. Alles andere war nicht interessant oder irgendwie böse. Diese Abwendung von der Welt war für mich noch legitim. Wie auch bei einem Mönch im Kloster ist es die legitime Entscheidung eines Menschen, sich aus der Welt zurückzuziehen, um ein Leben zu führen, in dem man sich Gott näher fühlt. Spannend wird es dann, wie dieses weltabgewandte Leben funktioniert, und da gibt es einen entscheidenden Unterschied zwischen diesen neuen Gemeinschaften und den klassischen Klöstern: wer hat die Macht? In den Klöstern ist es die Ordensregel. Diese sind vor vielen hundert Jahren erstellt worden und bis heute gültig. Diese Regeln ordnen die Macht und jeder – auch der regierende Abt eines Klosters – ist diesen Regeln unterworfen. Diese Geistlichen Gemeinschaften haben zwar auch Regeln und Vorschriften. Sie werden allerdings nicht von diesen regiert, sondern von charismatischen Persönlichkeiten, die über den Regeln stehen. Das hat zur Folge, dass diese Gemeinschaften nicht nach den Regeln, sondern auf einen kleinen Personenkreis hin funktionieren, was sie mehr als ein Kloster zum Ort von Machtkämpfen, aber auch von Machtmissbrauch macht. Die Gefahr liegt darin, dass ein Missbrauch von Macht nicht von außen kontrolliert werden kann, da das Außen in einer solchen Bewegung nicht vorkommt. Macht kann sich ungehemmt entfalten, und das ist nie gut. Prominentestes Beispiel eines solchen Machtmissbrauchs sind sicherlich die Legionäre Christi, deren Gründer Marcial Maciel jahrzehntelang in Saus und Braus lebte und des vielfachen sexuellen Missbrauchs von Kindern und Jugendlichen schuldig war. Was viele Jahrzehnte vom Vatikan gewusst und vertuscht wurde.

Ich lernte bei diesem Jugendtreffen viele junge Leute kennen, die Mitglied einer Geistlichen Gemeinschaft waren. Viele von ihnen waren zutiefst überzeugt, sich auf dem richtigen Weg zu befinden und fatalerweise waren sie auch überzeugt, dass dieser Weg der einzig wahre ist. Ich hatte im Laufe der Jahre in den Pfarrgemeinden hin und wieder mit Geistlichen Gemeinschaften zu tun, die mich anfragten, in der jeweiligen Gemeinde offiziell aktiv werden zu können. Ich war immer sehr reserviert und habe diesen Geistlichen Gemeinschaften nie eine offizielle Genehmigung erteilt. Der Grund dafür war die Radikalität der Überzeugung, den einzig möglichen Glaubensweg aufzeigen zu können. Entweder wird eine Pfarrgemeinde durch eine solche Gruppe ruiniert oder komplett übernommen, was ebenfalls nie ohne Opfer abgeht. Weitere Opfer Geistlicher Gemeinschaften sind oft die Familien: wenn nur ein Familienmitglied – etwa der Vater oder die Mutter – Mitglied einer solchen Gemeinschaft ist, wird dieses zumeist derart eng in die Gemeinschaft reingezogen, dass es vom Rest der Familie Schritt für Schritt isoliert wird. Nichts außerhalb der eigenen Gemeinschaft darf noch wichtig sein. Dies sind Techniken, wie man sie von Sekten kennt. Viele Ehen und Familien zerbrechen daran. Ganz abgesehen davon haben es diese Gemeinschaften durchaus auch auf die finanziellen Ersparnisse ihrer Mitglieder abgesehen. Spenden sind gerne gesehen und werden mit sanftem Druck eingefordert. Die oft prächtig ausgestatteten Sitze dieser Gemeinschaften legen durchaus sprechend Zeugnis für diese Praxis ab.

Entsprechend skeptisch blieb ich auch in späteren Zeiten gegenüber diesen Gemeinschaften. Wenn sie von sich aus Werbung in den Pfarrgemeinden betrieben und mit Leuten in Kontakt kamen, konnte ich nichts dagegen tun und war es auch nicht meine Angelegenheit. Aber mit dem offiziellen Rückenwind der Pfarrei sollten sie es immerhin nicht tun können. Dieser Fanatismus nach innen und diese Intoleranz nach außen haben mich immer auf Distanz zu diesen Gemeinschaften gehalten. Gerade im Gespräch mit Mitgliedern dieser Gemeinschaften habe ich mich immer wieder gefragt, was für einen Glauben bzw. was für eine christliche Welt sie eigentlich anstreben. Kann es eine solche Welt abseits der „normalen" Welt geben? Woher haben diese Menschen überhaupt die Gewissheit, den Willen Gottes so genau zu kennen?

Nach der Rom-Reise schrieb ich dem Bischof entsprechend kritisch über diesen Kongress. Anscheinend erfolgreich. Das Bistum Essen schickte in den nächsten Jahren keine Jugendlichen dorthin.

Johannes Paul II.

Am 2. April 2005 verstarb Papst Johannes Paul II. Es war der erste Tod eines
Papstes, den ich bewusst miterlebte. Bei den Toden seiner beiden Vorgänger
1978 war ich noch zu klein. Den Tod von Johannes Paul II. erlebte ich allerdings sehr bewusst. Es war eine wochenlange Inszenierung des Sterbens und
des Todes, die die ganze Welt miterlebte. Ich empfand diese Inszenierung
durchaus als faszinierend, weil sie das sonst an den Rand gedrängte Thema
„Tod" in den Vordergrund stellte. Früher war der Tod normaler Bestandteil des
Lebens: die Familien waren dabei, wenn ein Angehöriger starb, der Leichnam
wurde aufgebahrt, Freunde und Bekannte nahmen noch zu Hause Abschied.
Der Tod war präsent im Leben der Menschen, und diese Präsenz ist eigentlich
realistisch. Denn es gibt den Tod, und er wird jeden von uns treffen.

Ich habe immer den Barock sehr geschätzt aufgrund seiner sehr ungezwungenen, manchmal drastischen und sogar oft verstörenden Haltung zum Tod. In
Rom gibt es an der Via Veneto eine alte Barockkirche, Santa Maria della Concezione. Die Kirche ist nur eine von den Massen barocker Kirchen in dieser
Stadt und an sich kaum der Erwähnung wert. Das Spannende ist die Krypta
unterhalb der Kirche. Als ich damals in Rom lebte, betrat man sie durch einen
Vorraum, in dem ein alter, zahnloser Mönch, der da sicherlich schon seit Jahrhunderten saß, um eine Spende bat. Danach konnte man einen Gang betreten,
an dem seitlich sechs Räume waren. In diesen Räumen befanden sich insgesamt
mehrere Tausend Skelette: verarbeitet als Säulen, Wandleuchter oder einfach
nur als Dekoration. Der Hintergrund ist folgender: die dort ansässigen Kapuzi-
nermönche pflegten seit jeher eine besonders innige Beziehung zum Tod. So
schliefen sie etwa in Särgen, um immer an ihre eigene Sterblichkeit erinnert zu
werden. Wenn diese Mönche gestorben und beigesetzt waren, wurden ihre Skelette nach einigen Jahren exhumiert und in diesen Räumen der Krypta verarbeitet. Man ging nun durch diese Räume und schaute all diesen Mönchen in die
grinsenden Gesichter und leeren Augenhöhlen. Im letzten Raum stand schließlich ein Skelett mit einem Schild in der Hand, auf dem in den geläufigen Sprachen – auch auf Deutsch – geschrieben stand: „Was du bist, sind wir gewesen.
Was wir sind, wirst du sein."

Mittlerweile hat sich in der Krypta einiges geändert: der alte Mönch im Eingangsbereich ist verschwunden und einer neuen, supermodernen Theke mit einer netten Kassiererin gewichen. Aus einem Ort des Gebetes und des Gedenkens an die eigene Sterblichkeit ist eine Sensation geworden. Stimmung und Bestimmung dieser Räume sind damit komplett andere. Diese Krypta von Santa Maria della Concezione steht für einen sehr bewussten Umgang mit dem Tod. Der mag sehr speziell und nicht jedermanns Sache sein, aber er rückt ein Thema in den Fokus der Aufmerksamkeit, das normalerweise an den Rand gedrückt wird: unsere eigene Sterblichkeit.

Im März/April 2005 lag Johannes Paul II. im Sterben, und dieser quälend lange Prozess hat deswegen einen großen Effekt gehabt, weil er Tod und Sterblichkeit in die Öffentlichkeit brachte. Wir werden jeden Tag in den Medien von jungen, schönen und gesunden Menschen plattgewalzt, die uns irgendetwas verkaufen wollen. Dem stand jahrelang dieser kranke und vor sich hin siechende alte Mann in Rom gegenüber. Die Botschaft wurde immer klarer: wenn jemand schwerstkrank, gar sterbend mit letzter Kraft etwas von sich gibt – oft völlig unverständlich –: da fragt keiner mehr, warum er dies tut. Es wird deutlich, dass dieser Mann eine Botschaft hat, die so groß ist, dass sie seinen kranken Körper und sein Leiden übersteigt.

Den absoluten Höhepunkt dieser Verkündigung stellte sein letzter öffentlicher Auftritt am 30. März 2005 dar. Wenige Tage vor seinem Tod erschien der Papst ein letztes Mal am Fenster über dem Petersplatz. Man sah bereits, dass da oben ein todgeweihter Mensch war. Er wollte zu der versammelten Menschenmenge sprechen, konnte es aber nicht mehr. Mit verzerrtem Gesicht machte er eine scheibenwischerähnliche Handbewegung, um die Menge zu segnen. Dann schloss sich der Vorhang, der Papst war nicht mehr zu sehen. Nie mehr. Dieser bizarre Augenblick war der Höhepunkt seines Pontifikates, seiner 26 Jahre als Papst. Weil nie so deutlich wurde, wie sehr das, was dieser Mann lebte, die persönlichen Stärken und Schwächen eines Menschen übersteigt. Besser und eindrucksvoller ging es nicht.

Papst Johannes Paul II. war als gelernter Schauspieler ein Meister der Inszenierung. Dies soll nicht heißen, dass er „schauspielerte", also etwas darbot, das nicht echt war. Aber er wusste ganz genau, wie ein Charisma wirkt, wie er seine Ausstrahlung einsetzen kann, wie Bilder erzeugt werden, die man nicht vergisst.

Zusätzlich war dieser Papst Politiker. Er wusste, wie Macht funktioniert, und er wusste, wie man Menschen begeistern und von Zielen überzeugen kann. Diese Eigenschaften machten ihn zu einer der großen Persönlichkeiten seiner Zeit und zu einem wichtigen Akteur im Kampf gegen den Kommunismus in Mittel- und Osteuropa.

Wie so oft, hatte diese starke, gute Seite eine Schattenseite. Beide Seiten gehörten zusammen: die eine war die Konsequenz der anderen. Nach außen einig und stark zu wirken, machte es auch zum Anliegen, im Inneren einig und stark zu sein. Mit allerdings nicht so guten Konsequenzen. War die katholische Kirche durch ihn und seine Regierung nach außen eine Festung, wurde sie im Inneren immer mehr zu einem Gefängnis, zu einem Ort, in dem nur noch eine Meinung zählte: die des Papstes. In seiner Zeit begann die Anzahl der Professoren und Bischöfe in die Höhe zu schießen, die wegen lehramtlicher Schwierigkeiten ihr Amt aufgeben mussten bzw. entlassen wurden. Theologie-Professoren mussten eigene Artikel und Bücher widerrufen. Potentielle Bischöfe wurden in bis dahin nicht gekannter Weise auf ihre Einstellungen und ihren Gehorsam durchleuchtet. In der Kirche hielt durch ihn und seine Ernennungs- und Entlassungspraxis eine Kultur der Vertuschung und der Denunziation Einzug, die auf lange Sicht überhaupt nicht segensreich sein konnte. Immer stärker wurde kontrolliert und gesiebt, wer in der Kirche überhaupt aufsteigen konnte.

So erhielt ich damals in Rom eines schönen Nachmittags durch einen Bekannten einen Einblick in eine sehr interessante Liste. Wenn irgendwo auf der Welt ein Bischofsstuhl neu besetzt werden musste, ging der Nuntius hin, der päpstliche Botschafter des jeweiligen Landes, und klopfte die jeweiligen Kandidaten mit jener besagten Liste ab, ob sie auch geeignet seien. Die Punkte dieser Liste, so viel war mir sofort klar, sind also sozusagen die DNA dessen, was die Kirche sich an Fähigkeiten und Eigenschaften für ihr Spitzenpersonal wünscht. Hätte man mich vorher nach möglichen Punkten dieser Liste befragt, hätte ich vielleicht auf Dinge getippt wie „Erfahrung Personalführung", „wirtschaftliche Grundkenntnisse", „Praxiserfahrung" usw. Ich war naiv. Ich schaute damals auf die Liste und las stattdessen Dinge wie „Tägliche Priesterkleidung", „Gehorsam gegenüber dem Papst", „Marianisch geprägte Frömmigkeit" oder „Öffentliches Eintreten für die kirchliche Sexuallehre". Ich starrte damals als Student erschrocken auf diese Liste von vielleicht 30 bis 40 Punkten und wusste, dass meine kirchliche Karriere zu Ende war, bevor sie begonnen hatte. Mit viel gutem Willen waren vielleicht zwei bis drei Punkte dieser langen Liste für mich im Bereich des Möglichen. Was für Leute werden in der Kirche nach oben gebracht, die nach solchen Punkten beurteilt werden? Sämtliche Bischöfe, die in den letzten Jahren und Jahrzehnten als völlig weltfremd und für ihre Aufgaben untauglich auffielen, haben eisern jeden der gewünschten Punkte erfüllt.

Ich weiß nicht, ob folgende Geschichte stimmt, die mir ein Bekannter aus dem Vatikan nach dem Tod von Johannes Paul II. erzählt hat. Ich habe sie sonst nirgends gehört. Aber auch wenn sie nicht stimmt: sie hat mir etwas sehr Wichtiges über die Kirche und ihre Hierarchie verraten, und sei deshalb kurz erzählt.

Nach dem Tod von Johannes Paul II. waren die Kardinäle aus aller Welt angereist, um den Papst zu beerdigen und seinen Nachfolger zu wählen. Nun war es zwar verboten, aber politisch nicht unklug und nur allzu menschlich, sich vorher etwas abzustimmen, bevor das Konklave losgeht und man weggeschlossen wird. So hätten sich, so mein Bekannter, die Kardinäle in zwei verschiedenen Gruppen getroffen, um vorher die Wahl des neuen Papstes zu sondieren. Die konservativen Kardinäle hätten sich in der einen Villa außerhalb Roms getroffen, die liberalen Kardinäle in einer anderen Villa außerhalb Roms. Beide Seiten hätten getagt und sich auf jeweils einen Kandidaten verständigt: die Konservativen auf Joseph Ratzinger, den Präfekten der Glaubenskongregation, 78 Jahre alt, die Liberalen auf Carlo Maria Martini, den Erzbischof von Mailand, ebenfalls 78 Jahre alt. Was tut man, wenn man den Namen der Gegenseite hört und diesen Kandidaten für die kommende Wahl verbrennen will? Man sticht den Namen an die Presse durch. Und so veröffentlichte eine liberale römische Zeitung: „Ratzinger der Kandidat der Konservativen!" Es kam, wie es kommen musste. Die Presse durchforstete sein Leben und ließ sich ausführlich über seine Zeit in der Hitlerjugend und als Flakhelfer aus. Ratzinger war verbrannt. Die Gegenseite schlug zurück und schon tauchte in einer konservativen römischen Zeitung die Schlagzeile auf: „Martini der Kandidat der Liberalen!". Auch bei ihm suchte und fand die Presse irgendwelche Leichen im Keller. Beide Kandidaten waren verbrannt, beide Seiten zogen sich erneut zurück, um einen neuen Kandidaten zu finden. Bis dahin war alles normal. Aber dann das Spannende: sie fanden keinen! Sie gingen dann mit den beiden, eigentlich verbrannten Kandidaten ins Konklave, das Ergebnis ist bekannt: Ratzinger wurde Papst.

Das für mich Spannende an dieser Geschichte oder vielmehr der Moment, in dem mir etwas klar wurde, war die erfolglose Suche der beiden Gruppen nach einem neuen Kandidaten. Machen wir uns klar: sie hatten zwei alte Kandidaten – beide 78 Jahre alt -, beide waren eigentlich verbrannt, aber sie fanden keinen neuen Kandidaten! Warum fanden sie keinen geeigneten Kandidaten, der jünger gewesen wäre? Weil es keinen gab. Und das ist das Ergebnis der Personalpolitik von Johannes Paul II. Beide Kandidaten – Ratzinger wie Martini – waren so alt, dass sie zeitlich vor den von Johannes Paul II. geschaffenen Auwahlkriterien nach oben gekommen waren. Man kann ja aus der jeweiligen politischen Perspektive Ratzinger und Martini kritisieren: eines hatten sie beide, und das war eine Persönlichkeit, ein Profil. Zu jener Zeit, als die beiden ernannt wurden, gab es viele Kardinäle, die herausragende Persönlichkeiten waren, wie etwa Franz König von Wien oder Jean-Marie Lustiger aus Paris. All diese Männer hatten beeindruckende Biographien und besaßen Persönlichkeiten, die sie auch zu wichtigen Personen des öffentlichen Lebens machten. Seit Johannes Paul II. wurden solche Persönlichkeiten nicht mehr befördert: nun zählten eben Eigenschaften wie Gehorsam oder die marianisch geprägte Frömmigkeit. Damit erhalte ich allerdings keine Führungspersönlichkeiten, die diesen Namen verdienen, sondern nur gehorsame Diener. Genau vor dieser Situation standen die Kardinäle, als sie nach dem Tod von Johannes Paul II. nach Kandidaten suchten: alle mit Profil und Führungspersönlichkeit waren eigentlich zu alt, es war nichts nachgerückt. Die Tragweite dieser Personalpolitik wurde mir durch diese Erzählung erst so richtig deutlich.

Johannes Paul II. hat eine Kultur in der Kirche geschaffen – oder sie zumindest verstärkt –, in der es nicht um Persönlichkeit geht, um Profil, um Erfolg an den bisherigen Stellen, um die Fähigkeit, Menschen oder gar ganze Gesellschaften mitzunehmen, sondern um Gehorsam und nicht-negativ-Auffallen. Entsprechend sehen auch die Lebensläufe der meisten Bischöfe und Kardinäle aus: es sind fast ausschließlich Bürokraten-Biographien, mit maximal zwei bis drei Jahren Praxiserfahrung in der Kirchengemeinde. Wenn es überhaupt eine gibt. Diese Art von Weltfremdheit ist kirchlich gewünscht. Es ist ja nicht so, dass man im Vatikan dumm wäre. Natürlich ist den Prälaten dort klar, dass ihre Haltung und ihre Politik weltfremd sind. Deshalb ist es aus ihrer Sicht für die kirchliche Karriere kein gutes Zeichen, wenn man jemand zu viel Praxiserfahrung besitzt. Entsprechend ist sichtbarer Erfolg in der Praxis sogar ein K.O.-Kriterium, denn natürlich ist es klar, dass jemand, der an der Basis beliebt ist, nicht den Kurs des Vatikans vertreten kann. Hier liegt die Wurzel für die vielen, wirklich unseligen Bischofsernennungen, in denen neue, konservative und welt-fremde Bischöfe gegen den Willen der jeweiligen Bistümer und teilweise sogar gegen rechtliche Bestimmungen in ihre Ämter eingeführt wurden. Von Köln bis Chur.

Der Papst selbst war eine schillernde Persönlichkeit, und er konnte der Kirche nach außen große Bedeutung in der ganzen Welt verschaffen. Aber so se-gensreich und stark sein Wirken nach außen war, so verheerend war sein Wirken nach innen. Machtpolitisch konnte das kurzfristig für ihn als Person gutgehen, mittelfristig musste es für die Kirche in die Katastrophe führen.

Als ich die Nachricht vom Tod des Papstes hörte, ging ich rüber zur Kirche in Heisingen und läutete die große Totenglocke im Kirchturm. Ich dachte zu-rück an diesen Mann, der für mich das Oberhaupt der Kirche war, solange ich zurückdenken konnte. Ein Mann, der der Kirche nach außen große Vitalität und Dynamik gegeben hat. Der dem Inneren aber zugleich eine bleierne Schwere gegeben hat, die diese äußere Vitalität irgendwie hohl erscheinen ließ. Als ich diese Glocke läutete und über diesen Mann nachdachte, war ich zwar einerseits fasziniert von der Kultur des Leidens und Sterbens, die dieser Mann in den letzten Wochen vorgelebt hatte. Ich fragte mich aber auch: wofür genau hat er eigentlich gelitten? Was war eigentlich seine Botschaft? Was war das für eine Kirche, die er 26 Jahre lang gebaut hatte?

Das Recht

Eines der Fächer, die in der Theologie an der Universität gelehrt werden, ist das Kirchenrecht. Ich muss gestehen, dass ich die Vorlesungen und Seminare über das Kirchenrecht nicht gerade als spannend empfunden hatte, auch wenn mir der zuständige Professor, Heinz J. F. Reinhardt, durchaus sympathisch war. Das sollte sich schnell ändern, als die Praxis rief: das Kirchenrecht wurde omniprä-sent, und ich lernte, gute kirchenrechtliche Kenntnisse zu schätzen. Das Recht – so auch das Kirchenrecht – hat die Aufgabe, das Leben der Menschen in geordnete Bahnen zu lenken. Dies tut es durch Gesetze und Paragraphen. Wie auch beim staatlichen Recht ist es beim Kirchenrecht wichtig und hilfreich, sich gut auszukennen, weil es dann möglich ist, Wege und Situationen, die auf den ersten Blick schwierig erscheinen, aufzulösen und neue Möglichkeiten zu eröff-nen, die besser und angemessener sind.

176

Hauptarbeitsgebiet war das kirchliche Eherecht. Hier zitterte ich jedes Mal vor einer verborgenen Mine, wenn ehewillige Paare zu mir kamen und heiraten wollten. Hauptknackpunkt war eine Reform von 1983, die eigentlich sinnvoll klingt, aber eben ärgerliche Konsequenzen haben kann. In jenem Jahr wurde das weltweit gültige Kirchenrechtsbuch, der „Codex Iuris Canonici" (CIC), in vielen Punkten erneuert. Unter anderem wurde festgelegt, dass eine Ehe von zwei Christen, die nicht Katholiken sind, aus katholischer Sicht gültig ist. Bis dahin galt: eine gültige Ehe findet nur zwischen zwei Katholiken statt, die kirchlich heiraten. Nun wurde dies gelockert, indem man sagte, auch Christen, die als Nichtkatholiken ja nicht an die katholische Verpflichtung zum katholischen Trauungsritus gebunden sind, können eine sakramentale gültige Ehe eingehen. Das klingt nach einem guten ökumenischen Zeichen in Richtung der protestantischen Kirchen und war sicher auch so gemeint. Es hatte aber die Konsequenz, dass beispielsweise auch die Ehen von ausgetretenen Katholiken (die ja getaufte Christen blieben) gültig waren. Das heißt: wenn jemand aus der katholischen Kirche ausgetreten ist und standesamtlich heiratet, diese Ehe dann irgendwann scheitert und er sich scheiden lässt, dann ist er nach katholischer Lesart immer noch gültig katholisch verheiratet – obwohl er mit der katholischen Kirche bei seiner Hochzeit nichts am Hut hatte. Und wenn er dann auf die Idee kommt, einen neuen Partner kirchlich heiraten zu wollen … geht nicht. Ich brauche nicht zu erwähnen, dass solche Festlegungen viel Theater und Scherereien auslösen und man als Geistlicher nicht den Hauch einer Chance hat, dies den Betroffenen irgendwie begreiflich zu machen. In so Fällen muss man ein bisschen improvisieren bzw. rechtlich irgendwie mögliche Konstruktionen finden. In diesem Gebiet war ich durchaus erfinderisch, muss aber auch gestehen, dass dies nicht immer möglich war.

Dennoch hat mir dieser Passus des Eherechts einmal eine schöne Reise nach Italien beschert. Ich saß an meinem Schreibtisch, als das Telefon klingelte. Ich erkannte eine Nummer aus der Kirchenrechtsabteilung des Generalvikariats und ging neugierig ans Telefon. „Herr Rasche", so eine freundliche Stimme, „was machen Sie am nächsten Wochenende?" Ich schaute in den Kalender. Es war Mittwoch, am Wochenende sah es einigermaßen friedlich aus. Drei Messen und eine Taufe. „Da können wir Ihnen eine Vertretung schicken. Also am Wochenende ist nichts, wo Sie unabkömmlich sind?" Ich wurde hellhörig: „Ich denke nicht. Worum geht es denn?" „Sie werden am Wochenende nach Italien fliegen. Es wird alles bezahlt." Und dann kam folgende Geschichte. Ein Paar aus dem Ruhrgebiet lernt sich kennen und lieben. Beide Italiener. Sie beschließen zu heiraten, aber nur standesamtlich, da sie beide aus der Kirche ausgetreten sind. Sie ziehen anschließend in ein Viertel, wo eine aktive Kirchengemeinde mit einem guten Pfarrer ist. Sie nähern sich wieder der Kirche an und treten beide schließlich wieder in die Kirche ein. Völlig verständlich denken sie sich: jetzt können wir doch eigentlich auch kirchlich heiraten! Alles wird geplant, die Vorgespräche mit dem Pfarrer im Ruhrgebiet sind gelaufen, Kirche und Restaurant im Süden Italiens sind bestellt, Hunderte Gäste sind eingeladen. Bis einem Mitarbeiter der Kirchenrechtsabteilung auffällt, dass das eigentlich gar nicht geht: die beiden können nicht kirchlich heiraten, weil sie bereits kirchlich verheiratet sind. Wegen jenem Canon von 1983. Als Ausgetretene waren sie damals nicht an die Verpflichtung gebunden, katholisch zu heiraten, aber als Getaufte waren sie sehr wohl in der Lage, eine gültige christliche Ehe zu begründen. Und heiraten kann man nur einmal. Dies fiel wenige Tage vor der großen Trauung in Italien auf. Panik schwappte über die Flure der Kirchenrechtsabteilung. Verzweifelt rief man bei den Kollegen in Süditalien an und bat sie, in der Kirche eine Feier durchzuführen, die einer Trauung ähnlich sieht, aber kirchenrechtlich gesehen keine Trauung ist. Wie nicht anders zu erwarten, lehnten die italienischen Mitbrüder empört ab. Wieder steckte man in der Kirchenrechtsabteilung die Köpfe zusammen. Man brauchte einen Priester aus dem eigenen Bistum, der gut italienisch konnte und gewissenlos genug war, eine Feier fast wie eine Hochzeit aussehen zu lassen, ohne dass sie kirchenrechtlich gesehen eine ist. Minuten später klingelte bei mir das Telefon.

Ein zentrales Problem des Kirchenrechts – hervorragend sichtbar im Eherecht – ist, dass es rechtliche Bestimmungen auf Voraussetzungen gründet, die überhaupt nicht gegeben sind. Damit meine ich noch nicht einmal die Qualifizierung gewisser Paragraphen oder vielmehr „Canones" als „göttliches Recht", was ich immer als äußerst anmaßend empfunden habe. Damit meine ich vielmehr folgendes: damit beispielsweise eine Ehe im katholischen Sinne gültig ist, müssen bestimmte Voraussetzungen erfüllt sein, u. a. das Verständnis der Ehe als Sakrament. Das bedeutet, die Ehepartner müssen fest davon überzeugt sein, dass die Ehe unauflöslich ist, dass sie von Christus selbst als Sakrament eingesetzt wurde usw. Kein Geringerer als Ratzinger merkte einmal zu Recht an, dass es damit faktisch in der katholischen Kirche nur wenige gültige Ehen gibt, weil so gut wie kein Ehepaar die Bedingungen für eine gültige Ehe erfüllt. Wieviele Ehewillige glauben daran, dass die Ehe von Christus zu einem Sakrament erhoben wurde? Diese Tatsache hat den Vorteil, dass die Ehen zwar theoretisch alle unauflöslich sind, im Fall der Fälle aber fast alle Ehen annulliert werden können, wenn sie scheitern, da man immer einen Grund findet, warum die Ehe nicht gültig ist: Zweifel an der Sakramentalität der Ehe („Hä? Was soll das sein?"), damit mangelnder Ehewille. Zweifel an der Unauflöslichkeit der Ehe („Wird schon gutgehen. Wenn nicht, trennen wir uns wieder."), damit mangelnder Ehewille. Dies macht das Eherecht bzw. das Kirchenrecht zu einer letztlich absurden Veranstaltung, die nach Manipulation schreit.

Darauf stellen sich natürlich auch die Pfarrer ein, die menschlich ticken und ein bisschen an die Zukunft denken. Entweder machen sie bei den Vorbereitungsgesprächen eine entsprechende Notiz in den Unterlagen („Zweifel an der Sakramentalität!") oder sie bauen einen Formfehler ein, der die Trauung kirchenrechtlich ungültig macht. Dazu reichen Kleinigkeiten. Ein vergessener Stempel, eine vergessene Unterschrift, ein Kreuzchen an der falschen Stelle. Diese Dinge können dann Jahre später im Fall einer Annullierung der Ehe den ganzen Prozess beschleunigen und im Ergebnis absolut sicher machen.

Das Kirchenrecht ist gutes, altes römisches Recht. Das große strukturelle Problem des Kirchenrechts ist dasjenige, dass nicht das Recht das Amt definiert, sondern das Amt das Recht. Das bedeutet, dass das Amt immer Rechtsverstöße verfolgen oder auch vergeben kann.

Ein Priester geht zu seinem Bischof und gesteht ihm ein schweres Vergehen, beispielsweise den sexuellen Missbrauch eines Minderjährigen. Bis vor einigen Jahren konnte der Bischof selbst entscheiden: entweder der Priester wurde kirchlich angeklagt und suspendiert oder aber es wurde Barmherzigkeit geübt, weil der Täter mehr oder weniger glaubwürdig bereute. Warum sich der Bischof nun wofür entschied, war natürlich eine spannende Frage. Im Falle der Barmherzigkeit war natürlich klar, dass dieser Priester in der Folgezeit ausgesprochen dankbar und gehorsam sein würde. Viele Priester hatten irgendeine „Leiche im Keller"; diese Priester kannte man intern und von diesen Leichen wusste man. Je mehr solcher zwar reumütigen, aber belasteten Priestern existierten, die aber begnadigt wurden, desto enger wurden diese Priester mit ihrem Bischof zusammengeschweißt. Es entstand eine undurchdringliche Kaste von Tätern und Mitwissern, die durch dieses Wissen und das damit verbundene Schweigen nach außen zusammengehalten wurde. Seit einigen Jahren gibt es zwar gegenüber Rom eine Meldepflicht, aber wenn ein Bischof dagegen verstößt, sind die Konsequenzen eher überschaubar. Ganz abgesehen davon, dass die Problematik durch die Meldepflicht nur auf die nächste Ebene verschoben wird. Auch hier gilt: das Amt steht über dem Recht und wenn man will, geht Barmherzigkeit. Wenn man will.

An vielen Stellen gibt es Widersprüchlichkeiten und Brüche im Recht. Dies hängt auch mit seinem Alter zusammen. Natürlich haben sich im Laufe der Zeit im Kirchenrecht Dinge angesammelt, die absurd sind und anderen, späteren Paragraphen widersprechen, aber dennoch gültig sind. So sah beispielsweise eine Bestimmung im Essener Diözesanrecht vor, dass ein Priester, wenn er ein Auto oder ein Gerät der Unterhaltungselektronik (Fernsehen, Radio) erwerben will, er vorher den Bischof um Genehmigung fragen muss. Wahrscheinlich hat dies noch nie jemand getan, wobei ich durchaus versucht war, den Bischof diesbezüglich untertänigst um eine solche Genehmigung zu ersuchen.

Viele Widersprüche und Brüche im Kirchenrecht können nicht behoben werden, da es keinen gibt, der dies einklagen kann und es auch kein Verfassungsgericht gibt. Rechtliche Bestimmungen werden in Rom erlassen und sind gültig - auch ohne dass sie veröffentlicht werden oder überhaupt eingesehen werden können. Gültig sind sie trotzdem. Einige Bischöfe haben dann über irgendwelche Kanäle Kenntnis davon und können die neuen Bestimmungen anwenden, die anderen nicht. Dieses System ist natürlich zuhöchst manipulationsanfällig.

Normalerweise dient das Recht dazu, den Einzelnen gegenüber dem Staat zu schützen. Das Kirchenrecht hat ein anderes Ziel: es soll die Kirche schützen. Wie der Name „Kirchen"recht bereits verrät. Das Kirchenrecht wurde geschaffen, um die Kirche und ihre Struktur zu regeln und zu schützen. Diese Struktur wiederum besteht wesentlich aus den Amtsträgern, den Priestern, Bischöfen usw. Diese Ausrichtung des Kirchenrechts wurde beispielsweise in der Missbrauchsthematik deutlich: wenn ein Priester ein Kind sexuell missbraucht, dann ist es für das Kirchenrecht ein Verstoß gegen den Zölibat. Es geht immer um die Perspektive der Kirche und des kirchlichen Amtes. So ist das Kirchenrecht allerdings völlig unfähig, die Opfer dieses Missbrauchs auch nur irgendwie zu erkennen und rechtlich greifbar zu machen. Die Folgen davon sind verheerend. Die völlige Missachtung der Missbrauchsopfer über viele Jahrzehnte hat in dieser Ausrichtung des Kirchenrechts seinen Anker: was rechtlich nicht greifbar ist, kann auch nicht untersucht und geahndet werden. All dies macht das Kirchenrecht zu einem bloßen Instrument in einem System, das nicht rechtsstaatlich, sondern wie ein mittelalterlicher Feudalstaat organisiert ist: nicht ein objektives Recht, sondern die Beziehung zum Machthaber ist entscheidend.

So ist ein Austritt aus dem kirchlichen Rechtssystem zugleich ein Abschied aus dem Glauben. Alleine diese Verbindung ist einer Religion nicht angemessen. Schauen wir kurz auf die Kirchensteuer. Die Kirche in Deutschland wertet einen Austritt aus finanziellen Gründen als „Glaubensabfall". Wenn es ums Geld geht, zeigt die deutsche Kirche ausnahmsweise mal Stehvermögen gegenüber Rom. Denn Rom hat die deutschen Bischöfe immer wieder darauf hingewiesen, dass das eigentlich nicht geht, eine finanzielle Frage zu einer Glaubensfrage zu machen. Dennoch hält die katholische Kirche in Deutschland an der für alle verpflichtenden Kirchensteuer und der Interpretation fest, dass ein Austritt aus finanziellen Gründen ein Glaubensabfall ist. Die Kirchensteuer erfüllt für die Kirchen in Deutschland eine wichtige Funktion, nicht nur eine finanzielle, sondern auch eine disziplinierende. Über die Verteilung der Gelder wird immer auch Macht ausgeübt. Wenn die Gelder in der Kirche von oben nach unten verteilt werden, da sie zentral über die Kirchensteuer eingesammelt werden, haben die Bischöfe ein äußerst effektives Machtinstrument in der Hand. Würde sich die Kirche über Spenden finanzieren, sähe die Situation völlig anders aus: die Gelder würden von unten nach oben verteilt, und das hätte auch Konsequenzen dafür, wie Macht in der Kirche funktioniert. Was könnte das für Dynamiken in der Kirche entfalten, wenn sich diese Verhältnisse umkehren würden?

Man muss nüchtern feststellen, dass die Kirchensteuer mehr negative als positive Effekte hat. Sie zementiert ein Machtsystem, das sich als ungut erwiesen hat: von oben nach unten. Zugleich zementiert es eine Art Verbindung zur Welt, die für eine Religion gefährlich ist. Die Kirche verfügt über ein riesiges Vermögen, das durch die Kirchensteuer weiter anwächst. Die Frage ist, ob es für eine Religion überhaupt gut ist, über ein großes Vermögen zu verfügen, denn ein großes Vermögen bedeutet immer auch eine bestimmte Ausrichtung der Interessen, nach innen und nach außen. Die Kirche selbst gibt seit jeher an, ein großes Vermögen für die Armen vorhalten zu müssen. Das ist in Deutschland mindestens verzerrend, denn das große soziale Engagement der Kirche wird nahezu vollständig vom Staat finanziert. Unabhängig von den finanziellen Auswirkungen: wie armselig ist eine Religion, die den Glauben an ihren Gott über eine Steuer definiert?

Viele Jahre später, anderthalb Jahre nachdem ich das Priesteramt aufgegeben hatte, ging ich zum Vize-Offizial, dem stellvertretenden Leiter der Kirchenrechtsabteilung des Bistums Essen, um die Details meiner „Laisierung" zu besprechen. Dieser Begriff ist etwas missverständlich und auch nur umgangssprachlich gebräuchlich, denn in Wirklichkeit geht es nicht um eine offizielle Rückversetzung in den Laienstand, sondern um die von Rom anzuerkennende Entpflichtung vom Zölibat, womit man dann beispielsweise wieder die Chance erhält, kirchlich zu heiraten. Dieses Verfahren funktioniert ähnlich wie eine Ehe-Annullierung: es muss festgestellt werden, dass das damals abgegebene Versprechen nicht gültig war, weil beispielsweise keine entsprechende Motivation oder Überzeugung vorhanden war. Ich benötigte also mehrere Zeugen aus meiner Zeit vor der Priesterweihe, die glaubhaft versichern konnten, dass ich damals nicht ausreichend vom Zölibat überzeugt war. Dass als Zeugen eigentlich nur Priester einen Wert haben, sei hier nur beiläufig erwähnt. Man beachte: bei diesem Verfahren geht es nur um den Zölibat, nicht um die Priesterweihe selbst. Die bleibt gültig, und damit bleibt man auch nach erfolgter Laisierung an bestimmte Strafmaßnahmen gebunden: man darf nicht mehr in Gottesdiensten oder irgendwie seelsorglich oder katechetisch in einer Gemeinde aktiv sein - was ich verkraften konnte. Man darf nicht die alten Gemeinden betreten und die „Orte, an denen die eigene Biographie bekannt ist". Woran sich natürlich keiner hält und was die Kirche nicht durchsetzen kann. Man darf aber auch nicht in der akademischen Lehre tätig sein, was mich durchaus mehr störte. Ich fragte also den Offizial in diesem Vorgespräch, warum eigentlich das Zölibatsversprechen ungültig sei, die Priesterweihe aber weiterhin gültig? Der Vize-Offizial schaute mich an, als müsste er einem Kind eine Banalität erklären und sagte mir huldvoll lächelnd: „Sie wissen ja, dass Priesterweihe und Zölibat zwei verschiedene Dinge sind? Dass das eine ein Sakrament ist und das andere nicht?" Ich lehnte mich etwas nach vorne, und spätestens hier gingen beim Vize-Offizial die Warnmelder an, dass ich so eine Frage vielleicht nicht ohne Hintergedanken gestellt habe. „Sicher", nickte ich zustimmend, „aber uns wurde jahrelang im Priesterseminar etwas anderes erzählt." Die Augen des Offizials fixierten mich. „Natürlich, in der Dogmatik haben wir gelernt: das sind zwei verschiedene Dinge. Aber sind sie das wirklich, wenn uns jahrelang im Priesterseminar klargemacht wird, dass es sie einzeln gar nicht geben darf? Dass wir nur Priester werden können, wenn wir uns für den Zölibat entscheiden? Wenn diese Dinge aufgrund der jahrelangen Ausbildung aber für mich derart untrennbar waren: wie kann dann das eine ungültig sein, das andere aber nicht?" In den folgenden Minuten wand sich der Vize-Offizial wie ein Aal. Ich ließ aber nicht locker und schließlich gab er zu: „Es ist in der Tat so, dass die Frage kirchenrechtlich nicht eindeutig ist. Es haben sich in der Vergangenheit schon verschiedene Kirchenrechtler bemüht, über diese Frage zu promovieren, aber sie haben keinen Professor gefunden, der ihre Arbeit betreut."

Die Kirche braucht ein Verfassungsgericht, das wurde mir in diesem Augenblick klar. Das Kirchenrecht ist ein Konstrukt von Widersprüchen, die nicht aufgearbeitet oder neutral beseitigt werden, sondern je nach Laune und Bedarf durch die Macht entschieden werden. So ist das Recht jedoch keine Ordnung der Macht, sondern nur seine Stütze.

Strukturreform

Im Frühjahr 2004 erhielten wir im Kirchenvorstand von Heisingen die Information vom Bistum, dass größere Sparmaßnahmen in allen Pfarreien erforderlich sind. Es war von einer Einsparung von 30% die Rede. Uns war klar, dass dies nicht das Ende der Fahnenstange sein würde, und wir begannen unsere Planungen mit Einsparungen von 50%. Einen Haushalt zu halbieren, ist keine leichte Aufgabe. In den nächsten Monaten wurde viel überlegt, gerechnet und debattiert. Wir hatten gute und wirklich kompetente Leute im Kirchenvorstand, gute Wirtschaftsleute und Juristen, die in diesen Monaten ihre ganze Erfahrung ausspielen konnten. Ich war in diese Prozesse eng eingebunden und konnte von diesen Menschen und ihrer Expertise viel lernen. Am Ende dieses monatelangen Prozesses stand ein Konzept, das Veränderungen auf allen Ebenen vorsah: Verkauf und Veränderung von Immobilien, schrittweise Reduzierung des Personals (ohne Entlassungen), Investitionen in zukunftsfähige Projekte, die uns dauerhaft finanziellen Spielraum ermöglichen sollten usw. Im Oktober 2004 wollten wir in der Sitzung des Kirchenvorstands dieses Konzept beschließen und anschließend dem Bistum zur Genehmigung vorlegen. Genau in diese Sitzung platzte die Bombe, dass jede Bemühung der Pfarreien sofort einzustellen sei: eine große Bistumsreform sei geplant, die auch die Pfarreien betreffen würde. Letztlich seien Einsparungen von 50% geplant. Bis zur Entscheidung des Bistums sollten die Pfarreien mit Reformen abwarten.

Dieses Vorgehen erschien mir aus mehrfacher Hinsicht absurd. Zum einen bedeutete es erst einmal konkret, dass unsere in der Schublade liegenden Einsparungen nicht umgesetzt wurden und alles so weiterlief wie bisher. Was alleine in unserer Pfarrei mehrere Hunderttausend Euros bedeutete, die in diesen Jahren nicht eingespart wurden. Auf das Bistum hochgerechnet mit seinen ca. 270 Pfarreien war die Summer natürlich entsprechend höher. Und das unter dem Motto „Einsparung". Zum anderen war für mich mehr als fraglich, ob es überhaupt Sinn machte, regionale Bemühungen zugunsten eines großen zentralen Entwurfs abzuwürgen. Natürlich war nicht jeder Kirchenvorstand mit kompetenten Leuten besetzt. Natürlich hätte nicht jede Pfarrei für sich ein gutes und tragfähiges Konzept entwickeln können. Natürlich war es auch nicht sinnvoll, wirklich jede Pfarrei zu erhalten. Aber viele hätten es geschafft und hätten dann etwas auf die Beine gestellt, das ihrer Situation vor Ort angemessen gewesen wäre. Den Pfarreien, die dies nicht geschafft hätten, hätte man dann noch immer helfen können – sofern nötig und erhaltenswert.

2005 legte das Bistum schließlich ein Gesamtkonzept vor, zur „Absicherung der pastoralen und wirtschaftlichen Handlungsfähigkeit des Bistums Essen". Um dieses zu erfassen, muss man einen kurzen Blick auf die bisherige Situation werfen. Im Bistum Essen gab es bis dahin ca. 270 Pfarreien. Eine Pfarrei umfasste im Durchschnitt ca. 3000-4000 Katholiken, an ihrer Spitze stand der Pfarrer. Ihm zur Seite stand seelsorgliches Personal, das vom Bistum angestellt war, sowie Mitarbeiter, die von der Pfarrei selbst angestellt waren (Küster, Sekretärinnen, Hausmeister, Organisten, Gärtner usw.). In jeder Pfarrei gab es – wie erwähnt – einen Kirchenvorstand, der sich um die rechtlichen Belange kümmerte, und einen Pfarrgemeinderat, der sich um die pastoral-seelsorglichen Belange kümmerte. Die Pfarreien eines Stadtgebietes wurden wiederum von einer zentralen Verwaltung unterstützt, dem „Stadtdekanat", das je nach Größe der Stadt durchaus umfangreich war. Über den Stadtdekanaten war schließlich die

Verwaltung des Bistums angesiedelt, das „Generalvikariat", das neben Verwaltungsaufgaben vor allem den Einsatz der pastoralen Kräfte in den Pfarrgemeinden koordinierte: Priester, Gemeinde- und Pastoralreferenten usw.

Das vom Bistum präsentierte Konzept sah vor, die Anzahl der Pfarreien von 270 auf 43 zu reduzieren, die sog. „mittlere Ebene", die Verwaltung auf Stadtebene, komplett aufzulösen, sowie die Mittel für die Pfarrgemeinden zu halbieren. Diese Pläne sorgten für großen Wirbel, der teils berechtigt, teils unberechtigt war. Erst einmal ging es um viele Arbeitsplätze. Auf Stadtebene verschwanden die Verwaltungen komplett, auf Pfarreiebene mussten Hausmeister, Küster, Gärtner und Organisten um ihre Arbeitsstellen bangen. Daneben schlug die Reduzierung der Pfarreien emotional am heftigsten ein. Das Bistum Essen ist ein relativ junges Bistum, 1958 gegründet. In den folgenden Jahrzehnten war es Teil der Identität des neuen Bistums, den Menschen im Ruhrgebiet in den Kirchengemeinden eine neue Heimat zu geben. Dies bedeutete, dass bis in die 1980er Jahre hinein neue Kirchen und neue Pfarreien aufgemacht wurden, um ein möglichst feinmaschiges Netz zu schaffen. Gründerbischof Hengsbach träumte davon, alle 1000 Meter eine Kirche stehen zu haben. Die letzte Kirche in Essen wurde absurderweise 1987 gebaut, als längst absehbar war, dass bald viele Lichter ausgehen müssen. Jahrzehntelang wurde den Katholiken im Ruhrgebiet eingehämmert, dass Kirche vor allem in der Kirche „vor Ort" besteht, in den Verbänden und Gruppierungen, die in der eigenen Kirche im eigenen Viertel aktiv sind. So wurde auch ich selbst groß und habe in meiner heimatlichen Kirchengemeinde Geborgenheit und Gemeinschaft erfahren dürfen. Mein Wunsch, Priester zu werden, hatte ganz wesentlich damit zu tun, in einer solchen Kirchengemeinde zu arbeiten und eine solche christliche Heimat mitbauen zu dürfen. Diese Gemeinden wurden nun reihenwiese geschlossen, und das schlug emotional ein. Nun war ich selbst mittlerweile herumgekommen und weniger auf meine eigene Heimatgemeinde fixiert, die ich ja bereits vor über einem Jahrzehnt wegen des Studiums verlassen hatte. Wieviel mehr als ich waren die Menschen von dieser Entscheidung betroffen, die ihr Leben lang in ihrer Heimatgemeinde lebten? Die vielleicht nach dem Krieg die Kirchengebäude mit eigenen Händen mitaufgebaut hatten und für die ihre Kirchengemeinde ein wichtiger Halt in ihrem Leben war?

Es war schwierig. Auf der einen Seite gab es natürlich sachliche Zwänge. Die Kirchen wurden immer leerer, und es wäre nicht nur ein finanzieller Wahnsinn gewesen, alle Kirchen auf Dauer zu erhalten. Die Frage war dennoch, ob diese Entscheidungen in dieser Art zu diesem Zeitpunkt klug waren. Zum einen vernichteten sie nicht nur eh halbtote oder tote, sondern durchaus auch aktive Gemeinden. Vieles ehrenamtliches Engagement wurde aufgelöst. Alleine die Auflösung der Kirchenvorstände bedeutete, das auf dem Gebiet einer neuen großen Pfarrei nur noch ca. 15 statt ca. 90 Ehrenamtliche in die Verwaltung und wirtschaftliche Leitung eingebunden waren. Zusammen mit der Reduzierung des Verwaltungspersonals in den Pfarreien (Pfarrsekretärinnen) und auf Stadtebene (Stadtdekanate) führte dies zu einem verwaltungstechnischen Chaos, da zwar die Anzahl der Bearbeiter, aber nicht die Verwaltungsarbeit geringer geworden war. Die Folge: die Verwaltung im Generalvikariat musste erweitert werden.

Die Priester des Bistums taten sich ebenfalls sehr schwer mit dieser Reform. Dies hatte Gründe, die teilweise emotional verständlich waren, aber durchaus auch mit purer Eitelkeit zu tun hatten. Bis dahin war es so: Leiter der Pfarrei war der Pfarrer. Nun wurden in einem Gebiet etwa acht Pfarreien zusammengelegt, was bedeutete, dass sieben von acht Pfarreien aufgelöst wurden. Die aufgelösten Pfarreien galten nun als Gemeinden der großen Pfarrei; ihre Leiter – soweit überhaupt noch vorhanden – waren nun nicht mehr Pfarrer, sondern dem Pfarrer der „Großpfarrei" untergeordnete „Pastöre", also nicht mehr selbständig, sondern einem lieben Mitbruder unterstellt. Es ist menschlich nicht immer einfach, unter Umständen nach einigen Jahrzehnten als König in seinem Reich auf einmal einem neuen Kaiser zugewiesen zu werden. Viele Ex-Pfarrer gingen in die totale Blockade und ins emotionale Exil. Ich konnte diese menschlichen Schwierigkeiten durchaus verstehen, empfand aber dieses Verhalten, das ich oft wahrnahm, als überzogen und wenig hilfreich. Dass einige der neuen „Groß"-Pfarrer ihre ehemaligen Mitpfarrer ihre neue Macht manchmal sehr deutlich spüren ließen und nicht immer mit der nötigen Sensibilität an die Sache gingen, machte es nicht einfacher.

Nach Veröffentlichung des ersten Bistumskonzeptes sollten noch einige Monate vergehen, ehe die ganze Angelegenheit konkreter wurde: welche Pfarrei bleibt, welche gehen? Welche Kirchen werden geschlossen, welche bleiben erhalten? Und vor allem: wer übernimmt die anderen? Die beiden großen Favoriten für die neue Pfarreizentrale unserer Region waren die Gemeinde, in der ich tätig war, St. Georg in Essen-Heisingen, sowie Herz Jesu in Essen-Burgaltendorf. Auf diese beiden spitzte es sich zu, die anderen waren in unseren Augen mehr oder weniger schmückendes Beiwerk. Die Entscheidung darüber sollte in unserem Heisinger Pfarrsaal verkündet werden. Gespannt warteten die Delegationen der betroffenen sieben Pfarreien auf den Vertreter des Bistums. Besonders die Delegationen aus Heisingen und Burgaltendorf beäugten sich misstrauisch. Schließlich kam der Vertreter des Bistums. Nach einer endlosen und furchtbar zähen Einleitung wurde es endlich spannend, und der Vertreter verlas die Pfarrei, die die anderen Pfarreien „aufnehmen" würde: St. Josef in Essen-Kupferdreh. Alle schauten sich verwundert an, am meisten staunten die Vertreter aus Kupferdreh. Der Kniff des Bistums war klar: nimm keinen der beiden Favoriten, weil dann der andere von den beiden sauer ist. Das Problem war eben nur, dass man dann eine Pfarrei nehmen musste, die diesen neuen Strukturen nicht gewachsen war. Was dann auch geschah. Wenige Jahre später wurden sowohl Kirche als auch Pfarrzentrum von Kupferdreh abgerissen. Außer dem Namen blieb nichts mehr.

Aber die Entscheidung war erst einmal gefallen. In Heisingen sorgte die Entscheidung für großen Frust. Dass zwei Tage nach dieser Entscheidung der Geschäftsführer des Krankenhauses der Gemeinde in Kupferdreh beim Geschäftsführer unseres Heisinger Altenheims anrief und die Bedingungen für die Übernahme klären wollte, machte die Sache nicht einfacher. Diese Szene war symptomatisch für das, was jetzt im gesamten Bistum ausbrach: jede Pfarrei versuchte zu retten, was man noch retten konnte um sich möglichst gut aufzustellen für die anstehenden Zeiten unter der Fuchtel einer anderen Pfarrei.

Es war eine schwierige Situation, die nicht zu lösen war ohne Theater. Es war jedem ersichtlich, dass etwas passieren musste. Viele Gemeinden waren praktisch tot. Es war klar, dass es ein Wahnsinn gewesen wäre, die vielen Kirchen und Pfarrzentren einfach so weiterlaufen zu lassen. Die Frage war nicht, *ob* etwas passieren musste. Die Frage war, ob es *so* passieren musste. Mein erstes spontanes Problem mit dieser Reform bestand darin, dass eigentlich alles von oben herab befohlen wurde: welche Gemeinde wird Pfarrei, welche Kirche wird zugemacht usw. Das Schlimme daran war nicht nur, dass dabei auch aktive Gemeinden kaputt gemacht wurden, sondern auch, dass oben manchmal eine völlige Ahnungslosigkeit über die Verhältnisse vor Ort herrschte, die man mit entsprechender Einbindung der Gremien vor Ort hätte beheben können. So wurden anderswo Pfarrzentren und Kirchengebäude als erhaltenswert bezeichnet, die es gar nicht mehr gab oder auf Kirchen verwiesen, die in Wirklichkeit Kapellenräume im Altenheim waren. Für mich und für viele andere – Priester wie normale Gläubige – bedeutete dieses Konzept den schmerzvollen Abschied von der Form Kirche, in der wir großgeworden sind.

Hinzu kam eine gewisse Unglaubwürdigkeit in der Begründung der Reformen, und spätestens an dieser Begründung wurde klar, dass es nicht um eine inhaltliche Erneuerung ging. Immer wieder wurde und wird in allen deutschen Bistümern darauf hingewiesen, dass ganz massiv Kirchen und Kirchengemeinden geschlossen werden müssen, weil es eine finanzielle Notlage gibt. Diese Argumentation scheint jedem schlüssig zu sein: die Kirchen werden leerer, also gibt es weniger Steuerzahler, also gibt es weniger Geld für die Kirchen. Das ist jedoch nicht korrekt. Schauen wir auf die Zahlen: 2004 erhielten die deutschen Bistümer 4,2 Milliarden Euro aus der Kirchensteuer. Das war in Euro etwa eine Milliarde mehr als 1990 (6,7 Milliarden DM). Und diese Entwicklung sollte weitergehen: 2008 waren es 5,07 Milliarden Euro, 2016 6,15 Milliarden Euro, 2019 6,73 Milliarden Euro. Das Bistum Essen hat eine gewisse Sonderstellung, da es als junges Bistum über weniger Rücklagen und Immobilien verfügt und im deindustrialisierenden Ruhrgebiet immer wieder höhere Schwankungen bei den Einnahmen hinnehmen muss. Aber auch hier gilt: der Trend geht nach oben. 2002 waren es 155 Millionen Euro Kirchensteuereinnahmen, 2005 ein Absturz auf 102 Millionen, danach ging es wieder aufwärts: 2019 satte 216 Millionen. Wie kommt das zustande, dass die Kirchensteuer steigt, aber die Kirchensteuerzahler weniger werden? Es hängt damit zusammen, dass jeder einzelne Steuerzahler immer höher belastet wird. Wenn die allgemeine Steuerlast durch den Staat steigt, steigt auch die Kirchensteuer. Und zwar derart stark, dass sie die Verluste an Mitgliedern bisher mehr als ausgleichen kann. Immerhin hat das Bistum Essen im Laufe seiner Geschichte seit 1958 die Hälfte seiner Mitglieder verloren (von 1,5 Mio. auf 700.000) und kann sich dennoch über steigende Steuereinnahmen freuen.

Essen ist ein relativ armes Bistum. Das soll nicht darüber hinwegtäuschen, dass die katholische Kirche in Deutschland schwer- bis schwerstreich ist. Die

Steuereinnahmen sprudeln, das Vermögen der katholischen Kirche in Deutschland wurde von dem Soziologen Carsten Frerk nach jahrelanger Recherche auf ca. 270 Milliarden Euro beziffert. Insbesondere das Immobilienvermögen ist gigantisch. Hier sind die offiziellen Zahlen vieler Bistümer sehr zurückhaltend zu genießen, da sie bewusst kleingehalten werden, wenn Grundstücke etwa nicht mit dem Marktwert, sondern mit dem Ankaufspreis angegeben werden. Dann sind Grundstücke in besten Innenstadtlagen nur wenige Euro wert, weil sie irgendwann durch Erbschaft erworben wurden. Der Kölner Dom ist beispielsweise mit einem Wert von 27 Euro angegeben. Die offiziellen Zahlen über das Kirchenvermögen sind trotz aller Tricks bereits gigantisch. Die Realität ist es noch mehr.

Trotz dieses Reichtums werden Kirchen und Kirchengemeinden in ganz Deutschland geschlossen mit dem Hinweis auf die finanzielle Situation. Das ist kein Ausdruck großer Zukunftsängste, sondern schlicht und einfach vorgeschoben. Mir selbst sagte der Finanzchef eines deutschen Bistums in einem Gespräch, dass er etwas ratlos sei: man müsse Kirchen schließen, wisse aber nicht, wie man das begründen sollte, denn finanziell sei das nicht nötig. Natürlich gibt es reichere und ärmere Bistümer. Die Frage sei allerdings erlaubt, warum dann milliardenschwere Bistümer wie Köln, München oder Paderborn ärmeren Bistümern nicht unter die Arme greifen.

Wenn es nicht die Finanzen sind: warum werden dann so viele Kirchen und Kirchengebäude in ganz Deutschland geschlossen? Der Grund ist nicht die finanzielle Lage, sondern der Priestermangel. Die Kirche als Ganze wird über das Weiheamt strukturiert. Eine Kirchengemeinde wird über die Eucharistiefeier definiert, die wiederum nur möglich ist, wenn ein Priester da ist. Wenn es nun zu wenige Priester gibt, die einen Gottesdienst in der Gemeinde halten können, ist es aus dieser Logik die einzig mögliche Konsequenz, die Anzahl der Kirchengemeinden zu reduzieren. Dann ergeben weniger Priester weniger Kirchengemeinden. Auch wenn es den flächendeckenden Rückzug und die massenweise Aufgabe von Standorten bedeutet.

Die Alternative dazu wäre gewesen, Gemeinden ohne Priester zu ermöglichen: Gemeinden, die sich selbst organisieren, die diejenigen Gottesdienste anbieten, die ohne Priester stattfinden können, die eigenständig Kinder- und Jugendarbeit betreiben usw. All das wäre sicherlich eine große Herausforderung gewesen, aber es hätte in vielen Gemeinden so etwas wie eine Aufbruchsstimmung gegeben: wir haben es in der Hand, es geht weiter! Die Bistümer gingen hin und machten solche Überlegungen faktisch undurchführbar. Nicht nur, indem potentiellen nichtpriesterlichen Gemeinden jede Räumlichkeit genommen wurde, sondern auch, indem mit der juristischen Auflösung der Kirchengemeinden genau der Personenkreis in die Wüste geschickt wurde, den es in Zeiten des Priestermangels am nötigsten gebraucht hätte: den des aktiven und kompetenten Nichtpriesters, der jahrelange Erfahrung in den Leitungsgremien der Pfarrei hatte: Pfarrgemeinderat und Kirchenvorstand.

Natürlich ist die Messe, die Eucharistiefeier, die Mitte der christlichen Gemeinde. Aber muss das bedeuten, dass sich Christen nicht mehr zum gemeinsamen Gebet treffen dürfen und so eine Gemeinde aufbauen dürfen, die weitgehend ohne Eucharistiefeier auskommen muss? Das Geld war vorhanden, viele Kirchen und Kirchengebäude aktiver Gemeinden zu erhalten. Es war aber nicht mehr möglich, die Gemeinden mit Priestern ausstatten, also mussten sie aufgegeben werden. Das war zynisch.

Nach der Vorstellung des Konzeptes ging es nun an die jahrelange Umsetzung. Ich verstand durchaus die Notwendigkeit, Reformen einzuleiten, sah aber keinen Sinn darin, wie es getan wurde. Was meiner Meinung nach eigentlich anstand, war ein großes Nachdenken darüber, wie künftig Gemeindeleben fast ohne Priester möglich sein soll. Ich hatte in meiner Kindheit und Jugend, aber auch als Kaplan in Heisingen die Kirchengemeinde als große Familie kennengelernt, in der Menschen sich wohlfühlten und zusammen ihren Glauben leben wollten. Solche Kirchengemeinden waren und sind Heimat für viele Menschen. Solche lebendigen Gemeinden wurden immer seltener, aber es gab sie noch. Warum sie opfern? Warum die letzten Bastionen aufgeben, die es noch gab? Warum nicht den Laien die große Chance geben, in einem überschaubaren Rahmen Gemeinde und damit Kirche zu gestalten? Hätten diese neuen Gemeinden nicht zu Orten werden können, in denen etwas wächst, was für die Reform der ganzen Kirche wichtig gewesen wäre? Mit der „Krassen Kirche" hatte ich erfahren, wie viel möglich ist, wenn Christen sich abseits der Hierarchie Gedanken über ihren Glauben machten. Diese Möglichkeiten wurden nicht nur nicht gesehen, sie wurden in allen deutschen Bistümern konsequent abgewürgt durch die Fixierung der Gemeinden auf das Priesteramt.

190

Auch in anderen Ländern gibt es Priestermangel. In einigen Ländern Lateinamerikas wie etwa in Brasilien gibt es nur einen Priester für riesige Räume mit hunderttausenden Katholiken. Die Gemeinden dort leben eigenständig, sie organisieren sich selbst, sie kümmern sich darum, dass die Kinder und Jugendlichen in die Gemeinde hineinwachsen, sie feiern regelmäßig Gottesdienste, in ihnen wird getauft und beerdigt. Ohne Priester. Der kommt alle paar Wochen oder Monate vorbei und macht die Dinge, die ihm qua Amt vorbehalten sind. Warum haben die deutschen Bischöfe in dieser Richtung nicht vorangedacht? Weil es die klerikale Struktur der Kirche zerstört hätte, die Macht von Priestern und Bischöfen. Es geht dabei ja nicht nur um die Macht in den Pfarreien selbst, sondern um die gesamte Kirche. Die Pfarreien sind die konkrete Kirche. Hier leben die Christen, hier wird der Nachwuchs christlich erzogen. Die klerikale Hierarchie weiß ganz genau, dass ihr faktisch die Kirche „entgleitet", wenn sie die Pfarreien aufgibt. Dieses „Entgleiten" kann aber vielleicht genau das sein, was die Kirche eigentlich braucht: die Möglichkeit, aller getauften und nicht nur der geweihten Christen ihre Kirche zu gestalten. Wie würde eine Kirche aussehen, die nicht von oben, sondern von unten regiert wird? Das will keiner wissen, der oben ist, und deshalb werden die Gemeinden geschlossen, wenn sie nicht mehr priesterlich kontrolliert werden können.

Es gab scharfe Kritik aus den Gemeinden. Viele Christen sahen ihre Heimat, ihr Paradies, dem Untergang geweiht. Dem begegneten die Bistümer rhetorisch sehr geschickt mit dem Hinweis darauf, dass sich die Zeiten ändern müssten. Das stimmte, da musste jeder recht geben. Die Frage ist aber gar nicht, „ob" sich die Kirche ändern muss, sondern „wie". Und da ist der Weg, den die Bistümer seit Jahren einschlagen, deshalb verheerend, weil er nichts zur Lösung des Problems beiträgt. Was passiert faktisch? Kirchen werden geschlossen. Trägt das zur Lösung bei? War es das Problem, dass es zu viele Kirchen gab? Wurden die Kirchen leer, weil sie zu groß oder zu viele waren? Bischof Genn prägte damals im Bistum Essen das Schlagwort: „Eine bestimmte soziale Form der Kirche ist zu Ende." Damit hatte er völlig recht. Nur: was ist die soziale Form der Kirche? Die soziale Form der Kirche besteht nicht nur in ihren Gebäuden, die geschlossen werden, und in der Anzahl ihrer Angestellten, die entlassen werden. Die soziale Form der Kirche besteht vielmehr in dem, wie sie lebt. Was sie verkündet. Wie sie entscheidet. Was sie verbietet. Wofür und wogegen sie kämpft. Die Kirchen wurden nicht leer, weil sie zu groß waren, sondern weil das, was die Kirche lehrte und lebte, nicht mehr bei den Menschen ankam. Die Reformen, die das Bistum Essen und danach die anderen Bistümer in Deutschland durchführten, waren äußerliche, strukturelle Reformen, die den alten Rahmen mit einem alten Inhalt zwar verkleinerten, aber immer weiter durchschleppten – weiterhin fest angebunden an die klerikalen Strukturen, wobei der Kirche mehr Freiräume von diesen klerikalen Strukturen gutgetan hätten.

Diese Reformen in den deutschen Bistümern taten mir im Herzen weh, weil ich – mit meiner eigenen Heimatgemeinde im Hinterkopf – sah, wie viele Menschen ihre kirchliche Heimat verloren. Natürlich waren viele Kirchengemeinden bereits scheintot. Natürlich ging es auch mit den aktiven Kirchengemeinden bergab. Aber warum die wenigen Orte kaputt machen, wo noch Leben war? Warum in der Fläche die Kirchengemeinden rasieren ohne vernünftige Alternativen zu ermöglichen? Lebendige Orte wurden geschlossen, ohne dass diese Reformen an den wesentlichen Problemen etwas änderten. Nicht jedes Schrumpfen ist automatisch ein Gesundschrumpfen.

Seht her, nun mache ich etwas Neues.
Schon kommt es zum Vorschein, merkt ihr es nicht?
Jesaja 43,19

Wachsende Gräben

Promotion: von I zu II

2001 hatte ich meine Promotion über Augustinus begonnen. Auch wenn einige inhaltliche Dinge in dieser Arbeit durchaus interessant waren, so muss ich doch sagen, dass es viel zähe Übersetzungsarbeit war, für die ich mich nicht wirklich begeistern konnte. Der Raum für gute, systematisch-theologische Arbeit war nur sehr begrenzt. Dennoch zog ich die Sache diszipliniert durch. Freie Tage waren ein Fremdwort, Urlaub sehr selten. Was an freier Zeit da war, wurde in diese Arbeit gesteckt. Es ging voran und nach immerhin drei Jahren – 2004 – war das Werk fertig. Nun kam die Stunde der Wahrheit, denn jetzt musste der Bischof – seit 2002 nicht mehr Luthe, sondern Genn – informiert werden. Jeder Promovend einer katholischen Fakultät muss vom Bischof genehmigt werden, um überhaupt für die Abschlussprüfungen zugelassen zu werden. Also rief ich im Bischofshaus an und bat um einen Termin. Die Sekretärin fürchtete etwas Schlimmeres und fragte besorgt nach, worum es gehen würde. „Keine Sorge, nichts mit Frau oder Kindern", war meine etwas sarkastische Antwort. Ich hörte ein Aufatmen. Ich bekam einen schnellen Termin und ging zum Bischof. Der war nun alles andere als erfreut über das, was er von mir zu hören bekam, und erinnerte mich eindringlich an mein Gehorsamsversprechen ihm gegenüber. Ich war zwar zutiefst davon überzeugt, im strengen Sinne nicht ungehorsam gewesen zu sein, ließ diesen Regen an Vorwürfen aber erst einmal über mich ergehen. Was mir in dieser Situation wohl den Kopf und dem Bischof den Seelenfrieden rettete, war die Tatsache, dass man mir keine Pflichtversäumnisse nachweisen konnte. Ich war schwerstaktiv und erfolgreich in der Pfarrgemeinde. Davon hatte der Bischof gehört und bei der Krassen Kirche auch selbst gesehen – wie auch immer er das inhaltlich einordnete. Drei Jahre lang hatte ich an der Arbeit geschrieben, ohne dass auch nur mein Pfarrer vor Ort davon etwas mitbekommen hatte. Natürlich konnte man mir vorwerfen, ein hintertriebenes Spielchen gemacht zu haben, aber das, wozu mich der Bischof beauftragt hatte – Kaplan in Essen-Heisingen – hatte ich mehr als erfüllt. Damit waren sämtliche Vorwürfe von vornherein mit dem Makel behaftet, etwas abstrakt sein zu müssen.

Als die erste Welle an Vorwürfen sich gelegt hatte, fragte ich den Bischof, wie wir denn nun mit dieser Promotion weiter umgehen sollten. Ich hatte großes Interesse daran, weiter wissenschaftlich zu arbeiten, und ich hatte von meinem Professor, Wilhelm Geerlings, das Angebot erhalten, in der Theologie zu habilitieren. Genn dachte immerhin darüber nach, ließ mir dann aber mitteilen, mit mir andere Pläne zu haben. Nach dem Weltjugendtag 2005 – der für die Gemeinde in Heisingen viel Arbeit bedeutete – sollte ich zeitnah versetzt werden. Als Stadtjugendseelsorger. Ich musste das akzeptieren, teilte dem Bischof aber später in einem Gespräch mit, dass ich weiterhin großes Interesse an wissenschaftlicher Arbeit habe und in diesem Feld in meiner Freizeit auch weiterhin aktiv sein würde. Der Bischof akzeptierte dies.

Wie konnte es nun weitergehen mit meiner wissenschaftlichen Arbeit? Das Bistum wusste von meinem Interesse, und ich wäre mehr als zufrieden gewesen, wenn man mir neben einer Tätigkeit in der Seelsorge irgendwo eine Dozentenstelle an irgendeiner Akademie verschafft hätte, damit ich meine wissenschaftliche Arbeit zumindest in einem begrenzten Rahmen hätte fortsetzen können. Es passierte nichts. 2006 wurde ich als Stadtjugendseelsorger nach Bottrop und Gladbeck versetzt und begann dort meine Arbeit, ohne dass sich in der gewünschten Richtung auch nur eine Andeutung des Bistums abzeichnete. Wie konnte es weitergehen? Ich hatte das Angebot von Wilhelm Geerlings, bei ihm zu habilitieren. Ich empfand diesen Weg allerdings zunehmend als inhaltliche Sackgasse. So sehr ich die Kirchenväter wie Augustinus schätzte: mich mein Leben lang nur mit den Theologen aus den ersten 500 Jahren beschäftigen zu müssen, war mir inhaltlich einfach zu wenig. Ich hatte diese Theologen mit großem Interesse gelesen, weil sie am Anfang eines spannenden Weges der Kirche standen: der Theologie. Dieser Weg war aber weitergegangen, bis heute. Und ich wollte diesen Weg weiterverfolgen und auch weiterbearbeiten. Daneben war mir auch klar, dass ich im Falle einer theologischen Habilitation alle Brücken zum Bistum Essen abreißen würde. War meine Promotion mit ganz viel gutem

Willen noch gegenüber dem Bistum begründbar, weil es kein ausdrückliches Verbot der Promotion an sich gab und ich ohne Abstriche meinen eigentlichen Auftrag erfüllt habe: durch die Ablehnung meines Habilitationswunsches durch den Bischof war klar, dass eine trotzdem durchgeführte Habilitation ein offener Verstoß gegen meine Verpflichtungen gegenüber dem Bischof war. Dieser Weg war versperrt.

Inhaltlich hatte ich mich in den letzten Jahren in meinen Studien immer mehr in Richtung der Philosophie verlagert. Ich fragte daher Geerlings, ob es nicht sinnvoll sei, in der Philosophie zu promovieren. Geerlings wusste natürlich, dass sich mein systematisches Interesse über die Kirchenväter hinaus erstreckte. Er sah daher sehr klar die Gefahr, dass ich mich aus seinem Feld entfernen und zu neuen Ufern aufbrechen würde. Andererseits verstand er auch, dass mir der Weg einer theologischen Habilitation durch das Verbot des Bischofs verbaut war. Wenn ich allerdings in einem philosophischen Thema promovieren würde, das inhaltlich in der Nähe der Kirchenväter liegen würde, wäre diese zweite Promotion eine gute, ergänzende Qualifikation, die mich dann später seinem Feld durchaus erhalten könnte.

Einige Jahre zuvor hatte ich „Gnosis und spätantiker Geist" von Hans Jonas gelesen. Dieses Buch hatte mich fasziniert und ich hatte großes Interesse, an diesem Thema weiterzuarbeiten. Jahre zuvor war Geerlings hier sehr skeptisch in Bezug auf eine theologische Weiterführung gewesen. Anders sah es bei einer philosophischen Weiterführung aus. Was hat Jonas in diesem Buch damals gemacht? Die Hermeneutik, auf die er sich stützte, hatte einen Text als Antwort auf eine Frage begriffen. Die Kenntnis dieser Frage erlaubt uns zu wissen, worum es in diesem Text geht. Mit dieser Methodik hatte Jonas in den Zeugnissen der Spätantike auf eine allgemeine Mentalität zurückgeschlossen, die er eng mit der Gnosis verband. Eines der großen gedanklichen Modelle jener Zeit war die Einheit allen Seins: alles, was existiert, ist eine hierarchische Abfolge, die sich aus einer letzten, grundlegenden Einheit heraus entwickelt hat. Auf philosophischer Seite ist Plotin, auf christlicher Seite Origenes der wichtigste Zeuge dieses Modells. In meiner philosophischen Promotion wollte ich dieses großangelegte Grundmodell der Spätantike darstellen – entwickelt mit den Methoden der Hermeneutik. Geerlings war mit diesem Thema einverstanden, und er sprach Walter Schweidler an, Professor für Philosophie in Bochum, ob ich bei ihm promovieren könnte. Schweidler – ein Schüler von Robert Spaemann – war seit

2000 in Bochum. Er erklärte sich bereit, Erstgutachter meiner Promotion zu werden, und es konnte losgehen mit meiner zweiten, versteckten Promotion.

Meine neue Arbeit als Stadtjugendseelsorger in Bottrop und Gladbeck hatte für die Promotion einen großen Unterschied gegenüber meiner Arbeit als Kaplan: in Essen war ich deutlich mehr der Herr meines Kalenders gewesen. Die Anzahl der Termine war ungefähr gleich, aber in Essen konnte ich mehr darüber entscheiden, wann sie stattfanden. In Bottrop und Gladbeck war dies nicht mehr möglich, da es deutlich weniger seelsorgliche Einzelgespräche und deutlich mehr Termine mit großen Gremien, öffentlichen Verwaltungen usw. gab. Dies machte es nicht immer einfach, Zeiträume für die Promotion zu finden, disziplinierte mich aber auch zu einem konsequenten bis brutalen Zeitmanagement.

Vielleicht kann man zu Recht sagen, dass diese zweite Promotion, die ich vor dem Bistum verbergen musste, die Fortsetzung eines zweischneidigen, auch etwas hinterhältigen Spiels war. Das ich aber für legitim hielt und auch heute noch halte. Das Bistum hatte alles Recht, davon überzeugt zu sein, dass ich eher an der „Front" als an der Universität eingesetzt werden soll. Unabhängig von meiner Person und meinen subjektiven Anliegen hielt ich diese Entscheidung für kurzsichtig und falsch. Die Kirche musste doch eigentlich ein Interesse daran haben, dass es motivierte Leute wie mich gab, die sich mit einer Weiterentwicklung der Theologie beschäftigen wollten, die die Krise nicht nur hinnahmen oder lautstark beklagten, sondern auch ein ehrliches Interesse daran hatten, dieser Krise systematisch auf den Grund zu gehen. Es gab immer wieder Priester, die für eine Promotion freigestellt wurden. Diese Promotionen hatten aber meistens nichts mit einer wissenschaftlichen Motivation zu tun, sondern sollten die kirchliche Karriere beflügeln – für die wiederum eigentlich andere Qualitäten und Themen nötig waren als die in der Promotion geforderten. Dass diese Promotionen oder gar Habilitationen trotz Freistellungen manchmal doppelt so lange brauchten wie meine oder gar nicht beendet wurden, machte die Sache aus Sicht des Bistums eigentlich noch bitterer. Dennoch war diese Entscheidung, mich nicht für eine Promotion freizustellen, das Recht des Bistums, und diesem Recht bin ich gefolgt, insofern ich die Aufträge des Bistums nicht nur erfüllt habe, sondern mit großer Motivation angegangen bin und viel Neues angestoßen habe. Von einer anderen Aufgabe überzeugt zu sein, heißt ja nicht, dass ich die Arbeit an der Front schlecht oder sinnlos fand. So wie das Bistum das Recht hatte, mich entgegen meines Wunsches an der Front einzusetzen, hatte ich jedoch auch das Recht, in meiner Freizeit neue Argumente für mein Anliegen zu sammeln. Beide Promotionen sollten das Bistum davon überzeugen, dass meine Motivation ernst war und meine Qualifikation unumstritten. Es war mir klar, dass die letzte Entscheidung über meine Laufbahn nur beim Bistum und der Kirche liegen konnte. Aber für diese Entscheidung wollte ich mit den beiden Promotionen Fakten schaffen, die diese Entscheidung beeinflussen sollten.

Daneben muss ich sagen, dass ich diese Kombination aus Theorie und Praxis in all den Jahren sehr geschätzt habe. Es war zum einen sehr gut, in der Theorie immer wieder geerdet zu werden und jeden Tag neu vor der Frage zu stehen, wofür das eigentlich relevant ist, was ich da mache. Zum anderen war es aber auch sehr hilfreich für die Praxis, die ich immer neu hinterfragen und auf eine andere Ebene heben konnte. Dieses Stehen auf den beiden Beinen von Theorie und Praxis hat sich für mich in all den Jahren als sehr gut und sehr hilfreich erwiesen, auch wenn es mir gerade in der Praxis bei meinen Kollegen und Vorgesetzten nicht immer Freunde verschaffte. Denn eine Konsequenz für die Praxis war die, nicht immer alles ungefragt hinzunehmen. Das hat mir auch den Ruf einer gewissen Dickköpfigkeit eingetragen. Vielleicht ein Stück weit zu Recht. Dabei war ich mit Argumenten immer zu überzeugen. Aber sie mussten eben kommen. Und Argumente kamen gerade in der Kirche sehr wenige, wenn die normalen hierarchischen Strukturen nicht durch Fachwissen oder Erfolg oder gute Argumente garantiert werden, sondern durch Gehorsam.

Als der junge Ratzinger - damals frisch habilitiert - den Ruf an die Bonner Universität erhielt, wünschte sich sein Bischof, Kardinal Wendel, dass er stattdessen an die Pädagogische Hochschule in Pasing gehen sollte. Ratzinger war wenig motiviert, an eine Pädagogische Hochschule zu gehen, wo er zudem auch noch ein neues Studienprogramm entwerfen musste, und lehnte ab. In einem langen Brief legte er seinem Bischof dar, dass er an seinem Ruf nach Bonn festhalten würde, weil dies seiner wissenschaftlichen Laufbahn zuträglicher sei. Dies, so Ratzinger, sei „gottgewollt". Ganz so weit bin ich nicht gegangen. Aber das konnte ich auch an der Biographie vieler Würdenträger sehen: Gehorsam ist immer eine Frage der Perspektive. Zumindest konnte Ratzinger froh sein, dass sein Kardinal mit ihm gnädiger verfuhr als er selbst in späteren Jahren mit unbotmäßigen Theologen.

Im Oktober 2008, als ich abends mit Freunden meinen Geburtstag feierte, rief mich ein befreundeter Professor aus Bochum an und teilte mir mit, dass mein Doktorvater Wilhelm Geerlings in der letzten Nacht überraschend im Alter von 66 Jahren verstorben sei. Ich ließ mir bei der Feier nichts anmerken, fühlte mich aber tagelang paralysiert. Geerlings war für mich mehr als ein Doktorvater gewesen, er war mein Mentor, der mich in die Wissenschaft eingeführt hatte und von dem ich unglaublich viel gelernt hatte – vielleicht weniger inhaltlich, aber sicherlich methodisch und arbeitsethisch. Zwei Tage vorher hatte ich noch mit Geerlings telefoniert. Er war seit vielen Jahren herz- und zuckerkrank und war in der Woche zuvor am Fuß operiert worden. Es war vorher spekuliert worden, ob ein Teil des Fußes abgenommen werden musste. Ich hatte ihn angerufen und mich etwas ironisch erkundigt, ob er noch komplett und am Stück sei, was er bejaht hatte. Mehrere Male im Gespräch erwähnte er seine große Müdigkeit. Ich hatte das auf die OP geschoben und ihn um Geduld gebeten: ein paar Tage Ruhe und viel schlafen, dann würde sich das wieder geben. Geerlings hatte noch zwei große Reisen geplant. Eine sollte ihn nach Rom führen. Ich hatte für ihn schon mehrere Male eine Unterkunft gebucht, die ich aber jedes Mal absagen musste wegen seines Gesundheitszustands. Seine andere große Reise sollte ihn zum ersten Mal zu den Ausgrabungen von Hippo Regius führen, der Stadt im heutigen Algerien, in der Augustinus, sein theologischer Stern, Bischof gewesen war und seine großen Werke verfasst hatte. Es tat mir unendlich leid für ihn, dass er diese Reise nicht durchführen und sich seinen Lebenstraum nicht erfüllen konnte. Aber auch für mich selbst war sein Tod ein harter Schlag, auch aus beruflicher Perspektive. Geerlings war in der deutschen Universitätslandschaft hervorragend vernetzt und verstand es meisterhaft, seine Leute unterzubringen. Diese Option, die meine Hauptoption war, fiel nun weg. Des Weiteren benötigte ich einen neuen Zweitgutachter für meine philosophische Promotion, der jedoch schnell gefunden war. Die Promotion konnte weitergehen, allerdings ohne den schützenden Schatten von Wilhelm Geerlings, der mich damals mit seinem „Rasche, Sie kommen zu mir, ehe irgend so ein scheiß Systematiker Sie mir wegschnappt" zu sich geholt hatte.

Geerlings hatte für den Fall seines Todes Anweisungen hinterlassen, wie seine Beerdigungsfeier zu gestalten war. Diese Anweisungen entsprachen voll und ganz seinem tiefsinnigen, aber auch polemischen Charakter. Zuerst

wünschte er sich, dass sein Skatbruder, der Probst von Bochum, den Gottesdienst als Zelebrant halten sollte. Kein anderer Priester sollte im Altarraum sein.
Dies führte zu dem drolligen Schauspiel, dass vor dem Gottesdienst die Pries-
terscharen mit hoheitsvollem Blick zur Sakristei strömten im vermeintlich sicheren Wissen, oben im Altarraum Platz nehmen zu dürfen, dann aber in der
Sakristei abgewiesen wurden und mit ihren Gewändern unterm Arm unten
beim „Volk" Platz nehmen mussten. Vor meinem Auge sah ich Geerlings hä-
misch grinsen. Sprache des Gottesdienstes sollte Latein sein. Außerdem
wünschte Geerlings, dass nicht gepredigt würde und im Gottesdienst nicht einmal sein Name erwähnt werden dürfe. Stattdessen sollte auf Latein nur von
„seiner Seele" gesprochen werden: „anima sui, eius etc." Geerlings fügte hinzu:
„Ich hoffe, der zelebrierende Priester kann genug Latein, um die korrekte Formel zu finden." Mit diesen und vielen anderen Anweisungen begleiteten wir
Geerlings in lateinischer Sprache zu seiner letzten Ruhestätte in seinem Heimat-
viertel, Essen-Frintrop. Als wir seinen Sarg gerade in die Erde hinabgelassen
hatten und seiner in einem Augenblick der Stille gedachten, fuhr am Friedhof
ein Schrotthändler, ein „Klüngelskerl", vorbei und pfiff auf seiner Pfeife das
Lied „Am Brunnen vor dem Tore". Wir alle fragten uns, wie Geerlings es geschafft hatte, den zu bestellen. Zufall konnte das nicht gewesen sein. Es passte
einfach zu gut.

Bottrop

Im Frühjahr 2006 war ich von Heisingen nach Bottrop und Gladbeck als Stadtjugendseelsorger und BDKJ-Stadtseelsorger gewechselt. Mein neuer Wohnort
war Bottrop. Hier wohnte ich gegenüber der Kirche St. Joseph in Bottrop-
Batenbrock und war dieser Kirche wie auch den benachbarten Kirchen St. Peter
und St. Michael als „Subsidiar" zugeteilt: als „Hilfsgeistlicher", der in den Gemeinden je nach Bedarf aushilft, aber eigentlich eine andere Aufgabe hat – in
meinem Fall die des Stadtjugendseelsorgers. Bottrop war vom Lebensgefühl her
etwas völlig anderes als das am schönen Baldeneysee im Essener Süden gele-
gene Dörfchen Heisingen. Wenn jemand irgendwelche Klischees über das
Ruhrgebiet hat: er möge nach Bottrop fahren, dort sind sie alle Wirklichkeit.
Der Bergbau war noch sehr präsent, in Bottrop lief mit Prosper Haniel die letzte
Kohlenzeche des Ruhrgebiets, weitläufige Bergarbeitersiedlungen mit ihren

charakteristischen Häuschen prägten das Stadtbild. Entsprechend war auch die alte „Kumpel"-Mentalität noch sehr präsent: rau, herzlich, man konnte (und musste!) sich beschimpfen, hielt aber trotzdem zusammen.

Meine Aufgabe als Stadtjugendseelsorger war zweigeteilt, was für Außenstehende, aber oft auch für Innenstehende schwer zu begreifen war. Einerseits war ich als Stadtjugendseelsorger der Leiter des Katholischen Jugendamtes (KJA). Das Katholische Jugendamt schaute auf die Jugendarbeit in den Kirchengemeinden, koordinierte den Einsatz von Jugendreferenten, betrieb mehrere Jugendeinrichtungen und vertrat die kirchliche Kinder- und Jugendarbeit gegenüber den Kommunen, in meinem Fall Bottrop und Gladbeck. Dieses Jugendamt war eine Einrichtung des Bistums Essens und entsprechend wurde ich vom Bistum mit der Leitung beauftragt. Strukturell etwas komplizierter war die Arbeit im Vorstand des BDKJ. Der BDKJ war der Bund der katholischen Jugendverbände, die auf einer Stadtversammlung demokratisch den Vorstand und mich als BDKJ-Stadtseelsorger wählten. In meinem Fall KjG, Pfadfinder, Kolpingjugend und Malteserjugend. Dieses Amt wurde dann vom Bischof bestätigt, indem ich erst danach die Leitung des Jugendamtes bekam, war aber formell unabhängig vom Bistum. Diese Konstruktion brachte für mich natürlich gewisse Interessenskonflikte mit sich, denn es ist ja nicht so, dass das Bistum und die demokratischen Jugendverbände immer die gleiche Meinung hätten. Von der einen Seite wurde ich ernannt, von der anderen gewählt. Beiden gegenüber war ich Rechenschaft schuldig und das erforderte oft einen für mich unangenehmen Spagat.

Meine Tätigkeit in Bottrop und Gladbeck begann sofort mit einem solchen inneren Spagat. Das Bistum Essen steckte in der Strukturreform. Teil dieser Strukturreform waren starke Einsparungen im Jugendbereich, und das bedeutete die Schließung des katholischen Jugendamtes und aller mit ihm verbundenen Einrichtungen. Die Auflösung der Katholischen Jugendberufshilfe in Gladbeck war bereits beschlossen und eingeleitet. Hier konnte ich nicht mehr viel tun als Entlassungsurkunden verteilen. Anders sah es bei den anderen Einrichtungen aus. Drei Bottroper Einrichtungen mit Angestellten waren noch in Trägerschaft des Katholischen Jugendamtes, das bald aufgelöst würde. Eine weitere Einrichtung mit Angestellten war in der Trägerschaft des BDKJ in Bottrop.

Bei der Finanzierung der katholischen oder allgemein kirchlichen Sozialarbeit muss man eines wissen: sie wird nahezu komplett vom Staat finanziert. Die

Kirchen weisen in den Debatten über die Kirchensteuer gerne darauf hin, wie wichtig sie für das allgemeine Gesundheits- oder Sozialsystem der Gesellschaft sind. Das suggeriert, dass die kirchlichen Gesundheits- und Sozialeinrichtungen auch von den Kirchen finanziert würden. Das ist jedoch nur ein einem sehr geringen Ausmaß oder gar nicht der Fall. Schauen wir auf das Gesundheitssystem. Sämtliche kirchlichen Krankenhäuser, Altenheime, Pflegeeinrichtungen usw. werden komplett und zu 100% aus staatlichen Kassen bezahlt. Sie gehören dann einem katholischen Träger – wie etwa der Caritas –, der komplett von staatlichen Kassen oder von Spenden lebt, aber keinen Euro von der Kirche bekommt. Ähnlich sieht es bei Sozialeinrichtungen aus, Kindergärten, Einrichtungen der Offenen Jugendarbeit, Jugendberufshilfen usw. Hier muss die Kirche prinzipiell einen Trägeranteil aufbringen, der in den letzten Jahrzehnten allerdings immer mehr runtergefahren wurde, weil die Kirche in den jeweiligen Verhandlungen versicherte, die Einrichtungen sonst finanziell nicht mehr betreiben zu können. So lag der Trägeranteil – also der Anteil kirchlicher Finanzierung – bei einem Kindergarten im Ruhrgebiet vor einigen Jahrzehnten noch bei 20%, mittlerweile liegt er meistens bei 0%. Diese Zahlen mögen je nach Region variieren, die Tendenz bleibt. Warum sieht der Staat dennoch gerne, dass die Kirche so viele Einrichtungen hat, wenn die Kirche diese nicht finanziert? Das eine Stichwort ist die Trägervielfalt. Um Monopole – auch ein staatliches Monopol! – zu verhindern, ist der Staat gesetzlich verpflichtet, möglichst viele Träger in den Markt zu lassen. Das andere Stichwort sind die sog. „Overheadkosten". Der Staat finanziert zwar zu 100% die Einrichtungen selbst, die inhaltliche Betreuung der Angestellten und ihrer Einrichtungen aber übernimmt teilweise die Kirche – zumindest in den Einrichtungen, die direkt kirchlich sind. Das sind jetzt nicht die ganz großen Summen, aber immerhin: es ist Geld, das der Staat dann finanzieren müsste, wenn die Kirche sich komplett zurückziehen würde.

Der Einspareffekt, den das Bistum mit der Schließung der Jugendeinrichtung erreichen konnte, war auf den zweiten Blick also sehr gering. Auf den dritten Blick war es sogar ein dickes Verlustgeschäft. Nicht nur wegen der Abfindungszahlungen an die Mitarbeiter, sondern auch wegen hoher Investivforderungen der Kommune, die man überhaupt nicht auf dem Schirm hatte. Es ist so: wenn eine größere Renovierungsarbeit ansteht, also etwa ein Dach repariert oder die Heizungsanlage erneuert werden muss, kann die betroffene Einrichtung bzw. der Träger dieser Einrichtung solche Ausgaben im Regelfall nicht finanzieren. Die Kommune springt ein, und die gezahlte Summe wird dann über die Jahre „abgetragen": sollte die Einrichtung vorher schließen, hat der Träger der Einrichtung den Anteil der Summe an die Kommune zurückzuzahlen, der noch nicht abgetragen ist. Im Falle unserer Bottroper Einrichtungen waren das Summen im unteren sechsstelligen Bereich, die im Fall einer Schließung an die Kommune hätten gezahlt werden müssen. Neben inhaltlichen (Jugendarbeit) und sozialen (Arbeitsplätze) Gründen war die Schließung der Einrichtungen also auch aus finanziellen Gründen völlig unverständlich. Mit mehreren guten Leuten aus Bottrop, aber auch aus Essen entwickelte ich ein Konzept, die bisherigen Einrichtungen des KJA mit der des BDKJ unter einem neuen Träger zusammenzufassen, einer gGmbH. Man hätte weiterhin einen großen starken katholischen Träger der Jugendarbeit in Bottrop gehabt, der Kirche wären große Zahlungen erspart geblieben. Mit diesem Konzept ging ich zum Bistum. Als ich es den dafür Zuständigen vorlegte, kam die wörtliche Antwort: „Tut mir leid, das können wir nicht beurteilen, da haben wir keine Ahnung von." Und damit war es abgelehnt. Ich war stinksauer. Zum einen war es schließlich deren Aufgabe, Ahnung zu haben, zum anderen hatten an diesem Konzept Leute mitgearbeitet, die als Geschäftsführer größere Umsätze verwalten mussten als das ganze Bistum. Und dann diese Antwort, die nicht nur ignorant war, sondern aus der eine Arroganz spricht, die genau darum weiß, dass sie ihre Entscheidungen nicht rechtfertigen muss. Ich konnte die Einrichtungen nach monatelangen Verhandlungen dann doch retten, indem sie auf die beiden Bottroper Pfarreien übertragen wurden. Es war aber die politisch, finanziell und organisatorisch schlechtere Lösung.

Vielleicht lag der Fehler aber auch bei mir und meinem Rollenverständnis. Es war eben der Spagat: ich war von oben (Bischof) ernannt und von unten (Jugendverbände) gewählt. Nun ist die spannende Frage, wie man sein Amt versteht: bin ich jetzt der vom Bischof eingesetzte Verwalter der Jugendarbeit, der die bischöfliche Politik vor Ort durchsetzen soll, oder bin ich der von den Jugendverbänden Gewählte, der die Belange der Jugendarbeit und der Menschen vor Ort im Auge haben und notfalls auch gegenüber dem Bistum im Rahmen des Möglichen durchsetzen soll? Oft haben beide Seiten die gleichen Ziele, aber oft eben auch nicht. Und dann wird es schwierig. Ich hatte an meinen Stellen –

ob in der Pfarrgemeinde oder in der Jugendarbeit – nicht ausschließlich, aber doch schwerpunktmäßig die Belange der Menschen vor Ort im Auge gehabt. Ich bemühte mich nach Kräften, den Auftrag des jeweiligen Bischofs zu erfüllen, ich gestehe aber auch, dass meine Perspektive eine andere war: die der Menschen vor Ort. Das sage ich nicht als dumpfe Anbiederung, der „Held des Volkes" gewesen zu sein. Es entsprach aber meinem Gesamtbild von Kirche und es entsprach meiner Lebenswirklichkeit. Ich lebte vor Ort, in den Pfarrgemeinden, mit den Jugendverbänden, mit den Jugendeinrichtungen. Ich lebte zusammen mit den Menschen, die sich in den Gemeinden engagierten, die viel Kraft und Lebensfreude in die Gemeinde steckten, ich lebte zusammen mit Jugendlichen, die eben nicht irgendwo herumhingen und Blödsinn machten, sondern jede Woche viele Stunden Arbeit investierten, um Kindern und anderen Jugendlichen etwas Gutes mitzugeben. Ich lebte zusammen mit den Angestellten in den Jugendeinrichtungen, die um ihre Arbeitsplätze bangten. Der Bischof und die bischöfliche Verwaltung waren weit weg. Aber all diese Menschen vor Ort waren meine tägliche Realität. Die von dem bedroht war, was in Essen-Mitte beschlossen worden war. Ich wusste, dass andere Zeiten anbrechen mussten. Ich wusste, dass es nicht mehr weiterging wie bisher und dass das Bistum sich strukturell und organisatorisch neu aufstellen musste. Aber wie das Bistum das tat und was das Bistum damit bei vielen Menschen auslöste, tat mir weh. Dann kämpfte ich für diese Leute und suchte nach Lösungen, die nicht nur für die Leute vor Ort, sondern – meiner Meinung nach – auch für das Bistum eigentlich besser gewesen wären. Und rannte damit ein ums andere Mal gegen Wände. Dicke, harte Wände.

Das Bistum reduzierte die Ausgaben für die Kirchengemeinden um die Hälfte. Was nicht wenig ist. Aber immer noch nicht so dramatisch wie der Jugendhaushalt: der wurde auf ein Fünftel runtergefahren. Es ist schwer begreiflich zu machen, warum man ausgerechnet den Teil des Haushalts, der der Zukunft gewidmet ist, am ärgsten zusammenstutzt. Entsprechend groß war der Aufschrei, gerade auch bei den Jugendverbänden im Bistum. Als sich der damalige Diözesanjugendseelsorger bei einer Großkundgebung mit den Jugendverbänden solidarisierte, war das der Anfang vom Ende seiner Amtszeit. Immerhin gab das Bistum offiziell nach und kündigte an, dass Vertreter der Jugendverbände zukünftig mit am Tisch sitzen würden, wenn es um die Entscheidungen über die Jugendarbeit geht. Was nun folgte, war ein Lehrstück kirchlicher Diplomatie: die Simulation der Beteiligung normaler Leute an Entscheidungsprozessen. Man baue ein Entscheidungsgremium, besetze die Mehrheit des Gremiums mit den eigenen Leuten und überstimme jedes Mal den Rest. Genau so wurde es gemacht. Der BDKJ – als Vertreter der Jugendverbände – erhielt einige Sitze im Entscheidungsgremium, wurde aber regelmäßig überstimmt. Das Bistum konnte hinterher die brutalsten Ergebnisse verkünden und darauf hinweisen, dass der BDKJ mitentschieden habe. Als Stadtjugendseelsorger von Bottrop und Gladbeck war ich auch in den BDKJ-Vorständen der beiden Städte und daher auch auf den Diözesanversammlungen anwesend, wo diese Dinge immer wieder mit großer allgemeiner Enttäuschung präsentiert wurden. Immer wieder versuchte ich, vor und hinter den Kulissen den BDKJ dazu zu bewegen, aus diesem Entscheidungsgremium des Bistums auszutreten, weil die BDKJ-Stimmen dort eh nicht gehört und in dieser Form nur instrumentalisiert werden. Auf diese Weise beraubt man sich nur anderer Optionen, auf seine Anliegen aufmerksam machen zu können. Es half nichts. Wir müssen doch dabei bleiben! Wir müssen uns doch in diesem Gremium Gehör verschaffen! Wir werden sie mit unseren Gründen überzeugen! Es war eine unglaubliche Naivität, die brutal ausgenutzt wurde.

So führte das Bistum hin und wieder Veranstaltungen durch, zu denen die Jugendverbände eingeladen waren. Diese Veranstaltungen wurden beworben mit Titeln wie „Die Zukunft der Jugendarbeit im Bistum Essen" oder „Wir bauen die Zukunft der Kirche". Diese Titel suggerierten ja eigentlich, dass es bei diesen Veranstaltungen darum gehen sollte, dass die Jugendlichen mit dem Bistum über die Zukunft der Jugendarbeit sprechen können und das Bistum den Jugendlichen auch konkrete Zusagen macht. Zumal dem Bistum die Wünsche der Jugendlichen eigentlich bekannt waren. Ich musste im Laufe meiner sechsjährigen Amtszeit in Bottrop und Gladbeck dazu immerhin drei nahezu gleichlautende Umfragen durchführen und an das Bistum weiterleiten. Diese Veranstaltungen waren gut besucht, oft mit mehreren Tausend Jugendlichen. Was geschah bei diesen Veranstaltungen? Die Stimmung war gut, es wurde viel gesungen und geklatscht und gebetet. Aber ein Ergebnis? Oder auch nur ein Austausch über Konkretes? Als ich mit einigen mir bekannten Jugendlichen nach einer solchen Großveranstaltung in der Essener Zeche Zollverein zum Parkplatz zurückging, fragte ich sie, wie sie den Tag gefunden hätten. „Es war toll, super Stimmung!", war die Antwort. Dann habe ich sie gefragt, worum es denn inhaltlich an diesem Tag gegangen sei und was das Ergebnis sei. Schweigen.

Ich habe versucht, die Leute in meiner Umgebung für diese Problematik zu sensibilisieren und habe sie immer ermutigt, nicht alles hinzunehmen, sondern für ihre Sache zu kämpfen. In Heisingen war dies am Anfang noch nicht so gewesen. Dort hatten der Pfarrer und ich in endlosen Gesprächen mit einzelnen Leuten des Kirchenvorstands diese davon überzeugen können, zu kooperieren und mit der Faust in der Tasche die Entscheidungen des Bistums mitzutragen. Je mehr ich allerdings das verarbeitete, was da vom Bistum kam, desto weniger war ich selbst von diesen Zielen überzeugt und ging dazu über, mit dem Kirchenvorstand Wege zu finden, gegen den Geist der Bistumsreform eine möglichst starke Gemeinde in Heisingen zu erhalten. Auch in den Predigten im Gottesdienst sparte ich nicht mit Kritik. Wer, wenn nicht wir Priester, hat überhaupt eine Chance, in der Kirche Kritik zu üben? Dies alles tat ich nicht polemisch und blieb sachlich, war aber dennoch deutlich. Ich konnte keine Reform verteidigen, bei der ich derart einschneidende Schattenseiten sah. Ich erinnere mich noch an die erste meiner kritischen Predigten in Heisingen. Die Leute haben nach der Predigt geklatscht, was auch nicht so oft vorkam. Der Organist war von der Stimmung derart mitgerissen, dass er nach der Predigt statt des Glaubensbekenntnisses das Lied „Zieh an die Macht, du Arm des Herrn, wohlauf und hilf uns streiten" spielte.

Auch in Bottrop äußerte ich hin und wieder in den Predigten Kritik am Kurs des Bistums. Das blieb nicht unbeobachtet. Bei einer Diakonenweihe traf ich einen höheren Geistlichen des Bistums, der mich freudig begrüßte: „Herr Rasche, schön, Sie zu sehen. Ich habe gehört, dass Sie sehr feurige Predigten halten!" Bei mir gingen sofort die Alarmglocken an und vorsichtig antwortete ich: „Es ist doch schön, wenn ein Prediger noch ein gewisses Feuer entfachen kann!" Er schaute mich lächelnd an: „Aber doch nicht gegen das Bistum!" Trotz aller Freundlichkeit und allem Lächeln verstand ich sofort diese Warnung. Ich nahm darauf etwas Biss aus meinen Predigten, behielt aber den kritischen Ton bei, wenn ich über die Bistumsreform sprach.

Mir taten die Leute einfach leid, die im Zuge dieser Reform ihre Kirchen und damit auch ihre Heimat aufgeben mussten. Ich werde nie vergessen, wie ein älterer Herr am Ende des letzten Gottesdienstes in seiner Kirche, St. Barbara in Bottrop, zum Abschied zärtlich über den Kopf einer Barbara-Figur strich, die der Kirche ihren Namen gegeben hatte. Es war ein rührender Moment, der mich sehr bewegte und mich an meine alte Heimatgemeinde in Mülheim erinnerte. Wie würde ich mich fühlen, wenn sie dichtgemacht worden wäre? Wenn all das, was ich in dieser Kirche erlebt habe, von der Abrissbirne zertrümmert worden wäre?

In diesem Zusammenhang der Schließung jener Barbarakirche in Bottrop kam dann aber auch ein Auftrag, der sich etwas aus dem Alltag abhob. Besagte Kirche war geschlossen worden. Der betreffende Pfarrer bat mich um meine Hilfe: im Altar dieser Kirche – wie in jedem Altar einer Kirche – waren Reliquien, also Knochen von Heiligen. Er zeigte mir ein kleines Döschen mit den Knochen und eine darauf angebrachte lateinische Beschreibung über die beiden Heiligen „Coronata" und „Lucia". Ob ich diese Beschreibung nicht übersetzen könnte. Mir kamen sofort die beiden Namen verdächtig vor, denn „Coronata" bedeutet soviel wie „Die Gekrönte", also die Märtyrerin. Coronata wurde eigentlich immer nur als Beiname genutzt und nicht als Eigenname, eben die Märtyrerin XY. Ich suchte etwas über eine Heilige Coronata herauszufinden und wurde dabei nicht wirklich fündig. Ich vermutete daher, dass es sich nicht um zwei Heilige, sondern nur um eine einzige handelte: die Märtyrerin Lucia und nicht die beiden Heiligen Coronata und Lucia. Der lateinische Text, der beigefügt war, sprach zwar eindeutig von zwei Personen, aber das musste nicht viel bedeuten. Hierzu muss man wissen, dass der Reliquienversand von Rom aus wirklich Massenware darstellt. Jede Kirche auf der ganzen Welt hat Reliquien in ihrem Altar. Wo so viele Reliquien hernehmen? Man wusste seit jeher, dass in den römischen Katakomben tonnenweise Knochen von verstorbenen Christen aus der Antike liegen. Sie wurden im Mittelalter alle zu Märtyrern und Heiligen deklariert und seitdem werden aus Rom diese und andere Knochen in alle Welt verschickt, versehen mit lateinischen Hinweisen irgendeines wahrscheinlich zu Tode gelangweilten römischen Prälaten, dessen alleinige Aufgabe seit 50 Jahren darin besteht, Knöchelchen einzutüten. Ich war also sehr misstrauisch, was diese beiden Heiligen betraf, konnte und wollte dieses alte Döschen aber auch nicht öffnen. Ich ging zu einem mir bekannten Zahnarzt und ließ das Döschen röntgen. Ich werde nie vergessen, wie ich mit diesem kunstvoll ausgearbeiteten Döschen im Wartezimmer des Zahnarztes saß und dann lustigerweise „Coronata und Lucia" zum Röntgen gerufen wurden. Das Ergebnis: in dem Döschen befand sich nur ein einziges Knöchelchen, womit nach logischen und naturwissenschaftlichen Kriterien bewiesen war, dass es sich nur um die Reste einer einzigen Person handeln dürfte: der Märtyrerin Lucia. Der Pfarrer freute sich über diesen Hinweis und teilte diese Information dem Bistum Essen und auch dem Bistum Münster mit, denn im nahegelegenen Münsterland gab es dutzende Kirchen, in deren Altären sich angeblich die Reliquien der beiden Heiligen Coronata und Lucia befinden. Was danach passierte und ob danach ein großer Reliquiensturm im Münsterland einsetzte, entzieht sich meiner Kenntnis.

Trotz solcher lustigen Begebenheiten, die gerade auch in Umbruchsituationen vorkommen, war die Bistumsreform in meinen Augen kein Segen. Auch intern versuchte ich immer wieder, auf Schwächen der Bistumsreform aufmerksam zu machen, hatte dabei aber wenig Chancen, nicht nur bei den Vorgesetzten, sondern auch bei meinen potentiellen Mitstreitern, den anderen Stadtjugendseelsorgern beispielsweise. Dennoch kam es hin und wieder vor, dass wir uns mit einigen Leuten vor einem Besuch beim Bischof vornahmen, ihn auf die prekäre finanzielle Lage im Jugendbereich hinzuweisen: „Herr Bischof, wir brauchen mehr Geld für die Jugend!" Mit festen Vorsätzen betraten wir das Bischofshaus, wo wir freudestrahlend vom Bischof begrüßt wurden: „Meine lieben Mitbrüder, ich freue mich so, Euch zu sehen! Ich freue mich sehr auf unser Gespräch. Wissen Sie, bei den meisten Leuten, die ich hier jeden Tag treffe, geht es immer nur ums Geld!" In Sekundenschnelle zerplatzten unsere Vorsätze wie Seifenblasen.

Irgendwann besuchte Bischof Genn die Stadt Bottrop zu einer offiziellen Visitation. Üblicherweise beschränkten sich derartige Besuche auf die Gremien der Pfarreien und kirchliche Einrichtungen. Ich schlug dem Bischof im Vorfeld vor, mit den Jugendlichen und jungen Erwachsenen ins Gespräch zu kommen. Die anstehenden Reformen schlugen überproportional hart im Jugendbereich ein, Gesprächsbedarf war mehr als vorhanden. Also lud ich den Bischof zu einer Runde ein, zu der etwa 15 Leiterinnen und Leiter aus den Jugendverbänden anwesend waren.

Nach der üblichen Vorstellungsrunde und den üblichen gegenseitigen Nettigkeiten versuchte der Bischof für die Kürzungen im Jugendbereich zu werben.

207

Hierbei blickte er dann einen jungen Erwachsenen an, den er aus der Vorstellungsrunde kannte: „Sie sind doch aus Belgien! Da gibt es gar keine Gelder für die Jugendarbeit und es geht auch!" Der betroffene junge Belgier schaute den Bischof leicht genervt an und sagte dann: „Herr Bischof, selbst in den großen Pfarreien in Brüssel haben wir vielleicht zwei Messdiener. Hier in St. Joseph haben wir 60. Wollen wir wirklich belgische Verhältnisse?" Der Bischof schaute völlig entgeistert und hatte mit so einer Antwort überhaupt nicht gerechnet. Aber brutal gesprochen: wenn Bischöfe Entscheidungen treffen, müssen sie auch die Chance haben, die zu hören, die direkt von dieser Entscheidung betroffen sind. Der Bischof schaute den Belgier einige Sekunden erstaunt an und wechselte dann schnell das Thema. Was die Jugendlichen aber nicht zuließen, schließlich ging es um sie und ihren Ort in der Kirche.

Schließlich meldete sich ein Mittzwanziger, ein Pfadfinderleiter, der bei der Presse arbeitete. Ich hatte mit ihm öfter über die Reformen in der Jugendarbeit gesprochen und in diesem Zusammenhang auch darüber, dass der Jugendbereich unverhältnismäßig stark gekürzt werden soll, auf ein Fünftel. Im Unterschied zu den Pfarreien, die „nur" halbiert wurden. Wir hatten dann im Vorfeld dieses Abends wieder einmal miteinander gesprochen und dabei hatte ich ihm gesagt: „Frage den Bischof ruhig danach, warum der Jugendbereich so stark gekürzt wird!" Ich verriet ihm auch, wo die entsprechenden Zahlen nachzulesen und veröffentlicht waren. Ich wollte den Bischof nicht in eine Falle laufen lassen, aber ich wollte verhindern, dass unangenehme Entscheidungen deshalb durchgedrückt werden können, weil kein Betroffener überhaupt weiß, worum es geht. Gäbe es eine gute Informationspolitik, hätte ich meinen Tipp nicht geben müssen. So stellte jener Pfadfinderleiter an diesem Abend schließlich die Frage, warum denn der Jugendbereich finanziell auf ein Fünftel reduziert würde, im Unterschied zu den Pfarreien, die deutlich besser dastünden? Wie wäre das mit dem Denken an die Zukunft der Kirche vereinbar? Der Bischof zögerte kurz, auch ich wartete gespannt auf die Antwort. Dann sagte der Bischof: „So schlimm ist es nicht, diese Zahlen stimmen nicht." Nun war ich es, der völlig entgeistert ausschaute. Der junge Erwachsene ließ nicht locker: „Herr Bischof, ich habe die Zahlen nachgelesen." Mit einem Handstreich wischte der Bischof das vom Tisch: „Dann müssen Sie sich verlesen haben. Glauben Sie mir, die Zahlen stimmen nicht!" Völlig erstaunt blickte ich zu meinem Bischof. Natürlich konnte ich als sein Mitarbeiter in diesem Augenblick nicht eingreifen, aber einige Tage später sprach ich den Bischof darauf an und sagte ihm: „Herr Bischof, nur für den Fall, dass Sie in nächster Zeit noch einmal darauf angesprochen werden: die genannten Zahlen waren korrekt, Jugend geht auf ein Fünftel." Freundlich sah mich der Bischof an: „Herr Dr. Rasche, man kann sich ja nicht alles merken."

Nun muss man wissen, dass Bischof Genn ein wirklich photographisches Gedächtnis besaß, wie ich es sonst noch nie erlebt hatte. Wenn er in einer Kirche 120 Jugendliche firmte, konnte er sie Jahre später mit Namen wiedererkennen. Dies im Hinterkopf konnte es für mich eigentlich nur eine Erklärung für das „Vergessen" geben: Lüge. Vielleicht tue ich dem Bischof damit unrecht. Vielleicht hat er nicht gelogen, aber es kam bei mir als Lüge an, weil er ein phänomenales Gedächtnis hat, und wir als Stadtjugendseelsorger mit ihm auch schon oft über diese Zahl gesprochen hatten: ein Fünftel. Dieses Fünftel geisterte zudem schon seit geraumer Zeit durch die Medien, es hatte vorher sogar eine Großdemonstration von Jugendlichen auf dem Essener Burgplatz gegeben. Und da sollte der Bischof nicht wissen, worum es geht? Ist das wahrscheinlicher als eine „Notlüge", um einer unangenehmen Gesprächssituation zu entkommen?

Diese Situation schlug bei mir ein. Vielleicht hat er nicht gelogen, aber es kam bei mir als dicke Lüge an und hat eine entsprechende Wirkung gezeigt. Das klingt jetzt etwas dick aufgetragen, aber diese Situation hat mein Verhältnis zum Bischofsamt lädiert. Ein Bischof, der lügt, vernichtet seine Autorität. Später wurden Bischöfe öfter beim Lügen erwischt und das bei durchaus schwerwiegenderen Angelegenheiten, sei es der Limburger Bischof Tebartz van Elst mit seinen Baugeschichten oder der Kölner Joachim Meisner mit seinem „Ich habe nichts geahnt", als die ersten Missbrauchsfälle auftauchten. All das vernichtet ein Amt. Ein Amt wie das Bischofsamt – wie überhaupt jedes geistliche Amt – lebt von der Glaubwürdigkeit. Wenn die nicht gegeben ist, verdunstet die Autorität des Amtes. Das hat die Kirche bis heute nicht begriffen, weil sie ausschließlich die theologische Aussage sieht, dass ein Amt durch die Weihe übertragen wird und unabhängig davon, wie würdig oder moralisch gut der Amtsträger sich verhält: er ist der Amtsträger und weiß über Gott besser Bescheid als jeder Nicht-Amtsträger.

Immer wieder wird die Kirche beim Lügen erwischt – besonders bei der Aufarbeitung sexuellen Missbrauchs. Die Konsequenzen sind verheerender als die Kirche wahrhaben will. Wenn die Kirche bei diesen Dingen wie dem Missbrauch immer wieder lügt: wieso sollte man ihr das glauben, was sie von Gott erzählt? Es ist die brutale Wahrheit des „Wer einmal lügt, dem glaubt man nicht". Die Kirche wird immer wieder beim Lügen erwischt, und das bei Dingen, die kontrollierbar sind und wo Lügen früher oder später eh zusammenbrechen müssen. Und dann will die Kirche, dass man ihr glaubt, wenn sie von Gott erzählt? Wenn sie den Menschen immer wieder Forderungen auferlegt und dies mit der Autorität Gottes begründet? Eine Kirche, deren Bischöfe immer wieder beim Lügen erwischt werden, um sich kleine oder große Vorteile zu erschleichen, oder gar um Missbrauchsopfer zu diskreditieren und Täter zu verstecken: wie naiv ist sie, dass man ihr glauben sollte, wenn es um Gott geht? Die Frage der Glaubwürdigkeit des Amtsträgers darf nicht unterschätzt werden für die Frage, was ein Amt eigentlich ist. Und jenes Erlebnis mit dem Bischof damals hatte zumindest mein Verständnis des Bischofsamts beschädigt.

Als Stadtjugendseelsorger in den beiden Städten Bottrop und Gladbeck war es meine Aufgabe, Jugend und Kirche irgendwie zusammenzubringen. Eigentlich ein hoffnungsloses Unterfangen. Wobei natürlich nicht nichts ging. Die größten Bastionen der kirchlichen Jugendarbeit waren die Jugendverbände, Pfadfinder, KjG usw. Die stellten in beiden Städten immerhin knapp 1500 Mitglieder. In diesen Verbänden geschieht viel Gutes, man muss aber auch sagen, dass sie vielleicht deshalb so gut sein können, weil sie strukturell relativ unabhängig von der Kirche sind. Sie sind demokratisch organisiert, verfügen über Satzungen und haben genau geregelt, wie das Leben in ihren Verbänden aussehen darf. In den wöchentlichen Gruppenstunden und den Wochenend- und Ferienlagern werden den Kindern und Jugendlichen viele Dinge vermittelt, die für ihr weiteres Leben überaus wichtig sind. Sozialverhalten, Organisation, Pädagogik, aber auch die Übernahme von Leitungsaufgaben sind ein großer Schatz für das spätere Leben. Ich will jetzt nicht sagen, dass das Thema Glaube und Christentum gar keine Rolle in den Verbänden spielt, aber es ist eine eher untergeordnete Rolle. Pfadfinder zu sein, bedeutet nicht, einen Glaubenskurs zu besuchen, sondern einen gut geführten Jugendverband, der sich im Dunstkreis der Kirche befindet. Die Mitgliedszahlen der Jugendverbände sind einigermaßen stabil – zumindest da, wo es fitte Leiterinnen und Leiter gibt. Leider gab es in einzelnen

Gemeinden hin und wieder Auseinandersetzungen mit den Pfarrern, die wirklich mutwillig das Leben der Jugendverbände unterdrücken wollten, weil diese nicht fromm genug waren. Diese Pfarrer setzten eher auf die Messdiener in der Jugendarbeit, die natürlich stärker an Kirche und Pfarrer gebunden waren. Wie auch damals in Heisingen hatte ich oft das Gefühl, dass meine wichtigste Aufgabe als Stadtjugendseelsorger für die Jugendlichen darin bestand, die Jugendarbeit vor äußeren Angriffen zu schützen.

Ich hatte meine Stelle als Stadtjugendseelsorger mit Sicherheit dem Aufbau der „Krassen Kirche" in Essen zu verdanken. Dort hatten die Verantwortlichen im Bistum gesehen, wie ich mit Ehrenamtlichen zusammen eine erfolgreiche Gruppe gründen konnte, die auch die großen Kirchen mit Jugendlichen füllen konnte. Entsprechend erhielt ich auch den Auftrag, für die Region Bottrop und Gladbeck eine Jugendkirche aufzubauen. Es war eine Totgeburt, und die Art ihres Sterbens ist vielleicht typisch dafür, warum die gleichen Projekte sterben, wenn sie von oben verordnet werden, und leben, wenn sie von unten wachsen. Selbst wenn sie sogar – wie in meinem Fall – von den gleichen Personen betrieben werden.

Das erste Problem war bereits der Ort der Jugendkirche. Bei der Krassen Kirche hatten wir einen Katalog von Kriterien, die erfüllt sein mussten, damit wir eine Kirche für einen Jugendgottesdienst auswählten. Zu diesen Kriterien gehörte erst einmal das Gebäude selbst. Die Kirche musste für Großveranstaltungen geeignet sein. Sie musste für uns variabel und gestaltbar sein, das heißt, Kirchenbänke mussten entfernt werden können, entsprechende Licht- und Technikinstallationen mussten möglich sein, Versorgung mit Starkstrom musste gegeben sein. Pfarrer und Pfarrgemeinderat mussten kooperationsbereit sein, was sie jedoch meistens waren, da ja gewöhnlich von ihnen die Anfrage an uns kam. Die Kirche musste möglichst zentral liegen und gut mit öffentlichen Verkehrsmitteln erreichbar sein. Parkplätze mussten ebenfalls vorhanden sein. Die Gemeinde sollte eine starke Jugendarbeit haben, damit wir uns aus ihrem Kreis die nötige Anzahl an Helfern rekrutieren konnten. Diese und einige andere Dinge mussten gegeben sein, damit wir von der Krassen Kirche zusagten, einen Gottesdienst in der betreffenden Kirche zu feiern. Der Erfolg gab uns recht und wir verfolgten sehr genau, wie Achtung oder Missachtung dieser Kriterien Einfluss auf die Besucherzahl hatten.

Die Kirche St. Peter in Bottrop, die mir vorgegeben wurde, verfügte eigentlich über keines der genannten Kriterien. In der Mitte Bottrops stand die Heilig-Kreuz-Kirche, die perfekt gewesen wäre: Lage in der Innenstadt, gut erreichbar, spannende Architektur. Die Verantwortlichen dort hatten jedoch damals nicht begriffen, dass man eine Kirche, die irgendwann in Gefahr gerät, geschlossen zu werden, mit dem Status „Jugendkirche" absichern kann. So schlau waren die Verantwortlichen in der Innenstadt nicht, jene in Batenbrock waren es schon und griffen zu. Mit dem Argument: „Wir wollen eine Kirche, die zwischen Bottrop und Gladbeck liegt, damit beide Städte kommen", erhielt man die Jugendkirche am Rand Bottrops. Dummerweise ist es so, dass bei einer Kirche, die zwischen zwei Zentren liegt, dann nicht die Menschen aus beiden Zentren kommen, sondern wahrscheinlich gar keiner. Die Kirche lag zu abgelegen, war mit öffentlichen Verkehrsmitteln faktisch nicht zu erreichen und war als Gebäude ebenfalls nicht tauglich, da sie überhaupt nicht umgestaltet werden konnte. Jahrelange Bemühungen, die fest installierten Bänke herauszunehmen und durch eine flexible Bestuhlung zu ersetzen, verliefen im Sand. Der Pfarrer der dortigen Gemeinde und die dortigen Gremien waren sehr aufgeschlossen und an sich sehr motiviert. Aber an diesen Zuständen konnten sie nichts ändern. Und wo sie es konnten (Bänke), taten sie es nicht. Zwar gab es vor Ort auch eine aktive Jugendarbeit, einen recht starken Pfadfinderstamm. Einen solchen kann man sicherlich motivieren für ein einzelnes Ereignis wie Krasse Kirche. Aber für den Dauerbetrieb einer Jugendkirche? Dafür sind die Pfadfinder nicht Pfadfinder. Sie geben natürlich nicht ihre Lager und Gruppenstunden auf, um die Ressourcen für eine Jugendkirche einzusetzen. Ich will den Leuten dort keine Vorwürfe machen. Sie waren freundlich und motiviert, konnten aber einfach nicht die Defizite ausgleichen, die sich alleine aus der Lage und Beschaffenheit der Kirche ergaben.

Die Jugendkirche in Bottrop war eine Idee von oben. Damit hatte sie bereits den schweren Geburtsfehler, nie richtig und vollständig zur Sache der Jugendlichen selbst werden zu können. Die Kirche begeht oft den Fehler, die Jugendlichen mit vielen guten Ideen zuzuschütten, die zwar oft gut gemeint sind, aber mit der Lebenswelt der Jugendlichen nichts zu tun haben. Eine solche gute Idee wurde legendär. Eines schönen Tages trat der Diözesanjugendseelsorger in den

Kreis von uns Stadtjugendseelsorgern und teilte uns stolz mit, dass das Bischöfliche Jugendamt eine aufblasbare Kirche anschaffe. Erstaunt schauten wir uns an. Dieses sehr an eine Hüpfburg erinnernde, 14 Meter hohe Kirchengebäude würde ca. 30.000 Euro kosten, etwa 60 Personen Platz bieten und sollte von uns in den Städten variabel eingesetzt werden: auf Schulhöfen, in der Fußgängerzone, auf Weihnachtsmärkten oder sonstwo. Entsetzt hielten wir die Luft an. Jeder von uns spürte, dass ein solches Ding nicht gerade gut ankommt in Zeiten, in denen die realen Kirchen geschlossen werden und viele Kirchenmitglieder Abschied nehmen müssen von ihren geliebten Kirchen aus Stein. Gerade in solchen Zeiten mit diesem hässlichen, aufblasbaren und teuren Ding um die Ecke zu kommen, schien uns vorsichtig formuliert etwas unsensibel. Nun kann man natürlich sagen, 30.000 Euro sind für den Haushalt eines Bistums nicht viel. Das ist das Gehalt eines Mitarbeiters aber auch nicht, von denen wir in diesen Zeiten reihenweise welche entlassen mussten. Es erhob sich Protest in unseren Reihen. Ich erinnere mich, dass bezeichnenderweise ich der Einzige war, der sich trotz aller inneren Widerstände zumindest prinzipiell den Einsatz dieses Monstrums vorstellen konnte. In den nächsten Wochen bekamen die Medien Wind von dieser aufblasbaren Kirche. Zeitungen und Fernsehsender berichteten genüsslich über diese Geschmacklosigkeit. Dass dieses Ding ursprünglich erfunden worden war, um als Gag an Nachtclubs verkauft zu werden, machte es nicht besser. Das Ergebnis: das Projekt wurde eingestampft. Da diese Schlauchbootkirche aber bereits angeschafft und probeweise in einer leeren Bottroper Kirche aufgeblasen war, wurde nun ein Käufer gesucht. Was nicht gerade einfach war. Wer braucht schon eine aufblasbare Kirche für 60 Personen? Jahrelang wurde ein Käufer gesucht. Ich muss gestehen, dass ich es mir etwas schadenfroh nicht nehmen ließ, jahrelang in jeder Sitzung auf Diözesanebene nachzufragen, ob es mittlerweile einen Käufer geben würde.

Diese Episode steht durchaus stellvertretend dafür, wie die Kirche oder kirchliche Ämter immer neue Ideen entwickeln, die aber nicht zünden: Ideen, wie die Jugendlichen zu Gott finden sollen, wie sie beten sollen, wie ihre Gottesdienste aussehen sollen. Diese Vorschläge sind oft nicht schlecht, nur haben sie nichts oder nur wenig mit der Lebenswelt der Jugendlichen zu tun. Die kann auch ein Berufsjugendlicher nicht glaubhaft nacherzählen. Der große Fehler all dieser Jugendkirchen besteht darin, den Jugendlichen erzählen zu wollen, wie sie zu Gott finden. Die Kirche sollte sie selbst suchen lassen. Und was sie bei dieser Suche alles entdecken, dafür sollte die Kirche ihnen dann Raum geben. Die Krasse Kirche bestand aus Jugendlichen, die selbst gesucht haben. Sie haben sich über vieles geärgert in der Kirche, wollten aber jetzt nicht einfach aufgeben, sondern selbständig zu Gott finden. In den Gottesdiensten erzählten sie von diesen Suchen, von Erfolgen, aber auch Misserfolgen ihrer Suchen. Mit ihren Worten. Ohne kirchliche oder lehramtliche Genehmigung.

Die offiziell eingeführten Jugendkirchen sind eine gute Sache. Sie eröffnen immerhin mehr Freiheit als die normalen Gottesdienste in den Kirchengemeinden. Es ist aber kein Zufall, dass die meisten Besucher dieser Gottesdienste ungefähr dem Alter der dort tätigen Jugendpfarrer entsprechen und damit alles andere als jugendlich sind. Die kirchliche Jugendarbeit ist verzweifelt darum bemüht, wieder Jugendliche für Gottesdienste zu begeistern. Konzepte werden entworfen, Vorlagen für Gottesdienste werden erstellt. Dabei müsste die Kirche gar nicht die Ideen haben, wie Jugendliche Gottesdienste feiern. Viel besser wäre es, den Jugendlichen nicht die Ideen vorzukauen, sondern einen Raum zu geben, ihre eigenen Ideen zu verwirklichen, ihre Ideen von Gottesdiensten, Gebeten, Texten. Genau da gibt es Grenzen, die Jugendpfarrer, Jugendreferenten usw. nicht überschreiten können. Es sind nicht nur die Grenzen ihres Alters – sie sind nicht jugendlich –, es sind vielleicht noch viel mehr die Grenzen ihrer Funktion. Sie müssen den Takt vorgeben, sie müssen aufpassen, dass der Rahmen stimmt, sie müssen aufpassen, dass auch ein Gottesdienst stattfindet usw. Natürlich braucht es immer solche Rahmenbedingungen, die Frage ist nur, wer sie macht.

Was hier gilt, gilt auch für die anderen Generationen. Als würden sich ältere Gottesdienstbesucher in dem wiederfinden, was da oben im Altarraum geboten wird, als hätten sie nicht den Wunsch, dass Gottesdienste aus ihrer Mitte heraus gestaltet werden, Gottesdienste, die sie verstehen können, weil sie ihrer Welt entstammen. Es ist immer ein Spagat, Gottesdienst zu feiern. Es ist der Spagat zwischen einem Gott und seinem Geheimnis, das nie ganz verstanden werden kann, und den Menschen, die ihn verstehen wollen. Es ist ein Spagat, aber man muss ihn versuchen.

Von der Krise der Kirche zur Krise Gottes

Irgendwann in der 2. Hälfte meines Studiums hatte ich das Buch des Soziologen Karl Gabriel gelesen: „Christentum zwischen Tradition und Postmoderne". In diesem Buch ging Gabriel der Frage nach, was da eigentlich soziologisch zur Zeit in der Kirche passiert. Die schnelle Antwort, die überall zu hören ist: die Kirchen werden leerer, alles geht den Bach runter. Ein Blick auf die Zahlen gibt dem Recht: kurz nach dem II. Weltkrieg, in den 1950er Jahren, standen die Kirchenbesuchszahlen auf katholischer Seite bei satt über 50%. Mehr als jeder zweite Katholik besuchte regelmäßig den Gottesdienst. Seitdem sind die Zahlen im freien Fall. Aktuell liegen sie bei etwa 6%. Die Entwicklung scheint also eindeutig, aber so einfach ist es nicht, und das weist Gabriel nach. Er interessiert sich nicht nur dafür, warum die Zahlen auf einmal runtergingen, sondern erst einmal dafür, warum sie vorher überhaupt oben waren. Denn das Interessante: die Zahlen nach dem II. Weltkrieg bilden einen einmaligen und absoluten Höhepunkt, der wohl nie vorher in der Geschichte der Kirche erreicht worden ist, nachdem die Apostel sich an Pfingsten getrennt hatten. Gabriel weist nach, dass ab Beginn des 19. Jahrhunderts die Kirchen nach und nach in einem bis dahin unbekannten Ausmaß immer voller wurden. Ursache für diese Entwicklung war die Industrialisierung mit der großen Landflucht. Die Leute vom Land gingen in die neuen, großen Städte um Arbeit in der neuen Industrie zu suchen. Sie waren völlig entwurzelt und überfordert von der neuen Realität, auf die sie trafen. In diesem Augenblick bot die Kirche ihnen das, was ihnen fehlte: Heimat. Die Kirche führte im 19. Jahrhundert zahlreiche Reformen durch, die alle ein Ziel hatten: Kampf gegen die Moderne, zurück in die Geborgenheit des Früher. Modernes Zeug wie Demokratie und Eisenbahnen wurden verurteilt, die Theologie ging zurück in das 13. Jahrhundert zu Thomas von Aquin, Kleriker mussten den „Antimodernisten-Eid" ablegen, die regionalen und nationalen Kirchen wurden immer mehr in ihren Rechten beschnitten, alles wurde auf den Papst in Rom hin zentralisiert. Den Höhepunkt dieser Entwicklung stellte sicherlich das Unfehlbarkeitsdogma durch Pius IX. 1870 dar. Die Kirche wurde zu einer unbeweglichen Festung gegen die Moderne. Das klingt aus heutiger Sicht wenig überzeugend, aber damit traf die Kirche damals genau das, was sich sehr viele

Gläubige wünschten: eine geistige Heimat, eine innere Sicherheit. Das Ergebnis: die Kirchen wurden so voll wie nie zuvor in der Geschichte der Kirche.

Ende des 19. Jahrhunderts – nicht erst in den 1960er Jahren, wie oft behauptet! – begann diese Entwicklung zu bröckeln: die Kirchenbesuchszahlen ließen langsam nach, die Menschen begannen, sich Reformen zu wünschen. Dann kamen die beiden Weltkriege. Insbesondere der II. Weltkrieg hielt diesen Schrumpfungsprozess auf und führte in der unmittelbaren Nachkriegszeit zu neuen Rekorden an Kirchenbesuchern. Dann begann sich die Entwicklung wieder umzukehren, und die Ursache dafür ist relativ klar. Der frühere Boom hatte damit zusammengehangen, dass die Menschen eine Heimat gesucht hatten, die Kirche war zur Mutter geworden, die ihren Kindern Orientierung gab. Dieses Bedürfnis ging bereits in den letzten Jahren des 19. Jahrhunderts zurück. Die beiden Kriege haben diese Entwicklung durch die Verarbeitung dieser extremen Erfahrungen noch einmal aufhalten können, danach setzte sich der Trend aber wieder durch. Insbesondere nach dem II. Weltkrieg und den Erfahrungen im 3. Reich ging es nun ganz massiv darum, dass die Menschen nicht auf eine Vater- oder Mutterfigur blicken, sondern in möglichst großer Selbst- und Eigenständigkeit ihr Leben gestalten wollten. Diesen Rollenwechsel hat die Kirche nicht mitgemacht – bis heute nicht. Bis heute erfüllt sie die Rolle der Mutter, die ihren Kindern ganz genau sagt, wo es langgeht. Das war im 19. Jahrhundert das, was die Kinder haben wollten. Im 20. Jahrhundert und insbesondere nach dem II. Weltkrieg war es das nicht mehr. Unmittelbar nach dem Krieg gingen die Zahlen aufgrund der Kriegserfahrungen kurzfristig hoch, um dann konstant zu fallen.

Dieses Buch von Gabriel war in vielerlei Hinsicht für mich sehr interessant. Als erstes entlarvte es das immerwährende Gerede der Konservativen, die Krise der Kirche sei eine Folge des reformorientierten II. Vatikanischen Konzils Mitte der 1960er Jahre als dummes Geschwätz. Die Kirchenbesuchszahlen begannen schon Jahrzehnte vorher zu sinken, der Ruf nach Reformen begann seit Ende des 19. Jahrhunderts laut zu werden, deutlich sichtbar etwa in der sog. „Liturgischen Bewegung". Das II. Vatikanische Konzil mit seiner Öffnung gegenüber der Moderne hat die Krise der Kirche nicht verursacht, sondern mit dieser Öffnung das getan (wenn auch nur halbherzig), was in diesem Augenblick geboten und von den Gläubigen gefordert war. Glaubt irgendwer, die Kirche veranstaltet ein Konzil, um Veränderungen durchzuführen, ohne sich zu diesen Veränderungen gezwungen fühlen?

Vor allem aber änderte Gabriel meinen Blick auf die aktuelle Krise. Diese erschien zumindest weniger dramatisch, wenn halbvolle Kirchen nicht die Ausnahme, sondern der historische Normalfall waren. Die aktuelle Entwicklung stellte sich so nicht als existenzbedrohende Krise, sondern als Ende eines Booms dar, der im 19. Jahrhundert begann und im 20. Jahrhundert endete. Natürlich sagte Gabriel nicht, dass der aktuelle Zustand der Kirche keine Krise, sondern nur das Ende eines Booms war. Aber diese Lesart war möglich und durchaus plausibel. Wobei Gabriel auch sehr deutlich darauf hinwies, was passiert, wenn die Kirche auf diese Krise nicht reagiert: die Krise wird weitergehen, die Kirche würde dann immer kleiner und fundamentalistischer, je nachdem wie lange die Krise nicht aufgehalten wird.

Ich hatte dieses Buch während meines Studiums gelesen, und es machte die aktuelle Krise für mich erklärbar und handhabbar. Im Laufe der Jahre änderte sich jedoch meine Einschätzung bzw. meine Lesart des Buchs von Gabriel. Der Hauptgrund war vor allem meine Arbeit in den Pfarrgemeinden. Gabriel hatte die Krise auf der sozialen Ebene festgestellt. Die Erfahrung, die ich nahezu jeden Tag in den Pfarrgemeinden machte, war jedoch die, dass das Problem nicht nur auf der sozialen Ebene lag, sondern deutlich tiefer. Natürlich hatten die Menschen damit Probleme, dass die Kirche eine Rolle erfüllte, die eigentlich nicht mehr gewünscht war, dass sie den Menschen vorschrieb, wie sie ihr Sexualleben führen sollten, dass sie zu zentralistisch und zu wenig demokratisch war usw. Das ist alles richtig, aber das Hauptproblem, das ich jeden Tag wahrnahm, war jenes, dass die Leute schlicht und einfach nicht mehr an Gott glaubten. Es war nicht nur die Unzufriedenheit mit der sozialen Größe „Kirche", es war die bei vielen Menschen vorhandene völlige Unfähigkeit, an Gott zu glauben.

Die Kirche funktionierte noch als soziale Größe. Klar, es gab Probleme, aber es gab noch viele Kirchengemeinden mit vielen aktiven Leuten. Aber selbst diese Aktiven, so meine Erfahrung, waren oft wenig gläubig in dem Sinne, dass man bei ihnen spüren könnte, dass Gott selbst in ihrem Leben eine Rolle spielen würde. Sie waren aktiv im Leben der Kirchengemeinde. Sie engagierten sich in den Gremien der Pfarrei, auf dem Pfarrfest, in der Jugendarbeit oder in einem

Verband. Dort gab es noch immer viele motivierte Leute. Von denen aber kaum einer zu sehen war, wenn es um Gott ging. Sie waren aktiv, gingen aber eher selten zur Kirche. Spirituelle Angebote wie Gespräche über Gott oder die Bibel? Eine Niederlage mit Ansage. Eigentlich bestand kaum eine Chance, dort eine nennenswerte Zahl Leute zu versammeln. Viele Kirchengemeinden waren noch einigermaßen gut funktionierende soziale Gebilde, als spirituelle Größen existierten sie kaum. Um es klar zu sagen: bereits als soziale Größe erfüllten die Kirchengemeinden eine wichtige Funktion. Und es war auch nicht so, dass es keine spirituellen Menschen in den Kirchengemeinden gegeben hätte. Nach vielen Jahren in der Seelsorge ist mein Eindruck jedoch der, dass es sich dabei um eine sehr kleine Minderheit handelte.

Dieser über viele Jahre gewachsene Eindruck führte dazu, dass ich immer mehr davon Abstand nahm, dass die Krise der Kirche in ihrer Wurzel mit ihren sozialen Gegebenheiten zusammenhängt. Natürlich verfügt die Kirche hier über einen übergroßen Reformbedarf. Aber selbst eine Dezentralisierung der Kirche, die Aufhebung des Zölibats, die Einführung des Frauenpriestertums, die effektive Bekämpfung des sexuellen Missbrauchs: all das würde der Kirche helfen, sie aber nicht retten. Weil das Problem tiefer liegt. Die Kirche verfügte immer über strukturelle Fehler. Die Kirchengeschichte ist voll von machthungrigen und sexbesessenen Päpsten, von korrupten Kardinälen und faulen Priestern. Trotzdem kam die Kirche in ihrer langen Geschichte immer relativ glimpflich davon. Der Grund: die Leute haben noch an Gott geglaubt und für diesen Gott viele Fehler seiner Kirche verziehen. Dieser Glaube ist selten und zerbrechlich geworden. Eine Aufhebung des Zölibats beispielsweise würde den Priestermangel nicht lösen. Es gibt nicht zu wenig Priester, weil es den Zölibat gibt, sondern weil es zu wenige Menschen gibt, die sich überhaupt noch für Gott interessieren. Priester fallen ja nicht vom Himmel – auch wenn einige von ihnen das glauben –, sondern sie rekrutieren sich aus den aktiven und gläubigen Katholiken. Wenn die zur Seltenheit werden, dann werden es auch die Priester. Die strukturellen Faktoren sind wichtig und hier muss die Kirche sicherlich etwas ändern, um überhaupt als gesellschaftlicher Gesprächspartner ernst genommen zu werden. Aber die Wurzel der Krise ist eine andere: der immer mehr verdunstende Glaube der Menschen an Gott. Was passiert da? Wo kommt das her?

Es gibt einen nicht allzu frommen Menschen, der den allgemeinen Glaubens-verlust in einem Satz zusammengefasst hat: Nietzsche in seinem „Gott ist tot". Er ist der berühmteste, aber auch abtrünnigste Pfarrerssohn der Geschichte: Friedrich Nietzsche (1844-1900) zählt eigentlich nicht zu den Autoren, die ein guter Christ gemeinhin liest. Er ist der große Kämpfer, der oft polemisch und hasserfüllt gegen das Christentum wetterte. Sein berühmtes „Gott ist tot!" ist das Fanal dieses Angriffs auf das Christentum. Im Laufe meines Studiums habe ich Nietzsche nur am Rande wahrgenommen, habe vor allem viele seiner Apho-rismen mit einem gewissen Interesse gelesen, aber sonst keine Verwendung für meine eigene Theologie gesehen. Seine Kritik am Christentum schien mir zu radikal. Einige Jahre später begann mir allerdings zu dämmern, dass vielleicht gerade ein Blick auf einen derart radikalen Kritiker helfen kann, die Krise des Christentums zu verstehen. Eine radikale Krise zu verstehen, erfordert die Kenntnis einer radikalen Kritik. Hier half mir eine etwas sorgfältigere Lektüre der Erzählung, in der das berühmte „Gott ist tot!" fällt. Es ist eine Szene aus dem Buch „Die fröhliche Wissenschaft" aus dem Jahre 1882. Mittlerweile halte ich diese Erzählungen für eine der grundlegenden Erzählungen der Krise des modernen Christentums, aber auch der Entstehung des modernen Menschen. Nietzsche schreibt:

„Habt ihr nicht von jenem tollen Menschen gehört, der am hellen Vormittag eine Laterne anzündete, auf den Markt lief und unaufhörlich schrie: Ich suche Gott! Ich suche Gott!

Da dort gerade Viele von Denen zusammenstanden, welche nicht an Gott glaub-ten, so erregte er großes Gelächter. Ist er denn verloren gegangen? sagte der eine. Hat er sich verlaufen wie ein Kind? sagte der Andere. Oder hält er sich versteckt? Fürchtet er sich vor uns? ... so schrieen und lachten sie durcheinander.

Der tolle Mensch sprang mitten unter sie und durchbohrte sie mit seinen Blicken. Wohin ist Gott?, rief er, ich will es euch sagen! Wir haben ihn getötet, ihr und ich! Wir alle sind seine Mörder! Aber wie haben wir das gemacht? Wer gab uns den Schwamm, um den ganzen Horizont wegzuwischen? Was taten wir, als wir diese Erde von ihrer Sonne losketteten? Wohin bewegt sie sich nun? Wohin bewegen wir uns? Stürzen wir nicht fortwährend? Gibt es noch ein Oben und ein Unten? Irren wir nicht wie durch ein unendliches Nichts? Haucht uns nicht der leere Raum an? Ist

es nicht kälter geworden? Kommt nicht immerfort die Nacht und noch mehr Nacht?
Gott ist tot! Und wir haben ihn getötet!"[4]

Diese wenigen Zeilen wurden für mich zu einer Schlüsselerzählung, die meine Sicht auf viele Dinge grundlegend verändert hat. Sie beschreibt, wie der moderne Mensch Gott verloren hat. Gott war auf einmal tot für ihn. Nicht Gott selbst war tot, aber er war für den modernen Menschen nicht mehr wahrnehmbar. Dieser Verlust Gottes ging jedoch nicht spurlos am modernen Menschen vorüber. Wenn Nietzsche in dieser Erzählung beschreibt, wie der Mensch auf einmal den Horizont wegwischte oder sich von der Sonne loskettete oder das Gefühl hatte, abzustürzen, dann spricht er genau die Leere und Haltlosigkeit aus, die viele Menschen angesichts der Moderne empfinden. Unser alter Horizont, an dem wir uns viele Jahrhunderte orientiert haben, ist weg. Wir haben ihn weggewischt und irren nun orientierungslos durch das Leben. Gott ist tot, und wir wissen nicht mehr wohin, alleingelassen von dem, der uns jahrhundertelang geführt hat: der christliche Gott. Gott ist tot. Und wir haben ihn getötet.

Wie haben wir das getan? Was hat die Kirche getan, ihren Gott zu verraten und zu töten? Nietzsche hat darauf eine klare Antwort: sie wurde zur Moral. Das mag auf den ersten Blick erstaunen. Natürlich ist das Christentum – wie jede Religion – eine moralische Größe. Nietzsche macht jedoch sehr feinsinnig immer wieder darauf aufmerksam, dass eine Religion nicht nur Moral sein darf. An erster Stelle muss es der Religion um Gott gehen: die Religion stiftet eine Beziehung zwischen Gott und den Menschen. Und aus dieser Beziehung des Menschen zu Gott heraus ergibt sich *dann* eine Moral. Nicht umgekehrt. Nicht die Moral schafft eine Beziehung zu Gott, sondern die Beziehung zu Gott schafft eine Moral. In den letzten Jahrhunderten hat sich das Christentum immer mehr als eine moralische Instanz verstanden: die Beziehung des Menschen zu Gott erfolgte nicht als eine lebendige Beziehung, sondern über die Erfüllung einer Moral, über Gesetze, Gebote und Verbote. Die christliche Botschaft wurde immer vollständiger durchmoralisiert: Du bist ein guter Christ und Gott nah, wenn du dieses tust und jenes unterlässt. Die Christen wurden immer mehr zugeschüttet mit Gesetzen und Verboten, und dieses Zuschütten – so Nietzsche – hat eigentlich jede echte Beziehung zu Gott vernichtet. Gott ist tot, begraben unter dem Kirchenrecht, dem Katechismus und endlosen Predigten

---

[4] Nietzsche, Friedrich: Die fröhliche Wissenschaft, 105.

über das, was man tun oder nicht tun soll. Nietzsche in seiner „Genealogie der Moral":

„Dergestalt ging das Christentum als Dogma zugrunde, an seiner eigenen Moral; dergestalt muss nun auch noch das Christentum als Moral zu Grunde gehen – wir stehen an der Schwelle dieses Ereignisses."[5]

Nietzsche ist der für mich scharfzüngigste und scharfsinnigste Beobachter des allgemeinen Glaubensverlustes, des „Todes Gottes". Wie konnte es zu ihm kommen? Hier hat mir vor allem Charles Taylors Werk „Ein säkulares Zeitalter" von 2007 geholfen, das ich um 2010 gelesen habe. Auch wenn ich Taylors Analysen nicht vollständig teile: in ihrer Fähigkeit, wichtige rote Fäden der europäischen Geistesgeschichte sichtbar zu machen, waren sie für mich von wirklich großem Wert. Taylor geht weit zurück in die Geschichte, bis in die Reformationszeit, oder genauer: bis in die Zeit, aus der die Reformation entstanden ist: das Mittelalter. Dieser Schritt in die historische Ferne ist insofern folgerichtig, weil man – um zu erkennen, warum der Glaube verschwunden ist – in die Zeit zurückgehen muss, in der der Glaube noch intakt und die Nichtexistenz Gottes für die Menschen undenkbar war. Das Mittelalter.

Die Welt, in der der Mensch im Mittelalter lebte, unterschied sich grundlegend von unserer modernen Welt heute. Alles in jener Welt war irgendwie magisch aufgeladen. Wenn ein Mensch damals durch den Wald ging, war er nie allein: er war umgeben von Geistern und Dämonen, überall war sichtbares und unsichtbares Leben. Es gab nichts ohne diese Geister, und es gab nichts ohne Gott. Er wirkte überall: in Naturgewalten, Gewittern, aber auch im Säuseln des Windes und im Wachsen einer Pflanze. Der Gedanke, dass Gott nicht existieren könnte, wäre einem damaligen Menschen absurd erschienen: das Leben der Welt war ihm Beweis für das Leben Gottes. Die Kirche war die sichtbare Manifestation dieses Gottes. Ihre Riten waren kein Ort, um Gott zu finden, ein selbstverständlicher Gott musste nicht gesucht werden. Ihre Riten waren der schlichte Ausdruck dafür, dass er da ist: symbolischer, sinnhafter Ausdruck seiner jedem offensichtlichen Gegenwart. Genau hier erfüllte die Kirche ihre Funktion zum Erhalt der Weltordnung. Diese war ständig bedroht von den bösen Geistern und Mächten. Je präsenter und wirkmächtiger Gott in dieser Welt war, desto stabiler war ihre bedrohte Ordnung. Indem die Kirche diesen Gott

---

[5] Nietzsche, Friedrich: Genealogie der Moral, 27.

gegenwärtig machte, stabilisierte sie die Weltordnung. Die Kirche war nicht eine Religion unter vielen, sondern der verlängerte Arm Gottes im Ringen um die Weltordnung. Entsprechend rigoros musste die Kirche gegen diejenigen vorgehen, die sich von ihr abwandten: Ketzer und Irrgläubige waren nicht nur Feinde der Kirche, sie waren in ihrer vermuteten oder realen Feindschaft zur Kirche eine Bedrohung für die Weltordnung. Hier liegt die Wurzel für die uns heute völlig unverständliche Härte der mittelalterlichen Kirche im Umgang mit Andersdenkenden. Die Kirche war Teil der göttlichen Weltordnung, und der Mensch lebte in einer festgefügten Welt, die von fein austarierten weltlichen und geistlichen Hierarchien in ihrem Bestand und in ihrer Ordnung gehalten wurde. Diese uns heute sehr ferne Welt bot den Menschen eine große Sicherheit und Geborgenheit. Sie fühlten sich aufgehoben in der Schöpfung Gottes, und die Kirche war das sichtbare Zeichen seiner Gegenwart.

Diese feste Einheit, in der der Mensch des Mittelalters lebte, begann zu bröckeln, und hier setzt die Erzählung Taylors an. Man kann jetzt lange darüber spekulieren, was die Ursachen dieses Bröckelns waren. Es wird nicht die eine, sondern eine Vielzahl an Ursachen gegeben haben. Fakt ist jedoch: diese feste Ordnung, die das Kennzeichen der mittelalterlichen Welt gewesen ist, beginnt sich langsam aufzulösen. Welche einzelnen Dinge hier auch immer am Werk gewesen sein mögen: letztlich hat sich diese unveränderliche Ordnung als unfähig erwiesen, eine veränderliche Welt in den Griff zu kriegen.

Taylors Buch ist eigentlich nicht mehr und nicht weniger als eine meisterhafte Beschreibung dieser jahrhundertelang und bis heute andauernden Auflösung dieser Einheit. Ganz grob beschreibt Taylor folgenden Weg: indem die alles verbindende Klammer von Gott und Kirche Schritt für Schritt schwächer wurde, wurde der Individualismus immer stärker. Der Mensch definierte sich immer weniger von Gott her, sondern immer mehr aus sich selbst heraus. Es begann sehr unscheinbar. Auf einmal wurde nicht mehr die Göttlichkeit Christi, sondern sein Menschsein betont, sein Leiden. Franz von Assisi empfing die Wundmale Christi, die Flagellanten, die sich selbst auspeitschten: all das sind Zeichen einer stärkeren Sicht auf das Menschsein Christi und damit auch auf das Menschsein eines jeden Menschen. Diese neue Konzentration auf den Menschen hatte mehrere Konsequenzen: der Glaube an Gott wird individueller. In diesen Zusammenhang sind die großen Mystiker des Spätmittelalters wie Meister Eckhart oder Thomas von Kempen einzuordnen: das Innere des Menschen wurde als der Ort entdeckt, an dem Gott gefunden werden konnte. Zugleich wurde die individuelle Hinwendung zu Gott entscheidender: es erschienen immer mehr kirchliche Vorschriften, wie der Mensch sein Leben zu führen hatte. Das individuelle Leben des Menschen wurde bedeutender – mit ihm allerdings auch die Angst vor dem Tod. Taylor berichtet sehr detailliert von diesen vielfältigen Veränderungen, die überall sichtbar werden: in der Literatur, in der bildenden Kunst, in kirchlichen Vorschriften, in den staatlichen Gesetzen. Diese wachsende Hinwendung zum Menschen bedeutete noch keine Abwendung von Gott. Der Mensch verstand sich weiterhin als Geschöpf Gottes, aber die Perspektive verschob sich: der Mensch war nicht mehr nur ein kleines Rädchen in einer von Gott und seiner Kirche dominierten Welt, er wurde zu etwas Besonderem. Er erkannte immer mehr seinen Eigenwert, und das veränderte alles. Indem der Mensch sich selbst immer unabhängiger von Gott zu sehen begann, wuchs auch sein Interesse an der Natur, die ebenfalls immer unabhängiger von Gott wahrgenommen wurde. Bis dahin war die Natur Schöpfung Gottes und besaß keinen Eigenwert. Dies änderte sich nun. 1336 bestieg Petrarca einen hohen Berg und berichtet euphorisch von der wunderbaren Aussicht. Auf diese Idee wäre eine Generation vor ihm keiner gekommen: warum auf einen Berg steigen? Indem der Mensch sich selbst immer mehr in den Mittelpunkt rückte und damit auch seine Art und Weise, die Natur wahrzunehmen, interessierte er sich immer mehr für die Natur und ihre Geheimnisse. Die modernen Naturwissenschaften wurden geboren, und die Natur wurde Schritt für Schritt als Ort der Dämonen und Geister entzaubert.

Taylor erzählt die nun folgende Geschichte Europas aus dieser Perspektive, die immer mehr Fahrt aufnimmt: von der Renaissance als großer Feier der Wiederentdeckung des Menschen, von der Reformation als Feier des individuellen Glaubens und der Abkehr von der allmächtigen Kirche, von den neuen Naturwissenschaften, der Entdeckung der Gesetze der Natur und der Entzauberung der Geister, von der immer stärkeren Orientierung der staatlichen Organisationen auf den Menschen hin, die auch eine stärkere Disziplinierung und Moralisierung des einzelnen Lebens bedeutete, vom Wachsen der Wirtschaft und der Technik, von der Romantik, die diese neue wissenschaftliche, technische und individuelle Welt als Verlust wahrnimmt und sich nach der alten, verlorenen Einheit zurücksehnt. Diese Entwicklung war ungeheuer vielseitig und brachte einen großen Reichtum an menschlichen Errungenschaften hervor. Aber sie bedeutete zugleich den Tod Gottes: Gott wurde zusehends funktionslos. Bis dahin hatte Gott die Welt regiert. Nun waren es die Kräfte der Natur, die in den Naturgesetzen beschrieben wurden. Was machte dann Gott? Wozu brauchte man Gott? Gott verschwand zusehends aus dieser Welt. Als Schöpfer der Welt stand er noch am Anfang der Welt, als Richter auch noch am Ende der Welt, aber dazwischen? Das religiöse Gefühl änderte sich grundlegend, und das konnte auch an den Kirchen nicht spurlos vorbeigehen. Die Reformprogramme der Kirchen – evangelisch wie katholisch – orientierten sich daran, den Menschen zu einem besseren Menschen zu machen. Regeln wurden erstellt. Nicht mehr der Glaube, die gefühlte Nähe zu Gott war dafür entscheidend, ob man wirklich bei Gott war, sondern die Erfüllung dieser Regeln. Wo Gott immer weniger wahrnehmbar wurde, brauchte es einen klaren Ort, wo man ihn finden kann: die Regeln, die Moral. Dieses Denken war keine Erfindung der Kirchen, sondern eine Konsequenz tiefgreifender Veränderung des Menschen- und Gottesbildes. Die Erfüllung der moralischen Regeln definierte nun den Menschen in seiner Beziehung zu Gott. Die Erfahrung der Existenz Gottes selbst trat in den Hintergrund. Gott verschwand, bis Nietzsche feststellen konnte: Gott ist tot.

Diese Entwicklung, die Taylor beschreibt, vollzog sich nicht von heute auf morgen, und auch nicht überall und bei jedem. Die Entwicklung ging aber voran, und sie sorgte für eine neue Sicht auf den Menschen und auf die Welt, die sich immer schwerer tat, Gott zu entdecken. Dieser Gott wurde noch über ein Regelwerk sichtbar gehalten, bevor er ganz verschwand. Diese neue Sicht wurde von vielen Menschen als eine Leere wahrgenommen. Die Romantik war eine Reaktion darauf, aber auch der Antimodernismus der katholischen Kirche, die im 19. Jahrhundert alles in Bausch und Bogen verdammte, was nach Moderne roch. Damit schaffte es die Kirche im 19. Jahrhundert, ihre Gottesdienste wieder voll zu kriegen: sie bot Orientierung, Sinn und innere Sicherheit. Die allerdings im 20. Jahrhundert verschwand. Die Kirchen wurden nun endgültig leer. Das 20. Jahrhundert sah im Kommunismus und im Nationalsozialismus zuerst das Aufkommen neuer großangelegter Versuche, dem Menschen eine neue gültige Orientierung zu geben. Nach deren Scheitern blieb der Individualismus. Die Stichworte waren Selbstverwirklichung und Konsum. Der Mensch stand nun alleine im Mittelpunkt, die Religion konnte ihn nicht mehr packen, Ideologien einer gesellschaftlichen Erlösung auch nicht mehr. Der Mensch hatte die Möglichkeit, sich selbst zu leben, und diese Möglichkeiten nutzte er.

Ich habe „Ein säkulares Zeitalter" von Charles Taylor mit ungeheurem Gewinn gelesen. Es ist eine Fundgrube an interessanten historischen Details einer Geschichte, die uns moderne Menschen zu dem gemacht hat, was wir sind: Menschen, deren Glaube an Gott immer schwieriger geworden ist. Taylors große Stärke bestand für mich darin, meisterhaft die roten Fäden dieser Geschichte entwirrt und dargestellt zu haben. Dieses Buch hat mich vor allem in einer Sache bestärkt: so groß die strukturellen Schwierigkeiten der Kirche auch sein mögen, was ihren Zentralismus, ihre Frauen- und Sexualitätsfeindlichkeit und viele andere Problempunkte betrifft: ihre Krise ist viel tiefer und durch strukturelle Maßnahmen allein nicht zu beheben. Es geht nicht um die Struktur der Kirche, es geht um die Unfähigkeit des Menschen, an Gott zu glauben und ihn in seinem Leben entdecken zu können. Dieses Problem ist das Ergebnis einer jahrhundertelangen Entwicklung, die an kaum einem vorübergegangen ist, der hier in Europa großgeworden ist.

Gehen wir noch einmal einen Schritt weiter zurück, um den „Tod Gottes" zu verstehen. Das Christentum entstand vor 2000 Jahren am Rand des römischen Reichs, in Palästina. Wie der gesamte östliche Mittelmeerraum wurde dieses Gebiet von der griechischen Kultur dominiert, dem Hellenismus. Als das Christentum sich schnell über Palästina hinaus ausdehnte, trat es immer deutlicher in den Hellenismus hinein – ganz abgesehen davon, dass auch das Judentum jener Zeit, aus dem das Christentum ja entstanden war, selbst durchaus stark vom Hellenismus geprägt war. Das Christentum entstand und wuchs in einer hellenistischen Welt, und das bedeutete auch, hellenistisch zu fühlen und zu denken. Eine wichtige Größe der hellenistischen Kultur war die rationale Deutung der Welt: es ging um die Vernunft. Es reichte nicht aus, von Gott zu erzählen, man musste ihn auch als höchste Vernunft der Welt begründen können. Was bedeutete das konkret? Was hieß „vernünftig"? Vernünftig bedeutete: allgemeingültig, universal. Rational und im damaligen Sinne wissenschaftlich über die Welt zu sprechen, bedeutete, die veränderliche Welt argumentativ auf etwas zurückzuführen, was nicht veränderlich ist: den allgemeingültigen, universalen und ewigen Logos. Die in den letzten vorchristlichen Jahrhunderten entwickelte griechische Philosophie ist in ihrer Form als Metaphysik genau dieser Weg, über die Welt zu sprechen. Die neue christliche Theologie folgte diesem Weg: sie führte alles auf das Ewige und Unveränderliche zurück, weil nur das Ewige und

Unveränderliche gültig und wahr sein konnte. Dies tat die Kirche, wenn sie von Gott sprach, der ewig und unveränderlich die Quelle des Seins ist. Dabei vergaß die Kirche jedoch die Geschichtlichkeit ihres Gottes. Und geschichtlich heißt: veränderlich. Das Judentum lebte und erzählte in der Bibel davon, dass Gott mit ihm eine Geschichte hat. Das Christentum konnte hier nicht mehr anknüpfen, weil dieser Gott keine Geschichte haben konnte: er ist unveränderlich über den Dingen. Philosophisch präzise, aber irgendwie leblos. Die Kirche brachte diese Unveränderlichkeit und Allgemeingültigkeit in all ihre Lebensvollzüge, auch in ihre eigenen Strukturen, indem sie ein unveränderliches priesterliches, bischöfliches und schließlich päpstliches Amt schuf.

Wie sehr diese Entwicklung das Innere der Kirche prägte und prägt, wird deutlich in einem Blick auf die Sakramentenlehre. Die Sakramente sind der Lebensvollzug der Kirche: indem die Kirche sakramental handelt, holt sie das Wirken Gottes in diese Welt: in Taufe, Abendmahl usw. Vor diesem Hintergrund hat Ivan Illich (1926-2002) einige Punkte gesetzt, die für mich im Laufe der Jahre immer zentraler wurden. Illich war eine schillernde Persönlichkeit mit einer faszinierenden Biographie. Er wuchs in Wien als Kind einer halbjüdischen Familie auf, die mit Sigmund Freud befreundet war. Nach dem Krieg wurde er katholischer Priester, zuerst im Vatikan, dann in den USA eingesetzt. Illich war in vielen Feldern aktiv, besonders in der Kulturtheorie. Viele seiner Tätigkeiten und Veröffentlichungen sorgten für scharfe Kritik seitens der Kirche, die schließlich 1969 zu seiner Aufgabe der priesterlichen Funktionen führte. Illich hat sehr spannende Interpretationen der Kulturgeschichte vorgelegt, die ich gerade mit Blick auf die katholische Kirche sehr inspirierend fand. Er interpretiert die gesamte Geschichte der Kirche als eine Fehlentwicklung und als einen Verrat am ursprünglichen Christentum.

Nehmen wir ein Beispiel. Die katholische Kirche ist seit jeher im Gesundheitswesen engagiert, errichtet Krankenhäuser, Altenheime und Hospize. Es ist ohne Zweifel wichtig, dass eine Gesellschaft über derartige Einrichtungen verfügt, und in diesen Einrichtungen hat die Kirche ohne Zweifel unendlich viel Gutes an den Menschen getan. Aber ist es die Aufgabe der Kirche, Krankenhäuser zu betreiben? Illich erklärt dies am Beispiel des barmherzigen Samariters. In diesem Gleichnis fordert Jesus, dass jeder Mensch als „Nächster", als Mitmensch zu behandeln ist. Hier liegt der Kern der christlichen Ethik: ich soll meinen Nächsten lieben wie mich selbst. Entsprechend ist es als Christ – gemäß dem Gleichnis des barmherzigen Samariters – meine Aufgabe, meinem Nächsten sofort zur Seite zu stehen, wenn er Hilfe benötigt. Die christliche Ethik beschreibt, wie ich als Christ mit meinen Mitmenschen umgehen soll. Dabei geht es nicht um ein Wohlfahrtssystem, sondern um persönliche, gelebte Menschenliebe! Das Christentum, so Illich, hat jedoch seit jeher die Tendenz, alle Bereiche zu verrechtlichen. Dies gilt für das Gesundheitssystem. Die Kirche baut Krankenhäuser, aber vergisst, dass die Hilfe meines Nächsten erst einmal die persönliche Aufgabe eines jeden Christen ist. Nehmen wir die Beichte. Sie ist ein gigantisches Rechtssystem. Aber es geht bei der Vergebung, von der Christus erzählt, doch nicht darum, ein Rechtssystem zu erfüllen, sondern darum, dass ich da, wo mein Nächster sündigt, in der Lage sein muss, ihm zu vergeben.

Über tausend Jahre lang kannte die Kirche keine festen Sakramente im heutigen Sinne. „Sakrament" stand einfach nur für feste Zeichen des Wirkens Gottes, von denen es hunderte gab. Erst ab dem 12. Jahrhundert begann man, die Anzahl der Sakramente zu begrenzen und darüber zu debattieren, wie viele es denn wohl sein mögen. Schließlich einigte man sich auf sieben, die bis heute gültig sind. Was hat die Kirche aber verloren, als sie nur noch in diesen sieben Sakramenten Zeichen des Wirkens Gottes erkannte? Sie gewann die Hoheit über diese Sakramente, aber was verlor sie?

Illich lenkt den Blick auf die großen, vielleicht entscheidenden Verluste, die die Kirche erlitten hat, als sie zu einem Rechtssystem wurde und in dieses Rechtssystem auch ihren Gott einspannte. Um nicht missverstanden zu werden: die Kirche muss ein Rechtssystem haben. Aber sie darf sich nicht als solches verstehen, weil sie dann ihren Gott vergisst oder sich sogar über ihn erhebt. Was ist das für eine Aussage, dass Gott den Ehebund zweier Menschen nicht segnet, weil ein Stempel vergessen wurde? Wie kann man überhaupt glauben, dass Gott etwas nicht machen würde, weil ein Stempel nicht da ist? Wie kann man glauben, dass Gott einem Menschen seine Sünden nicht vergibt, weil der Priester als Beichtvater es nicht tut? Wie kann man glauben, dass Christus im Abendmahl nicht gegenwärtig wird, weil der Priester irgendein Gebet anders gesprochen hat als im Messbuch vorgeschrieben? Wie kann man glauben, dass jemand nicht mehr in der Gemeinschaft mit Christus steht, wenn er die Kirchensteuer nicht mehr bezahlen kann oder will? Wie kann man glauben, dass der Wille Gottes, einen Menschen zu erlösen und vom ewigen Tod zu befreien, davon abhängig ist, ob dieser Mensch in der Messe namentlich erwähnt wird und für diese Erwähnung Geld bezahlt wurde? Was ist das für ein Gottesbild? Und was ist das für ein arrogantes Selbstverständnis der Kirche gegenüber ihrem Gott? Die Kirche bindet das Handeln Gottes an ihr eigenes Handeln und wundert sich, dass alle Menschen von der Fahne gehen, wenn dieses kirchliche Handeln als gottlos erfahren wird.

Illich trifft mit seiner Kritik den Punkt, den Nietzsche vor Augen hatte, als er die Moralisierung der Kirche kritisierte. Die Kirche stellte nicht nur viele moralische Vorschriften auf, sie wurde immer mehr selbst zu einer erstarrten Moral und vergaß immer mehr den lebendigen Kern, aus dem sie eigentlich leben sollte. Dem Christentum als Religion sollte es um die Beziehung zu Gott gehen. Diese Beziehung – wie auch jede andere zwischenmenschliche Beziehung – lebt nicht aus Gesetzen und Vorschriften, sie lässt sich nicht definieren und in Dogmen gießen.

Indem die Kirche und die kirchlichen Ämter zu einem starren Rechtssystem geworden sind, sind sie zu einem Widerspruch dessen geworden, was Jesus von Nazareth damals eigentlich gesagt und gelehrt hat. Er beschimpfte die damaligen Schriftgelehrten, die mit teuren Gewändern durch die Gegend laufen, sich huldvoll grüßen lassen und sich freuen, wenn sie überall die Ehrenplätze erhalten. Wem fallen angesichts dieser Zeilen keine Bischöfe oder Pfarrer ein? Jesus stieß sich damals an der Priesterkaste, die den Menschen aus den Augen verloren hatten und auf einem Recht und einem Gesetz bestand, das sie selbst geschaffen hatte. Wie würde Jesus auf die heutige Kirche und ihre Amtsträger blicken?

Ausgerechnet in seiner Schrift „Der Antichrist" hat Nietzsche folgende Sätze niedergeschrieben, die ich zu den besten und stärksten Sätzen zähle, die je über Christus ausgesprochen wurden, und es ist mehr als bezeichnend, dass der schärfste Kritiker des Christentums Christus viel besser verstanden hat als es oft die Kirche tut. Nietzsche schreibt über Christus:

> *„Dieser frohe Botschafter starb wie er lebte. Er widersteht nicht, er verteidigt nicht sein Recht, er tut keinen Schritt, der das Äußerste von ihm abwehrt, mehr noch: er fordert es heraus. Und er bittet, er leidet, er liebt mit denen, die ihm Böses tun. Nicht*

sich wehren, nicht zürnen, nicht verantwortlich machen, auch nicht dem Bösen wider-
stehen, - ihn lieben ... "[6]

Handelt die Kirche so? Handelt sie im Sinne Christi, wenn sie auf ihrem eigenen
Recht besteht und nicht verzeiht? Ist das der Kern des Christentums? Das eigene Recht? Nietzsche hat den Finger in die Wunde des Christentums gelegt,
das immer mehr zu einer rechtlich-moralischen Instanz geworden ist und immer weniger eine Religion war. Eine Religion ist vom Gefühl der Präsenz Gottes getragen, sie spürt, dass Gott da ist und gestaltet ihr Leben aus diesem Gefühl heraus. Dieses Gefühl hat das Christentum immer mehr verloren – nach
außen wie auch nach innen.

Das Verdunsten bzw. der Tod Gottes, die immer mehr um sich greifende
Unfähigkeit, die Realität Gottes zu spüren, verschont anscheinend auch viele
kirchliche Amtsträger nicht. Immer wieder erlebte ich kirchliche Amtsträger,
die in irgendeiner Form ein Doppelleben führten oder sonst etwas taten, das
ihrem Amt nicht angemessen war. Immer wieder fragte ich mich: glauben die
eigentlich an Gott? Glauben die daran, dass eine höhere Macht auf ihr Leben
blickt und auf ihr Leben Einfluss hat? Diese Frage stellte ich mir nicht nur bei
Priestern, die schwerer Vergehen schuldig waren wie des sexuellen Missbrauchs.
Diese Frage stellte ich mir auch bei Bischöfen, die beim Lügen erwischt wurden
oder jahrzehntelang Missbrauchstäter gedeckt hatten. Glauben die an Gott? Wie
sind die in der Lage, ein Leben zu führen, das dem, was Gott von ihnen will,
ganz offensichtlich widerspricht, und trotzdem an diesen Gott und seine Gegenwart zu glauben? Ich bekam das immer weniger zusammen.

Die gleiche Frage stellte ich mir allerdings auch mit Blick auf die große
Angst, mit der viele Priester und Bischöfe ihr kirchliches Amt gestalteten. Wenn
ich im Wissen lebe, von Gott getragen zu sein, kann ich dann nicht mit mehr
Selbstvertrauen agieren? Hinter dem Unwillen, längst überfällige Reformen an-
zugehen, steckte für mich bei vielen Amtsträgern die nackte Angst vor dem
Ungewissen, die für mich schwer vereinbar war mit einem festen Glauben an
Gott.

Da Gott auch innerkirchlich immer weniger als eine machtvolle und spür-
bare Realität erfahren wird, wird die Ohnmacht gegenüber der Welt immer größer. Gott war das Korrektiv, mit dem man auf die Welt blicken konnte, der

---

[6] Nietzsche, Friedrich: Der Antichrist, 35.

Maßstab, mit dem man die Welt einordnen konnte, die Kraft, die einen die Welt verändern ließ. Wenn diese Kraft fehlt, bleiben Angst, Ohnmacht, Ignoranz: die Unfähigkeit, die Welt zu verstehen und auf sie einzuwirken, aber auch die Unfähigkeit, sich selbst zu verändern. Was bleibt, sind alte Regeln, Dogmen und Gesetze, die eine vermeintliche Sicherheit bieten, aber längst zu leeren Hüllen geworden sind. Sie werden nicht mehr mit Leben gefüllt. Wo ringt die Kirche noch um ihre Begriffe? Wo ringt sie um das, woran sie glaubt? Wo denkt die Kirche darüber nach, was heute eigentlich „Erlösung" bedeutet? Wovon und wie wird der Mensch erlöst? Warum muss er überhaupt erlöst werden?

Der „Tod Gottes" bedeutete den Verlust der Objektivität der Gotteserfahrung und den Rückzug des Religiösen in das persönliche Gefühl. Die Kirche reagierte auf den Verlust dieser Objektivität des Göttlichen, indem sie diese Objektivität sich selbst und ihren Regeln zuschrieb. Nietzsche hat mit einer ungeheuren Sensibilität in der Mitte des 19. Jahrhunderts die zunehmende Selbstentleerung des Christentums gespürt und mit einer ungeheuren Schärfe und Polemik beschrieben. In dieser Diagnose hatte Nietzsche völlig recht, so wurde mir immer klarer. Die Kirche definiert sich nur noch über die Moral. Dies hat den trügerischen Vorteil, in der Öffentlichkeit seine Existenzberechtigung darlegen zu können: wir werden gebraucht, weil ohne uns die öffentliche Moral den Bach runtergeht. Unabhängig davon, ob das überhaupt stimmt: es führt dazu, dass eigenes moralisches Versagen – man nehme den sexuellen Missbrauch – umso härter auf die Kirche selbst zurückfällt. Die Kirche ist in erster Linie eine moralische Instanz, welche die Beziehung des Menschen zu Gott über die Erfüllung ihrer Gebote definiert. Dabei hat sie allerdings Gott selbst aus den Augen verloren. Und ihn so sterben lassen.

Vielleicht ist dieses Schicksal der Kirche eine Konsequenz dessen, was das Christentum verkündet: die Größe des Menschen. Als einzige Religion trifft das Christentum die Aussage, dass Gott sich in einzigartiger Weise mit den Menschen verbunden hat: er wurde selbst Mensch. Indem das Christentum damit Gott in die Nähe des Menschen rückte, traf es eine einmalig große Aussage über den Menschen. Gleichzeitig verschob es damit aber die Aufmerksamkeit weg vom Göttlichen selbst. Das Christentum säkularisierte sich selbst. Vielleicht musste Gott sterben, damit der Mensch umso größer werden konnte. Vielleicht ist dies die wahre Geschichte des Christentums, die wir gerade erleben.

Im Schatten

Erstmals stieß ich als Seminarist in den 1990er Jahren auf das Thema „Missbrauch". Als Kind und Jugendlicher in meiner Heimatgemeinde bin ich nie mit dieser Thematik konfrontiert worden. Mitte der 1990er Jahre – es muss kurz vor meiner römischen Zeit gewesen sein – erzählte mir ein älterer Pfarrer von einem Kaplan, der vor einigen Jahren in seiner Pfarrei tätig gewesen sei. Dieser sei ein guter und tüchtiger Kaplan gewesen. Aber er habe, so der Pfarrer, „nicht seine Finger bei sich lassen können". Das Ganze sei dann rausgekommen, und der Kaplan sei dann in ein ostdeutsches Bistum versetzt worden, wo er noch immer tätig sei. Ich muss gestehen, dass ich mir diese Geschichte anhörte, aber überhaupt nicht verarbeitete. Was genau sollte das heißen, dass er nicht seine Finger bei sich lassen konnte? Ein paar Monate später erzählte mir der ältere Pfarrer wieder von diesem Fall, aber diesmal aus anderer Perspektive. Ihm sei damals aufgefallen, dass Jugendliche diesen Kaplan – wenn sie über ihn sprachen – als „Schwein" bezeichnen würden. Da seien bei ihm damals die Alarmglocken angegangen. Wenn die den Kaplan nur nicht hätten leiden können, so der Pfarrer, dann hätten sie ihn als „Idioten" oder „Arschloch" bezeichnet. Aber als „Schwein"? Da steckte etwas Anderes dahinter.

Ich hörte mir diese Erzählungen des Pfarrers an. Eigentlich berührten sie mich kaum. Es war mir völlig fremd, und diese Geschichte schien ja auch abgeschlossen. Der Kaplan hatte etwas Dummes gemacht und war dafür in die Ferne versetzt worden. Was genau dieses Dumme war und was der Kaplan da in der Ferne eventuell an weiteren Dummheiten machte: daran dachte ich keine Sekunde. Auch nicht an die Opfer. Die kamen nicht vor. Weder in der Erzählung des Pfarrers noch in meinen Gedanken.

Dies sollte sich ändern, als ich Priester wurde. Ich traf im Laufe der Jahre einige Personen, die an verschiedenen Orten durch Priester Opfer von sexuellem Missbrauch geworden waren. Die Opfer sprachen eigentlich nie direkt über das, was damals passierte. Es gab Andeutungen, indirekte Erzählungen über ihre früheren Versuche, Eltern oder Freunden zu berichten. Es war für mich immer eine schwierige Situation. Zum einen, was den Inhalt betraf: weiter nachfragen oder nicht? Zum anderen: wie soll ich mit diesen Informationen umgehen? Wenn das Opfer nicht bereit ist, gegenüber der Polizei oder dem Bistum zu sprechen, was kann ich dann tun? Ohne Beweise? Ohne Zustimmung des Opfers, das sich ja mir gegenüber zumindest ein bisschen geöffnet hatte, weil es wusste, dass diese Dinge vertraulich blieben? Ich habe in solchen Fällen immer wieder vorsichtig versucht, das Opfer dahin zu bringen, sich zu öffnen. Sei es gegenüber einer staatlichen oder kirchlichen Stelle. Das erfolgte in diesen Jahren aber nicht. Diese Menschen brachten diese Kraft nicht auf. Die Opfer, die mir bekannt sind, konnten sich erst öffnen, als die Missbrauchsthematik öffentlich geworden war. Irgendwie brauchten sie wohl den Rückenwind der Gesellschaft, das allgemeine Wissen, dass in der Kirche solche Dinge passiert sind. Ob ich damals richtig agiert habe: ich weiß es nicht. Die Opfer wollten einen sehr geschützten Raum haben und hatten nicht die Kraft, sich einer staatlichen oder kirchlichen Untersuchung zu stellen. Das war mein größtes, für mich damals unüberwindliches Hindernis. Wäre ich zur Staatsanwaltschaft gegangen: was hätte ich in der Hand gehabt? Nicht einen Beweis und die Aussage eines Menschen, der nicht aussagen kann. Was ich respektieren musste, weil ich ja auch nicht wissen konnte, wie er darauf reagiert, wenn er auf einmal gegen seinen Willen in ein Ermittlungsverfahren hineingezogen würde. Bis zum Suizid konnte ich nichts ausschließen. Wie hätte das Bistum auf einen solchen vertraulichen Hinweis reagiert? Überhaupt nicht. Es wäre nichts passiert. Man hätte gefragt, ob die Person aussagen will, und wenn das nicht der Fall ist, hätte man so getan, als sei nichts passiert.

Die Bischöfe und Personalchefs der Bistümer wiesen später immer wieder darauf hin, dass man das Thema Missbrauch unterschätzt habe und nicht verstanden habe, was Missbrauch faktisch für die Opfer bedeuten würde. Das konnte ich erst einmal nachvollziehen. Mir ging es zuerst genauso. Nur: warum hat man nicht mit den Opfern gesprochen? Warum hat man nicht auf sie gehört, sondern nur auf die Täter? Ich selbst verstand erst, was Missbrauch ist, als ich mit Opfern sprach. Diese Chance hatten auch die Bischöfe und das viel eher und viel mehr als ich. Jahrzehntelang. Genau hier liegt das völlige menschliche Versagen der Bischöfe. Es liegt nicht darin, bei den ersten ihnen bekannten Fällen nicht genau gewusst zu haben, was dort passierte. Es liegt darin, nicht wissen zu wollen, was dort passierte. Das große Versagen liegt darin, zu wissen, dass es Opfer gibt, sich aber nicht für sie zu interessieren. Dieses Desinteresse war und ist menschenverachtend. Wenn ein Bischof einen Brief eines Opfers erhält, in dem dieser in allen Details die furchtbaren Erlebnisse schildert, die er durch Priester erlitten hat, der Bischof aber nicht reagiert: ist das nur Desinteresse? Wenn ein Opfer schreibt: Herr Bischof, dieser Priester hat mich über Jahre vergewaltigt, er hat mein Leben ruiniert!, was ist daran nicht zu verstehen? Solche Briefe gab es in jedem Bistum. Und trotzdem haben die Bischöfe „nichts geahnt".

Ich bekam einmal den Hinweis über einen Priester, der viele Jahre zuvor kinderpornographisches Material auf seinem Rechner hatte. Dieser hatte damals einen Bekannten gebeten, die Festplatte zu reparieren. Als dieser auf die Festplatte zugriff, sind ihm die Augen übergegangen wegen des Bildmaterials, das er dort fand. Er erzählte dem zuständigen Pfarrer von seinem Fund und dieser rief das Bistum an. Die Rückfrage lautete nur, ob es zu realen Taten gekommen sei und ob „echte Kinder" betroffen seien. Als ob die Kinder auf den Bildern nicht auch betroffen seien ... Als der Pfarrer das verneinte, hörte er nur ein Aufatmen: „Dann ist ja gut." Das war es.

2003 verstarb der ehemalige Wiener Kardinal Groër. Er musste in den 1990er Jahren wegen des sexuellen Missbrauchs von Jugendlichen von allen seinen Ämtern zurücktreten. Die Details, die in jenen Jahren – meiner Seminarzeit – an die Öffentlichkeit kamen, waren durchaus unappetitlich, dennoch war dieser Geschichte von mir keine große Bedeutung beigemessen worden. Nun, 2003, blickte ich mit etwas anderen Augen auf die Geschehnisse um Groër. Nun konnte ich dem, was er getan hatte, nicht nur mehr Bedeutung beimessen, ich konnte auch im Verhalten des Vatikans etwas entdecken, was ich bisher nur als Zögern interpretiert hatte: den Versuch zu vertuschen, zu verschleiern und umzudeuten. Hier ist mir vor allem die Grabesrede des Kölner Kardinals Meisner in lebhafter Erinnerung. Nicht nur, dass er kein Wort des Bedauerns über diese früheren Ereignisse verlor. Er unterzog diese Ereignisse einer komplett anderen Deutung, indem er sie als Nachfolge Christi im Leiden interpretierte. Groër, so Meisner wörtlich, „war es beschieden, dem Herrn auf dem Kreuzweg nachzufolgen. Er war ganz eingetaucht in das bittere Leiden Jesu". Meisner fuhr fort, indem er die Enthüllungen mit den Wundmalen Jesu verglich und ihn als „Stigmatisierten" bezeichnete, nicht ohne Verweis auf den Verweis auf den ersten Petrusbrief: „Durch seine Wunden sind wir geheilt" (1 Petr. 2,24). Als ich von dieser Ansprache wenige Tage später las, verspürte ich einen Würgereiz. Ich war angewidert über diese dreiste, ja pervers zu nennende Umkehrung von Opfer und Täter. Über die Opfer wird kein Wort verloren und der Täter wird zum Opfer stilisiert. Eine Umkehrung der Realität, die ich in den nächsten Jahren immer wieder sehen sollte.

Als Verantwortlicher für die kirchliche Jugendarbeit in den beiden Städten Bottrop und Gladbeck sollte ich dann deutlich mehr und intensiver mit der Missbrauchsthematik zu tun kriegen, die in diesen Jahren immer präsenter wurde. Nicht nur auf die Kirche hin gesehen, sondern auch als gesellschaftliches Phänomen. Entsprechend stand immer deutlicher die Frage im Raum, wie denn die verschiedenen Träger der Kinder- und Jugendarbeit – von Sportvereinen zu Schulen, von Musikschulen bis zu Kirchengemeinden – damit umgehen. Wie soll das eigene Personal sensibilisiert und geschult werden? Was muss an Prävention und Aufklärung passieren? Welche Vorschriften müssen für hauptamtliches Personal gelten, welche auch für neben- und ehrenamtliches Personal?

In den meisten Punkten waren wir uns schnell einig mit den Jugendämtern und der Politik in den Kommunen. Schließlich wollten wir alle, dass schutzbefohlene Kinder und Jugendliche bestmöglich geschützt sind. Aber natürlich gab es auch strittige Fragen. Es klang ja erst einmal gut, dass jeder ehrenamtliche Mitarbeiter ein Führungszeugnis vorweisen sollte. Aber auch jemand, der einmal im Jahr beim Pfarrfest am Grillstand steht, ist eben ein ehrenamtlicher Mitarbeiter, was die ganze Sache in eine Größenordnung lenkte, die nicht mehr zu bewältigen war. Genau in diese sensiblen Verhandlungen platzte dann die Bombe, dass ein Pfarrer aus Bottrop wegen mehrfacher Kindesmisshandlung verhaftet worden sei. Dass dies meine Verhandlungsbasis nicht gerade stärkte, dürfte offensichtlich sein. Wenige Tage vorher hatte ich einen internen Hinweis über die Verhaftung bekommen. Noch sei nichts öffentlich, aber das dürfte nur noch eine Frage von Tagen sein, hieß es. Zwei Tage später war ich an der Universität in Bochum, als mich ein Bekannter von der Presse anrief. Da ich in der Bibliothek war, konnte ich nicht ans Telefon gehen, rief ihn aber dann einige Stunden später zurück. „Gut, dass du anrufst, dann können wir dich ja jetzt von der Liste streichen", so seine ungewöhnliche Begrüßung. Auf meine erstaunte Nachfrage hin erklärte er: „Wir haben heute Morgen erfahren, dass ein Bottroper Priester wegen Kindesmissbrauch verhaftet wurde. Jetzt rufen wir jeden Priester durch. Der übrigbleibt und nicht erreichbar ist, der ist es. Freut mich, dass du zurückgerufen hast. Wir haben jetzt noch zwei auf der Liste."

In den folgenden Wochen lernte ich kennen, was Sippenhaft ist. Ich hatte in der Vergangenheit weder viel mit dem verhafteten Pfarrer zu tun gehabt noch irgendeine Kenntnis über diese Missbrauchsfälle. Diese waren immerhin im privaten Umfeld passiert, nicht im Umfeld der Kirchengemeinde oder eines Jugendverbands, was für mich als Verantwortlicher der kirchlichen Jugendarbeit nicht ganz unwichtig war. Auf den ersten Blick hatte ich also mit dieser Geschichte nichts zu tun, aber trotzdem hing ich mittendrin. Er war katholischer Priester, ich war auch einer. Und dann auch noch zuständig für die kirchliche Kinder- und Jugendarbeit. In den nächsten Wochen hieß das für mich, auf der Straße ständig damit rechnen zu müssen, von empörten Eltern angeschrien zu werden: „Ihr seid doch alle Schweine! Ich habe unseren Sohn von den Messdienern abgemeldet!" Es waren sehr unschöne Wochen, aber da musste ich einfach durch. Es half ja nichts. Die Geschichte war passiert, es war ein katholischer Priester (der dann auch verurteilt wurde), und dieser Priester war wie ich Teil einer Kirche, die sich in der Vergangenheit nur zögerlich oder gar nicht um die Aufarbeitung solcher Fälle bemüht hatte. Auch wenn sich die Situation nach einigen Wochen wieder beruhigte: der Fall blieb präsent. Gerade auch in Gesprächen mit den Kommunen. In diesen politischen Gesprächen war man ab dann eben das schwarze Schaf, das einen dicken Skandal am Hals hatte.

Wir haben uns in der Folgezeit bemüht, die Missbrauchsthematik in den Griff zu kriegen und unsere Kirchengemeinden und Jugendverbände für diesen Kampf zu rüsten. Sowohl die Städte als auch das Bistum und seine Stabstellen setzten vor allem auf Prävention und Kontrolle. Was allerdings nicht beachtet wurde, war zum einen die Frage der Aufarbeitung: Was ist in der Vergangenheit alles geschehen?, und zum anderen die Frage: wie kann man zukünftig schnell Fälle von Missbrauch entdecken? Denn auch eine noch so gute Prävention wird nicht alle zukünftigen Fälle verhindern können. Ich hatte zudem in den nächsten Jahren den Eindruck, dass durchaus eine gigantische Präventionsschulungsorgie über die vielen Tausend ehren- und hauptamtlichen Mitarbeiter hinwegrollte, aber die Gruppe nicht in den Fokus kam, die bisher nahezu als einzige als Täter aufgefallen war: die Priester. Ich will nicht ausschließen, dass es in den Pfarrgemeinden und Jugendverbänden auch Missbrauch durch Nicht-Priester gegeben hat. Mir persönlich bekannt sind allerdings nur Fälle von Priestern. Mir fiel jedenfalls auf, wie schnell ehrenamtliche Mitarbeiter polizeiliche Führungszeugnisse vorweisen mussten, während ich als Priester in der Jugendarbeit dies erst Jahre später tun musste.

Es war ein schwieriger Alltag. Ich hatte nahezu täglichen Umgang mit Kindern und Jugendlichen. Ich war instinktiv schon immer vorsichtig gewesen, aber nun passte ich höllisch auf, jede Situation zu vermeiden, die auch nur irgendwie mehrdeutig sein konnte. So fragte mich einmal ein Pfarrer, ob ich ein 13jähriges Mädchen mitnehmen könnte zur Ferienfreizeit. Ihre Jugendgruppe war bereits für zwei Wochen nach Ameland gefahren, ich wollte die Gruppe für mehrere Tage besuchen und mit dem Auto nach Ameland fahren. Das Mädchen hatte noch eine Klassenarbeit nachschreiben müssen und konnte daher zu Beginn der Freizeit nicht mitfahren. Was tun? Drei Stunden mit dem Mädchen alleine im Auto? Oder dem Mädchen die Chance auf den Sommerurlaub versauen? Schwierig. Kurz vor Start kündigte sich noch einer der Jugendreferenten an, dass er ebenfalls nach Ameland mitfahren wollte. Ich war gerettet, hätte aber sonst absagen müssen, so leid es mir für das Mädchen getan hätte.

Auch die Erstbeichten der Kommunionkinder waren immer eine ausgesprochen heikle Situation. Die Kinder im Alter von etwa acht Jahren kamen dann zu mir als Priester alleine in einen Raum und mussten mir ihre „Sünden" beichten. Gerade diese so oder so intime Situation ist von vielen Priestern in der Vergangenheit für üble Dinge genutzt worden. Ich muss gestehen, dass ich diese Form der persönlichen Beichte eh nie besonders angemessen fand, aber das steht jetzt einmal auf einem anderen Blatt. Bekannterweise ist man als Priester an das sog. Beichtgeheimnis gebunden, das heißt, dass ich als Priester über das, was in der Beichte passiert, nie und nirgendwo etwas sagen darf. Bei den Vorbereitungen auf die Erstbeichte habe ich wiederholt die Eltern, aber auch die Kinder darauf hingewiesen, dass diese Verschwiegenheitspflicht nicht für die Kinder besteht, sondern nur für mich. Wenn die Kinder also das Gefühl haben, ihren Eltern etwas mitteilen zu müssen, dann sollten sie es tun. Auf diese Weise wollte ich mir einen zusätzlichen Schutz schaffen, dass den Kindern und Eltern klar ist: wenn was Komisches passiert, ist das nicht privat und geheim, die Kinder können und sollen erzählen. Gleichzeitig bemühte ich mich auch, dass die Beichtgespräche zwar in einem nach außen schalldichten Raum stattfanden, das Kind und ich aber sichtbar waren. Das ging räumlich nicht immer, war aber ein guter Schutz, wenn es möglich war. Dennoch blieb es schwierig. Diese große Vorsicht hat mir vielleicht auch viel an Unbefangenheit gegenüber den Kindern genommen und mich ihnen gegenüber distanzierter gemacht als ich eigentlich sein wollte. Aber es war richtig und angesichts der sich immer mehr ausweitenden Enthüllungen mehr als nötig.

2010 kam der große Knall: das Thema Missbrauch war endlich in der katholischen Kirche in all seiner Macht angekommen. Die Zeit der Ausflüchte und Verschleierungen war vorbei. Es kam heraus, dass es im Berliner Canisius-Kolleg in den vergangenen Jahrzehnten massive Fälle von sexuellem Missbrauch gegeben hat. Der Rektor des Kollegs, Klaus Mertes, verfasste einen Brief an alle Eltern der betroffenen Jahrgänge und bat um Mithilfe, damit alle Fälle aufgedeckt werden können. Das mediale Echo war gigantisch. Einige deutsche Bischöfe reagierten zerknirscht und kündigten Ermittlungen in ihren Bistümern an, andere Bischöfe stritten mögliche Fälle ab oder sprachen von bedauerlichen Einzelfällen. Einige Bischöfe (wie Mixa aus Augsburg) verwiesen als Schuldigen direkt auf die sexuelle Revolution der 1960er Jahre, andere (wie Müller aus Regensburg) vermuteten eine böse Medienkampagne.

Ich verfolgte sehr intensiv die Berichterstattung über den Missbrauch. Wie ich auch sehr genau verfolgte, wie die Kirche bzw. einzelne Würdenträger der Kirche reagierten. Mir selbst waren bisher nur wenige Fälle von sexuellem Missbrauch bekannt geworden. Entsprechend war ich davon ausgegangen, dass es sich um Einzelfälle handeln würde. Dennoch war mir durchaus klar, dass es eine große Dunkelziffer an Fällen geben musste. Die Enthüllungen über das Canisius-Kolleg – denen schnell weitere Enthüllungen weiterer Einrichtungen folgten – machten mir aber sehr schnell klar, dass hier ein flächendeckendes Phänomen vorliegen musste, das die gesamte katholische Kirche betraf. Ich hatte in meiner römischen Zeit, aber auch danach oft erfahren, wie die Kirche mit Verfehlungen ihrer Priester umgeht. So lange nichts öffentlich wird, passiert gar nichts. Es geht immer um den Ruf der Kirche und des Priesteramts, nie um Opfer, nie um Menschlichkeit. Ich hatte gesehen, wie Homosexuellen-Netzwerke von Priestern und Bischöfen in Rom und auch in deutschen Bistümern aktiv sind, ich hatte gesehen, dass die Mehrheit meiner priesterlichen Mitbrüder nicht zölibatär lebte, sondern entweder einen festen weiblichen oder männlichen Partner hatte, oder sonst mit wechselnden Partnern aktiv war. All diese Dinge konnten laufen, ohne dass die Kirche einschritt. Diese Dinge waren einfach Teil des kirchlichen Lebens innerhalb der Hierarchie. Nun kamen die Enthüllungen über Missbrauch hinzu. Warum sollte die Kirche da anders reagieren?

Wie sollte ich glauben, dass die Kirche sich hier einmal für die Wahrheit und gegen die Fassade entscheidet?

Mir waren nicht viele Fälle von Missbrauch bekannt, aber einige. Und mir war bekannt, dass den Bistümern Fälle bekannt waren. Dementsprechend angewidert nahm ich zur Kenntnis, wie die Bischöfe völlig erstaunt waren, dass so etwas möglich ist. Wenn ein Kardinal Meisner aus Köln in einem Interview mit Tränen in den Augen ausrief, er habe „nichts geahnt", so wusste jeder, wirklich jeder, der nur ein bisschen Einblick in kirchliche Strukturen hatte, dass das erstunken und erlogen war. In jedem Bistum gibt es ein Gremium, das über Personalfragen entscheidet, gerade über die der Priester. Dieses Gremium heißt mal Personalkonferenz, mal Personalrat, wie auch immer. In diesem Gremium sitzen der Personalverantwortliche, vielleicht noch ein Personalreferent, mehrere hohe Geistliche und immer der jeweilige Bischof. Der Letztverantwortliche für die Priester ist immer der Bischof. Selbst wenn ein Bischof bei einer Sitzung abwesend ist, wird er immer in Kenntnis gesetzt, wenn so etwas Gravierendes wie ein sexueller Missbrauch durch einen Priester bekannt geworden ist. Das „nichts geahnt", das man von verschiedenen Bischöfen selbst über strafrechtlich verurteilte Priester hörte, ist faktisch einfach nicht möglich. Dies gilt auch für Ratzinger. Schnell kam der Fall Peter H. an die Presse. Peter H. war in Essen und Bottrop als Kaplan tätig gewesen und wurde mehrfach des sexuellen Missbrauchs überführt. Das Bistum versetzte ihn unter Therapie-Auflagen nach München, die ihn bereitwillig aufnahmen, jedoch weder die Therapie kontrollierten noch die Gemeinden über seine Vergangenheit informierten, in denen er dann jahrzehntelang tätig war und weitere Kinder und Jugendliche zu seinen Opfern wurden. Das gesamtkirchlich Gefährliche war die Tatsache, dass es kein Geringerer als Ratzinger war, der ihn Anfang der 1980er Jahre als Erzbischof in München aufgenommen hatte. Und der nun Papst war. Diese Geschichte wurde im Rahmen der anderen Enthüllungen logischerweise von der Presse aufgegriffen. Was passierte? Der damalige Generalvikar sprang in die Bresche, nahm alle Schuld auf sich und bestritt, dass Ratzinger damals irgendeine Kenntnis des Falls hatte. Auch hier gilt: jeder, wirklich jeder, der auch nur ein bisschen die kirchlichen Strukturen kannte, wusste, dass hier ein Sündenbock nach vorne geschickt wurde, um den mittlerweile als Papst regierenden Ratzinger zu schützen. Es ist aufgrund der kirchlichen Strukturen und Verwaltungs- und Informationswege schlicht unmöglich, dass Ratzinger keine Kenntnis hatte.

Das mag etwas komisch klingen und dem Leid der Opfer nicht angemessen sein, aber die Reaktionen der Bischöfe auf die Enthüllungen haben mich mehr entsetzt als die Enthüllungen selbst. Denn die Reaktionen verrieten, dass die Lügen weitergehen und dass es viel mehr Fälle geben musste als bisher vorstellbar, weil sich sonst diese Lügerei in diesem Moment nicht lohnen würde. Wenn jemand chancenlos die Fakten leugnet, die auf dem Tisch liegen, kann man davon ausgehen, dass es noch mehr Fakten gibt, die nicht auf dem Tisch liegen.

Zur dunklen Seite der Kirche gehört auch ihr Umgang mit dem Thema Homosexualität. Mein erstes Erlebnis mit dem Thema Homosexualität war jener schöne und sonnige Tag im Priesterseminar, als der Regens beim Mittagessen den Auszug von Seminaristen verkündete, die sich wohl der sexuellen Erpressung schuldig gemacht hatten. Das war mein Einstieg in das Thema Homosexualität, und es war kein guter Einstieg. Kurze Zeit später ging ich nach Rom und fühlte mich in priesterlichen Kreisen auf einmal in ein Mekka der Homosexualität versetzt. Abgesehen von diversen, auch durchaus massiven Annäherungsversuchen wie von jenem jungen Ordensmann in der Maddalena-Kirche schien es in Rom allgemein eine kirchliche Kultur zu geben, homosexuelle Handlungen als etwas völlig Normales zu sehen, was zum einen üblich war, weil die Triebe es so wollten, und zum anderen, weil es um Beziehungen und Macht ging, um den Zusammenhalt von Netzwerken, die so gestärkt und untrennbar miteinander verbunden wurden. Es gab viele solcher Netzwerke, und nur in wenigen Fällen ging es um so etwas wie Liebe oder eine feste, liebevolle Beziehung. Es ging um Triebe und um Macht. Nun könnte man ja sagen, dass das deren Angelegenheit ist. Es sind – im Normalfall – erwachsene Menschen, die das Recht haben, selbst über ihren Körper zu entscheiden. Genau hier beginnt es jedoch schwierig zu werden, denn nicht immer beruht das, was da passiert, auf Freiwilligkeit. Es mag noch ein Grenzfall sein, wenn einem an der Päpstlichen Universität angeboten wird, in Rom bleiben und Karriere machen zu können, wenn man mit einem Bischof ins Bett geht. Das ist zwar freiwillig, aber sicher ein Grenzfall, da es sich wohl kaum um einen Geschlechtsakt zweier gleichberechtigter Partner handelt. Eindeutiger sind Fälle, bei denen Ordensschwestern, junge Priester (oder andere Untergebene) von ihren vorgesetzten Priestern oder Bischöfen schlicht und einfach vergewaltigt werden. Neben der nicht immer gegebenen Freiwilligkeit bei der Teilnahme an diesen Netzwerken hat mich noch ein weiterer Punkt an ihnen gestört: die Dreistigkeit, mit der gerade die Anführer dieser Netzwerke in der Öffentlichkeit gegen Homosexualität wettern. Die Kirche ist eine der Kräfte auf diesem Globus, die Homosexualität als etwas Sündhaftes und Widernatürliches bekämpft, die Gesetze unterstützt, durch die Homosexuelle mit Gefängnis bestraft werden. Wenn man dann in Rom erlebt, dass die größten Kämpfer gegen die Homosexualität selbst in teilweise sehr offener und öffentlicher Art genau diese verurteilte Form der Sexualität ausleben, dann kann man diese Leute nur noch zutiefst verachten.

Als ich nach meiner römischen Zeit ins Ruhrgebiet zurückkehrte, wurde es – was solche Geschichten betraf – erst einmal etwas ruhiger. Hin und wieder stieß ich dann doch wieder auf solche Dinge, denn Priesterseminare sind ja durchaus Orte, an denen sie geschehen. So hörte man im Laufe der Zeit Gerüchte über diverse, teilweise auch sehr prominente Priester des Bistums und ihre damalige Seminarzeit. Hier muss sich besonders ein späterer Prälat hervorgetan haben, der neue Seminaristen – sofern sie gut genug aussehen – als Frischfleisch bezeichnete und sie auch so behandelte. Ungewöhnlich war das nicht. Höhe- oder vielmehr Tiefpunkt in der Landschaft der deutschsprachigen Priesterseminare war sicherlich St. Pölten in Österreich. 2004 kam heraus, dass Seminaristen auf ihren Rechnern Fotos von Sex mit Tieren und Fäkalienspielen sowie selbst erstellte Schwulenpornos und Videos von homosexuellen Sexpartys mit der Hausleitung hatten. Dass der betreffende Bischof Kurt Krenn zuerst von „liebevollen Feiern" und „Bubendummheiten" sprach, machte die Sache nicht besser. St. Pölten war in dieser Form sicherlich ein extremer Fall unter den Priesterseminaren, die Dinge, die dort geschahen, waren es im Einzelnen nicht.

Als ich dann nach der Priesterweihe in die Gemeinde nach Heisingen kam, war es insofern ruhiger, weil ich die Welt der Priesterseminare verlassen hatte. Natürlich gab es immer wieder mal Gerüchte über irgendwelche Leute oder wurde mal ein hoher Prälat des Bistums wegen der Prostitution Minderjähriger verhaftet, aber das war es dann erst einmal. Im Laufe der Jahre lernte ich als Priester im Ruhrgebiet aber viele Leute kennen, und dann, nach einigen Jahren, kamen wieder Geschichten und Erzählungen über solche Netzwerke. Sie kamen wohlgemerkt nicht von Priestern, sondern von Homosexuellen, die mit Priestern regelmäßig Umgang hatten. Und die teilweise mehr Priester kannten als ich. Erst einmal gab es die Netzwerk-Geschichten, wie ich sie ähnlich auch aus Rom kannte: Priesterabende in Schwulenkneipen, Priester, die mit wundem Hintern im Krankenhaus liegen usw. Was mich am meisten erschütterte, war zum einen die schiere Masse der involvierten Priester, und zum anderen die mir von mehreren Seiten bestätigte Erzählung, dass einige Priester bei ihren sexuellen Handlungen eigentlich für den Gottesdienst bestimmte Utensilien benutzt hätten. Ich vermeide bewusst das Wort „eingesetzt". Als ich diese Geschichten hörte, habe ich mich gefragt, warum diese Menschen Priester sind. Es schien mir undenkbar, am Sonntag mit den gleichen Geräten Gottesdienst zu feiern, die ich wenige Tage vorher für sexuelle Handlungen benutzt hatte. Was empfinden die Priester gegenüber dem, was sie da öffentlich feiern? Gegenüber Gott? Gegenüber den Christen, die ihren Gottesdienst besuchen?

Es war schlicht und einfach abstoßend, und die Häufung dieser Fälle hat bei mir einen tiefen Eindruck hinterlassen. Das war nicht in Rom, das weit weg war, das war in meiner Heimat, wo solche Fälle öfter und massiver vorkamen, als ich mir trotz meiner römischen Erfahrungen hätte vorstellen können. Ich weiß nicht, ob jede einzelne der Geschichten, die ich hörte, der Wahrheit entsprach. Es waren aber viele Quellen, die mir viele Geschichten über viele Priester erzählten. Und sehr oft überschnitten sich diese Erzählungen. Mich hat noch gar nicht mal so sehr gestört, dass diese Priester ihre Sexualität mit anderen Männern auslebten. Dafür hätte ich genauso Verständnis gehabt wie dafür, wenn sie das mit einer Frau getan hätten. Es war das völlige Fehlen von Anstand, das mich störte, die dreiste Art und Weise, mit der sie das taten, was sie taten. Wenn ein Kaplan mit einem Netzshirt bekleidet im Kabrio mit zwei jugendlichen Strichjungen durch seine Gemeinde fuhr oder ein hoher Geistlicher des Bistums sich regelmäßig knackige Jungs vom Bahnhof kommen ließ und in Lederkluft mit ihnen durch die Gegend zog, dann wurde dem Amt etwas angetan, das sie besaßen und das auch ich innehatte. Ich bemühte mich um ein seriöses und glaubwürdiges Leben und versuchte, ein Amt auszuüben, das ganz wesentlich von Glaubwürdigkeit und Wahrhaftigkeit abhängt, und erlebte, wie das, um das ich mich redlich bemühte, von anderen in schonungsloser Dreistigkeit mit Füßen getreten wurde.

In einem anderen Bistum begegnete ich mehrere Male einem Prälaten. Er hatte in dem betroffenen Bistum ein hohes Amt, war aber auch öfter in den Gemeinden zu Vertretungszwecken unterwegs. Dort sorgte er regelmäßig für Angst und Schrecken, weil die Messdiener nicht fromm genug ausschauten oder sein Messgewand kein Goldbrokat hatte. Nach meiner ersten Begegnung mit ihm warf ich einen Blick auf seine Biographie und wurde stutzig. Dieser Prälat hatte einen verdammt hohen Posten in Rom gehabt, wurde dann zuerst in eine Nuntiatur in ein anderes Land und schließlich zurück in sein Heimatbistum versetzt, wo er jetzt tätig war. Als ich diese Abfolge sah, ahnte ich sofort, dass da etwas richtig faul war. Denn wenn jemand in der römischen Behörde „normale" Fehler macht, dann wechselt er in der gleichen Hierarchiestufe in einen anderen Posten. Man wird eigentlich nie degradiert, weil das Aufsehen erregt. Dieser Mann war sehr weit oben im Vatikan gewesen und ist die Karriere schrittweise wieder rückwärts in seine Heimat gegangen. Für mich war klar, dass da vermutlich etwas vorgefallen war, das kein normaler Fehler mehr war, sondern so schwerwiegend, dass er entfernt werden musste.

Einige Jahre später tauchten Gerüchte und schließlich Zeitungsartikel auf, und relativ schnell war dieser Prälat suspendiert. Aus Krankheitsgründen. Ich kann jetzt nicht beurteilen, ob diese Gerüchte stimmten, und juristisch ist diese Schlacht um den Prälaten noch nicht geschlagen. Der deutschen Presse ist durch seine Anwälte ein Maulkorb auferlegt worden, sie darf nur sehr verzerrend und anonymisiert darüber berichten. Aber der römischen Lokalpresse, die an jedem vatikanischen Klatsch interessiert ist, konnte man entnehmen, dass dieser Prälat im Vatikan angeblich mindestens zwei junge Priester vergewaltigt haben soll. Das Ganze garniert mit äußerst unappetitlichen bis bizarren Details, die ich mir hier aus Anstandsgründen sparen möchte. Nur so viel: bisher dachte ich, Schuhe wären nur zum Laufen da.

Dieser Fall ging mir durchaus nahe, weil ich dem Prälaten mehrere Male begegnet bin, ohne allerdings näher in Kontakt gekommen zu sein. Dieser Prälat hatte mit jeder Pore seines Körpers ausgestrahlt, dass er als Priester ein heiliger Mann ist, der als Verkörperung Christi über jedem und allem steht. Ich habe mich angesichts dessen, was dann später über diesen Mann veröffentlicht wurde, gefragt, wie das überhaupt zusammengehen kann: eine derart heilige Arroganz mit solchen Taten. Zwei Dinge fielen mir bei dieser Geschichte auf: Warum ermitteln staatliche und kirchliche Behörden erst nach 20 Jahren? Obwohl es Hinweise und Anzeigen gab, die ja zu Versetzung führten? Und warum gibt der Bischof seines Heimatbistums diesem Mann einen derart großen Posten, wenn doch intern die Vorwürfe bekannt und sie der Grund für seine Rückkehr waren?

Derartige Fälle, von denen ich im Laufe der Jahre viele hörte, haben mich einfach angewidert. Und sie hatten auch mein damaliges Bild von Homosexualität geprägt. Natürlich gab es auch homosexuelle Priester, die friedlich mit ihrem Partner zusammenlebten und sich um eine gute Beziehung mit ihm bemühten. Die gab es auch, aber verhältnismäßig selten. In den Jahren meiner kirchlichen Tätigkeit lernte ich Homosexualität vor allem kennen als Teil eines sehr verlogenen Machtspiels, das mit einer erschreckenden Dreistigkeit aufgeführt wurde. Dabei ist es interessant, dass es eher konservative Priester waren, die an diesem würdelosen Spiel beteiligt waren. Es ist wohl das Hingezogensein zur Ästhetik der alten katholischen Liturgie in einer reinen Männerwelt, die viele homosexuelle Männer dazu bringt, Priester in der katholischen Kirche zu werden. Es ist schwer, hier Schätzungen vorzunehmen. Viele sprechen davon, dass etwa ein Drittel der katholischen Priester homosexuell ist. Ich vermute, dass diese Zahl vielleicht früher gültig war, aber heute höher liegt. Aufgrund meiner persönlichen Erfahrungen würde ich die Zahl zumindest bei den „jüngeren" Priestern unter 60 Jahren bei etwa 50% ansetzen. Etwa die Hälfte der Priester ist schwul, und das in einer Kirche, die Homosexualität an sich für schwere Unzucht hält. Im Vatikan, so berichten Insider und Aussteiger in diversen Büchern, sei die Quote deutlich höher.

Die fromme Sauce

Die Sprache ist ein zentrales Werkzeug der Macht, das von der Kirche zwar immer erfolgloser, aber sehr bewusst und ausgearbeitet eingesetzt wird. Prinzipiell ist die Sprache der Kirche sehr wohlwollend, sehr zugewandt, sehr fromm. Man darf sich nicht davon blenden lassen. Es ist eine fromme Sauce, die einem Zweck dient: eine Zugewandtheit und Offenheit zu simulieren, die inhaltlich nicht vorhanden ist. Diese frommen Sätze sind jahrzehntelang eingeübte Techniken, den Menschen Beteiligung zu simulieren und jede Auseinandersetzung zu ersticken. Denn das Resultat einer Auseinandersetzung kann Veränderung sein. Und Veränderungen bedeuten immer Verschiebungen der Macht. Die es nicht geben darf. Der „Leopard" hatte ja gelehrt: Alles muss sich ändern. Aber nur, damit alles bleibt, wie es ist.

Wie arbeitet die kirchliche Sprache? Wenn jemand gegenüber der Kirche etwas fordert, dann wird er mit einem leicht entsetzten Zucken zu hören kriegen, dass es ihm anscheinend um Macht gehen würde. Aber Macht dürfe doch in der Kirche keine Kategorie sein! Zum einen ist allerdings auch die Kirche kein machtfreier Raum, und zum anderen ist dieses Argument zynisch, wenn es von denen gebraucht wird, die die Macht haben und nicht abgeben wollen. Die Kirche spricht nicht von Macht, sondern vom Dienen. Manchmal meint sie damit den Dienst am Menschen. Wenn dieser allerdings konkret wird und eingefordert wird, dann ist nur noch vom gemeinsamen Dienst für Gott die Rede. Es wird zum Gespräch eingeladen, aber nicht miteinander gesprochen. Das ist eigentlich sehr geschickt: man verweist auf das gemeinsame spirituelle Fundament. Die Forderungen an die Kirche werden als fürbittendes Gebet im Gottesdienst vor dem Altar niedergelegt. Erstaunlicherweise antwortet Gott nicht sofort und trifft auch keine direkten Entscheidungen. Die Menschen haben immer wieder das Gefühl, sich aussprechen zu können, ihnen wird zugehört, sie dürfen sagen, was sie sich für sich und die Kirche wünschen. Doch das, was sie sagen, prallt entweder ab vom mitfühlend lächelnden Gesicht eines Bischofs („Wir wollen zuhören!") oder wird als aufgeschriebenes Gebet vor dem Altar verbrannt. Alles muss sich ändern. Damit alles bleibt, wie es ist.

Gerade in solchen Veranstaltungen oder Gottesdiensten spricht die Kirche von einem „Weg", den man „miteinander gehen" muss, man ist „gemeinsam unterwegs". Dieser Bilder klingen toll, sind aber manipulativ. Was passiert, wenn man auf dem Weg ist? Man hält nicht an, um eine Entscheidung zu treffen. Da sind Leute – Jugendliche oder Erwachsene –, die Veränderungen wollen, Entscheidungen, etwas Neues und Anderes zu tun. Denen wird immer gesagt: Wir machen uns jetzt gemeinsam auf den Weg! Wir entscheiden jetzt nicht, wir gucken mal zusammen weiter und entscheiden irgendwann. Also nie. Natürlich klingt das toll, wenn man hört, dass man gemeinsam auf den Weg ist. Weil es suggeriert, dass man in Bewegung ist, dass eine Veränderung stattfindet. Nur kann man eben gemeinsam spazieren gehen, ohne dass sich deshalb die Spaziergänger ändern. Alles muss sich ändern. Damit alles bleibt, wie es ist.

Dieser Mechanismus ist nicht immer eine bewusste Manipulation. Sicher gibt es auch Amtsträger in der Kirche, die über eine derart weltfremde Frömmigkeit verfügen, dass die normale Welt einfach nicht auftauchen darf und automatisch von einer frommen Sauce überdeckt wird. Je höher man allerdings in der kirchlichen Hierarchie kommt, desto weniger wahrscheinlich ist dieses völlige Fehlen von Machtinstinkt. Denn ohne diesen wären die Amtsträger nicht nach oben gekommen. Wenn man sieht, wie oft diese Mechanismen eingesetzt werden und das gerade von Leuten, die sonst nicht fromm-naiv sind, dann gewinnt man schon den Eindruck eines gewissen kirchlichen Zynismus. Bereits Cicero argwöhnte damals, dass zwei Priester, wenn sie sich auf der Straße begegnen, nur mühsam ein Lachen unterdrücken könnten. Ich erkannte sie immer öfter wieder und fragte mich das gleiche.

Ein anderes, zentrales Schlagwort der frommen Sauce ist die „Barmherzigkeit". Die Barmherzigkeit ist ohne Zweifel eine der großen Forderungen Jesu. Man denke an den barmherzigen Samariter. Entsprechend gerne verweisen auch kirchliche Würdenträger auf die Barmherzigkeit. Besonders bei eigenen Verfehlungen. Denn die spannende Frage an die Kirche ist ja, wann sie barmherzig ist und wann nicht. Sie ist durchaus barmherzig, wenn Priester Kinder gezeugt haben, die finanziell versorgt werden müssen – zumindest, wenn der Priester nicht auf die Idee kommt, die Mutter zu heiraten. Die Kirche ist nicht barmherzig, wenn eine Ehe scheitert und man neu heiraten will. Sie ist barmherzig, wenn ein Priester Kinder in seiner Gemeinde sexuell missbraucht hat. Sie ist nicht barmherzig, wenn die Eltern dieses Kindes drohen, sich an die Öffentlichkeit zu wenden, weil der Täter nicht zur Verantwortung gezogen wird. Die Kirche ist barmherzig, wenn Bischöfe viele Millionen Euro veruntreuen. Sie ist nicht barmherzig, wenn eine arme Familie weniger Kirchensteuer zahlen will, um irgendwie über die Runden zu kommen. Barmherzigkeit ist etwas, das über ein Recht hinausgeht. Barmherzigkeit heißt ja eben, etwas zu tun, weil man einem anderen freiwillig helfen will, nicht, weil man es tun muss. Hieraus ergibt sich natürlich die Gefahr einer gewissen Willkür. Die kirchliche Lehre verweist hier kaltlächelnd auf die Reue. Man muss da barmherzig sein, wo der andere seine Tat bereut. Die Konsequenz ist diejenige, dass eben derjenige seine Scheidung nicht bereut, wenn er nicht zu seiner Frau zurückkehrt, aber der Priester bereut, der seinem Bischof versichert, keine weiteren Kinder zu zeugen. Was der Priester übrigens dreimal tun kann. Erst ab dem vierten Kind wird der Priester unglaubwürdig und kann nicht mehr darauf hoffen, dass das Bistum für die Kinder bezahlt.

Die Kirche spricht gerne vom Hirten und der Herde. Dieses Bild stammt aus der Bibel, es wird sowohl im Alten als auch im Neuen Testament oft gebraucht. Nun gibt es viele Metaphern, die in der Bibel das Verhältnis zwischen Gott und Mensch beschreiben. Bezeichnenderweise nutzt die Kirche am liebsten das vom Hirten und den Schafen. Hierbei beruft sie sich gerne auf die Beauftragung des Petrus durch Jesus: „Weide meine Schafe!" Neben der Frage der Historizität dieses 70 Jahre nach dem Tod Jesu im Johannesevangelium überlieferten Zitats stellt sich auch die Frage, inwiefern aus einer Aufforderung an Petrus der Anspruch eines jeden katholischen Klerikers 2000 Jahre später abgeleitet werden kann, ein Hirte (lat. „*pastor*") zu sein und über die gläubigen Schafe zu wachen. Abgesehen davon stellt sich die Frage, ob man eine Metapher nicht etwas überstrapaziert, wenn man aus ihr politische Machtverhältnisse ableitet. Aber vielleicht könnte man selbst aus dieser Metapher ein politisches Gegenteil begründen, wenn man daran denkt, wie Jesus von einem Hirten erzählt, der verzweifelt sein Schaf sucht. Da läuft nicht das Schaf dem Hirten hinterher, sondern umgekehrt.

Michel Foucault hat in diesem Zusammenhang von der „Pastoralmacht" gesprochen: die Menschen ordnen sich einem Hirten unter. Dies tun sie in dem gegenseitigen Vertrauen, dass der Hirte sich um sie kümmert. Diese Gegenseitigkeit legitimiert die Pastoralmacht. Mit Blick auf den aktuellen Zustand der Kirche und die Tatsache, dass die allermeisten Schafe weglaufen, ohne dass es die Hirten stört, kann man hier mit Foucault feststellen, dass damit auch die Macht der Hirten über die Schafe nicht mehr legitimiert ist.

Die Kirche greift gerne auf dieses Bild vom Hirten und den Schafen zurück und legt damit fest, dass die kirchliche Hierarchie über ein Hirtenamt verfügt, das darin besteht, die Richtung vorzugeben und auf die armen, fürsorgebedürftigen Schafe aufzupassen. Diese Metapher ist gelebte Realität in der Kirche. Ein Laie verfügt in der Kirche über keine Macht, es sei denn, sie ist ihm gnädigerweise von einem Priester gewährt worden. Das Bild vom Hirten und Schafen suggeriert dabei, dass diese Aufgabe dem Kleriker nicht leicht fällt, er sie aber auf sich nimmt, um den Menschen und Gott zu „dienen".

Damit sind wir beim nächsten Begriff, der die süße Verdeckung einer zu verbergenden Realität ist: der „Dienst". Dieses Wort macht deutlich, dass der Kleriker das, was er tut, nicht um seiner selbst willen tut, sondern im Namen

Gottes als sein Diener. Nun ist Gott ein Dienstherr, der seine Diener bekanntermaßen an der langen Leine lässt und nicht sofort einschreitet, wenn seine Diener etwas tun, das ihrem Dienst eigentlich nicht angemessen ist. Aber dieser Dienstherr taugt trotzdem dazu, Verantwortung für eigenes Tun auf die höhere Ebene abzuwälzen und sich unangreifbar zu machen. Man ist ja nur der Diener. Dieser Titel suggeriert eine Demut, die nicht viel mit der Realität zu tun hat. Ratzinger sprach bei seiner Wahl davon, dass er ein „demütiger Arbeiter im Weinberg des Herrn" sei. Auch hier gilt: es klingt demütig, macht aber unangreifbar, denn das, was Ratzinger tut, macht er im Auftrag des Herrn, der den Weinberg besitzt. Frei nach dem Motto: wenn ihr euch beschweren wollt, wendet euch an ihn. Ich bin nur der Diener. Dieser Missbrauch spiritueller Begriffe geschieht nicht nur zwischen Amtsträgern und Laien, sondern auch innerhalb der kirchlichen Hierarchie. Wenn ein Bischof einem Priester eine unangenehme Entscheidung mit einem „Nehmen Sie es hin als eine Entscheidung des Heiligen Geistes!" an den Kopf wirft, dann ist auch das ein Missbrauch eines spirituellen Begriffs, der zu einem bloßen Machtinstrument wird.

All diese spirituellen Begriffe schildern eigentlich ein Verhältnis des Menschen zu Gott, der dem Menschen ein guter Hirte ist und dem der Mensch dienen soll. Die Kirche verdreht diese Begriffe und beschreibt damit nicht das Verhältnis des Menschen zu Gott, sondern zur Kirche – der damit zugesprochen wird, den Willen Gottes zu kennen bzw. faktisch auf einer Stufe mit Gott zu stehen. Widerstand gegen die kirchliche Hierarchie ist damit Widerstand gegen den Willen Gottes, und Uneinsichtigkeit ist mangelnde Erkenntnis des Willens Gottes.

Was hier stattfindet, ist ein Missbrauch von Spiritualität, die zur Begründung der hierarchischen Struktur herangezogen wird. Jede Kritik an der Struktur ist eigentlich unmöglich, weil es gleichzeitig eine spirituelle Kritik an Gott ist. Wer die Struktur kritisiert, hat seine Rolle als Schaf noch nicht verinnerlicht und soll an seiner Demut und Bescheidenheit arbeiten. Gleichzeitig werden Veränderungen an der Struktur durch die Spiritualisierung unmöglich gemacht. Nicht nur, weil die Wünsche der Gläubigen zu Fürbitten werden, die im Gottesdienst verbrannt werden: die spirituelle Ebene kann schlicht und einfach keine strukturellen Probleme lösen. Es sind eben zwei verschiedene Ebenen, die nicht miteinander vermischt werden dürfen. Es gibt ein strukturelles Problem, zum Beispiel das Problem, dass die Kirche Missbrauchstäter schützt. Ist der Gottesdienst der Ort für dieses Problem? Ist das ein spirituelles Problem? Kann man dieses Problem durch Beten lösen? Dieses Problem kann nur strukturell gelöst werden, indem die Strukturen so verändert werden, dass Missbrauchstäter nicht mehr geschützt werden. Das passiert durch Regeln, Gesetze und neue Amtsstrukturen, aber nicht durch Gebete. Indem die Diskussionen über Veränderungen auf eine spirituelle Ebene gehoben werden, werden sie auf eine Ebene geschoben, wo sie effektiv nichts bewirken können, sondern in der frommen Sauce ersticken. Sprache kann nicht nur aufklären, Sprache kann in noch viel größerem Ausmaß verwirren und verzerren. Und genau das tut die kirchliche Sprache äußerst kunstvoll, wenn sie eingesetzt wird, um zu vernebeln, und auf diese Weise jede Art von Diskussion und damit von Entwicklung verhindert wird.

Dabei erweist sich die Kirche in der Gesprächsführung als überaus geschickt, um nicht zu sagen: gerissen. Nehmen wir als Beispiel die Frage, wie denn das Priestertum der Zukunft aussehen soll. Dann kann es passieren – wie es beim „Synodalen Weg" passierte –, dass die „Diskussionsteilnehmer" vorab verschiedene Beiträge über den Zölibat erhalten, die sie für die Diskussion durchlesen sollen. Das sieht auf den ersten Blick sinnvoll aus, lenkt die spätere Diskussion aber in die falsche Richtung: es kommt zu endlosen Diskussionen über Vor- und Nachteile des Zölibats, die im Nichts enden. Der Trick besteht darin, eine Diskussion über Details zu initiieren, um das große Thema nicht bearbeiten zu müssen. In besagtem Fall ging es ja gar nicht um den Zölibat. Sondern eigentlich um das Priestertum und *dann* um die Frage, ob der Zölibat dazugehören muss. Das ist eine andere Frage, als über den Zölibat selbst zu diskutieren. Das ist genauso, als wenn um 1890 – in der Zeit der Erfindung des Automobils – die Frage diskutiert worden wäre, welche Vor- und Nachteile Kutschen haben. Die Frage in diesem Augenblick war nicht diejenige, warum es gut oder schlecht ist, Kutschen zu haben, sondern wie die Mobilität der Zukunft aussieht und ob Kutschen noch dazugehören. Ähnlich fruchtlos ist eine Debatte über den Zölibat, wenn es um das Priestertum geht. Der Zölibat kann ja sinnvoll sein. Die Frage ist eben nur, ob er deshalb für jeden Priester verpflichtend sein muss, was eine andere Frage ist.

Ähnlich verhält es sich mit der Debatte um das Frauenpriestertum. Wenn die zu sehr auflodert, stellt der Papst oder ein Kardinal fest, dass das Empfangende zu den Wesenseigenschaften der Frau gehört und es damit ihrer Natur widerspricht, wenn sie sich davon löst. Was es ihr unmöglich macht, ein kirchliches Amt zu übernehmen, das Männern vorbehalten ist. Die Folge: es bricht eine riesige Diskussion aus, die sich um die Frage dreht, welche Eigenschaften eine Frau hat und ob das Empfangende nun die Frau definiert oder nicht. Diese Diskussion kann nur ohne eindeutiges Ergebnis enden. In Bezug auf die Amtsfrage in der Kirche ist die Frage der Eigenschaften eines Geschlechts jedoch völlig ohne Belang. Selbst wenn das Empfangende das Wesen der Frau wäre: inwiefern soll das die Übernahme eines kirchlichen Amtes behindern? Gehört das Empfangende nicht zum kirchlichen Amt? Wieder einmal wird eine Frage vorgelegt, die keiner beantworten kann, um die Fragen zu verhindern, die man beantworten könnte.

Die Kirche war und ist sehr geschickt darin, anstehende Diskussionen zu verschleppen, in gewollte Sackgassen zu führen oder in frommer Sauce zu ertränken. Je nach Bedarf. Für dieses nicht enden wollende Schauspiel braucht es zwei Seiten. Die eine Seite, die es betreibt, und die andere Seite, die es erduldet. Auch über die muss gesprochen werden. Ich konnte nie begreifen, mit welcher Geduld die Menschen, die normalen Gläubigen, die „Laien", diese Spielchen mitmachen. Seit Jahrzehnten liegen die Forderungen auf dem Tisch: Aufhebung des Zölibats, Minderung des römischen Zentralismus, freiere Sexuallehre, stärkere Rolle der Frau usw. Diese Forderungen liegen seit Jahrzehnten auf dem Tisch und trotzdem marschieren die Menschen zu allen möglichen synodalen Prozessen und machen sich mit den Amtsträgern „gemeinsam auf den Weg", seit Jahrzehnten vertröstet durch ein seelsorgliches Lächeln. Spätestens wenn dann der Hinweis kommt, dass man jetzt „genau hinhören" wolle, ist klar, dass vor dem Jüngsten Gericht überhaupt nichts passieren wird. Keiner muss mehr „genau hinhören", weil nach 60 Jahren Diskussion einfach alles gesagt ist und auf dem Tisch liegt. Es ist nichts anderes als Andreottis „Die Macht verschleißt den, der sie nicht hat", das hier zum Tragen kommt.

Ich habe diese engelhafte Geduld und Naivität der „Laien" nie begreifen können. Sie hat wohl verschiedene Ursachen, über die ich aber nur spekulieren kann. Eine Ursache – meiner Meinung nach die stärkste – besteht darin, dass die Laien selbst Angst vor dem haben, was geschehen könnte. Sie sind groß-geworden in der Welt der katholischen Kirche. Viele Dinge in ihr scheinen ewig, die hierarchische Ordnung, die Bischöfe, die Priester, der Zölibat, die Gottes-dienste, die Gewänder. Viele Katholiken spüren, dass die Kirche sich ändern muss, dass es Reformen geben muss. Aber welche? Welche würden diese Krise überwinden? Gegen diese große Unsicherheit steht die Sicherheit dessen, was da ist und schon immer da gewesen ist. Obwohl die meisten Katholiken jeden Tag sehen, dass es mit der Kirche so nicht mehr weitergehen kann, schrecken sie davor zurück, neue Wege einzuschlagen. Weil diese Veränderungen auch für sie das Ende einer ihnen vertrauten Kirche bedeuten würde.

Von dieser Angst war ich selbst nicht verschont. Das erste Mal in meinem Leben, dass ich kirchenpolitisch in den Widerstand ging, war die Einführung von Messdienerinnen in meiner Heimatgemeinde. Als der Kaplan uns Leitern eröffnete, dass zukünftig auch Mädchen Messdiener werden sollten und nicht wie bisher nur Jungen, waren wir empört. In einer langen Diskussion versuch-ten wir den Kaplan davon zu überzeugen, das nicht zu tun. Es war vergeblich. Die Messdienerinnen kamen. Warum haben wir uns mit aller Macht gegen sie gestemmt? Weil wir es nicht gewöhnt waren. Wir waren alle Jungen bzw. männ-liche Jugendliche, und es hatte sich in unserer Messdienerschaft ein bestimmtes Eigenleben entwickelt. Nicht, dass das jetzt sonderlich männlich gewesen wäre. Wir waren einfach aneinander gewöhnt und wir fürchteten, dass unsere Ge-meinschaft vorbei sei, wenn Mädchen kommen würden.

In späteren Jahren habe ich oft über das Thema Frauenpriestertum disku-tiert. Ich fand diesen Gedanken, dass eine Frau als Priester am Altar steht, als Seminarist und noch viele Jahre als Priester schlicht unerträglich. Dabei hatten mich die immer wieder von der Kirche vorgetragenen Argumente nicht einmal besonders überzeugt. Dass Jesus selbst ein Mann war: irgendein Geschlecht musste er ja haben. Dass er nur Männer als Apostel berief: zeit- und kultur-bedingt selbstverständlich, aber kein Argument für die heutige Situation. Diese Begründungen hatten mich nie sonderlich überzeugt, trotzdem wiederholte ich sie notgedrungen und „argumentierte" gegen das Frauenpriestertum. Der Grund dafür? Die Veränderung wäre mir zu stark gewesen. Ich bin mit einer bestimmten Form von Kirche großgeworden. Diese Kirche und auch meine priesterliche Biographie waren geprägt von männlichen Priestern. Die Zulas-sung weiblicher Priester würde die ganze Kirche verändern und damit das Bild zerstören, das ich von hier habe. Ich sah auch immer die Nachteile dieser nur von Männern regierten Kirche. Aber so war die Kirche eben. So bin ich in ihr großgeworden und so habe ich mich entschieden, in dieser Kirche Priester zu werden.

Das hat nicht unbedingt etwas mit Bequemlichkeit zu tun. Als wäre es immer bequem, Meinungen zu vertreten, die rational eigentlich nicht zu vertreten sind. Es hat vor allem zu tun mit der Sicherheit des Vertrauten und der Unsicherheit des Unvertrauten. Eine solche Haltung ist normal und natürlich und hat unseren fernen Vorfahren in Höhlen und auf den Bäumen oft ihr Überleben gesichert. Sie kann aber auch blockieren, indem sie neue Wege und Möglichkeiten unterdrückt, die einfach an der Zeit sind. Die Kirche lebt aus diesem Gefühl, und ihre Mitglieder werden mit diesem Gefühl groß. Es ist sehr schwer, dieses Gefühl zu überwinden und aus dieser frommen Sauce aufzutauchen, mit der die Kirche jeden Wagemut und jeden Aufbruch ersäuft.

Was mir selbst im Laufe der Jahre geholfen hat, diese konservative Haltung nach und nach abzulegen, war die Erfahrung, dass die Kirche nicht so ist und auch niemals so war, wie sie sich darstellt und wie auch ich sie vermutet hatte. Ich erlebte in Rom, wie eine fromme Fassade mühsam ein nicht so frommes Inneres kaschiert. Ich lernte im Studium in der Kirchengeschichte, wie sich die Kirche im Laufe der Zeit entwickelt hat, wie auch starre und feste Formen der Kirche sich auflösten und immer Neues nach oben kam – meist gegen den Willen der Kirche. Diese Kenntnis fehlt den meisten. Die meisten Katholiken sehen nur die Kirche vor Ort: den Pfarrer, die Gottesdienste. Ansonsten sehen sie das, was die Kirche im Fernsehen zeigt. Ähnlich haben die meisten Katholiken kein Gefühl für die historische Entwicklung der Kirche. Woher auch? Bücher über die Kirchengeschichte sind keine Bestseller, und die Kirche selbst bemüht sich nicht gerade, sich selbst als historische gewachsene Größe, sondern eher als über den Zeiten stehend darzustellen. Bei der historischen Wahrnehmung geht es jedoch nicht nur um das, was für 500 oder 1000 Jahren passierte, sondern auch um das, was vor 10 oder 20 Jahren passierte. Wenn ein Bistum oder gar die Bischofskonferenz mal wieder die Laien versammelt, um über mögliche Reformen zu debattieren, dann wird eine Aufbruchsstimmung erzeugt, die bewusst darüber hinweggeht, dass solche Versammlungen bereits seit Jahrzehnten in schöner Regelmäßigkeit stattfinden und eigentlich auch immer die gleichen Ergebnisse haben: Zölibat weg, weniger Rom, Frauen als Priester. Diese Ergebnisse werden dann jedesmal betroffen von den Bischöfen zur Kenntnis genommen, als Fürbitte in den Gottesdienst genommen und abgeheftet. Dann kommt viel fromme Sauce und wenn die nach einigen Jahren nicht hilft, macht man eben eine neue Versammlung. Dabei ist der zeitliche Rhythmus dieser Versammlungen erfahrungsgemäß weit genug, dass nicht die gleichen Personen beteiligt sind. Wie lange ist jemand in einem Gremium aktiv? Einem Pfarrgemeinderat, einem Diözesanrat, dem Zentralkomitee der Deutschen Katholiken? Fünf Jahre? Zehn Jahre? Genug Zeit, einmal einen solchen „Aufbruch" mitzumachen, aber nicht genug Zeit, das sich drehende Rad der Aufbrüche als Rad zu erkennen.

Sprache

Auch wenn ich mich in diesen Jahren nahezu ausschließlich mit Themen der Philosophie beschäftigte: meine Perspektive blieb theologisch. Es ging mir um die Frage, wie es möglich sein kann, mit den Mitteln der Vernunft die Theologie zu erneuern, sie wieder zu einer Theo-„Logie" zu machen, die diesen Namen auch verdient. Hierbei spielte die „Sprache" für mich eine immer wichtigere Rolle. Ich fand faszinierend, welche Möglichkeiten in der menschlichen Sprache stecken und welche Bedeutung die Sprache für uns Menschen hat: als Trägerin von Kommunikation und Verständigung, aber auch von Wissen und Erkenntnis! Insbesondere die Texte antiker Autoren – nichtchristlicher wie christlicher – haben mir immer wieder aufgezeigt, welche großen Möglichkeiten die Sprache besitzt und welche inhaltliche Klarheit, aber auch welche ästhetischen Genüsse die Sprache vermitteln kann. Hierbei spielte in jener Zeit die Dominanz der Rhetorik eine riesige Rolle: Bildung in der Antike hieß Rhetorik. An der ersten staatlichen Hochschule überhaupt, die im 3. Jahrhundert v. Chr. im ägyptischen Alexandrien gegründet wurde, waren 20 von 22 Lehrstühlen der Rhetorik gewidmet. Ein gebildeter Mensch war jemand, der im Gebrauch der Sprache geübt war. Das mag uns Menschen heute befremdlich erscheinen, aber Bildung in der Antike wurde weniger als heute über den Inhalt und die Menge an Wissen definiert als über die Fähigkeit, Wissen zu erwerben und mit Wissen umzugehen. Diese Fähigkeit ist zu einem sehr großen Teil sprachlich. Es ist die Sprache, die uns neue Inhalte verarbeiten lässt. Wir fassen Neues, indem wir es gedanklich formulieren. Es ist die Sprache, die uns Inhalte darstellen lässt. Vernunft und Rationalität haben ganz wesentlich damit zu tun, dass Inhalte verarbeitet, abgewogen und formuliert werden können. Damit sind Vernunft und Rationalität im Wesentlichen sprachliche Phänomene. So ist es kein Zufall, dass der griechische „Logos" sowohl mit „Vernunft" als auch mit „Wort" übersetzt werden kann. Vernunft und Sprache sind untrennbar miteinander verbunden, denn der sprachliche und gedankliche Austausch ist die Grundlage der Vernunft. Der griechische Rhetoriker Isokrates (436-338 v. Chr.) hat ein wunderbares Loblied auf die Sprache verfasst:

> *„Von allen Eigenschaften ist die Fähigkeit, vernünftig zu reden, die Quelle der meisten Lebensgüter. [...] Weil wir die Fähigkeit erhalten haben, einander zu überzeugen und uns selbst den Gegenstand unseres Denkens und Wollens klarzumachen, brauchen wir nicht wie die wilden Tiere zu leben, sondern haben uns zusammengeschlossen und Städte gegründet, wir haben Gesetze geschaffen, wir haben Kunst und Handwerk erfunden; und all unsere Entdeckungen lässt allein die Vernunft gelingen. [...] Die Vernunft ist Wegweiser im Denken und Handeln. Deshalb müssen Leute, die diejenigen schmähen, die sich der Erziehung und der Philosophie widmen, genauso geschmäht werden wie diejenigen, die Frevel an den Göttern begehen."*[7]

Diese Sätze haben bis heute nichts von ihrer Gültigkeit eingebüßt. Die Sprache ist die Grundlage unserer Vernunft, unseres Schaffens, unserer Gesellschaft und unserer Zivilisation. Sie, die Sprache ist ein wichtiges Werkzeug menschlicher Größe. Der entsetzliche Missbrauch von Sprache – wie ihn im Extremfall Adolf Hitler und Joseph Goebbels betrieben haben – hat dafür gesorgt, dass gerade in Deutschland die Rhetorik vor allem als Manipulation wahrgenommen wird. Aber auch der abscheulichste Missbrauch von Sprache darf nicht über das Große und Wunderbare hinwegtäuschen, das die Sprache für uns Menschen darstellt.

Sowohl die Theologie als auch die Philosophie sind Sprache. Ihr eigentliches Objekt ist nicht die Sprache – sonst wären es ja Sprachwissenschaften. Aber über ihr eigentliches Objekt können sie sich nur sprachlich verständigen. In der Theologie geht es um Gott, um seine Geschichte mit den Menschen, um die

---

[7] Isokrates: Nikokles 9.

bisherigen Versuche des Menschen, über Gott sprechen zu können. In der Philosophie geht es um den Menschen, um das, was er ist und sein soll, und um die bisherigen Versuche des Menschen, darüber etwas zu sagen. Das, worum es diesen beiden Fächern inhaltlich geht, geht über die Sprache hinaus. Trotzdem bleiben diese beiden Fächer an die Sprache gebunden – im Guten wie im Schlechten. Die Sprache ist in der Lage, Großartiges und Wahres über Gott und die Menschen zu sagen. Trotzdem wird sie nie in der Lage sein, das in Worte zu fassen, was Gott ist, was die Welt ist, was der Mensch ist. Dennoch kann es eine Auseinandersetzung über Gott, die Welt und den Menschen nur auf sprachlicher Basis geben. Wie wollen wir Menschen uns austauschen, wenn nicht sprachlich? Wie wollen wir verstehen und einordnen, wenn nicht sprachlich? Diese Rolle der Sprache nicht einschätzen zu können, muss verheerende Konsequenzen haben, und sie sind insbesondere in der Theologie und im kirchlichen Lehramt sichtbar geworden, wie ich immer wieder schmerzhaft erfahren musste.

Die Kirche trifft seit jeher Aussagen über Gott. Das muss sie, das ist ihre Aufgabe. Sie muss nicht nur den Menschen von den Taten Gottes erzählen – wie es etwa die Bibel tut –, sondern auch festlegen, an welchen Gott sie glaubt und was die Grenzen dafür sind, ob jemand sich Christ nennen kann oder nicht. Hierzu hat die Kirche seit ihrem Beginn immer wieder Entscheidungen getroffen und festgelegt, was der Gott ist, den sie verkündet. Dies tat sie ganz wesentlich und ganz fundamental auf den Konzilien im 4. und 5. Jahrhundert. Hier wurde festgelegt, dass Christus als der Sohn Gottes zugleich wahrer Mensch und wahrer Gott ist und dass Gott als einer in drei Personen existiert, also dreifaltig ist. Keine dieser Entscheidungen stand in dieser Form in der Bibel. Diese Lehrsätze waren nicht biblisch, sondern allesamt die Interpretation biblischer Stellen und des bis dahin üblichen christlichen Glaubens. Diese Interpretation war legitim und man muss dem damaligen Christentum zugutehalten, dass es den Versuch unternommen hat, eine solche Interpretation überhaupt vorzulegen und nicht nur fundamentalistisch irgendwelche heiligen Texte nachzubeten. Die zeitgenössische spätantike Philosophie hatte scharfe Anfragen an das Christentum und darauf wollte das Christentum reagieren: Wie ist eine Menschwerdung Gottes zu denken? Wie ist die Einheit Christi mit seinem göttlichen Vater zu denken? Was heißt das für die Einheit Gottes? Das Christentum hat sich diesen Fragen gestellt und im Kontext der damaligen Vernunft Antworten formuliert. Die Frage ist nur: welche Gültigkeit haben diese Antworten? Und warum sind beispielsweise die Antworten aus dem Jahr 325 oder 451 gültiger als die von 2024?

All diese Antworten stehen zum einen unter dem Vorbehalt, über etwas zu sprechen, das sich nicht in Worte fassen lässt. Das war den Theologen damals durchaus bewusst. Noch das IV. Laterankonzil im Mittelalter (1215) stellte fest, dass „jede Äußerung" über Gott diesem „eher unähnlich als ähnlich" sei.[8] Hatte dieses Wissen Konsequenzen für die Praxis, Äußerungen über Gott zu treffen? Kaum. Zum anderen sind die Begriffe, mit denen diese Antworten formuliert wurden, vielseitigen Interpretationen und ständigen Bedeutungsverschiebungen unterworfen. Dies gilt ja bereits für ein individuelles Leben: wenn jemand mit 20 Jahren und später mit 60 Jahren von „Gott" spricht, meint er damit wahrscheinlich keinen anderen Gott, aber verbindet mit diesem Begriff etwas anderes, weil 40 Jahre Lebenserfahrung ihre Spuren hinterlassen haben. Das Erlebte fließt in diesen Begriff mit ein und gibt ihm eine neue Prägung. Um wieviel mehr wirken diese Bedeutungsverschiebungen im Laufe von Jahrhunderten! Wenn ein Mensch der Antike oder des Mittelalters von „Mensch", „Gott" oder „Welt" sprach, dann meinte er damit etwas anderes als wir heute, weil seine Erfahrungen mit diesen Begriffen andere waren.

Dass sich die Bedeutung der Begriffe ändert, entbindet nicht von der Verantwortung, Begriffe zu benutzen. Anders können Sprache und Kommunikation nicht funktionieren. Indem Begriffe benutzt oder sogar geschaffen werden, verdichtet sich Erfahrung, sie wird ausgesprochen und kann damit Teil des menschlichen Austauschs werden. Und damit auch die Grundlage für die gedankliche Weiterentwicklung. Gilles Deleuze hat einen sehr schönen Gedanken geprägt, als er davon sprach, dass die Philosophie eigentlich nichts anderes sei als das „Schaffen von Begriffen"[9]. Die Philosophie bringt Erfahrungen ins Wort und indem sie das tut, schafft sie die Grundlage für Vernunft und Rationalität: Miteinandersprechen, Abwägen und Sortieren. So hat auch die Theologie sich bemüht, ihre Glaubenserfahrungen in eine Sprache zu bringen – und dies mit den Mitteln der damaligen Vernunft. Das Problem: die Theologie vergaß, dass nicht die Begriffe der Inhalt des Glaubens sind, sondern das, worüber

---

[8] Vgl. Denzinger-Hünermann: Enchiridion, S. 806.
[9] Deleuze, Gilles; Guattari, Félix: Was ist Philosophie, S. 9.

die Begriffe sprechen. Das vergaß sie und erklärte die Begriffe, die sie über Gott gebrauchte und in denen sie ihre Lehre verfasste, für unveränderlich und unfehlbar.

Die Folge war, dass die kirchliche Lehre aus Begriffen besteht, die zu leblosen Phrasen geworden sind. Die Begriffe haben sich nicht geändert, aber die Grundlagen und das Verständnis dieser Begriffe haben sich sehr wohl geändert. Welchen Sinn macht es, heute von den beiden „Naturen" in Christus zu sprechen, wenn wir heute ein völlig anderes Verständnis von der „Natur" einer Sache haben als ein antiker Mensch? Welchen Sinn macht es, von den „drei Personen" in „einem göttlichen Wesen" zu sprechen? Was heißt das und wer kann es verstehen? Welchen Sinn macht es, beim Abendmahl die Gegenwart Christi als „substanzhaft" zu deuten („Transsubstantiation"), wenn wir unter „Substanz" heute eigentlich das genaue Gegenteil von dem damaligen aristotelischen Begriff verstehen, der allerdings die Grundlage für diese Lehre ist?

Nicht ein einziger der zentralen Begriffe der kirchlichen Lehre ist biblisch. Jeder ist eine nachträgliche, zeitgenössische Interpretation. Dieses Interpretieren, dieses Versprachlichen hat irgendwann aufgehört, und dieses Aufhören war verhängnisvoll, weil es das kirchliche Sprechen über Gott immer mehr von der Welt entfernte und zu einer unverständlichen Binnenwelt machte, die den Glauben der Menschen an Gott nicht mehr beförderte, sondern sogar behinderte. Heidegger hat hier eine zentrale Schwäche des theologischen Sprechens über Gott erkannt:

> *„Dies ist die Ursache als die Causa sui. So lautet der sachgerechte Name für den Gott in der Philosophie. Zu diesem Gott kann der Mensch weder beten, noch kann er ihm opfern. Vor der Causa sui kann der Mensch weder aus Scheu ins Knie fallen, noch kann er vor diesem Gott musizieren und tanzen."* [10]

Die „*Causa sui*" ist der sich selbst gründende Ursprung der Welt. Es war eine feste Formulierung der spätantiken und mittelalterlichen Philosophie für den Gott als den Ursprung der Welt. Wird Gott erfahrbar und erlebbar durch die „zwei Naturen" oder die „drei Personen in einem göttlichen Wesen"? Kann man zu dieser Formel eine lebendige Beziehung aufbauen?

Die Theologie muss das machen, was Deleuze der Philosophie ins Buch geschrieben hat: Begriffe schaffen, das immer neu in die Sprache bringen, was

---

[10] Heidegger, Martin: Identität und Differenz, S. 64.

über Gott und über Christus zu sagen ist. Es geht nicht darum, die gesamte christliche Tradition über Bord zu werfen. Im Gegenteil geht es darum, sie zu verstehen und weiterzuentwickeln. Dieses Verstehen setzt voraus, die bisherige kirchliche Lehre in ihre Einzelteile zu zerlegen und nachzuvollziehen, was damals eigentlich gesagt wurde. Wenn von den „drei Personen in einem göttlichen Wesen" gesprochen wird, was war damals eigentlich damit gemeint? Worum ging es, wenn das eucharistische Brot „substanzhaft" Christus ist? Worum ging es damals? Ist diese Erfahrung, die sich damals in diesen Begriffen niedergeschlagen hat, auch heute noch gültig? Wie kann diese Erfahrung in heutiger Sprache und heutigen Begriffen vermittelt werden? Hier stellt sich für die Theologie eine gigantische Aufgabe, die aber sicherlich spannender ist, als jahrhundertelang zu versuchen, die immer gleichen Begriffe zu wiederholen. Wie die Philosophie Begriffe schafft, indem sie Erfahrungen des Menschen verdichtet und ordnet, muss auch die Theologie neue Begriffe schaffen, indem sie die Erfahrungen des Menschen mit Gott verdichtet und ordnet.

Sprache ist nie nur Sprache. Sprache ist die Verdichtung von Erfahrungen. Als die Kirchenväter der ersten Jahrhunderte die theologische Sprache geschaffen haben, standen reale Erfahrungen dahinter. Wenn Heidegger schreibt, dass man nicht zu einem Gott beten können, der als der Ursprung des Seins beschrieben würde, so ist das vielleicht für heute, aber nicht für damals korrekt. Ein Augustinus oder ein Origenes oder ein Thomas von Aquin konnten über Gott als den Ursprung des Seins schreiben, weil es ihre Erfahrung war: sie nahmen die Existenz der Welt als Existenz Gottes war. Das Leben, das einem jeden Tag begegnet, war das Leben Gottes. In der Schönheit der Welt, in ihrem Gutsein, in ihrer schieren Existenz tritt uns das Schöne, das Gute, die Existenz Gottes selbst gegenüber. Das war die Erfahrung dieser Menschen, sie war großartig. Aufgrund dieser Erfahrung waren die Theologen damals in der Lage, über Gott zu sprechen. Heute sind die Theologen es nicht mehr. Ich habe die Theologie der letzten Jahrhunderte immer als sehr leer erfahren – gerade im Vergleich zu dem, was in der Antike und im Mittelalter an theologischer Innovation und Kraft geschehen war. Wovon sprechen die großen Theologen unserer Zeit? Karl Barth spricht von Gott als dem „Anderen", Karl Rahner spricht vom „Geheimnis": beides beschreibt einen Abstand zu etwas Unverständlichem, das theologisch inhaltsleer und letztlich sprachlos ist. Der Unterschied zu den großen Theologen der ersten Jahrhunderte wird vielleicht deutlicher mit Blick auf einen der großartigsten Texte, der aus der Antike überliefert ist, dem Symposion des Platon. Dort spricht Diotima über das Göttliche:

> *„Erstens ist es ein Immerseiendes. Weder entsteht, noch vergeht es. Es nimmt weder zu noch ab. Zweitens ist es nicht teilweise schön und teilweise hässlich, auch nicht manchmal schön und manchmal nicht. Es ist nicht in Bezug auf das eine Ding schön und auf das andere hässlich, auch nicht hier schön und dort hässlich. Seine Schönheit hängt nicht vom Standpunkt des Betrachters ab. Dieses Schöne zeigt sich nicht als ein einzelnes schönes Gesicht oder Hände oder sonst etwas am Leibe. Es ist keine Aussage oder ein einzelnes Wissen. Es ist nicht auf die Verbindung mit einem anderen angewiesen, etwa auf ein Lebewesen, auf Erde oder Himmel oder sonst etwas, sondern es ist es selbst. Es ist das an sich selbst Schöne. Es ist mit sich selbst. Es bleibt in seiner eigenen Gestalt. Es ist immer. Alles andere Schöne hat an ihm Anteil, aber während dieses andere entsteht und vergeht, wird es selbst weder mehr noch weniger. Es erleidet nichts, in keiner Hinsicht."*[11]

Diotima beschreibt hier eine Erfahrung, die Erfahrung von etwas Schönem, in dem sie das erfährt, was das Schöne selbst ist. Das, was Diotima beschreibt, ist konkret und abstrakt zugleich, es ist zugleich subjektive Erfahrung wie objektive Erkenntnis. Hier passiert große Theologie und genauso haben Augustinus und Thomas von Aquin über Gott gesprochen. Diese Fähigkeit fehlt der heutigen Theologie. Sie wirkt blutleer und sprachlos, weil sie immer nur die alten Begriffe wiederholen kann (und darf), aber nicht in der Lage ist, neue Begriffe und eine neue Sprache zu finden.

Habilitation?

Es war wie beim ersten Mal, nun nur mit einem anderen Bischof: nach drei Jahren war 2010 die geheime philosophische Promotion geschafft, und ich musste dies dem Bischof mitteilen. Mittlerweile war Franz-Josef Overbeck Bischof von Essen. Der Bischof hielt sich wegen einer Visitation der Kirchengemeinden in Bottrop eh mehrere Tage in der Stadt auf. Entsprechend einfach war es für mich, einen Termin für ein kurzes Gespräch mit ihm zu bekommen. Ich eröffnete ihm, dass ich ohne Genehmigung des Bistums in der Philosophie promoviert hätte und großes Interesse hätte, meinen Weg in der Wissenschaft

---

[11] Platon, Symposion 210-211.

fortsetzen zu können und in der Philosophie zu habilitieren, um die Möglichkeit zu haben, eine Professur zu erhalten. Wie schon sein Vorgänger Genn war auch Bischof Overbeck nicht gerade begeistert, davon zu hören. Er hielt sich aber in diesem Augenblick von jeder Entscheidung zurück. Da er recht neu im Bistum war und er die ganze Vorgeschichte auch nicht kannte, bat er mich, ihm meine beiden Promotionen zum Durchschauen in schriftlicher Form mitzugeben und in einigen Wochen einen Termin mit ihm im Bischofshaus in Essen zu vereinbaren. Bei diesem Gespräch wurde er dann etwas deutlicher und teilte mir mit, ausführlich über mich mit der Personalkonferenz gesprochen zu haben, deren Mitglieder stinksauer gewesen wären. Wegen dieser wiederholten Eigenmächtigkeit erteilte mir der Bischof einen Verweis. Ich muss gestehen, dass ich keine Ahnung hatte, was es mit diesem Verweis rechtlich auf sich hatte, aber ich nahm ihn schweigend und ohne Diskussionen hin. Indem der Bischof so deutlich von dem Missfallen der Personalkonferenz erzählte, spürte ich instinktiv, dass dieses Missfallen nicht zu 100% seines war. Sonst hätte er seine Wut zum Ausdruck gebracht, nicht die der Personalkonferenz. Ich wartete also ab, und in der Tat wählte Bischof Overbeck einen pragmatischen Zugang. Er stellte fest, dass die Arbeit nun geschrieben sei und er als Bischof daran auch nicht völlig vorbeigehen wollte. Es sei mein ausdrücklicher Wunsch, dass ich in der Philosophie habilitieren wolle. Diesen Wunsch respektiere er, aber – so fügte er hinzu – es sei nicht sein Wunsch. Entsprechend würde er mich nur für die Habilitation freistellen, wenn ich eine Stelle an der Universität hätte und mich damit selbst finanzieren würde. Das Bistum Essen würde mich nicht finanzieren.

Dieses Angebot des Bischofs war fair und knochenhart zugleich. Es war einerseits fair, weil es mir den Weg nicht völlig verbaute. Es war aber auch knochenhart, weil solche geforderten Stellen an den Universitäten eine absolute Seltenheit waren und es an ein Wunder grenzen sollte, wenn ich eine solche Stelle kriegen sollte. Prof. Schweidler, der mittlerweile von Bochum nach Eichstätt gewechselt war und bei dem ich habilitieren wollte, teilte mir auch schnell mit großem Bedauern mit, keine freie Stelle zu haben. So blieb mir nichts anderes übrig, als einen „Forschungsantrag" zu stellen. Diese Anträge werden bei einer der großen in Deutschland aktiven Stiftungen eingereicht und dienen der Finanzierung von Forschung. Die Universitäten sind chronisch unterfinanziert. Weite Teile des wissenschaftlichen Personals werden daher über solche Forschungsanträge finanziert. Diese Projekte sind zeitlich begrenzt und äußerst begehrt. Es gibt größere Projekte mit vielen Forschern, aber auch einzelne Stellen. Für eine solche einzelne Stelle stellte ich einen Forschungsantrag. Die Erstellung eines solchen Antrags bedeutet viele Monate Arbeit, in denen man den Spagat hinkriegen muss, gleichzeitig zu begründen, warum es in einem bestimmten Thema viel zu entdecken gibt, man selbst aber bereits alles über dieses Thema weiß. Der Aufwand ist immens, die Chancen, dass der Antrag bewilligt wird, sind eher gering. Ich selbst hatte keinerlei Erfahrung in der Erstellung solcher Anträge und leider auch keinen an meiner Seite, der mich dabei unterstützen konnte. Entsprechend wusste ich, dass mein Antrag faktisch keine Chance hatte. Aber ich wollte es immerhin versuchen, um mir meinen Traum von einem weiteren Leben in der Wissenschaft erfüllen zu können.

In den Monaten vor und nach Abgabe meines Antrags machte ich mir natürlich viele Gedanken, wie es weitergehen sollte mit mir. Dass der Antrag bewilligt wurde, war eher unwahrscheinlich. Was sollte ich im Fall einer Ablehnung tun? Wie erwartet kam dann auch die Ablehnung. Was nun? Auf das Bistum Essen setzte ich nicht. Die Ansagen waren klar – und aufgrund meiner beiden verdeckten Promotionen auch nicht unverdient. Ich begann, eine Zukunft ohne Bistum Essen und damit auch ohne Priesteramt zu planen. Damit war nebenbei auch klar, wie ich meine aktuelle Tätigkeit gewichtete. Nämlich nicht zugunsten des Priesteramts. Dabei fühlte ich mich weiterhin als Priester und als Mann der Kirche. Aber gerade deshalb sah ich meine Aufgabe nicht in der Seelsorge, sondern in der Wissenschaft. Ich war immer mehr zu der Überzeugung gelangt, dass die Krise der Kirche keine vorübergehende Angelegenheit ist, die sich wieder rauswächst, sondern dass etwas in der Kirche in einem ganz fundamentalen und grundsätzlichen Sinn nicht stimmt. Etwas, das nicht durch die Seelsorge lösbar ist und auch nicht durch oberflächliche Reformen. Ich sah, wie selbst gut vorbereitete Gottesdienste nur wenig Wirkung entfalteten. Mit dem Verein „Krasse Kirche" hatten wir immer wieder verschiedene Kirchen mit Jugendlichen und jungen Leuten gefüllt. Aber gab es eine mittel- oder langfristige Wirkung? Die Reformen des Bistums Essen und auch der anderen Bistümer führten in neue Sackgassen. Ich sah, wie kurzfristige Reformen und Veränderungen nichts bewegten, wie viele Priester trotz großem Engagement völlig erfolglos gegen die Krise anrannten. Die Kirchen wurden leerer, der allgemeine

Glaube ging zurück, alles ging den Bach runter. Ich sah für mich zwei Alternativen: in diesem Hamsterrad weiterzumachen, das für mich (und die Kirche) eine Sackgasse darstellte. Oder eben an der Universität genau zu schauen, was da eigentlich passiert. Dem Problem auf den Grund zu gehen.

Mir war in diesen Jahren immer klarer geworden, dass die Krise der Kirche nicht behoben werden konnte durch tolle Jugendgottesdienste oder neue Seelsorgeeinheiten. Aber auch nicht durch eine Aufhebung des Zölibats und eine Einführung des Frauenpriestertums. Die Krise saß tiefer. Sie saß in den Tiefen der kirchlichen Lehre, in ihrem Bild von Gott, in dem, woran sie selbst glaubt und was sie als Glauben verbindlich vorschreibt. Die Krise saß im Selbstbild der Kirche, in ihrer Sprache, in ihren Dogmen, in ihren Strukturen. Auf dieser Ebene wollte ich der Krise der Kirche begegnen. Das ging nur an der Universität, nicht als Pfarrer oder Stadtjugendseelsorger. Hieraus kam die Motivation, alles auf die wissenschaftliche Karte zu setzen. Dabei machte die Arbeit in der Gemeinde und in der Jugendarbeit mir viel Spaß. Ich machte gute Arbeit und erhielt viel Anerkennung. Ich wäre auch gerne bereit gewesen, diese Arbeit fortzusetzen. Aber nicht ohne die Möglichkeit, auf akademischem Niveau theoretisch an der Krise arbeiten zu können. Dafür war ich nun bereit, notfalls das Priesteramt zu opfern. Für mich war klar: entweder kann ich mit dem Segen des Bistums habilitieren oder ich tue es ohne den Segen des Bistums. Der Bischof wird diesen Willen und diese Zähigkeit geahnt haben, sonst hätte er mir nicht die Möglichkeit gegeben, mich zu habilitieren. Aber diese Möglichkeit war etwas vergiftet und schien für mich aussichtslos. Ich erkundigte mich in diesen Monaten bei Freunden und Bekannten, die an der Universität in der Theologie oder Philosophie tätig waren, nach freien Stellen. Auch bei mir bekannten evangelischen Theologen. Aber auch dort eröffnete sich keine Möglichkeit.

Ich informierte den Bischof, dass es am Philosophie-Lehrstuhl in Eichstätt keine freie Stelle für mich geben würde und dass mein Versuch, mich über einen Forschungsantrag zu finanzieren, ebenfalls gescheitert sei. Ich machte dem Bischof den Vorschlag, eine Pfarrstelle im Bistum Eichstätt anzufragen, durch die ich finanziert wäre und die mir die Tätigkeit an der Universität in Eichstätt bei Prof. Schweidler ermöglichen würde. Eigentlich wollte ich eine solche Situation vermeiden, um mich vollständig der Universität widmen zu können, aber ich hatte keine andere Chance. Der Bischof stimmte zu und so schrieb ich an den Personalverantwortlichen des Bistums Eichstätt.

Ich war nie vorher in Eichstätt gewesen. Ich wusste, dass es ein kleines, altes Bistumsstädtchen irgendwo in Bayern war. Was ich auch wusste: dass es eine Hochburg des konservativen Katholizismus in Deutschland war. In meiner Zeit in Rom hatte ich erstmals über Eichstätt gehört. Dort hieß es unter uns Seminaristen, dass Eichstätt wirklich jeden weihen würde. Wenn man in einem anderen Priesterseminar hinausgeworfen würde, sollte man an den Eichstätter Bischof Mixa schreiben, der jeden mit Kusshand nehmen würde. Hauptsache, viele werden geweiht und man erweckt nach außen einen starken Eindruck. Ich werde auch nie vergessen, wie ein Eichstätter Seminarist damals in Rom von seinem Bischof Mixa sprach: „Ein innerlich und äußerlich schöner Mann." Wir Zuhörer schauten uns peinlich berührt an und wussten nicht, ob wir lachen oder weinen sollten. Als ich im Herbst 2011 nach Eichstätt fuhr, war Mixa nicht mehr Bischof. 2005 war er skandalbehaftet nach Augsburg gewechselt, wo er 2010 ebenfalls wegen handfester Skandale zurücktreten musste. Mixas Nachfolger in Eichstätt war Bischof Hanke, von dem ich allerdings nichts vorher gehört hatte. Was im Vergleich zu seinem Vorgänger schonmal gut war.

Ich fuhr nach Eichstätt zum dortigen Personalverantwortlichen, um mit ihm über eine mögliche Pfarrstelle zu sprechen. Das Ordinariat des Bistums ist in ehrwürdigen, barocken Gebäuden untergebracht, die noch den Geist der großen, alten Zeit atmen. Ich betrat das riesige Büro des Prälaten, eines älteren Herrn mit einem freundlichen Lächeln. Höflich begrüßte er mich und fragte natürlich zuerst, wie es denn kommen würde, dass ich als Priester des Bistums Essen mich auf eine Pfarrstelle in Eichstätt bewerben würde. Ich erzählte ihm offen und in aller Ehrlichkeit von meinem bisherigen priesterlichen Doppelleben zwischen Seelsorge und Universität und auch davon, dass das Bistum Essen nur bereit sei, mich für eine Habilitation freizustellen, wenn ich mich finanzieren könnte. Der Prälat nickte verständnisvoll und lächelte dabei gütig. Sonderlich überrascht schien er nicht. „Nun", sagte er, „wir haben Ihnen da einige Stellen anzubieten." Er zählte eine Reihe von Ortschaften auf, die ich noch nie gehört hatte. Der Prälat sah meine Ratlosigkeit – die für ihn ebenfalls nicht überraschend schien – und fügte erklärend hinzu: „Ehrlich gesagt: das sind alles kleine, tief katholische Nester. Ob das für Sie als Ruhrgebietler das Richtige wäre … ich weiß nicht. Aber da habe ich noch etwas, das vielleicht besser passen würde." In diesem Augenblick war mir klar, dass die Sache längst entschieden war. Egal, was er jetzt sagte, das musste ich nehmen. „Wissen Sie, es gibt da einen Markt in Mittelfranken, Thalmässing. Eine sehr liberale Kirchenge-meinde in einer evangelischen Gegend. Die Gemeinde hat einen Schwerpunkt in der Jugendarbeit. Das müsste doch eigentlich gut passen. Außerdem liegt der Markt in der Nähe der Autobahn, so dass Sie noch relativ schnell in ihre Heimat können." Ich hatte keine Ahnung, wo dieses Thalmässing liegen sollte, aber ich stimmte sofort zu.

Im Winter 2011/12 wurden die Formalitäten mit den beiden Bistümern ge-klärt und dann stand im Frühjahr 2012 der Wechsel an. Aus dem Ruhrgebiet nach Bayern. Bottrop bereitete mir einen schönen Abschied. Nach sechs Jahren fiel mir dieser Abschied durchaus schwer, bei aller Freude über meine neue Zeit an der Universität. Es gab im Vorfeld meines Wechsels viele Fragen, warum jemand wie ich, der ja ganz offensichtlich im Leben und in der Praxis stand, ein Leben hinter verstaubten Büchern vorziehen könne. Ich musste in diesen Wo-chen viel erklären und habe dies auch bei meiner Verabschiedung versucht. Es war kein Wechsel, um vor dem kirchlichen Leben zu fliehen. Sondern ein Wechsel, um verstehen zu können, was da gerade mit der Kirche und dem Christentum passiert.

Kurz vor meinem Abschied gab ich ein größeres Interview in der WAZ. Es ging um ein Fazit der letzten Jahre in der Jugendarbeit und damit auch um mein Fazit der Bistumsreform im Jugendbereich. „Die Jugend ist kein Gewinner!" lautete mein Resümee mit Blick auf die Tatsache, dass der Jugendbereich stärker als die anderen Bereiche finanziell gekürzt wurde. Bei Gesprächen mit Vertre-tern des Bistums wurde ich kurz darauf über dieses Interview befragt. Als ich kurz meine Kritik darstelle, wurde diese erstaunlicherweise achselzuckend mit dem Hinweis akzeptiert, dass es sich ja um vergangene Dinge und um keine generelle Kritik handeln würde. Ich war über diese etwas leidenschaftslose Re-aktion etwas erstaunt, aber letztlich war sie mir auch egal, da ich jetzt vor neuen Aufgaben stand. Wahrscheinlich erklärt das aber auch die Reaktion der Bis-tumsvertreter.

O glaube mir, am schnellsten kommt zu Fall
ein allzu starrer Sinn.
Sophokles

Eichstätt: eine Reise ins Gestern

Bayern

Es ging nach Bayern. Ich hatte vorher noch nie etwas von einem Ort namens Thalmässing gehört und googelte nach meinem Besuch beim Personalverantwortlichen des Bistums Eichstätt zu Hause erst einmal, was und wo dieses Thalmässing ist. Hier stieß ich auf der Homepage der Gemeinde Thalmässing auf einen Fahndungsaufruf: jemand hatte eine Tüte Müll in den Wald geworfen. Für Hinweise, die zur Ergreifung des Täters führen, sei eine Belohnung von 100 Euro ausgesetzt. Ungläubig starrte ich auf den Bildschirm. In meinem Bottroper Viertel gab es regelmäßig Messerstechereien zwischen Jugendbanden. Erst wenige Wochen vorher hatte ein 13jähriger einen anderen Jugendlichen mit einer Pistole lebensgefährlich verletzt, was von anderen Jugendlichen in einer unserer Einrichtungen wie folgt kommentiert wurde: „Was ein Idiot. Vier Schüsse und der andere lebt noch." Nun las ich von dem Thalmässinger Fandungsaufruf wegen einer Tüte Müll im Wald und ahnte, dass die Uhren im Ruhrgebiet und in bayerischen Landgemeinden unterschiedlich ticken.

In den nächsten Wochen fragten mich viele Bekannte, wohin ich denn ziehen würde. Da keiner von ihnen Thalmässing kannte, musste jeder erst einmal zu Hause googeln. Mehrere von ihnen riefen mich lachend an wegen dieses süßen Fahndungsaufrufs.

Im Frühsommer 2012 erfolgte der Umzug nach Thalmässing. Dieser Ort liegt sehr schön in einem Tal, das sich etwas nördlich von der Altmühl zwischen Eichstätt und Roth befindet. Thalmässing hat als Marktgemeinde etwa 5500 Einwohner, die sich allerdings auf 38 Ortschaften verteilen. Der Hauptort, in dem ich wohnen sollte, hatte etwa 1900 Einwohner. Trotz meiner „preußischen Herkunft" wurde ich in Thalmässing sehr gut aufgenommen und habe mich dort sofort sehr wohl gefühlt. Dabei waren ein guter Schuss Geselligkeit und

Trinkfestigkeit sicherlich hilfreich. Natürlich war das Leben in einem Ort wie Thalmässing völlig anders als an meinen bisherigen Wohnorten im Ruhrgebiet oder in Rom. Im Laufe meiner vielen Wohnortwechsel habe ich jedoch gelernt, dass jeder Ort seine Stärken und Schwächen hat und es nichts bringt, dem hinterherzutrauern, was nicht da ist. Wenn man als Stadtkind in einen Ort wie Thalmässing zieht, dann bringt es nichts, darüber zu jammern, dass es im Ort kein Kino gibt oder man um 22 Uhr nichts mehr zu essen bekommt. Dafür kann ein solcher Ort ein Zusammengehörigkeitsgefühl und eine Geborgenheit vermitteln, die man wiederum in einer Großstadt nicht hinbekommt. Man kann lange drüber spekulieren, was jetzt besser oder schlechter ist. Kino oder Gemütlichkeit. Beides zusammen geht eben nicht.

Natürlich gab es kulturelle Hürden für mich als Ruhrgebietler im bayerischen Ausland, nicht nur, weil es weniger Schießereien gab. So musste ich die zügig an mich angetragene Mitgliedschaft im ortsansässigen Lederhosenverein höflich, aber sehr bestimmt ablehnen. Eine solche Mitgliedschaft bzw. ich in Lederhosen: genetisch unmöglich für mich als Preuße. Es gab aber auch schöne Momente der Verbindung zwischen der preußischen und der bayerischen Kultur. So klingelte eines Abends bei mir eine Abordnung der beiden „Kirchweihgesellschaften", die u.a. zuständig waren für die Ausrichtung des Starkbierfestes im Frühjahr. Sie fragten mich, ob ich beim nächsten Starkbierfest als „Bruder Barnabas" auftreten könnte. Ich hatte keine Ahnung, wovon sie redeten und fragte vorsichtig nach, was ich denn als Bruder Barnabas machen müsste. Die Antwort war ebenfalls für mich völlig unverständlich: „Do musst derbleck'n!" Nach einigen Minuten mit vielen Fragen und Erklärungen war die Sache dann klar: der Bruder Barnabas – das große Vorbild war am Nockherberg bei München tätig - hatte die Aufgabe, den Leuten spöttisch den Spiegel vorzuhalten über das, was im vergangenen Jahr geschehen war. Also eine Tätigkeit, für die ich mich als Abkömmling des rheinischen Teils des Ruhrgebiets durchaus berufen fühlte und daher sofort zusagte. Neben dem Amt des Pfarrers gab das Amt des Bruder Barnabas mir in den nächsten Jahren ebenfalls eine besondere Stellung im Ort. Zum einen war ich auf einen Schlag eine der bestinformierten Personen der Region, da ich über sämtliche lustige Geschichten, Missgeschicke und Pannen zeitnah auf dem Laufenden gehalten wurde. Zum anderen verschaffte es mir im Ort durchaus eine gehörige Portion Respekt, denn es war klar: wer mir dumm kam, konnte dem nächsten Starkbierfest nicht mehr so locker entgegensehen. Diese Aufgabe als vermutlich einziger preußischer Bruder Barnabas in der Geschichte Bayerns hatte mir immer großen Spaß gemacht und war sicherlich auch ein schönes Zeichen, dass ich als Ruhrgebietler in Bayern nicht nur äußerlich, sondern auch innerlich schnell angekommen war.

Die katholische Kirchengemeinde St. Peter und Paul in Thalmässing war klein, aber sehr aktiv. Sie wurde nach dem II. Weltkrieg und dem Zuzug sudetendeutscher Flüchtlinge gegründet. Ein Pfarrer, der ebenfalls aus dem Sudetenland kam, leitete jahrzehntelang die Gemeinde. In den 90er Jahren kam dann ein junger, dynamischer Pfarrer mit vielen guten Ideen. Neben der Kirche errichtete er ein großes Pfarrzentrum, den sog. „Bunker", der zugleich auch die Jugendarbeit der Region abdecken sollte, das Kirchengebäude selbst wurde runderneuert. Die Kirchengemeinde war betont progressiv und reformorientiert, was mir sehr entgegen kam. Alleine meine Herkunft als Ruhrgebietler hätte es mir schwer gemacht, mit gewissen Formen der bayerischen Volksfrömmigkeit klarzukommen, die ich bis dahin nur vom Hörensagen kannte. Diese progressive Prägung hatte die Kirchengemeinde in der gesamten Region bekannt gemacht. Viele auswärtige Gottesdienstbesucher waren regelmäßig zu Gast, die Kirche war gut besucht. Die Gemeinde war nicht groß, hatte aber einen guten, sehr aktiven Kern, mit dem zusammenzuarbeiten viel Spaß machte und man der Kreativität freien Lauf lassen konnte. Hierbei wurde ich unterstützt von einer Gemeindereferentin und ihrem Mann, einem an einer Schule tätigen Pastoralreferenten, womit diese Gemeinde auch personell sehr stark aufgestellt war und eine große Strahlkraft nach außen entwickeln konnte.

Thalmässing war auf diese Weise ein progressiver Turm im sehr konservativen Umfeld des Bistums Eichstätt, in dem die Uhren in vielerlei Hinsicht anders liefen als ich es gewohnt war. Ich kannte bereits vorher die von Mixa initiierte Politik, abgelehnte Seminaristen aus allen möglichen Bistümern aufzunehmen. Sein Nachfolger Hanke setzte diese Politik fort und das Ergebnis war durchaus spürbar. Es gab seit vielen Jahren einen großen Zustrom sehr frommer und konservativer junger Männer in das Priesterseminar des Bistums Eichstätt. Da ich ja auch an der theologischen Fakultät meine Lehrveranstaltungen anbot, hatte ich mit diesen Männern durchaus zu tun, und es war befremdlich für mich, eine Philosophie-Vorlesung zu halten und vor mir junge Männer mit einer Bibel vor sich zu sehen. Da ich zuerst hauptsächlich an der philosophischen Fakultät tätig war, wurden meine Veranstaltungen von Lehrämtlern, Journalisten, Psychologen, Historikern und eben auch Seminaristen besucht, was durchaus eine spannende Mischung war und hier manchmal einander völlig fremde Welten aufeinanderprallten. Den Seminaristen war – so hörte ich – von ihrem Regens immer wieder eingeschärft worden, die Vorlesungen zu besuchen und ordentlich für die Prüfungen zu lernen, ansonsten aber nicht weiter zu beachten, was an der Universität gesagt wurde. Diese Haltung merkte man vielen Seminaristen und vielen aus dieser Ausbildung hervorgegangenen Priestern auch an.

So besuchte ein Kaplan aus einer Nachbarpfarrei regelmäßig die „frischen Mütter" seiner Pfarrei, also die Frauen, die gerade ein Kind geboren hatten. Ein bis zwei Tage nach der Geburt stand der Kaplan dann am Wochenbett und fragte die Mütter, wann sie denn gedenken würden, ihr Kind taufen zu lassen. Die meisten Mütter waren bereits über diese Frage erstaunt und antworteten dann gewöhnlich: „Naja, so in drei bis vier Monaten?" Der Kaplan schlug dann regelmäßig die Hände über dem Kopf zusammen: „Ich bitte Sie! Das ist viel zu spät! Stellen Sie sich vor, dass Ihr Kind ungetauft stirbt! Es kommt in die Hölle!" Als ich diese Geschichten hörte, war ich entsetzt. Zum einen fragte ich mich, wie man das als Seelsorger wieder auffangen kann, wenn wirklich mal eines dieser Kinder überraschend sterben sollte. Zum anderen war es theologischer Blödsinn. Selbst im Mittelalter war Derartiges nicht gelehrt worden. Dort kamen ungetaufte Kinder in die Vorhölle – auch nicht toll, aber immerhin. Scherzhafterweise fragte ich den Dogmatik-Professor in Eichstätt, ob die Seminaristen das bei ihm gelernt hätten. Er winkte nur resigniert ab.

Durch das Bistum Eichstätt ging ein Riss. Auf der einen Seite einigermaßen bodenständige Pfarrer mittleren oder höheren Alters, die dort aus der Region kamen und wie überall auf der Welt mal mehr, mal weniger gut ihren Dienst versahen. Auf der anderen Seite viele junge Priester, die sehr fromm und konservativ waren und in den letzten beiden Jahrzehnten von Mixa und Hanke an Land gezogen waren. Sie fanden in Eichstätt ein konservatives bis reaktionäres Paradies vor, das es sonst in Deutschland nicht mehr oft gab. Was passiert aber auf Dauer, wenn man jahrelang Seminaristen anheuert, die anderswo rausgeflogen sind? In den meisten Fällen gut begründet rausgeflogen sind? Keiner fliegt aus einem Priesterseminar, nur weil er konservativ ist. Im Allgemeinen müssen Seminaristen ein Priesterseminar verlassen, weil sie einen Glauben leben, der gesamtkirchlich nicht kompatibel ist, weil sie menschliche Defizite haben und ihren Aufgaben nicht gewachsen sind, weil sie ihr Studium nicht in den Griff bekommen oder weil sie sexuell in irgendeiner Richtung auffällig wurden. Ohne handfeste Gründe wird in der heutigen Zeit des Priestermangels kein Seminarist vor die Türe gesetzt. Eichstätt nahm sie alle und holte sich reihenweise tickende Zeitbomben ins Haus, von Priestern, die öffentlich mit antisemitischen Thesen aufgefallen waren bis hin zu Priestern, die sich weigern, auf der Frauenseite der Kirche die Kommunion auszuteilen und deshalb im Altarraum eine Rangelei mit dem Kommunionhelfer beginnen. Bei besonders schweren Fällen, die anderswo rausgeworfen und dann von Eichstätt aufgenommen werden, sprach Bischof Hanke dann davon, dass auch diese „eine zweite Chance" verdient hätten. Dabei beging der Bischof zwei Irrtümer: einen der Gerechtigkeit, weil viele andere keine zweite Chance bekamen. So wechselte er etwa in Eichstätt die Straßenseite, wenn ein ehemaliger Priester zu sehen war oder sonstjemand, den er nicht sehen oder sprechen wollte. Und auch ansonsten fiel dieser Bischof nicht gerade durch einen barmherzigen Umgang mit Menschen auf, die gegen irgendein kirchliches Gesetz verstoßen hatten. Der andere Irrtum dieser zweiten Chance für anderswo gefeuerte Seminaristen ist ein Irrtum in der Gültigkeit des Sakraments: es gibt keine Priesterweihe auf Bewährung, sie ist endgültig. Jeden, den er weiht, hat er bis zum Lebensende in seinem Klerus. Dass der Bischof in Zeiten des Priestermangels einige seiner Priester anderen deutschen Bistümern angeboten hat, spricht da ebenso für sich wie die dankende Ablehnung oder schnelle Zurücksendung durch die anderen Bistümer.

Wenige Wochen nach meiner Einführung stellte ich mich meinen neuen katholischen Mitbrüdern der Region vor: der Pfarrerkonferenz des Dekanates Roth-Schwabach. Ich stand vor einer Schar mir bis dahin völlig unbekannter Priester und hätte sofort sagen können, welche Leute von Bischof Mixa oder Hanke aus der Fremde geholt worden sind und welche nicht. Es sprang einem entgegen: an Kleidung, Habitus und Sprache. Ich stellte mich kurz vor und wurde auch sehr freundlich vom Dekan und den anderen Anwesenden willkommen geheißen. Dann ging es um folgendes Thema: für das folgende Jahr 2013 hatte der Vatikan ein „Jahr das Glaubens" ausgerufen. Selbst im tiefkatholischen Bayern hatte sich mittlerweile herumgesprochen, dass es eine Krise gab: die Kirchen wurden auch hier immer leerer. In der Konferenz entstand nun eine rege Diskussion, was man denn tun müsse, um die Leute wieder zum Glauben und in die Kirche zu bringen. Ich dachte sofort, dass das jetzt wirklich interessant wird, was denn da so kommen würde und wurde in der Tat nicht enttäuscht. Nach normalen Vorschlägen (besser vorbereitete Gottesdienste, mehr Jugendgottesdienste) kamen dann von den Mixa-Leuten Ideen wie „mehr Wallfahrten!" und „mehr Beichten anbieten!". Die Krönung war der Vorschlag eines jungen Mitbruders mit hohem weißem Kragen, man sollte zukünftig den Katechismus wieder mehr in den Vordergrund der Verkündigung stellen. Für diejenigen, die den Katechismus nicht kennen: dieser ist ein dickes Buch, das sämtliche moralischen Vorschriften der Kirche auflistet und gerade wegen der völlig aus der Zeit gefallenen Sexuallehre berüchtigt ist. Der Dekan zuckte erschrocken zusammen, als er diesen Vorschlag hörte und wandte sich mit einem etwas verzweifelten Unterton an mich: „Ja, Herr Dr. Rasche, vielleicht könnten Sie zum Katechismus eine Veranstaltung oder eine Weiterbildung anbieten?" Vielleicht war es etwas herzlos, vermutlich aber nur eine pure Äußerung meines Überlebenswillens, als ich entschuldigend den Kopf schüttelte und freundlich lächelnd mit dem Hinweis ablehnte, dass ich Dozent für Philosophie sei und die Moraltheologie und damit auch der Katechismus leider nicht zu meinen Expertisen gehören würde.

In dieser Pfarrerkonferenz fiel mir ein Phänomen auf, das mir im Bistum Eichstätt noch öfter begegnen würde: die älteren Pfarrer trauten sich mit den jungen, konservativen Geistlichen nicht oder zu selten in eine offene Diskussion. Ich kannte es bisher immer so, dass man sich als neuer Priester an seinem Pfarrer orientierte, der zum einen eben mehr Erfahrung besaß und zum anderen schlicht und einfach der Vorgesetzte war. Diese Hackordnung war in Eichstätt nicht so, und das hatte einen Grund: eine rege Praxis der Denunziation. Die jungen, konservativen Priester wussten immer sehr genau, wie es eigentlich sein sollte und wann etwas gegen den rechten Glauben verstieß. Entsprechend schnell wurden Meldungen – auch über die eigenen Pfarrer – an das Bistum gemacht, das nichts Besseres zu tun hatte, als den Pfarrern Verweise zu erteilen. Wenn der eigene Kaplan den Pfarrer beim Bistum anzeigt, weil dieser etwa beim Tagesgebet in der Messe eine zu freie Formulierung gewählt habe, und damit auch noch Recht bekommt und der Pfarrer zum Gespräch einbestellt wird, dann läuft etwas fundamental verkehrt, was auf Dauer überhaupt nicht gut gehen kann.

In einer Pfarrei in der Region wurde ein Pfarrer wegen Kindesmissbrauch verhaftet. Der kurz vorher erst geweihte junge Kaplan wurde zum neuen Pfarrer ernannt. Als ich davon hörte, musste ich erstmal schlucken. Als Berufsanfänger direkt eine solche Aufgabe bewältigen zu müssen, ist durchaus eine Herausforderung, die zu übertragen eigentlich fahrlässig ist. Dieser neue Pfarrer ging seine Aufgabe durchaus engagiert und mit großem Elan an und schickte mehreren Pfarrern der Region – auch mir – eine Anfrage, ob wir uns nicht an einer gemeinsamen „Bildungsveranstaltung" beteiligen wollten: er habe festgestellt, dass in den Medien ein sehr falsches Bild über den Kommunionempfang von wiederverheiratet Geschiedenen kursieren würde. Er würde da gerne mit einer Bildungsveranstaltung abhelfen und den kirchlichen Standpunkt noch einmal deutlicher herausstellen. Kurz zur Erläuterung: wenn sich jemand in Zustand „schwerer Sünde" befindet, ist es ihm verboten, die Kommunion zu empfangen. Eine neue Heirat nach einer Scheidung ist aus kirchenrechtlicher Perspektive ein Zustand schwerer Sünde (dauerhafter Ehebruch), insofern die erste Ehe nicht annulliert wurde. Praktisch bedeutet dies, dass viele, gerade konservative Priester in der Messe wiederverheiratet Geschiedenen die Kommunion verweigern. Die meisten Pfarrer gehen stillschweigend über diese Angelegenheit hinweg, weil so eine Aktion natürlich eine öffentliche Bloßstellung ist, für die in einer Messe eigentlich kein Platz sein sollte. Vielen Pfarrern – ob jetzt angeblich regelgetreu oder flexibel-human – ist allerdings nicht bekannt, dass die Sache kirchenrechtlich etwas komplizierter ist. Zwar ist es einem schweren Sünder verboten, zur Kommunion zu gehen, aber umgekehrt ist es auch dem Priester verboten, einem getauften Christen (gilt damit übrigens auch für einen evangelischen Christen) die Kommunion zu verweigern, es sei denn, der Kommunionempfang würde ein „öffentliches Ärgernis" darstellen. Die Frage, ob jemand zur Kommunion geht oder nicht, ist damit im Normalfall laut Kirchenrecht die Sache der betroffenen Person selbst und nicht des Priesters. Ich kenne zumindest keine Pfarrgemeinde, in der die normalen Gemeindemitglieder es als ein „öffentliches Ärgernis" ansehen, wenn ein Geschiedener zur Kommunion gehen will.

Jener neue Pfarrer wollte also eine Veranstaltung über den Kommunionempfang wiederverheiratet Geschiedener machen, zweifellos mit dem Wunsch, mit dem Rückenwind seiner lieben Mitbrüder eine schärfere Ablehnungspraxis

in seiner Pfarrei oder gar in der Region durchzusetzen. Ich schrieb ihm freundlich zurück, beglückwünschte ihn zu seiner neuen Aufgabe und zu seinem Engagement, Bildungsveranstaltungen durchzuführen, denn Bildung sei immer
gut. Bei diesem speziellen Thema, so fügte ich hinzu, würde ich für mich oder
meine Pfarrei allerdings keinen Bedarf sehen, da solche Menschen bei uns
selbstverständlich zur Kommunion gehen könnten. Ich würde in dieser Praxis
kein öffentliches Ärgernis sehen und sei damit auch im Rahmen des Kirchenrechts. Mit freundlichen Grüßen. Die Antwort ließ nicht lange auf sich warten
und gipfelte in der Formulierung, dass er es bedauerlich finden würde, dass ich
und meine Pfarrei „anscheinend weder willens noch in der Lage seien, solche
Sachverhalte reflektieren zu können". Ich muss gestehen, dass ich als angehen-
der Professor der Philosophie hier an einem empfindlichen Punkt getroffen
wurde, den ich nicht auf sich beruhen lassen konnte. Ich schrieb in nettem Ton
zurück und erklärte noch einmal – wie für ein kleines Kind – den kirchenrecht-
lichen Stand in dieser Frage. „Im Übrigen", so schloss ich diese Mail, „lieber
junger Mitbruder, habe ich noch einen Rat. Wenn man gerade erst vom Weihe-
teppich aufgestanden ist, sollte man etwas zurückhaltender mit Äußerungen
über das Urteilsvermögen von Mitbrüdern sein, die schon länger im Amt sind
und die eventuell sogar beruflich mit genau dieser angesprochenen Reflexions-
tätigkeit zu tun haben." Mit freundlichen Grüßen. Darauf kam keine Antwort
mehr.

Ich berichte von diesem Dialog nicht, um zu zeigen, wie ich und ein Kollege
sich gegenseitig beharkten. Ich berichte davon, weil so etwas sonst nicht vorkam. Ich hatte Narrenfreiheit. Ich arbeitete zwar im Bistum Eichstätt, war aber
nur „ausgeliehen" und weiterhin Priester des Bistums Essen. Zusammen mit
meiner Arbeit an der Universität bedeutete das, dass ich mir im Umgang mit
diesen jungen Mitbrüdern etwas mehr herausnehmen konnte als die anderen
Pfarrer. Der hier geschilderte Dialog lief per Mail und war auch für die anderen
Pfarrer der Region in Kopie sichtbar. Keiner von denen beteiligte sich an diesem Dialog, mehrere schrieben mich aber an, beglückwünschten mich und feu-
erten mich an, noch nachzusetzen. Normalerweise wäre den älteren, erfahrenen
Pfarrern die Rolle zugekommen, den jungen Mitstreiter wieder auf den Hosen-
boden zu setzen. Sie konnten es nicht, weil diese jungen, konservativen Priester
auf der Linie des Bistums waren. Also musste ich als Fremder diese Funktion
des Korrektivs wahrnehmen.

Dieses Bistum mit diesen Strukturen und dieser Grundhaltung ist ein Produkt der Bischöfe, die es geleitet haben. Die wiederum das Produkt einer bestimmten Ernennungspraxis aus Rom sind. Bei Walter Mixa waren die menschlichen Defizite so groß, dass er zuerst in Eichstätt und dann in Augsburg gehen musste. Gerüchte, aber auch klare Anschuldigungen über Schläge an Kindern, finanzielle Unregelmäßigkeiten und Veruntreuungen, aber auch sexuell mehr als grenzwertige Situationen mit Seminaristen und anderen jungen Männern machten immer wieder die Runde. Die theologische Grundhaltung, die er verkörperte, lag allerdings völlig auf der Linie Roms und stimmte mit den Kriterien überein, die für eine Bischofsernennung entscheidend waren. Sein Nachfolger Hanke hatte nicht diese gravierenden Defizite, schien aber ebenfalls mit seinem Amt überfordert. Vor seiner Ernennung zum Bischof in Eichstätt war er Abt des Klosters Plankstetten, er war Mönch. Jemand, der Mönch wird, trifft für sich eine tiefgreifende Entscheidung. Er legt fest, dass sein Glaube nicht in der Hinwendung zur Welt, sondern im persönlichen Gebet und in der Abwendung von der Welt seinen Ausdruck finden soll. Deshalb geht jemand ins Kloster und wird Mönch. Hanke wird ein solcher Mensch gewesen sein, sonst wäre er nicht ins Kloster gegangen. Warum wird dann jemand, der sich für ein Leben der Stille und gegen ein Zuviel an Welt entscheidet, ein Bischof? Der in der Welt stehen muss? Der die Welt verstehen muss und von der Welt verstanden werden muss? Wie soll jemand in der Welt klar kommen, der sich eigentlich gegen sie entschieden hat? Es tat mir für Hanke leid, dass er Bischof werden musste, weil diese Aufgabe überhaupt nicht dem entsprechen konnte, was er sich für sein Leben als Christ und Priester erträumt hatte. Er nahm diese Herausforderung als demütiger Diener Gottes an, aber Demut konnte nicht anderes ausgleichen, das fehlt. Es geht mir nicht darum, diesen Menschen anzuklagen. Sondern die Institution, die diesen Menschen in eine Aufgabe schickte, die er kaum bestehen konnte.

Universität

Eichstätt ist mit ca. 13.500 Einwohnern die kleinste Universitätsstadt Europas. Es liegt versteckt in einem kleinen, tiefen Tal, das im Winter von oben wegen des Nebels oft gar nicht einzusehen ist. Entsprechend haben die Schweden der Legende nach diesen Ort im 17. Jahrhundert im 30jährigen Krieg mehrere Male übersehen. Schließlich fanden sie Eichstätt doch und machten es in mehreren Plünderungen nahezu dem Erdboden gleich. Nach dem Krieg wurde Eichstätt wieder aufgebaut und es entstand ein schönes, einheitlich barockes Städtchen. In den 1980er Jahren wurde hier aus einer Hochschule die Katholische Universität Eichstätt-Ingolstadt gegründet. Diese Universität ist die einzige Universität im deutschen Sprachraum, die sich in der Trägerschaft der Katholischen Kirche befindet, namentlich der Bayerischen Bischofskonferenz. Sie unterscheidet sich eigentlich in allem gegenüber der Bochumer Ruhr-Universität, an der ich bisher den Großteil meines akademischen Lebens verbracht habe: in Bochum eine Massenuniversität mit knapp 40.000 Studenten in hässlichen Betonbauen, in Eichstätt niedliche 4500 Studenten. Neben modernen Gebäuden verfügte die Universität in Eichstätt im gesamten Stadtgebiet über alte Immobilien, die für den Uni-Betrieb umgebaut worden waren. Das führte zu lustigen Gebäudenamen, die man sonst nicht unbedingt gewöhnt war, die aber an die alten Funktionen dieser Gebäude erinnerten. Entsprechend fanden dann eben Vorlesungen im Gebäude „Waisenhaus" oder „Pferdestall" statt.

So klein und übersichtlich die Universität war, so klein und übersichtlich war auch die Philosophie. Mein Doktorvater Walter Schweidler war aus Bochum in seine Heimat nach Eichstätt gewechselt und war nun der einzige Philosophie-Professor an der Philosophisch-Pädagogischen Fakultät. Daneben gab es noch einen Philosophie-Professor an der Theologischen Fakultät, Norbert Fischer, der kurz vor seiner Emeritierung stand. Die Studentenzahlen in der Philosophie waren im Vergleich zu Bochum recht übersichtlich. Überhaupt gab es nur sehr wenige „reine" Philosophiestudenten, die Philosophie als Vollstudium absolvierten. Die meisten Besucher der Philosophie-Veranstaltungen waren Studenten anderer Fächer, die im Rahmen des „Studium generale" verschiedene Philosophie-Veranstaltungen belegen mussten. Die meisten Studenten in den Veranstaltungen hatten also eigentlich keine Ahnung von Philosophie, was es schwierig bis unmöglich machte, in den Seminaren und Vorlesungen ein höheres Niveau anzuschlagen. Andererseits muss ich sagen, dass es auch einen großen Reiz hatte, die Studenten in die Philosophie einzuführen und Historiker, Journalisten und Psychologen zusammenzubringen. Oder auch mal auseinander. Je nachdem.

Als Habilitand hatte ich die Verpflichtung, eine Veranstaltung pro Semester anzubieten, ein Hauptseminar. Ein bisschen aufgeregt ging ich zur ersten Stunde meines ersten Seminars, passenderweise im Gebäude „Waisenhaus". Es war ein Seminar über antike Ethik. Zu meiner großen Enttäuschung erwarteten mich keine großen Menschenmassen im Hörsaal, die begierig an meinen Lippen hängen und jeden Satz von mir aufsagen wollten, sondern gerade mal zwei Studentinnen, die sich für den Inhalt des Seminars eher wenig interessierten, sondern einfach einen Schein brauchten und ansonsten sehr nett mit mir als Anfänger an dieser Universität umgingen und mir viele gute Tipps über das Leben und Überleben an dieser Universität gaben. Die Veranstaltungen an der Universität haben mir eigentlich immer viel Spaß gemacht. Bei diesen Veranstaltungen ging es nie nur um den Inhalt, sondern vielmehr noch darum, die Studenten überhaupt mit dem Fach Philosophie und mit dem Denken vertraut zu machen. Dabei gab es viele schöne, spannende Momente, aber auch manch harte Landung auf dem Boden der Realität.

So hielt ich irgendwann eine Vorlesung über die Philosophie des Mittelalters. Mir war natürlich bewusst, dass solche Autoren wie Eriugena, Anselm von Canterbury, Bonaventura oder Thomas von Aquin für normale Studenten nicht unbedingt sexy sind. Und so erhielt ich nach der ersten Vorlesungsstunde die Abmeldung einer Studentin, die frank und frei zugab: „Ich kann mich mit diesem Thema nicht beschäftigen, weil es mich nicht interessiert." Diese Kausalität, sich mit etwas nicht beschäftigen zu *können*, weil es einen nicht interessiert, fand ich erschreckend und faszinierend zugleich. Ich habe von da an in meinen Veranstaltungen – gerade wenn das Thema an sich abschreckend genug war – mehr oder weniger lang davon erzählt, wie wichtig es ist, sich mit diesen alten Hüten zu beschäftigen, mit sperrigen und langweiligen Diskussionen, die 1000 oder 2000 Jahre alt sind. Zum einen, weil wir ohne diese alten Debatten unser Denken heute überhaupt nicht verstehen können. Wie wir heute ticken, wie wir heute die Welt und den Menschen sehen, ist nicht verständlich ohne den langen Weg zu kennen, der in unser Heute geführt hat. Zum anderen sind diese alten

Dinge nicht nur historisch interessant, sie können uns heute auch noch wertvolle Impulse für unser Denken geben. Und schließlich ist es schon deswegen gut, sich mit diesen sperrigen Themen zu befassen, weil man an ihnen auch ganz prinzipiell lernen kann, sich mit sperrigen Themen zu befassen. Als wäre unsere Welt leicht verständlich. Sie erfordert immer wieder Nachdenken und Reflektieren. Sie erfordert immer wieder eine Anstrengung, damit man sie versteht. Diese Anstrengung des Denkens muss man einem Menschen zumuten können, der sich online über jedes Thema äußert und über den Wahlzettel ja auch mitentscheidet, in welche Richtung sich eine Gesellschaft entwickelt.

Ein wirklich reizvoller Aspekt meiner Zeit an der Universität in Eichstätt bestand darin, auf verschiedenen Tagungen und Konferenzen Philosophen kennenlernen zu können, die ich bisher nur aus Büchern kannte. Zum einen ist es einfach spannend, mit solchen Menschen sprechen zu können und tiefer in ihre Gedankenwelt eintauchen zu können, als es nur über Bücher möglich ist. Zum anderen ist aber auch die rein menschliche Seite nicht uninteressant: auch große Philosophen sind Menschen. Sie haben Hunger und Durst, sie können abends zu viel trinken, sie können über Stufen stolpern und sie müssen zur Toilette.

Wir veranstalteten in Eichstätt eine große Tagung zum Thema „Christentum und Philosophie", viele prominente Philosophen aus In- und Ausland waren anwesend: Robert Spaemann, Jean-Luc Marion, Günter Figal und andere. Hier kam es mit Spaemann zu einer Begebenheit, die vermutlich wir beide nicht mehr vergessen haben. Spaemann war natürlich der Grandseigneur der Veranstaltung. Er war der Doktorvater von Prof. Schweidler und trotz seines hohen Alters noch vielgesehener Gast bei verschiedenen Tagungen und Konferenzen. Da er kein Internet und keine Mailadresse besaß, konnte unser Lehrstuhl im Vorfeld der Konferenz nur per Faxgerät mit ihm kommunizieren. Immerhin. Spaemann musste die Konferenz wegen einer Folgekonferenz etwas früher verlassen und Schweidler bat mich, ihn zum Eichstätter Bahnhof zu bringen. Nun muss man wissen, dass der „Bahnhof Eichstätt" nicht in Eichstätt liegt. Sondern irgendwo weit draußen. Der Grund, so wurde mir zumindest hinter vorgehaltener Hand erzählt: als die Planungen für einen Bahnhof losgingen, hätte sich der damalige Bischof von Eichstätt gesperrt, einen solchen Bahnhof im Ort zu haben, da er nicht wünschte, dass Eichstätt so eng mit der Welt verbunden sei. Ob es stimmt, sei dahingestellt. Fakt ist jedenfalls: „Bahnhof Eichstätt" liegt weit außerhalb im Grünen. Dort muss man dann in eine Lokalbahn umsteigen, die einen zum Bahnhof „Eichstätt-Stadt" fährt, der endlich da liegt, wo er hingehört: in Eichstätt. Auswärtige Gäste sind regelmäßig auf diesen lokalen Irrsinn hereingefallen und riefen verzweifelt vom Eichstätter Bahnhof an, wo denn die Stadt sei, die zum Bahnhof gehören müsste.

Ich sollte Spaemann also zum Eichstätter Bahnhof fahren. Pünktlich fuhren wir los, mit Rücksicht auf die wertvolle Fracht auf dem Nebensitz fuhr ich besonders vorsichtig. Nachdem wir mehrere Dörfer durchquert hatten und den größten Teil der Strecke geschafft hatten, war allerdings auf einmal die Strecke gesperrt. Ich musste umdrehen und einen großen Umweg fahren. Da uns nun allerdings die Abfahrtszeit des Zuges im Nacken saß, fuhr ich etwas sportlicher, was Spaemann vermutlich nicht gewöhnt war. Zumindest stockte unser Gespräch, er wurde merklich ruhiger, hielt sich mit beiden Händen fest und meinte schließlich: „Wissen Sie, Herr Rasche, so sehr beeilen müssen Sie sich nicht. Danach kommt noch ein anderer Zug." Ich sah dennoch meinen Auftrag vor Augen, ihn pünktlich zum Bahnhof zu bringen und fuhr zügig weiter, nahm die Kurven allerdings nicht mehr so hart. Schließlich kamen wir pünktlich an. Erleichtert verließ Spaemann meinen Wagen. Dass diese Jagd sich als nutzlos erwies, da die Bahn selbst mit einer ordentlichen Verspätung ankam, sei nur am Rande erwähnt. Zumindest hatten wir noch eine halbe Stunde Zeit, uns am Bahnsteig wirklich gut und angeregt über philosophische Themen zu unterhalten.

Meine Hauptaufgabe als Habilitand bestand in der Anfertigung der Habilitationsschrift. Ich hatte mich in den letzten Jahren immer intensiver mit dem Thema Sprache befasst. Die Philosophie hatte inhaltlich in den letzten 200 Jahren einen wichtigen Perspektivwechsel vollzogen, der oft als „Sprachwende" („*linguistic turn*") bezeichnet wird: die Sprache rückte immer mehr in den Fokus, weil sie es ja ist, in der philosophische Erkenntnis geschieht und formuliert wird. Am Anfang meines Studiums habe ich mich weniger mit der Sprache als vielmehr mit der klassischen Metaphysik beschäftigt: was ist Gott? Im Laufe der Jahre habe ich mich dann vor allem über Leute wie Hans-Georg Gadamer und Jacques Derrida, aber auch Wilhelm von Humboldt und Ferdinand de Saussure und die antiken Rhetoriker wie Demosthenes, Isokrates oder Cicero der Sprache angenähert und vor allem das große Potential für die Theologie gesehen,

276

die ja der Versuch ist, Gott sprachlich zu fassen. Meine Perspektive ging klar in Richtung einer sprachphilosophischen Durchdringung der Theologie, die mir zu diesem Zeitpunkt allerdings nicht möglich war. Es war klar, dass ein solcher Versuch seitens der Kirche und des Lehramts scharf kritisiert werden würde, da er einen fundamentalen Angriff auf die Fähigkeit der Kirche darstellen würde, in ihrer Lehre definitive Wahrheiten über Gott sprachlich zu fassen. Also überlegte ich, diesen Mechanismus an der Philosophie anzuwenden und die Philosophie auf die Tatsache hin zu reflektieren, dass sie eine sprachliche und damit rhetorische Wissenschaft ist. Interessanterweise sind Rhetorik und Philosophie ungefähr zeitgleich in der griechischen Antike entstanden und bekriegen sich seit ihrem gemeinsamen Beginn. Hierbei wirft insbesondere die Philosophie der Rhetorik vor, die Sprache nur für Manipulationen zu missbrauchen und unethisch zu sein. Die antike Rhetorik war jedoch mehr als eine bloße Vermittlerin sprachlicher Kniffe und Atemübungen. Sie war der Mittelpunkt der griechischen Bildung und sie verkörperte die Aussage: die Sprache ist das Höchste des Menschen und indem der Mensch an seiner Sprache arbeitet und seine Sprache formt, entwickelt er sich als Mensch weiter und wird seinem Menschsein in voller Weise gerecht.

Die Spitze in Richtung der klassischen Philosophie (und damit auch in Richtung der Theologie) ist diejenige, dass es jenseits dieser Sprachlichkeit keine für den Menschen erkennbare und damit relevante Wahrheit gibt. Die für den Menschen relevante Wahrheit wird nicht wie bei Platon von einem ewigen Guten oder wie in der Theologie von Gott geoffenbart, sondern im Gespräch der Menschen miteinander gefunden und sprachlich ständig weiterentwickelt. Interessanterweise ist diese Perspektive der antiken Rhetorik eng verwandt mit neueren philosophischen Ansätzen, wie ich sie bei Gadamer und Derrida kennengelernt hatte. Also nahm ich mir in meiner Habilitationsschrift die Geschichte der Philosophie vor und integrierte die Rhetorik bzw. eine rhetorische Perspektive in diese Geschichte, die mit den von Platon kritisierten Sophisten begann und dann über Leute wie Vico, Humboldt und Nietzsche langsam in die Gegenwart führt. Ich nahm die Rhetorik nicht als einen Feind der Philosophie, sondern als eine legitime Perspektive innerhalb der Philosophie. Mein wichtigster Gewährsmann war Hans-Georg Gadamer. Er wurde einmal in einem Interview mit dem Spiegel (8/2000) gefragt, welche Methoden denn die Philosophie benutzen würde. Gadamer hatte geantwortet: „Man will den anderen überzeugen. Das nennt man auch Rhetorik." Der Interviewer fragte erstaunt nach: „Aber die Rhetorik ist doch keine philosophische Methode, oder?" Gadamer darauf: „Das weiß ich nicht. Vielleicht ist sie tatsächlich die einzige!" Aus diesem Grundgedanken heraus entstand mein Buch „Sprache und Methode", das ich dann als Habilitationsschrift einreichte. Es war für mich eine sehr spannende Fragestellung, weil sie mir ermöglichte, tiefer in eine bestimmte Perspektive der Sprachphilosophie einzutauchen, von der ich glaubte, dass sie zum einen für die Philosophie selbst sehr relevant ist, aber zum anderen auch für mich eine wichtige Grundlage darstellen würde, die Theologie bearbeiten zu können.

Mir war klar, dass diese Bearbeitung der Theologie früher oder später Schwierigkeiten mit dem Lehramt nachziehen würde, da sie einigen zentralen Grundannahmen des Lehramtes widerspricht. Im Hinterkopf hatte ich noch immer die Warnung von Prof. Geerlings, als ich davon gesprochen hatte, die Entstehung der kirchlichen Lehre hermeneutisch bearbeiten zu wollen: „Warten Sie damit, bis Sie eine Professur haben!" Und Sie staatlich verbeamtet sind, hätte er hinzufügen können. Es war jetzt nicht so, dass man beim Schreiben eines Artikels bei jedem Satz das römische Lehramt im Hinterkopf hatte, aber präsent war es schon. Bei einer Konferenz stand ich einmal mit zwei Theologie-Professoren aus Frankreich zusammen. Etwas erstaunt hörte ich, wie der eine zum anderen sagte: „Ich muss mal wieder eine Gegendarstellung gegen mich selbst schreiben!" Ich fragte nach, und er erzählte mir, dass er einen Artikel verfasst habe, der wohl nach Rom gemeldet worden sei. Zumindest habe er Post von der römischen Glaubenskongregation erhalten, in der sich sein Artikel befand, verbunden mit der Bitte, eine Klarstellung zu den markierten Sätzen zu veröffentlichen. Der andere französische Kollege bestätigte diese Praxis, die er auch schon an sich erfahren hatte. Ich war entsetzt. Ich weiß nicht mehr, zu welchem Thema der Professor diesen Artikel verfasst hatte (er war Fundamentaltheologe), es war aber nichts, das ich als irgendwie riskant oder verdächtig eingestuft hätte. Mit Wissenschaftsfreiheit hatte das, was in der Theologie ablief, nichts zu tun. Und damit strenggenommen auch nicht mit Wissenschaft, denn Forschung ohne Freiheit in Frage und Antwort ist keine Wissenschaft. Das römische Lehramt – in sichtbarer Gestalt der berüchtigten Glaubenskongregation unter dem Vorsitzenden Joseph Ratzinger – wachte offensichtlich sehr genau und sehr scharf darüber, was in der Theologie passieren durfte und was nicht.

278

Hier gab und gibt es Fächer, die mehr gefährdet sind als andere. Ein Kirchengeschichtler, der die Schriften des Nemesios von Emesa übersetzt, oder ein Alttestamentler, der über das Buch Levitikus forscht, wird nicht so schnell Post aus Rom bekommen. Ein besonders vermintes Gelände ist die Moraltheologie, die zuständig ist für das gefährlichste Thema überhaupt: die Sexuallehre. Ein Moraltheologe muss für sich eine Festlegung treffen, die nicht einfach ist: entweder er folgt der kirchlichen Position oder den Erkenntnissen der Wissenschaft. Beides zusammen ist nicht möglich, nicht einmal ein Kompromiss, dafür sorgt schon die Glaubenskongregation. Dies führt zu der Situation, dass von allen theologischen Fächern die Moraltheologie das einzige ist, in dem es mehr offene Lehrstühle als habilitierte Kandidaten gibt, da sich den oben genannten Spagat nur wenige zumuten wollen.

Im Laufe der letzten 150 Jahre hat sich eine beachtliche Zahl an Entzügen kirchlicher Lehrerlaubnisse angehäuft. Im 19. Jahrhundert waren es vor allem Anhänger des Modernismus und des Humanismus sowie Kritiker der päpstlichen Unfehlbarkeit. In den letzten Jahrzehnten traf es Unterstützer der Befreiungstheologie oder der Homosexuellenbewegung, Kritiker der päpstlichen Unfehlbarkeit und der kirchlichen Hierarchie, heiratswillige Priester, aber auch Leute, die gemeinsam mit Protestanten die Messe feierten oder Wunder in der Bibel oder die Jungfräulichkeit Marias leugneten. Gerade Letzteres mutet vor dem Hintergrund etwas eigenwillig an, dass Ratzinger selbst in der 1. Auflage seines grundlegenden Buches „Einführung in das Christentum" bei der Jungfräulichkeit Marias noch von einer symbolischen und nicht von einer biologischen Aussage gesprochen hatte – ein Hinweis, der in den nächsten Auflagen dann nicht mehr zu sehen war. Dass ein solches Thema als derart hoch eingeschätzt wird, dass dafür Professoren ihren Hut nehmen müssen, mutet für den modernen Betrachter verstörend an, zeigt aber ganz einfach, was aus römischer Sicht die zentralen Bestandteile des kirchlichen Glaubens sind. Eben die Jungfräulichkeit Marias. Ein Entzug der kirchlichen Lehrerlaubnis hat mit einem rechtsstaatlichen Verfahren überhaupt nichts gemein. Man erhält zu strittigen Themen eine Frageliste zugestellt, die man bearbeiten und zurückschicken muss. Entweder sind die Antworten in Rom zufriedenstellend oder nicht. Es gibt keine Akteneinsicht, es gibt keine Einspruchsmöglichkeit, keine Fristen für Entscheidungen oder ähnliches. Zwar gibt es in diesem Verfahren einen

Rechtsbeistand, aber der wird einseitig von der Glaubenskongregation benannt. Nicht einmal Kontakt zu ihm ist möglich.

Derart intransparente Verfahren können nicht nur die akademische Karriere beenden, sie stehen auch an ihrem Beginn. Es ist das berüchtigte „*nihil obstat*", „nichts steht dagegen", das man aus Rom benötigt, um einen Lehrstuhl an einer theologischen Fakultät zu erlangen. In diesem Verfahren wird nicht nur die akademische Laufbahn, sondern das gesamte Leben des potentiellen Professors durchleuchtet. Schließlich geht es nicht nur darum, dass der Kandidat sich bislang akademisch im Rahmen der gültigen kirchlichen Lehre geäußert hat, sondern auch darum, dass er ein gläubiger Mensch ist, der in seinem ganzen Leben grundsätzlich mit dem übereinstimmt, was die Kirche von ihren Gläubigen will. Sowohl in der Beurteilung der akademischen, als auch der persönlichen Vergangenheit ist man in Rom ausgesprochen penibel und rigide. Das Verfahren liegt in Rom und man erfährt erst einmal nichts. Viele Monate lang, in einigen Fällen auch jahrelang. Kein Kontakt, kein Nachfragen, keine Ansprechpartner. Irgendwann erhält man ein Ergebnis. Im negativen Fall darf man noch untertänigst nachbessern und im Sinne Roms etwas erklären. Wenn das nichts hilft, ist man draußen, bevor man drin war. Dass nur so wenig Verfahren in Rom negativ enden, hat wesentlich damit zu tun, dass natürlich die Fakultäten in den Auswahlverfahren in vorauseilendem Gehorsam bereits aufpassen, aber vor allem damit, dass auch die Bischöfe sich gerne einbringen und eine sehr machtvolle Position besitzen. Hier wird gewöhnlich bereits bei den Auswahlverfahren telefoniert. Wenn ein Bischof da fallen lässt, dass er einen bestimmten Kandidaten als schwierig empfindet, ist er draußen. Gründe spielen dabei keine Rolle. Im Normalfall wagt kein Dekan und keine theologische Fakultät wegen eines Kandidaten einen Krieg mit dem Bischof. Schließlich gibt es genug andere Kandidaten.

All diese Verfahren, die jeder Professor der Theologie am Anfang seiner Karriere durchgemacht hat und die jedem Professor im Laufe seiner Karriere in jedem Augenblick drohen, haben eigentlich nichts mit akademischer Freiheit zu tun. Entsprechend stellt sich schon die Frage, mit welcher Berechtigung dieses Fach an öffentlichen Universitäten gelehrt und durch den Staat finanziert wird. Natürlich hat die Kirche das Recht, ihre Geistlichen und ihren theologischen Nachwuchs so auszubilden, wie sie es will. Aber dann soll sie es an selbstfinanzierten Hochschulen tun und nicht an öffentlich finanzierten Universitäten, an denen grundsätzlich akademische Freiheit herrschen sollte, die es in der Theologie aber faktisch nicht gibt.

Ich muss gestehen, die Vorstellung, in meiner akademischen Tätigkeit als Professor an einer theologischen Fakultät abhängig zu sein von den Launen und der Glaubenstreue eines ungebildeten Prälaten in einer muffigen, römischen Behörde, hat mich nicht zuversichtlich gestimmt, zumal ich ja durchaus Kritikpunkte an wesentlichen Elementen der kirchlichen Lehre hatte, die früher oder später in Rom aufgefallen wären. Einen gewissen Schutz bot mein Fach, die Philosophie, die eben keine Theologie ist. Sobald ich mich allerdings zu kirchlichen Themen äußern würde, sollte dieser Schutz schnell dahin sein, das war mir früh klar und machte mich nicht optimistisch für meine akademische Zukunft.

Glaube und Vernunft

Um 2011 hatte ich „Ein säkulares Zeitalter" von Charles Taylor gelesen, das mir die Augen geöffnet hatte für viele rote Fäden der europäischen Geistesgeschichte, die ich bisher in dieser Deutlichkeit nicht gesehen hatte. Dennoch war ich nicht rundum zufrieden mit diesem wichtigen Buch. Es beschrieb sehr gut die jahrhundertelange Entwicklung des Verschwindens Gottes aus den Köpfen der Europäer, ich empfand es aber als eher schwach in der Beschreibung der Ursachen für diese Entwicklung. Als ich dann im Wintersemester 2014/15 ein Seminar über die Philosophie des Mittelalters geben musste, war dies für mich ein Anlass, mich wieder etwas intensiver mit mittelalterlichen Autoren zu beschäftigen. Natürlich hatte ich mich mit verschiedenen Autoren im Laufe des Studiums beschäftigt, aber ich gebe gerne zu, dass die mittelalterliche Philosophie nicht zu meinen großen Leidenschaften gehört hatte. Sie schien mir auf der einen Seite nicht mehr antik genug und auf der anderen Seite noch nicht modern genug, um mich ausgiebig mit ihr auseinanderzusetzen. Dieses Seminar war immerhin eine erzwungene Gelegenheit, sich einige der Autoren jener Zeit wieder einmal anzusehen. Vielleicht hat es das Buch von Taylor gebraucht, um das Mittelalter in einer für mich neuen Funktion wahrzunehmen: als die Zeit, in der die Wurzeln der Moderne liegen. Was wir heute als Moderne ansehen – sei es im Bereich der Religion oder sonstwo –, muss ja seine Wurzeln in der Zeit haben, in der sie noch nicht da war: im Mittelalter. Diese Zeit muss diejenige sein, in der erste Spuren dessen auftauchen, was wir als „modern" bezeichnen, und vor allem muss in dieser Entstehung auch das große „Warum" sichtbar werden: der Grund, warum die Moderne entstand. Genau auf diese Frage hatte ich bei Taylor eigentlich keine mich befriedigende Antwort gefunden. Er erklärte meisterhaft das jahrhundertelange „Wie", auf das „Warum" konnte ich bei ihm keine befriedende Antwort herauslesen. Dieses „Warum" war aber wichtig, um die darauf folgende lange Entwicklung zu verstehen und damit auch die heutige Frage zu beantworten, „warum" die Menschen nicht mehr an Gott glauben.

Die Zeit, die wir heute als „Mittelalter" bezeichnen, hat nach wie vor keinen guten Ruf. Der Begriff ist aus späterer, moderner Perspektive entstanden und sollte deutlich machen: jene Zeit war ein „Mittel"-Alter, eine Zeit, die nur ein Zwischenstadium darstellt zwischen der glänzenden Antike und der noch glänzenderen Neuzeit. Man denkt an das „dunkle" Mittelalter und sieht vor seinem geistigen Auge brennende Scheiterhaufen und schmutzige, stinkende, ungebildete, hässliche Menschen. Als hätte es diese Dinge nur im Mittelalter gegeben. Auch wenn ich dieser „neuzeitlichen" Tradition gefolgt bin und mich im Vergleich zu anderen Epochen eher wenig mit dem Mittelalter beschäftigt habe: als Christ war ich durchaus beeindruckt von dieser Zeit, die ja eigentlich die christliche Zeit schlechthin war, zumindest in dem Sinne, dass das Christentum das gesellschaftliche Leben und das Denken der Menschen in einem Ausmaß beherrscht hatte, wie es nie vorher und nie nachher der Fall war. Was ist das für eine Herrlichkeit, wenn man in einer lichtdurchfluteten gotischen Kathedrale steht und den Blick die schlanken Säulen hinauf nach oben wendet? Was ist das für eine Größe des Menschen, der diesen steinernen Himmel geschaffen hat, aber was ist das auch für eine Größe Gottes, der in diesem steinernen Himmel verehrt wird und dessen Licht durch die bunt leuchtenden Fenster nach innen dringt? Was ist das für ein Gefühl der Einheit der Menschen mit ihrem Gott, dass sie derart Großes und Gewaltiges für ihn bauen? Diese Einheit hatte auch ihre Schattenseiten, denn sie bedeutete einen brutalen Kampf mit all dem, was als Bedrohung dieser Einheit wahrgenommen wurde – von Hexen und Ketzern bis zu Heiden. Aber diese Schattenseite kann nicht völlig das Große verdecken, das die Menschen damals aus dieser Einheit mit Gott heraus geschaffen haben:

Kathedralen und Klöster, Buch- und Freskenmalereien, hohe Dichtkunst und tiefsinnige theologische Traktate.

Diese Einheit mit Gott hatte immer Risse, die aber die Einheit noch nicht gefährdeten. Wichtiges Kennzeichen dieser geistigen Einheit des Mittelalters war die enge Verbindung von Theologie und Philosophie. Die Theologie interpretiert die Welt im Lichte Gottes und des Glaubens, die Philosophie tut dies im Lichte der Vernunft. Das Mittelalter kannte keine Trennung von Glauben und Vernunft, da es keine Vernunft außerhalb Gottes anerkannte, sondern einfach jede Vernunft als Vernunft Gottes ansah. Die Philosophie war eine Tochterdisziplin der Theologie, die „Magd der Theologie", die sich bemühte, das mit den Mitteln der Vernunft zu bestätigen, was die religiöse Offenbarung bereits festgestellt hat. Für mich war die Schnittstelle interessant, wann diese Einheit zumindest in deutliche Zweifel gezogen wurde. Bereits um 1100 herum gab es hier spannende Entwicklungen: erste Autoren tauchen auf, die das uralte Verbot der Neugierde kritisierten und die nicht mehr nur auf die Bibel und das Christentum, sondern auf die Philosophie bzw. auf die Welt als Quelle von Weisheit und Wissen verwiesen, so etwa Thierry von Chartres (1085-1155) oder vor allem Petrus Abaelardus (1079-1142).

Das Leben des Letzteren ist übrigens eines der romantischsten und dramatischsten des Mittelalters. Abaelardus legte bereits in jungen Jahren eine steile universitäre Karriere hin und wurde zu einem der bedeutendsten Gelehrten seiner Zeit. 1114 ging er nach Paris und wurde Hauslehrer einer jungen Frau, Heloisa. Schnell kam es zu einer Liebesbeziehung zwischen den beiden, die ihrem Onkel und Schutzherrn, dem Kanoniker Fulbert, erst auffiel, als sie schwanger wurde. Es kam zum Eklat. Was danach passierte, ist im Detail bis heute umstritten. Fakt ist jedoch, dass es nicht zu einer Hochzeit zwischen den beiden Liebenden kam und Heloisas Onkel Fulbert über diese ganze Geschichte derart wütend war, dass er Abaelardus brutal entmannen ließ. Zutiefst gedemütigt brachte dieser Heloisa in ein Kloster und wurde selbst Mönch. Die Briefe, die sich diese beiden unglücklich Liebenden in den nächsten Jahren geschrieben haben, zählen zum Schönsten und Ergreifendsten, was das Mittelalter uns hinterlassen hat. Sie gehören bis heute zum klassischen Bildungskanon Frankreichs.

Abaelardus steht mit diesem Leben und mit seinem Denken an einer wichtigen Schnittstelle der Geistesgeschichte. Die Philosophie einer Zeit wie auch das Denken eines einzelnen Menschen vollzieht sich nicht in einem luftleeren Raum. Abaelardus spürte und durchdachte, dass die alte, einheitliche Ordnung zu bröckeln beginnt. Es zählte nicht mehr allein die göttliche Ordnung, das menschliche Subjekt begann zu erwachen. Mit seinen Wünschen, Träumen, neuen Ideen – und Abwendungen vom Alten.

Philosophie spielt sich weder in einem luftleeren Raum ab, noch ist sie in der Lage, aus dem Nichts Ideen zu schaffen und die Weltgeschichte auf den Kopf zu stellen. Vielmehr ist die Philosophie immer in Abhängigkeit von ihrer Welt und ihrer Zeit zu sehen; sie formuliert das, was unausgesprochen die Gesellschaft bewegt, was die Welt verändert, ohne bislang sichtbar gewesen zu sein. Die Philosophie spricht das aus, ordnet, sortiert und bewertet, was die Welt umtreibt. Sie ist damit keine Erfinderin des Neuen, wohl aber dessen Antenne, Lautsprecher und Sortierer. Hegel hat dies Jahrhunderte nach dem Mittelalter treffend auf den Punkt gebracht: „So ist auch die Philosophie ihre Zeit in Gedanken gefasst."[12] Wenn nun Leute wie Petrus Abaelardus anfangen, daran zu zweifeln, dass nur die Theologie im Besitz der Wahrheit ist, dann erfinden sie nicht etwas, sondern sie bringen etwas ins Wort, das viele Menschen damals dachten und fühlten: die kirchliche Wahrheit ist nicht die allein gültige. Was war in den Jahren vorher passiert? Weite Teile Europas haben zu Stabilität und Wohlstand gefunden. Die Gesellschaften Mitteleuropas wurden urbaner, wohlhabender und gebildeter. Neue Hochschulen und Universitäten wurden gegründet, neu herausgegebene Texte aus der Antike – insbesondere von Aristoteles – befeuerten einen neuen Drang nach Wissen und Erkenntnis. Dies alles geschah zwar noch auf dem Grund des christlichen Glaubens, aber es tauchten einfach immer mehr Dinge auf, die interessant und anregend waren, und durch den Wohlstand gab es immer mehr Zeit, sich mit ihnen zu beschäftigen. Der Anspruch des Christentums, alles zu sein, wurde zusehends mit Fragezeichen versehen, und Leute wie Petrus Abaelardus waren in der Lage, diese Fragezeichen in den theologisch-philosophischen Diskurs zu bringen. Kurz zuvor hatte es noch ein großes Ausrufezeichen der alten Ordnung gegeben: Anselm von Canterbury hatte eine große Theologie entworfen, die den Anspruch hatte, komplett aus der Vernunft ableitbar zu sein. Sein berühmt-berüchtigter „ontologischer Gottesbeweis" ist das Ergebnis dieses Anspruchs: die Existenz Gottes

---

[12] Hegel, Georg Friedrich Wilhelm: Grundlinien der Philosophie des Rechts, Vorrede, S. 19.

ist beweisbar, weil die Idee von Gott existiert. Anselm starb 1109 und mit seinem Tod war dieser Anspruch bereits an sein Ende gekommen. Abaelardus formulierte nun, dass es nicht um den Besitz, sondern um die Suche nach der Wahrheit gehe, und diese Suche sollte in den nächsten Jahrhunderten weiter Fahrt aufnehmen. Die Tradition und das Lehramt waren nun nicht mehr nur etwas Hinzunehmendes, sondern etwas zu Überprüfendes.

Diese Entwicklung setzte sich fort und erreichte ihren Siedepunkt in Wilhelm von Ockham (1288-1347). Ockham war Franziskanermönch und hat viele Jahre seines Lebens im Streit mit dem Papst und dem kirchlichen Lehramt verbracht. Dass er nicht wie viele andere auf dem Scheiterhaufen endete, verdankte er vor allem dem Schutz des deutschen Kaisers Ludwig IV. Um 1300 hatten sich bereits viele gesellschaftliche Bereiche entwickelt, die gemäß einer nichtkirchlichen Rationalität funktionierten: das Universitätswesen, die öffentlichen Verwaltungen, die Städte. Das öffentliche Leben begann bereits, sich nach eigenen Gesetzen zu ordnen. Dies wurde für die Kirche allerdings noch nicht als Problem wahrgenommen, dafür waren diese Anfänge weltlicher Rationalität noch zu zart. Einzelne Autoren wie Bonaventura und Duns Scotus hatten bereits vor 1300 vorsichtig eine Trennung von Theologie und Philosophie angedeutet, aber nun kam Wilhelm von Ockham, der radikaler als seine Vorgänger und Zeitgenossen erkannte, was da eigentlich passierte und welche Konsequenzen das für die Grundlagen der Theologie hat. Wissenschaft, so Ockham, besteht in der Kenntnis dessen, was allgemein und notwendig ist, also den Gesetzen der Logik gehorcht. Damit geht es der Wissenschaft um die Erkenntnis der Prinzipien, also um die Rückführung der Realität auf die sie bewegenden Kräfte. Dies war uralte aristotelische Lehre und war als solche auch seit jeher respektiert. Theologen wie etwa der große Thomas von Aquin hatten allerdings die Theologie damit retten wollen, dass sie sagten, die Erkenntnis der Prinzipien selbst läge bei Gott, nur die Folgerungen aus diesen Prinzipien wären für uns Menschen einsichtig. Dies war letztlich nicht mehr als ein intellektueller Taschenspielertrick, der von Ockham auch so gebrandmarkt wurde. Es sei „kindisch", so Ockham, anzunehmen, dass man von den Folgerungen wisse, weil Gott selbst die Grundprinzipien weiß und man ihm glaube. Eine Theologie, die so agiere, sei „keine Wissenschaft". Solche Sätze waren genauso mutig wie vernichtend.

Doch dieser Konflikt hatte auch eine tiefere Ebene und vielleicht ist erst sie es, die dem Werk Ockhams diese große Wirkmacht verlieh, denn es ging nicht nur um Kriterien einer rationalen Beschreibung der Welt, es ging auch um die Welt selbst. Und damit kommen wir an den Punkt, der für mich von zentraler Bedeutung wurde und der mir bei den Vorbereitungen für die Vorlesung aufging: Ockham dachte die Welt vom Individuellen her. Bis dahin wurde die Wirklichkeit im Gefolge der Philosophien Platons und Aristoteles' nicht vom Individuellen, sondern vom Allgemeinen her gedeutet. Dieser Ansatz war zutiefst kompatibel mit der christlichen Religion, denn sie konnte nun Gott als das höchste Allgemeine nehmen, auf das alles zuläuft und von dem alles her geschaffen ist. Ockham verwarf diese gedankliche Struktur als mögliche Grundlage der Theologie und verwies auf das Individuelle. Das Allgemeine, so Ockham gegen die Tradition, ist vielleicht ein Begriff oder ein Zeichen, das wir benutzen können, um die Wirklichkeit zu erklären, sie ist aber keine Wirklichkeit an sich. Wirklich ist das Individuelle, das sich uns jeden Tag in seiner Einzigartigkeit darbietet, und in dieser Form ist die Wirklichkeit die Basis unserer Erkenntnis.

Dies scheint für uns heute eine Selbstverständlichkeit, und es fällt uns schwer, die Tragweite dieses Konflikts im späten Mittelalter zu verstehen. Die Wurzeln dieses Konflikts liegen bereits in der Antike. Um die Welt zu erklären, ist es eine sehr wacklige Angelegenheit, sich auf so etwas Veränderliches wie die Welt selbst zu verlassen. Alles, was uns umgibt, ist veränderlich und vergänglich. Die Kunst besteht nun darin, in all diesem Veränderlichen das Unveränderliche zu erkennen, mit dem ich dann die Wirklichkeit erklären kann, die Gesetze, nach denen sie funktioniert. Dieses Unveränderliche, das ich dann erkenne, ist kein bloßer Begriff, sondern dasjenige, das der Welt Ordnung gibt. Die Wirklichkeit läuft in all ihrer Veränderlichkeit in den Bahnen dieses Unveränderlichen, das auf diese Weise wirklicher und echter ist als die Welt selbst ist. Platon und Aristoteles hatten die Grundlagen dieses Weltbildes geliefert, und die christliche Theologie hat es gerne aufgegriffen, weil es in hervorragender Weise kompatibel war: dieses unveränderliche Allgemeine, das den Ordnungspunkt der Welt darstellte, war natürlich der christliche Gott. Ockham und seine Zeitgenossen begannen nun, diese Ordnung auf den Kopf zu stellen: nicht mit dem Allgemeinen erkläre ich das Einzelne und Individuelle, sondern mit dem Einzelnen und Individuellen erkläre ich das Allgemeine. Vernunft und Rationalität bauten sich von nun nicht mehr von oben nach unten, sondern von unten nach oben auf.

Ockham war ein zutiefst gläubiger Christ. Er wollte den christlichen Glauben nicht zerstören, sondern im Gegenteil stärken, indem er auf die Schwäche der bisherigen gedanklichen Grundlagen verwies. Wie reagierte die Kirche? Sie verurteilte die Thesen Ockhams. Theologische Erkenntnis wurde weiterhin von Gott und der Kirche vermittelt, nicht aus der Welt. Die Folgen waren im Laufe der Zeit gigantisch. Sie bestanden nicht nur im Auseinandergleiten von Theologie und Philosophie, sondern im Auseinandergleiten zweier Welten: der kirchlichen und der nichtkirchlichen. Auf einmal tauchte das Wort „übernatürlich" auf, das es bis dahin nicht gegeben hatte, das aber jetzt benötigt wurde, um das, was in der Welt passierte und „natürlich" war, von dem abzugrenzen, was Gott war: „*über*-natürlich". Was bisher zusammengehörte, wurde nun auseinandergerissen. Genau hier entstand die Moderne, das Mittelalter war zu Ende.

Im Rahmen meiner Vorbereitung für das Mittelalter-Seminar las ich von Neuem die Philosophen jener Zeit, insbesondere Ockham. Natürlich hatte ich auch als Student davon gehört, dass es am Ende des Mittelalters zu einer Trennung von Philosophie und Theologie gekommen war, aber die Tragweite dieser Trennung war mir nicht klargeworden. Nun hatte ich zwei Dinge im Hinterkopf, die mich dieses Geschehen anders und tiefer verstehen ließen: die Lektüre Taylors und die Erfahrung der kirchlichen Realität.

Worum geht es? Die Menschen in Europa haben im Laufe der letzten Jahrhunderte weitgehend die Fähigkeit verloren, die Welt als einen Ort Gottes wahrzunehmen bzw. Gott in der Welt zu entdecken. Die antike Philosophie und auch die mittelalterliche Theologie-Philosophie hatten hier kein Problem, weil sie Gott als das beschrieben, was die Welt ordnet und in ihrem Bestand hält: Gott ist der Logos. Erkenntnis der Abläufe in der Welt ist zugleich Erkenntnis Gottes. Ein Augustinus oder ein Thomas von Aquin konnten deshalb einen Gegensatz von Philosophie und Theologie überhaupt nicht verstehen, weil Gott selbst die höchste Vernunft ist, die in der Welt waltet. Die Philosophie als die Suche nach der Vernunft hatte daher ihr natürliches Ziel in Gott. Gott und Welt waren kein Gegensatz, sondern verwiesen aufeinander. Dies bedeutete, dass Gott mit den Begriffen der Philosophie beschrieben wurde. Wesen. Natur. Person. Einheit. Unendlichkeit. Freiheit. Die Konsequenz dieser Verbindung von Theologie und Philosophie war, dass jede neue Entwicklung in der Philosophie auch in der Theologie nachvollzogen werden musste. Dies war nur folgerichtig, denn wenn sich die Methode änderte, rational und wissenschaftlich über die Welt zu sprechen, musste sich auch die Methode der Theologie ändern, deren Gott ja in der Welt erkannt werden konnte. Dies geschah über viele Jahrhunderte und sorgte für eine ständige Weiterentwicklung der Theologie in Einheit mit der Philosophie. Am Ende des Mittelalters brach diese Entwicklung ab, und diejenige Kraft, die den bisherigen Pfad verließ, war nicht die Philosophie, sondern die Theologie. Den Verrat, das Verlassen des bisherigen Weges, beging also die Kirche, nicht Ockham, so wurde mir klar. Nicht die Philosophie trennte sich von der Theologie – wie oft beschrieben –, sondern die Theologie von der Philosophie. Die Theologie brach die Brücken zur Vernunft ab, indem sie ihren weiteren Weg nicht mitging.

Die Kirche begann, in einer eigenen Welt zu leben. Natürlich verstand sich die Kirche schon von ihrem Beginn an in einem gewissen Sinne als Gegenpart zur „Welt", die Texte des Neuen Testaments sind bereits Zeugen für diese Haltung. Aber dieser Gegensatz war insofern nur ein relativer, weil es *eine* göttliche Vernunft gab, die die Welt durchwaltet. Das Christentum stand nur insofern in einem Gegensatz zur Welt, weil es diese göttliche Mitte besser als die anderen erkannt hatte, nicht, weil die Welt nach einer anderen Vernunft funktionierte. Dies geschah nun am Ende des Mittelalters. Es gab nun auf der einen Seite die „Vernunft der Welt": sie erforschte wissenschaftlich die natürlichen Abläufe in der Welt. Auf der anderen Seite stand die „Vernunft der Kirche": sie kritisierte den wissenschaftlichen Fortschritt als Verrat an Gottes Schöpfung und orientierte sich nicht mehr an den Kriterien der sonstigen Wissenschaften, sondern an der göttlichen Offenbarung in Bibel und eigener Tradition. Alleine die Bekämpfung von Leuten wie Galilei verweist darauf, dass da ein neuer, unüberbrückbarer Graben zur normalen Wissenschaft und zum allgemein üblichen Verständnis von Vernunft entstanden war.

Dieser Graben – und das war das Entscheidende – war nicht nur eine Angelegenheit der akademischen Zunft oder des kirchlichen Lehramts. Er betraf auch den Glauben der Menschen, wie mir nun klar wurde.

Glaube an Gott heißt ja, Gott in der Welt wahrnehmen zu können. Dies war lange Zeit selbstverständlich gewesen: Gott war überall in der Welt präsent; alles, was in der Welt passierte, hatte mit Gott zu tun. Die Frage, wo Gott ist, stellte sich überhaupt nicht. Nun wurde ein Graben immer spürbarer, der die kirchliche Welt immer mehr isolierte: Gott hatte immer weniger mit der Welt zu tun, er wurde immer mehr aus der Welt herausgenommen. Die Naturwissenschaften erklärten nun, wie die Welt funktioniert, die Kirche verurteilte diese Versuche und wies zugleich immer schärfer darauf hin, dass der Zugang zu Gott über eine kirchliche Binnenwelt läuft, die mit der Welt nichts mehr zu tun haben will. Damit verschwand Gott jedoch immer mehr aus der Welt. Ein Glaube an Gott lebt ganz fundamental von der Erfahrung, dass Gott da ist. Es ist eine Beziehung, die – wie jede Beziehung – Nähe braucht. Die Menschen früherer Zeiten nahmen Gott wie selbstverständlich in ihrem Leben und in ihrer Welt wahr: überall, wo sie waren, war Gott. Die Kirche mit ihren Gottesdiensten war eine Manifestation dieser selbstverständlichen Nähe, die Theologie an den Hochschulen war die gedankliche Vertiefung dieser Nähe. Indem die Kirche jedoch in der Welt immer mehr eine Gefahr für ihre eigene Lehre erkannte, und die Theologie in ihrer gedanklichen Vertiefung nicht mehr in der bösen Welt ansetzen durfte, sägte die Kirche langsam, aber stetig an dem Ast, auf dem sie saß. Sie war nicht mehr die Krönung, sondern wurde zum einzigen Ort der Gottesbegegnung und damit musste sie scheitern, denn der Mensch lebt nun einmal nicht in der Kirche, sondern in der Welt. Die Menschen verloren immer mehr ihren Gott, der nun in der Kirche beim Gottesdienst oder im Himmel zu finden war, aber nicht mehr in der Welt. Damit war er tot, zu einer von der Kirche immer wieder geschmückten leeren Hülle geworden.

Der Glaube der Menschen an den christlichen Gott verschwand, weil die Kirche die Kräfte der Welt nicht mehr in der Beschreibung ihres Gottes vereinen wollte. Diese Kräfte, die in der Welt wirken und die Welt in ihrem Leben halten, wurden nicht mehr in einer Theologie zusammengeführt, sondern wurden als Gegenpol zur kirchlichen Lehre bekämpft. Als Ockham und andere Leute des Spätmittelalters begannen, einen Unterschied zu sehen zwischen kirchlicher Lehre und weltlicher Realität bzw. zwischen dem, was die Kirche über Gott sagt, und dem, was in der Welt von Gott spürbar ist, traf die Kirche eine verhängnisvolle Entscheidung: gegen die Welt und für die Kirche. Und entriss damit den Menschen nach und nach die Möglichkeit, in den Kräften der

Welt den christlichen Gott erkennen zu können. Gott wurde zu einem bloßen Namen.

Beginnend mit dem Spätmittelalter setzte ein unglaublicher gesellschaftlicher Aufschwung ein, der eigentlich bis heute anhält: Wissenschaften jeder Art waren immer mehr in der Lage, die Welt, aber auch den Menschen selbst zu erklären. Die Menschen der letzten Jahrhunderte merkten, dass diese Entwicklung in vielfacher Hinsicht gut für sie ist: Gesundheit, Wohlstand und Lebenserwartung steigen. Es ist nicht nur die Tatsache, dass Gott funktionslos wird, weil die Welt ohne ihn zu funktionieren scheint. Indem die Kirche und auch die Theologie sich weigern, diesen Weg mitzugehen und sich als Gegner der Wissenschaft inszenieren, indem sie Galilei verurteilen und moderne Errungenschaften wie Demokratie und Menschenwürde als Irrglauben darstellen, lassen sie keinen Kompromiss und kein Zusammen zwischen Glauben und Welt zu. Der Mensch muss nun wählen zwischen Welt und Gott. Er wählt die Welt. Diese Wahl hat er in den ersten tausend Jahren des Christentums nicht treffen müssen. Er hätte den Unterschied nicht verstanden – den letztlich die Kirche in diese Welt gesetzt hat.

Den Höhepunkt der Weltfeindlichkeit erreichte die Kirche im 19. Jahrhundert mit den Pauschal-Verurteilungen der Moderne und dem Dogma der päpstlichen Unfehlbarkeit. Diese Haltung der Kirche ist aber noch nicht zu Ende, sie ist bis heute präsent und dies belegen unzählige Äußerungen kirchlicher Amtsträger. Im Zusammenhang mit dem Synodalen Prozess schrieben etwa die polnischen Bischöfe an ihre deutschen Mitbrüder über die „*Versuchungen*", die darin bestehen, „*die Lehre Jesu ständig mit den aktuellen Entwicklungen in der Psychologie und den Sozialwissenschaften zu konfrontieren. Wenn etwas im Evangelium nicht mit dem aktuellen Wissensstand in diesen Wissenschaften übereinstimmt, versuchen die Jünger, das Evangelium zu ‚aktualisieren‘"*.[13]

Ganz abgesehen davon, dass diese „Aktualisierungen" so alt sind wie die Kirche selbst: was glaubt man zu gewinnen, wenn man wissenschaftliche Erkenntnisse gegen die Lehre Jesu stellt? Ein Pfarrer sagte mir, er sei für Gott, aber nicht für die Menschen da. Was ist das für eine Aussage über die Welt, in der wir leben? Was ist das für eine traurige Existenz Gottes bzw. des kirchlichen

---

[13] https://www.vaticannews.va/de/kirche/news/2022-02/polen-bischoefe-sorge-sy-nodaler-weg-deutschland-reform-kirche.html.

Amtes, die nur begriffen werden können als Gegensatz zur Welt und zu den Menschen in ihr?

Angesichts solcher Äußerungen packte mich immer wieder das kalte Grauen. Natürlich ist es so, dass Gott wissenschaftlich nicht greifbar oder beweisbar ist. Die menschliche Vernunft gelangt hier an eine Grenze, die sie nicht überschreiten kann – worauf gerade wissenschaftskritische Kreise der Kirche immer wieder hinweisen. Nun bedeutet die Tatsache, dass Gott über und jenseits der menschlichen Vernunft steht, aber nicht, dass er ihr entgegensteht. Wenn ich mit der Mathematik Gott nicht beschreiben kann, heißt das nicht, dass 2+2 nicht 4 sind. Genauso argumentieren aber die Verteidiger des wissenschaftskritischen und vernunftkritischen Kurses der Kirche, wenn sie sagen, dass für die Deutung der Welt alleine Gott und nicht die trügerischen Wissenschaften relevant sein dürfen. Damit berauben sie der Kirche und ihrem Gott jede Chance, in der Welt der normalen Menschen anzukommen.

Papstwechsel

Am 13. Februar 2013 ließ Benedikt XVI. eine Bombe hochgehen: er kündigte seinen Rücktritt als Papst zum 28. Februar an. Als erster Papst seit Coelestin V. im Jahre 1294. Was eine Weile her ist. Benedikt oder vielmehr Ratzinger tat dies stilecht in lateinischer Sprache vor einer Versammlung der Kardinäle, denen man in diesem Augenblick ansah, nicht mehr täglich mit Latein als gesprochener Sprache umgehen zu müssen. Dieser Rücktritt – so empfand ich es sofort – war die größte und bedeutendste Tat seiner Amtszeit. Das klingt jetzt böser als es gemeint ist. Es geht nicht um die Aussage: er konnte nichts Größeres tun als zu gehen. Sondern es geht darum, dass Ratzinger mit diesem Rücktritt das katholische Amtsverständnis revolutioniert hat. Bis dahin galt: wenn jemand in der Kirche ein Amt hat, ist es egal, wie gut oder schlecht er es ausfüllt. Er hat das Amt. In diesem Bewusstsein hat etwa ein Johannes Paul II. gelebt und in den letzten Jahren gelitten. Dieser Mann füllte sein Amt aus in dem Bewusstsein, dass das Amt selbst das Entscheidende ist und er als Person in diesem Amt aufgeht – unabhängig davon, wie es ihm als Person geht und ob er gesundheitlich in der Lage ist, dieses Amt auszufüllen. Nun kommt sein Nachfolger und legt mit dem Hinweis auf sein Alter und seine Gebrechlichkeit sein Amt nieder. Damit trifft er über das Amt eine völlig neue Aussage, nämlich die Aussage, dass das Amt nicht aus sich heraus existiert, sondern mit einer Aufgabe verbunden ist, die man auch erfüllen können muss. Wenn jemand nicht in der Lage ist, das Amt zu tragen und die Aufgaben des Amtes zu erfüllen, dann soll er von diesem Amt zurücktreten. Damit liefert Ratzinger eine neue Definition des Amtes, die sich stark von Verständnis seines Vorgängers, aber auch von der bisherigen Praxis der Kirche abgrenzt.

Ich habe Ratzinger immer sehr respektiert, aber nie sonderlich geschätzt. Ich habe ihn hin und wieder bei kleineren und größeren Veranstaltungen in meiner Zeit in Rom erlebt. Ich sah dort einen freundlichen, sehr gebildeten Herrn, der gestochen präzise formulieren konnte, aber in einer sehr eigenwilligen Weise schüchtern und zurückhaltend war. Man durfte sich jedoch bei Ratzinger nicht von seiner bescheidenen Tonart blenden lassen, von seiner leisen Stimme. *Wie* er es sagte, war bescheiden und leise. *Was* er jedoch sagte, war nicht bescheiden, sondern sehr selbstbewusst und überzeugt. Wenn er öffentlich sprach, hatte ich nie das Gefühl, einen Bischof oder Papst vor mir zu haben, sondern vielmehr einen Professor. Das hatte jedoch nicht nur etwas mit seinem Sprechstil zu tun, sondern auch mit seinem Inhalt. Er war kein Prediger, wie es sonst Pfarrer, Bischöfe oder auch Päpste sind. Prediger – die guten zumindest – versuchen, sich in ihre Hörer hineinzuversetzen und sie zu einem bestimmten Handeln zu motivieren. Sie wollen für etwas werben. Das war Ratzinger fremd. Er wollte nicht werben, er wollte klarstellen. Er wollte die Zuhörer nicht motivieren, er wollte ihnen ein Wissen mitteilen. Alleine diese rhetorische Haltung verriet unglaublich viel über Joseph Ratzinger, über seinen Charakter und über sein Verständnis von Kirche und kirchlichem Amt. Es ging um das Belehren. Das ist erst einmal nicht negativ. Wenn man eine bestimmte Botschaft hat oder ein bestimmtes Wissen anderen mitteilen will, dann belehrt man. Das Problem beginnt allerdings dann, wenn dieses Belehren zur ausschließlichen und alleinigen Art wird, sich zu äußern. Das passiert, wenn man das Gefühl hat, nur noch lehren, aber nichts mehr lernen zu müssen. Das war bei Ratzinger der Fall und auch bei der von ihm geleiteten Kirche. Sie lernte nicht, sie lehrte nur. Die Wahrheit musste nicht gesucht oder neu entdeckt werden, man besaß sie.

Hier steht natürlich das Dogma von der Unfehlbarkeit des kirchlichen Lehramtes nicht nur im Hinter-, sondern vielmehr im Vordergrund. Diese Lehre hat Ratzinger nicht nur verteidigt, sondern in zahlreichen lehramtlichen Schreiben sogar verschärft: jede lehramtliche Äußerung des Papstes ist als unfehlbar zu akzeptieren, auch wenn sie nicht mit dem Anspruch vorgelegt wird, unfehlbar zu sein. Was ein Widerspruch in sich ist. Aber es gilt: *Roma locuta, causa finita.* Sobald Rom spricht, ist die Sache durch. Ratzinger war die treibende Kraft dieser Verschärfung, und diese Verschärfung hatte Konsequenzen für die Kirche.

Die Überzeugung, unfehlbar zu sein, verschärfte den Gegensatz zur „normalen" Welt. Dieser ist für eine Religion erst einmal legitim, weil jede Religion in ihrem Verweis auf Gott aus etwas leben muss, das über diese Welt hinausgeht. Das Problem ist nur, dass in dem Augenblick, wo dieser Gegensatz durch die eigene Unfehlbarkeit immer größer wird, automatisch alles, was dem nicht entspricht, zur Sünde oder zu einem Ort der Gottesferne wird. Ratzinger sah einen klaren Gegensatz zwischen Kirche und Welt. Dieser Gegensatz war seine Botschaft. Immer wieder forderte er für die Kirche eine „Entweltlichung", immer wieder warf er der Welt eine „todbringende Diktatur des Relativismus" vor. Im gesamten Werk Ratzingers gibt es nicht eine einzige Stelle, wo er der Welt oder der weltlichen Vernunft gegenüber der Kirche etwas Positives zuspricht. Ratzinger sprach oft von Vernunft, meinte damit aber nur eine rein binnenkirchliche Logik. Die Kirche muss in ihrer Reinheit gegenüber der Welt verteidigt werden und dieser Verteidigung hat Ratzinger sein Leben verschrieben.

Nun ist es jedoch so, dass diese kompromisslose Trennung von Kirche und Welt weder theologisch noch faktisch haltbar ist. Weder ist die Kirche rein göttlich und unweltlich, noch ist die Welt widergöttlich. Die Bibel selbst wie auch die gesamte Geschichte der Kirche belegen etwas zutiefst Menschliches. Die Welt ist nicht der Gegensatz der Kirche, sie ist der Ort, an dem die Kirche lebt und ihre Wahrheit belegen muss. Moderne, Aufklärung und Individualität bedeuteten für Ratzinger nichts anderes als Anarchie, als Relativierung und Vernebelung der unumstößlichen Wahrheit der Kirche. Dabei übersah Ratzinger völlig, dass die größere Gefahr nicht dann vorliegt, wenn viele Individuen kritisch auf eine Wahrheit blicken, sondern wenn Menschen im Glauben, die einzige Wahrheit zu besitzen, auf die Individuen blicken. Obwohl Ratzinger sich intensiv mit der Geschichte beschäftigte, hat er ihre wesentlichen Lehren nicht begreifen können.

Es geht bei Ratzinger jedoch nicht nur um seine Theologie und um seine Lehre. Ratzinger war nicht nur ein Mann der Bücher, er war auch ein Mann mit viel Macht. Er war 40 Jahre hindurch an den Schaltstellen der kirchlichen

Macht. Was man denkt, hat auch Auswirkungen auf das, was man tut. Ratzingers Bild von der Kirche steht nicht nur in seinen Büchern, sondern sein Bild von der Kirche hat die Kirche jahrzehntelang geformt. Ratzinger sah eine reine und unfehlbare Kirche und sah sein Leben als einen Feldzug, diese Reinheit und Unfehlbarkeit zu bewahren. Zusammen mit Johannes Paul II. installierte er ein System von Bespitzelung, Vertuschungen und Lügen, um diese Reinheit und Unfehlbarkeit zu bewahren. Professoren wurden entlassen, wenn sie nicht an die Jungfräulichkeit Marias glaubten, Bischöfe, die sich zu sozial und damit zu sozialistisch gebärdeten, wurden in die Verbannung geschickt, Missbrauchstäter wurden vor staatlichem Zugriff geschützt, Opfer wurden mundtot gemacht. Selbst bedeutende Bischöfe wie der Wiener Kardinal Schönborn, die die Vertuschungen des Vatikans anklagten, wurden zu öffentlichen Entschuldigungen und Widerrufen gezwungen. All diese Dinge passierten nicht als Einzelfälle, sondern systematisch und weltweit. Mit Ratzinger an der Spitze dieses Systems.

Die Verteidiger Ratzingers, die seine schöne Theologie loben, vergessen die Konsequenzen seiner Theologie. Man muss es so brutal sagen: die Missbrauchsfälle sind eine Konsequenz eines Kirchenbildes, das Ratzinger zwar nicht erfunden, aber verschärft und mit Zähnen und Klauen verteidigt hat. Das theologische Bild der Kirche ist nicht nur eine Frage der Bücher, es ist vor allem die Frage des konkreten kirchlichen Lebens, das daraus folgt. Ratzinger hatte seit seiner Kindheit ein ausgesprochen romantisches und verklärtes Bild von der Kirche, auf das er sich in Büchern und Interviews immer wieder berief: es war eine zutiefst einfache Kirche, der man mit einem geradezu kindlichen Glauben anhängen muss. Ratzinger bezog sich immer wieder auf den Glauben seiner Kindheit und ermahnte die Bischöfe und Priester immer wieder, die einfachen Katholiken vor der komplizierten Welt zu schützen. Dieser kindliche Glaube, auch versehen mit einem romantisierenden Kirchenbild, eine große, persönliche Bescheidenheit, ein sehr ästhetischer, geschliffener und klarer theologischer Stil haben Ratzinger eine große Anziehungskraft verliehen. Ratzinger hat in wirklich starker Weise die Schönheit des christlichen Glaubens beschreiben können. In dieser Schönheit – und das ist die Schattenseite – muss jedoch auch immer Beschönigung sein. Auch diese Seite gehörte zu Ratzinger. Seine Theologie war nicht nur schön, sie beschönigte auch etwas, das nicht nur schön sein konnte.

Diese Schattenseite bedeutete nicht nur gefeuerte Professoren an der Universität oder stillgelegte Bischöfe. Sie bedeutete vor allem weltweit Millionen von Missbrauchsopfern, deren Peiniger immer weiter ihr Unwesen treiben konnten, weil sie Priester waren. Ratzinger wollte dies alles natürlich nicht, er war entsetzt über diese Dinge, von denen er aber jahrzehntelange Kenntnisse hatte und nichts tat. Er nahm all dies für seine Kirche in Kauf. Die Schattenseite der Kirche Ratzingers, die unbedingt rein und heilig bleiben musste, sind unzählige durch Amtsträger der Kirche völlig ruinierte, teilweise sogar durch Suizid beendete Leben. Welchen Wert hat eine schöne Theologie, wenn sie solche Opfer erzeugt? Wenn sie Leben ruiniert? Wenn sie Menschen in den Selbstmord zwingt?

Als Nachfolger Ratzingers wurde der Argentinier Jorge Bergoglio gewählt, der den Namen Franziskus annahm. Bergoglio war in den diversen Kaffeesatzlesereien vor der Wahl durchaus genannt worden, war jedoch alles andere als ein Favorit. Ich kannte ihn nur dem Namen nach, da er bereits bei der letzten Wahl eine Rolle gespielt hatte. Als Franziskus sich nach seiner Wahl der Menschenmenge zeigte, war ich – wie wohl die meisten Zuschauer – sehr positiv überrascht über seine Ungezwungenheit, Spontaneität und menschliche Nähe, die er zeigte. Instinktiv spürte ich jedoch auch bereits in diesen Minuten, dass dieser Mann sich in seiner spontanen und ungezwungenen Art schwertun würde, strukturiert und überlegt vorzugehen – Eigenschaften, die es aber brauchen würde, wenn es um tragfähige Reformen und einen Machtkampf mit der römischen Kurie geben sollte. Natürlich darf man solche ersten Minuten als neuer Papst nicht überbewerten. Ich hatte aber ein Bauchgefühl, das ich mehreren Bekannten in diesen Minuten schilderte. Ich sollte mit meiner Einschätzung recht behalten.

Diese Menschlichkeit, die bereits in seinen ersten Minuten als Papst aufschien, war zweifellos eine Stärke. In diesem Amt und in dieser Kirche war und ist sie aber zugleich eine Schwäche. Franziskus sorgte durch seine Herzlichkeit und Spontaneität schnell für eine andere, menschlichere Stimmung. Seine beiden Vorgänger, Johannes Paul II. und Benedikt XVI. schwebten je auf ihre Weise über den Menschen. Vielleicht gehört das auch zu den Erfordernissen dieses Amtes, etwas zu symbolisieren, was über den Menschen ist. Zumindest ist es schwer, oben und unten gleichzeitig zu sein. Franziskus hat sich für unten entschieden und damit viele Türen geöffnet. Er lässt neue Freiräume in der Kirche zu. Er ist dabei leider zu unorganisiert, diese Freiräume strukturell abzusichern.

Dabei ist Franziskus alles andere als progressiv. Viele lassen sich von seiner menschlichen Art blenden und schließen auf eine offene, progressive Einstellung. Die ist nur sehr eingeschränkt vorhanden. In seinen Predigten tauchen alle traditionellen Themen auf, bis hin zum Teufel und seinen Versuchungen. Wenn er von Gemeinschaft und Synodalität spricht, dann klingt das alleine schon aufgrund seiner persönlichen offenen Art als ein Aufbruch. Es ist aber keiner, denn im Zweifelsfall zählt auch beim ihm nicht die Gemeinschaft, sondern er als Papst. Er ermuntert zu Aufbrüchen und wenn sie stattfinden, werden sie ausgebremst. Im Unterschied zu seinen Vorgängern spürt Franziskus aber immerhin, dass der Glaube nicht autoritär befohlen werden kann, sondern in den Menschen wachsen muss. Was eben auch bedeutet, die Menschen an etwas längerer Leine laufen zu lassen. Bereits diese lange Leine macht ihn im vatikanischen Apparat und in konservativen Kreisen regelrecht verhasst. Ich lese hin und wieder im Internet in römischen Tageszeitungen und bin immer wieder erstaunt über Interviews mit anonymisierten Kurienkardinälen und Behördenprälaten, aus denen der Hass auf diesen Papst nur so heraussprudelt. Das für mich Interessante dabei ist vor allem die Tatsache, dass die Konservativen zu Zeiten von Johannes Paul II. und Benedikt XVI. auf sachliche Kritik am Kurs der Kirche nicht mit Argumenten antworteten, sondern mit dem bloßen Verweis auf den Gehorsam, den wir Katholiken dem Papst schulden. Ganz offensichtlich gilt das für konservative Kreise nur dann, wenn der Papst den eigenen Kurs unterstützt. Wenn nicht, dann entladen sich Hass und Beschimpfungen in einem Ausmaß, wie ich es früher von progressiven Leuten gegenüber den konservativen Päpsten nie vernommen habe.

Dieser Papst sagt viel Richtiges. Ob er dafür die gebotene Wortwahl hat, darüber mag man streiten. Aber wenn er das klerikale Gehabe, die Arroganz und die Korruption der Priester, Bischöfe und Kardinäle als eines der aktuellen Grundübel der Kirche brandmarkt, trifft er im wahrsten Sinne des Wortes ins Schwarze. Das Problem ist nur, dass er sich nicht an die Strukturen wagt, die diese Übel immer neu hervorbringen. Es reicht nicht aus, einzelne Posten neu zu besetzen. Die Kurie, dieser riesige römische Verwaltungsapparat, ist wie eine Hydra: wenn man einen Kopf abschlägt, wachsen eben neue nach. Die Lösung kann daher nicht im Austausch einzelner Personen bestehen, sondern in einer völligen Umstrukturierung und Entmachtung des Apparats zugunsten der Kirchen in den einzelnen Ländern. Daran kann und will sich Franziskus nicht machen und solang er dies nicht tut, bleibt das, was er vermutlich eigentlich will, Stückwerk.

Ich habe die Wahl dieses Papstes und den Beginn seiner Amtszeit mit großem Interesse, vielleicht auch mit etwas Hoffnung auf bessere Zeiten verfolgt. Relativ schnell fühlte ich mich allerdings in meinen Befürchtungen bestätigt, dass nicht viel passieren wird. Erstaunlicherweise haben die Konservativen das noch nicht erkannt und setzen seit Jahren ihren unerbittlichen Kreuzzug gegen diesen Mann fort – nicht verstehend, dass gerade diese Radikalität und dieser Hass immer neue Verteidiger des Reformkurses nach oben bringt, wo ein weises Schweigen viele Kritiker vielleicht hätte wegschlummern lassen.

Franziskus ist erratisch. Er sagt viel Richtiges, aber auch viel Unsinn. Oft auch in einem Satz. Er denkt nicht strukturiert und ändert deshalb auch nichts an den kirchlichen Strukturen. Dennoch hat dieser Mann ein sehr großes Verdienst für die Kirche auf ihrem möglichen Weg in die Erneuerung: er hat Freiräume des Sprechens und Denkens geöffnet, die auch ein konservativer Nachfolger nur sehr schwer wird schließen können. Bischöfe, Theologen, Laienverbände: sie alle trauen sich, offen und ehrlich ihre Meinung zu sagen. Dies war unter Johannes Paul II. und Benedikt XVI. völlig undenkbar. Franziskus hat den Menschen in der Kirche mehr Freiheit gegeben und viele Menschen machen von dieser Freiheit Gebrauch. Es kann sein, dass diese neue Freiheit aus späterer Perspektive der Startschuss für eine größere Erneuerung der Kirche sein wird. Es kann auch sein, dass ein konservativer Nachfolger diese Freiheit wieder beschneiden wird. Dies wird aber nicht mehr ohne große Konflikte möglich sein. Sollte ein konservativer Papst diesen Konflikt gewinnen, wird sich der Exodus aus der Kirche noch weiter verstärken. Sollte er ihn verlieren, wird sich die Kirche erneuern können. So oder so wird diese neue Freiheit, die Franziskus seiner Kirche verliehen hat, zum Brandbeschleuniger der weiteren Entwicklung.

Missbrauch

Seit den Enthüllungen am Berliner Canisius-Kolleg 2010 wird die Kirche das Thema Missbrauch nicht mehr los. So unfähig und unwillig sich die Kirche erwies, den sexuellen Missbrauch zu verhindern, so unfähig und unwillig erweist sie sich, diesen Missbrauch aufzuklären und mit ihm angemessen umzugehen. Nicht nur die Taten selbst, sondern noch mehr der Umgang mit den Taten sind ein völliges Desaster.

Nach den ersten größeren Enthüllungen 2010 wurde schnell deutlich, dass es sich um ein flächendeckendes Problem handelte. Genau genommen wurde es nicht deutlich, denn schließlich wusste man intern ja seit Jahrzehnten, was in den eigenen Akten steht und was die Priester so treiben. Genau genommen wurde es nicht deutlich, sondern wurde der öffentliche Druck so groß, dass man reagieren musste. Im Juni 2011 fasste die Deutsche Bischofskonferenz den Beschluss, das „Kriminologische Forschungsinstitut Hannover" mit einer Studie über den sexuellen Missbrauch von Kindern durch Priester zu beauftragen. Dieses Institut unter der Leitung von Prof. Christian Pfeiffer galt als bestes kriminologisches Institut in Deutschland und schien daher eine gute Wahl. Zu meinem Erstaunen kündigten bereits im Sommer 2012 die Bistümer München, Regensburg und Dresden-Meißen ihren Ausstieg aus dieser Studie an. Im Januar 2013 kam dann der Paukenschlag: der Vertrag wurde durch die Bischofskonferenz gekündigt. Als ich die Schlagzeile las, war ich entsetzt. Ich wusste noch nicht, was die Begründung war. Ich konnte mir aber keine Begründung vorstellen, die so schwerwiegend war, dass die Bischöfe diese Studie kündigen. Egal, ob diese Kündigung inhaltlich berechtigt war oder nicht: es war ein völliges kommunikatives Desaster, da das Signal in die Welt geschickt wurde: wir wollen nicht aufklären! Für mich war diese Kündigung der Beleg dafür, dass die Bischöfe entweder den Ernst der Lage nicht verstanden hatten oder in der Tat nicht aufklären wollten. Die Erklärungen der Bischöfe machten es nicht besser, im Gegenteil. Sie führten unüberbrückbare Differenzen mit dem Institut an, sprachen von „mangelnder Seriosität" und „sprunghaftem Verhalten", was nicht nur auf mich nebulös wirkte. Konkreter wurde dann der Leiter des Instituts, Prof. Pfeiffer. Er nannte als Grund der Kündigung den Wunsch der Bischöfe, den abgeschlossenen Vertrag dahingehend zu ändern, dass der Inhalt der Ergebnisse vor der Veröffentlichung noch einmal genehmigt werden muss und die Bischöfe damit die Entscheidung haben, was veröffentlicht wird und was nicht. Dass das Institut dies ablehnte, war in meinen Augen nur folgerichtig.

Aufhänger dieses Konflikts war wohl die Vernichtung von Personalakten. Es gibt eine kirchenrechtliche Vorschrift (can. 489 § 2 CIC), dass die Akten von Straftatbeständen bei Sittlichkeitsverfahren nach dem Tod eines Priesters oder ein Jahrzehnt nach der Verurteilung vernichtet werden müssen. Ob und wie umfassend dies in den Bistümern geschehen ist, ist nicht bekannt. Dem Kriminologischen Institut war diese Vorschrift vorher überhaupt nicht kommuniziert worden, und es hatte nachgefragt, im welchem Umfang es diese Aktenvernichtungen gegeben habe – schließlich war es sonst nicht möglich, mit realistischen Zahlen zu arbeiten. Die Bistümer verweigerten dazu eine Antwort und forderten im Nachgang dazu die Änderung des bestehenden Vertrags, was schließlich zum Eklat führte.

Ich war schlicht und einfach entsetzt über dieses Vorgehen der Bischöfe. Die Tatsache, dass man einem wissenschaftlichen Institut kündigen muss, weil dieses auf der Einhaltung wissenschaftlicher Standards besteht, war verheerend für die Bischofskonferenz und ein Sargnagel für die Glaubwürdigkeit des Aufklärungswillens. Die öffentlichen Vorwürfe prallten jedoch relativ emotionslos an den Bischöfen ab.

Ende 2013 wurde dann ein neuer Auftrag an ein interdisziplinäres Forschungsprojekt vergeben, die „MHG-Studie". Ich fand gut, dass immerhin irgendeine Studie in Auftrag gegeben wurde, wurde dann allerdings stutzig, als herauskam, was genau das Material ist, aus dem die Forscher ihre Studie gewinnen wollen: es sind ausschließlich Daten, die die Bistümer den Forschern zur Verfügung stellen. Keiner dieser Forscher darf je ein kirchliches Archiv betreten, sie können sich nur auf das stützen, was die Bistümer ihnen von sich aus herausgeben. Damit war das Ergebnis der Studie für mich bereits wertlos, bevor die Forscher ihre Arbeit aufgenommen hatten. Welchen Sinn sollte eine Studie haben, in der der Täter, der untersucht werden soll, die Informationen kontrolliert, die verarbeitet werden? Das ist keine neutrale Untersuchung, sondern eine Show.

Weitere Faktoren haben von vornherein verhindert, dass im Ergebnis ein realistisches und nachvollziehbares Gesamtbild entsteht. Zuallererst wurde nicht geklärt, in welchem Umfang kirchliche Akten in den Bistümern in den letzten Jahrzehnten vernichtet worden sind. Fest stand und bestätigt wurde auch, dass Akten vernichtet wurden. Wie viele, weiß man nicht. Wenn das nicht klar ist, kann ich zwar etwas über die übriggebliebenen Akten referieren, aber über die Gesamtzahl von Opfern und Tätern kann ich keine fundierten Angaben machen. Hinzukommt, dass der Aussagewert der Akten eher gering ist. So liegen beispielsweise bestätigte Aktennotizen vor, die belegen, dass der jetzige Erzbischof von Hamburg und damalige Personalverantwortliche des Erzbistums Köln, Stefan Heße, Verhöre nicht protokollieren ließ, da diese sonst, so wörtlich „beschlagnahmefähig", also im Fall der Fälle gerichtlich verwertbar seien. Welchen Aussagewert haben diesen Akten? Des Weiteren beschränkte sich die Untersuchung auf die Priester der Bistümer. Nicht inbegriffen waren alle Nichtpriester, aber vor allem auch die vielen Priester der verschiedenen Orden und geistlichen Gemeinschaften. Diese sind zum einen wichtig, weil deren nach außen abgeschlossenen Strukturen Missbrauch noch mehr begünstigen als es in den Bistümern der Fall ist, und zum anderen, weil sie meistens die Träger von Schulen, Heimen und Internaten sind, in denen nachweisbar ein großer Teil der Missbrauchsfälle passiert ist.

Als dann 2018 schließlich die Ergebnisse der MHG-Studie veröffentlicht wurden, erschrak ganz Deutschland über die Zahlen: zwischen 1946 und 2014 sind 1670 Kleriker in Deutschland als Täter kirchlich aktenkundig geworden, 3677 Kinder und Jugendliche waren als Missbrauchsopfer erwähnt. Am meisten erschraken die deutschen Bischöfe selbst über diese Zahlen und spätestens da konnte ich nur noch den Kopf schütteln. Wenn als Grundlage der Studie nur und ausschließlich die eigenen Akten gelten, wie kann ich dann über das Ergebnis erschrecken? Wie kann ich über eine Zusammenfassung dessen erstaunt sein, was seit Jahrzehnten auf meinem eigenen Schreibtisch liegt und ständig Thema in den Personalkonferenzen ist? Ist diese Reaktion nicht schon wieder die nächste Lüge der Bischöfe? Wenn man sich die Vorbedingungen dieser Studie anschaut, verwundert es nicht, dass die Forscher eine große Dunkelziffer vermuten – an Opfern wie an Tätern. Wenn man sich die Zahlen anderer Länder anschaut, in denen unabhängiger ermittelt wurde und die deutlich höhere Zahlen gefunden haben, muss man davon ausgehen, dass es weltweit mehrere Millionen Opfer gibt und dass die bisher in Deutschland ermittelten Zahlen nur die Spitze des Eisbergs sind und man von Opferzahlen im sechsstelligen Bereich ausgehen muss. In Deutschland fand man 3677 Opfer. In Frankreich etwa geht man von 330.000 Opfern aus. Ich glaube nicht, dass deutsche Priester und Ordensleute eine derart geringere Libido haben als ihre französischen Mitbrüder.

Die Kirche erwies sich als völlig unfähig, mit der Missbrauchsthematik umzugehen. Dies hat mit ihrem Selbstbild und dem Kirchenrecht zu tun, das eine Konsequenz dieses Selbstbildes ist. Die Kirche ist strukturell eine Klerikerkirche. Es sind die Priester, die Bischöfe und der Papst, die nicht nur alle Entscheidungen in der Kirche treffen, sondern die Struktur der Kirche sind. Machtkontrolle und Gewaltenteilung gibt es keine. Alle Nichtpriester sind für die Struktur der Kirche völlig unwichtig. Sie haben keinen Einfluss auf die Entscheidungen in der Kirche. Sie sitzen in Gremien, die nichts zu sagen haben oder arbeiten in bischöflichen Verwaltungen unter einem Priester, der ihr Vorgesetzter ist. Zwar spricht die Kirche immer wieder vom „Priestertum aller Gläubigen" und suggeriert damit, dass jeder Christ in der Kirche eine Bedeutung habe, aber das ist faktisch Propaganda. Gegen die klerikalen Machtstrukturen der Kirche hat kein Nichtkleriker irgendwelche Rechte. Die einzige wirklich positive Funktion der Nichtpriester ist die Lieferung des Priesternachwuchses. Wer das nicht glauben mag oder das für übertrieben hält, der möge folgendes Gedankenexperiment machen: was an der kirchlichen Struktur würde fehlen, wenn es keine Nichtpriester mehr gäbe? Was an der kirchlichen Struktur würde nicht mehr funktionieren, welche Entscheidungen könnten nicht mehr getroffen werden? Selbst für einen Gottesdienst ist der Priester die entscheidende Person, niemand sonst. Und dieser Priester kann diesen Gottesdienst gültig und rechtmäßig ohne andere Menschen „feiern".

Die kirchliche Unfähigkeit, die Missbrauchsthematik in den Griff zu kriegen, ist eine Folge des Selbstbildes, das die Kirche von sich hat. Oder vielmehr: das die kirchlichen Würdenträger von sich haben. Diese Unfähigkeit ist jedoch nicht nur eine Unfähigkeit, sie ist auch ein Unwille. Warum wollte kein Bischof mit Opfern sprechen? Es ist Unwille, der damit zusammenhängt, dass die Bischöfe sehr genau spüren, dass die gesamte Struktur der Kirche zusammenbricht, wenn es diesen Missbrauch gibt bzw. er anerkannt wird. Wenn die Kirche eine sündenlose Klerikerkirche ist, wird jede Sünde eines Klerikers zur Bedrohung. Dabei geht es nicht nur um Macht. Sicherlich geht es auch um bloße Macht, aber nicht nur. Neben der Machtfrage ist es einfach Unsicherheit: was passiert eigentlich, wenn diese vermeintlich feste Struktur der Kirche ins Wanken gerät?

Wie wird die Kirche dann aussehen? Wird sie im Chaos untergehen, wenn das verschwindet, was ihr Festigkeit verleiht? Was diese Bischöfe übersehen: was der Kirche Festigkeit verleiht, ist eben nicht nur die äußere Struktur ihrer Ämter. Sondern es sind auch Dinge wie Glauben und Glaubwürdigkeit. Die Bischöfe und die römische Kurie verstehen nicht, dass der Missbrauch kein Thema von vielen ist. Der Missbrauch strahlt auf die ganze Kirche aus. Wenn die Kirche in einer so ernsten und menschengefährdenden Sache lügt: warum sollte man ihr glauben, was sie über Gott zu sagen hat?

Die Missbrauchsthematik ist nicht neu, sie liegt nicht nur seit Jahrzehnten, sondern seit Jahrhunderten auf dem Schreibtisch der Kirche. Seit dem 17. Jahrhundert gibt es nachweislich Klagen über den sexuellen Missbrauch durch Priester, gibt es Ringe von Priestern, die sich gegenseitig ihre Opfer zuschanzen, gibt es Vertuschung und Verleugnung. Die konservative Verteidigung, dass der Missbrauch eine Folge der 1968er sei, ist nicht mehr als eine plumpe Ablenkung und widerspricht allen Fakten, die durch Historiker immer mehr ans Licht geholt werden. Der sexuelle Missbrauch in der Kirche ist uralt. Dass er erst in den letzten Jahren zum großen Skandal wird, hängt damit zusammen, dass es der Kirche angesichts der heutigen Medien nicht mehr gelingen kann, auf Dauer alles zu vertuschen. Dennoch versucht sie es weiterhin. Opfer werden abgewiesen und die Täter versteckt, entweder in einem anderen Bistum oder – wenn es wirklich brennt – in Übersee, was dann als Arbeit in der Mission verkauft wird. Es ist ein aussichtloser Kampf um das Bild einer sündenlosen Kirche, das zur Karikatur wird, wenn Ratzinger etwa davon spricht, dass der Priester bei der Missbrauchshandlung ja nicht als Priester, sondern als Privatperson gehandelt habe. Jener Ratzinger, der sehr schnell dabei war, Verurteilungen von Theologie-Professoren in beschleunigten Verfahren auszusprechen, wenn sie nicht an die Jungfräulichkeit Marias glaubten, verschleppte und verzögerte, ja verweigerte lange Zeit jede Aufklärung von Missbrauchsfällen. Bischöfe wurden schriftlich gelobt, wenn sie nicht mit staatlichen Stellen kooperierten, Opfer wurden nicht gehört, Ermittlungsakten blieben jahrelang liegen, Anzeigen wurde nicht nachgegangen. Dies tat Ratzinger sicherlich im Auftrag seines Vorgesetzten, Papst Johannes Pauls II., dessen große Verantwortung für dieses System der Vertuschung und Einschüchterung bislang noch viel zu wenig wahrgenommen wird. Sein Charisma strahlte nach außen, aber dieses Strahlen war auch deshalb so rein, weil es keinen Schmutz geben durfte.

Die Wurzel allen Übels in diesem Skandal ist die Überhöhung des Priesteramts. Der Priester ist alles in der Kirche. Ich habe diese Überhöhung als Priester oft als peinlich empfunden. Natürlich hatte ich als Priester eine bestimmte Funktion, die mich von den anderen gläubigen Christen unterschied. Aber Unterscheidung muss nicht Überhöhung sein. Der Anspruch, ein „zweiter Christus" zu sein, erschien mir genauso vermessen wie die katholische Bindung des Handelns Gottes an das, was der Priester tut. Wenn der Priester von den Sünden freispricht, tut es Gott. Wenn nicht, verzeiht Gott dem Sünder nicht. Wenn der Priester die Wandlungsworte bei der Messe spricht, wird Christus im Brot leibhaft gegenwärtig. Wenn der Priester Sätze weglässt oder zu frei spricht, kommt Christus nicht. Mir erschien das immer als vermessen, letztlich als „*hybris*", als Frevel gegenüber Gott, sein Wirken derart eng mit dem des Priesters zu verbinden. Das Priesteramt ist die Kirche und die Kirche existiert im Priesteramt. Über die Sakramente war und ist der Priester der Heilsbringer und ist damit sowohl für die die Sakramente empfangenden Gläubigen als auch für die die Sakramente spendende Kirche unverzichtbar. Ratzinger bzw. Papst Benedikt zitierte den „Pfarrer von Ars" mit folgenden Worten, als er 2009 das „Jahr des Priesters" ausrief, am Todestag dieses im 19. Jahrhundert verstorbenen Pfarrers: „Nach Gott ist der Priester alles! Ohne den Priester würden der Tod und das Leiden unseres Herrn nichts nützen. Der Priester ist es, der das Werk der Erlösung auf Erden weiterführt." An diesen Zeilen wird deutlich, warum der sexuelle Missbrauch durch Priester kein Nebenschauplatz ist, sondern in die Mitte der Kirche zielt.

Abgesehen davon ist es mehr als bezeichnend, dass überhaupt eine Person wie der „Pfarrer von Ars" als ein Vorbild für die Priester gilt. Jean-Baptiste Vianney, so sein Name, lebte in der ersten Hälfte des 19. Jahrhunderts und führte ein Leben als Pfarrer, das geprägt war von einer frommen, geradezu militanten Weltabgewandtheit. Er galt als einfältig und wenig gebildet. Das kann man ihm nicht zum Vorwurf machen. Diese Haltung aber als erstrebenswert darzustellen, jedoch schon. Tanzen in seinem Ort war als fleischliche Lust verboten, die Kneipen wurden geschlossen. Seinen Körper – er nannte ihn „Kadaver" – kasteite er täglich mit Geißeln und Eisenketten, eine Geißel hielt etwa vierzehn Tage. Selbst Kinder waren nicht verschont: sie mussten ihr Gesicht mit Brennnesseln schlagen; dies, so sagten sie, „müssten sie für die Sünder dulden". Einen solchen Menschen heute zum Vorbild für die Priester zu deklarieren, verrät nichts Gutes über die Kirche.

Wenn die Kirche sich über die Priester definiert und viele Priester in einem ungeheuren Ausmaß moralisch völlig versagen, ist das Versagen der Priester das Versagen der Kirche. Der sexuelle Missbrauch Minderjähriger ist das Ergebnis der Überhöhung des Priesteramts. Sie sorgt auf der einen Seite dafür, dass die Eltern ihren Kindern nicht geglaubt haben, wenn sie von einem Missbrauch durch einen Priester erzählten. Auf der anderen Seite sorgt diese Überhöhung des Priesters dafür, dass die Kirche alles dafür tut, jeden Verdacht gegen einen Priester zu unterdrücken und abzuschmettern. Denn der Priester ist die Kirche, und sie kann ohne den Priester – so die Lehre – nicht leben. Der Missbrauch ist kein Zufall, sondern das logische Ergebnis des Bildes, das die Kirche von ihren Priestern hat. Es ist nicht so, dass jeder Priester ein schlechter Mensch oder pädophil veranlagt ist. Es ist aber eine Tatsache, dass es in jeder größeren Menschenmenge pädophil veranlagte Menschen gibt. So muss es auch unter 300 oder 1000 Priestern eines Bistums eine Anzahl geben, die pädophil veranlagt ist. Das ist eine statistische Gewissheit, und genauso ist es eine statistische Gewissheit, dass aus pädophilen Veranlagungen manchmal auch pädophile Handlungen werden. Bis hierhin ist das eine statistische Gewissheit, für die die Kirche nicht verantwortlich ist: sie kann nichts dafür, dass eine gewisse Anzahl ihrer Priester pädophil veranlagt und aktiv ist. Die Kirche ist nicht dafür verantwortlich, wenn ein pädophiler Priester an ein Kind geht. Beim ersten Mal nicht. Die Kirche ist aber dafür verantwortlich, wenn Eltern eher dem Priester glauben als den eigenen Kindern. Sie ist dafür verantwortlich, wenn sie nichts gegen einen Priester unternimmt, der auffällig geworden ist. Sie ist dafür verantwortlich, wenn der Priester mit neuer Identität nach Übersee geschickt wird. Sie ist dafür verantwortlich, wenn sie die Opfer nicht hört oder sie sogar diffamiert. Sie ist dafür verantwortlich, wenn staatliche Ermittlungen verhindert und sabotiert werden. Sie ist dafür verantwortlich, wenn Akten über Missbrauchsfälle vernichtet werden. Sie ist dafür verantwortlich, wenn weitere Kinder Opfer eines Priesters werden, der nach Bekanntwerden seiner Taten in eine neue Pfarrei versetzt wurde. Die Kirche ist dafür verantwortlich, wenn sie die Sexualität als solche verteufelt und ein sexualitätsfreies Leben propagiert und damit Leute in das Priesteramt lockt, die Probleme mit ihrer Sexualität haben.

Ein wirkliches Aufklärungsinteresse der Kirche wurde und wird nicht sichtbar. Es wird gerade das zugegeben, was nicht mehr zu leugnen ist. Darüber hinaus gibt es keine Motivation, alte und neue Fälle wirklich eigenständig aufzudecken. In anderen gesellschaftlichen Bereichen – von der Wirtschaft bis zur Universität, von Krankenhäusern bis zu Kriminalämtern – laufen Hinweisgebersysteme: unter dem Schutz der Anonymität können Mitarbeiter über Missstände berichten und über dieses System in einen Dialog treten. Sie haben sich als effektivstes Mittel erwiesen, jede Art von internen Missstände schnell und effektiv aufzudecken. Damit wären sie durchaus denkbar und auch sinnvoll für Bistümer und kirchliche Träger, die auf diese Weise schnell neue oder alte Missbrauchsgeschichten aufdecken könnten. Als ein großer Anbieter dafür bei den Bistümern Werbung machte, erhielt er mehrere Anrufe aus dem Vatikan, dass dies zu unterlassen sei.

Je länger dieser Missbrauchsskandal dauerte und je länger die höheren Würdenträger der Kirche eine schlechte Figur machten, stellte ich mir immer öfter die Frage: an was glauben diese Menschen? An Gott? Wenn ja, an was für einen Gott? Oder ist die Struktur der Kirche ihr Gott? Ihr Amt in der Kirche? Ihre persönliche Macht? Ich erlebte Priester, die Kinder sexuell missbraucht hatten und damit nach außen wahrnehmbar keine Schwierigkeiten hatten. Sie standen weiter oben im Altarraum und erzählten den Menschen etwas von der Liebe Gottes und der Würde eines jeden Menschen. Glaubten diese Priester noch an Gott? An einen Gott, der auf ihr Leben blickt? Vor dem sie sich irgendwie verantworten müssen? Ordensschwestern führten Kinder ihres Heimes Priestern oder anderen spendenwilligen Leuten zu. Viele tausend Vergewaltigungen von Jungen und Mädchen. An was für einen Gott glaubten diese Ordensschwestern? Bischöfe schickten Opfer weg und versetzten Priester, von denen sie wussten, dass sie Kinder missbraucht hatten, in neue Pfarreien. An was für einen Gott glaubten diese Bischöfe? Was bedeutete es für sie, dass sie sich nicht nur vor der römischen Bürokratie, sondern auch irgendwann vor Gott verantworten müssen? Ich weiß in den mir bekannten Opferkreisen von mehreren Suiziden und Suizidversuchen. Es geht um Menschenleben. Über die zynisch hinweggegangen wird. Im Laufe der Jahre kam ich immer mehr zu der Überzeugung, dass die allgemeine Glaubensverdunstung auch an vielen kirchlichen Würdenträgern nicht vorbei gegangen war. Wenn ein Kardinal Meisner in die Kamera sagt, er habe von Missbrauchsfällen „nichts geahnt", er aber gleichzeitig seit vielen Jahren einen persönlichen Ordner über solche Fälle angelegt hat (unter dem sinnigen Titel „Brüder im Nebel"), und er damit bewusst und dreist lügt, tut er dies aus der Liebe zu seinem Amt heraus oder aus Liebe zu Gott? Wenn ein Kardinal Müller ein von Forschern erstelltes Missbrauchsgutachten als unwahr und unmöglich beschimpft, ohne es nach eigenen Angaben auch nur gelesen zu haben, tut er dies aus der Liebe zur Kirche heraus oder aus Liebe zu Gott? Wenn die Kirche zu Gott selbst wird, hat sie nicht mehr die Chance, sich von diesem Gott reinigen zu lassen, weil sie schon immer rein ist. Aber wenn sie sich nicht reinigt, erstickt sie an ihrem eigenen Dreck.

Zur Verteidigung der Kirche wird oft vorgebracht, dass es auch anderswo sexuellen Missbrauch geben würde: in den Familien, in der Nachbarschaft, in Sportvereinen oder sonstwo. Das mag sein. Trotzdem sind diese Fälle nicht mit der Kirche vergleichbar. Die Kirche vertritt einen sehr hohen moralischen Anspruch, den sie sonst auch knallhart durchsetzt. Skrupel kennt die Kirche bislang eher wenig, wenn sie Menschen, die nach einer Scheidung wieder heiraten wollen, die Kommunion verweigert, Kindergärtnerinnen entlässt, weil sie lesbisch sind oder den Leuten sehr genaue Vorschriften darüber macht, wie sie sich mit ihren Partnern im Bett zu verhalten haben. Entsprechend hart fällt es dann auf die Kirche zurück, wenn bei der Missbrauchsthematik immer deutlicher wird, dass dieser hohe moralische Anspruch in den eigenen Reihen nicht gehalten werden kann.

Das Schwerwiegendere jedoch: die Möglichkeiten der Vertuschung, die die Kirche nutzte, hatte kein Sportverein. Ein auffällig gewordener Priester wurde erst einmal in eine andere Stadt versetzt – ohne dass die neue Pfarrei informiert wurde. Opfer wurden mit Geldzahlungen zum Schweigen gebracht oder erst gar nicht gehört. Half auch die neue Stadt nicht, kam ein neues Bistum dran. Im Extremfall kam die Versetzung nach Übersee, wo die Priester durch die Kirche mit neuem Namen auftraten und als Priester wieder tätig werden konnten. Und neue Opfer produzieren konnten. Gegenüber staatlichen Behörden wurde dann nur angegeben, dass man den Aufenthaltsort des Priesters nicht kenne und er verschwunden sei – obwohl man dem Priester mit neuem Namen weiterhin sein Gehalt auszahlte. Diese Möglichkeiten, Missbrauch zu vertuschen und die Täter verschwinden zu lassen, hatte kein Sportverein. Die Kirche hatte diese Möglichkeiten und indem sie diese nutzte, machte sie vielfachen weiteren Missbrauch möglich, für den sie voll verantwortlich ist, dieser Verantwortung aber bis heute maximal in Ansätzen gerecht wird.

Die Kirche befindet sich seit vielen Jahrzehnten in einer handfesten Krise. Die Kirchen werden von Jahr zu Jahr immer leerer, immer mehr Menschen treten aus der Kirche aus. Seitdem das Thema Missbrauch in der Öffentlichkeit ist und seitdem immer deutlicher wird, wie mangelhaft die Kirche mit diesem Thema umgeht, hat sich die bisherige Krise in einen freien Fall verwandelt. Traten früher Menschen aus der Kirche aus, die eh ein eher distanziertes Verhältnis zur Kirche hatten, so treten jetzt ehemals schwerst aktive Katholiken aus. Viele, die ich als aktive Ehrenamtler in kirchlichen Gremien und Verbänden kannte, zogen einen Schlussstrich und traten aus der Kirche aus. Viele mit blanker Wut, einige mit großer Trauer. Gerade ältere Menschen blicken mit wirklicher Trauer auf die Kirche. Ich habe ältere Menschen darüber weinen sehen, weil die Kirche sie alle in ihrem Glauben an das Gute in der Kirche betrogen hat. Ihr ganzes Leben in der Kirche schien ihnen, als seien sie jahrzehntelang auf einen Betrug hereingefallen. In diesen alten Menschen, die da weinend vor mir am Tisch saßen, erkannte ich mehr christliches Leben als in der Kirche selbst.

All das darf nicht darüber hinwegtäuschen, dass die Missbrauchsthematik nicht nur die sog. „Amtskirche" betrifft, sondern auch die Kirchengemeinden als ganze. Nicht nur die Priester, sondern auch die Laien haben eine Verantwortung dafür, dass all diese furchtbaren Dinge geschehen konnten. Sie haben den Opfern oft nicht geglaubt und sie oft sogar als Verräter gebrandmarkt. Sie haben oft auch wider besseren Wissens die Priester gewähren lassen, weil auch sie den Ruf der Kirche nicht schädigen wollten. Ohne dieses Mittun wären viele Taten nicht möglich gewesen. Natürlich hat diese Haltung vieler Laien ihre Wurzeln in einer kirchlichen Verkündigung, die den Priester zum Künder der Wahrheit und zweiten Christus gemacht hat. Das entbindet aber trotzdem nicht davon, dem eigenen, gesunden Menschenverstand zu vertrauen und den Priester nicht automatisch zu einem Heiligen und das Opfer nicht automatisch zu einem Verräter zu machen.

Die mangelhafte Aufarbeitung des Missbrauchs ist auch die Geschichte eines Versagens des Staates: der Politik genauso wie der Justiz. Die Politik ließ sich vertrösten und nahm Abstand davon, eine unabhängige und neutrale Kommission mit der Aufklärung zu beauftragen. Man vertraue der katholischen Kirche, hieß es. Ich konnte nicht begreifen, wie man dem Täter bei der Aufdeckung seiner eigenen Taten vertrauen könne. Anscheinend war es inoffizielle Lesart, dass es nur um Einzelfälle ging, weshalb es dann ja keine Ermittlungen gegen die Kirche brauchen würde. Ein Blick auf die Anzahl der Fälle und die Rolle, die die Kirche dabei spielt, lehrt allerdings etwas anderes. Wenn Priester-Täter unter falschem Namen nach Übersee gebracht werden, wenn Akten vernichtet oder verfälscht werden, wenn Informationen über Taten staatlichen Ermittlungsbehörden vorenthalten werden, wenn hohe und höchste Amtsträger bei offensichtlichen Lügen erwischt werden, dann wird hier ein kriminelles Verhalten sichtbar, das juristisch vom Staat verfolgt werden muss, der ja Verantwortung für seine Bürger hat – auch für die Bürger, die Opfer von Missbrauch geworden sind. Vermutlich hat man in der Politik Angst davor, die Kirche frontal anzugreifen, weil man sie als Stütze der Gesellschaft nicht gefährden will. Die Frage ist, ob es die Gesellschaft langfristig stützt, wenn der Eindruck entsteht, dass die Kirche mit ihren Lügen und Vertuschungen davonkommt.

Ähnlich verhält es sich mit der staatlichen Justiz. Gerade in katholischen Regionen und Bundesländern passiert nichts oder nur sehr wenig. Selbst vielfache Aussagen von Opfern führen nicht immer dazu, dass überhaupt Ermittlungen aufgenommen werden. Trotz vieltausendfachen belegten Missbrauchs geht die Justiz immer noch von Einzelfällen aus und weigert sich zumeist beharrlich, die große Ebene in den Blick zu nehmen, die diese vielen tausend Einzelfälle erst ermöglicht hat. Man hat zu oft den Vertretern der Kirche geglaubt und nicht den Opfern. Man hat die Masse der Indizien nicht zur Kenntnis genommen und die einzelnen Indizien nicht zusammengefügt. Ein Problem: die Justiz besteht oft aus eher konservativen und damit oft auch aus gut katholischen Leuten. So hörte ich mehrere Male aus Juristenkreisen, dass sich katholische Richter die „katholischen Fälle" gegenseitig zuschieben. Ob dies stimmt, kann ich nicht beurteilen. Es würde aber vieles erklären. Im Ergebnis steht jedenfalls eine Justiz, die vielleicht nicht grobe Rechtsverletzungen begeht, aber auch nicht durch einen großen Aufklärungseifer auffällt und den juristischen Spielraum, den es gibt, bis an die Grenzen ausdehnt, um die katholische Kirche zu schützen.

Der Missbrauch in der katholischen Kirche konnte auch geschehen, weil die Katholiken in den Kirchengemeinden oft die Augen verschlossen haben und

Politik und Justiz oft blind waren. Dennoch darf diese Mitverantwortung der genannten Gruppen nicht darüber hinwegtäuschen, dass die Amtskirche die Hauptverantwortung besitzt: die Päpste, die Bischöfe, die bischöflichen Verwaltungen, die Orden, die Priester. Das Problem ist uralt. Und dennoch passiert nichts außer Betroffenheit und Überraschung der Bischöfe. Seit vielen Jahrzehnten stapeln sich nachweislich die Akten von Missbrauchsfällen auf den Schreibtischen der Bistümer. Seit den 1980er Jahren sind Fälle in der Öffentlichkeit. Spätestens mit den Veröffentlichungen des Boston Globe 2002 in den USA ist klar, dass es sich nicht um Einzelfälle, sondern um ein von der Kirche vertuschtes Massenphänomen handelt. Seit Jahrzehnten ist dieses schwerwiegende Problem bekannt und dennoch spielt die Kirche ihr zynisches und menschenverachtendes Spiel weiter. Es wird nur zugegeben, was bereits bekannt und bewiesen ist. Staatliche Ermittlungen werden blockiert. Es wird von Einzelfällen gesprochen und geleugnet, dass es sich um ein strukturelles Problem der Kirche handelt. Das Leid von Opfern wird entweder überhaupt nicht anerkannt oder im Fall der Anerkennung durch immer neu auftauchende kirchliche Prozesse endlos in die Länge gezogen. Opfer stecken teilweise mehrere Jahrzehnte in den Mühlen der kirchlichen Justiz, bevor ihr Leid die angemessene Anerkennung erfährt. Ein unfassbarer Skandal, den zu verstehen nicht leichter fällt, wenn man Opfer kennt. Und Bischöfe kennen die Opfer. Seit Jahrzehnten stapeln sich die Berichte von Opfern auf ihren Schreibtischen und dennoch behaupten die Bischöfe, nicht verstanden zu haben, was Missbrauch ist. Was ist daran nicht zu verstehen, wenn Opfer in allen ekelhaften Details von Vergewaltigungen durch Priester berichten? Was ist daran nicht zu verstehen, wenn Menschen sagen, dass ihnen durch diese traumatischen Erlebnisse in der Kindheit das ganze Leben ruiniert wurde? Und doch tun die Bischöfe auch nach Jahrzehnten überrascht und entsetzt. Aber sie versprechen nun, zuzuhören. Das zynische Spiel der Kirche geht weiter. Es erzeugt neue Opfer und missachtet die alten Opfer.

Selbstblockade

Der Petersdom zu Rom. Es ist der 18. Juli 1870, halb zwölf Uhr mittags. Ein historischer Tag. Hunderte Bischöfe und Kardinäle sowie viele Tausend Gläubige füllen den riesigen Petersdom. Der Papst wird in wenigen Minuten die Erklärung „Pastor aeternus" des I. Vatikanischen Konzils verlesen, in der die Unfehlbarkeit des Papstes proklamiert wird. Doch die Feierstimmung ist getrübt: ein Gewitter zieht auf, das immer stärker wird. Das Grollen des Donners rückt immer näher, der große Dom wird immer dunkler. Der Papst will die Erklärung verlesen, kann jedoch kaum die Hand vor Augen sehen. Hektisch werden Kerzen herbeigeschafft und nun kann der Papst endlich offiziell verkünden, wonach er so lange gestrebt hat: die päpstliche Unfehlbarkeit.

Die Umstände der Verkündigung dieses Dogmas scheinen wie ein göttliches Urteil über das, was da verkündet wird: ein missgünstiges Grollen Gottes über einen Irrweg, den die Kirche noch bereuen wird. Bereits die Umstände der Entstehung dieses Dogmas waren höchst umstritten. Gegen den Widerstand vieler Bischöfe, Theologen und Kirchenhistoriker hat Papst Pius IX. das Thema Unfehlbarkeit in das I. Vatikanische Konzil hineingebracht und beschließen lassen. Zahlreiche Bischöfe reisten vor der entscheidenden Abstimmung ab, um nicht gegen den Papst stimmen zu müssen.

Dieses bis heute höchst umstrittene Dogma der päpstlichen Unfehlbarkeit ist im Zusammenhang zu sehen mit dem Kampf der katholischen Kirche im 19. Jahrhundert gegen alles, was modern ist. Den großen Aufschlag machte Gregor XVI. mit der Veröffentlichung der Enzyklika „Mirari vos" von 1832, die den mehr als bezeichnenden Untertitel „Über den Liberalismus und den religiösen Indifferentismus" trägt. Es ist eine Anklage an die Moderne, wie sie bis dahin selten und von einem Papst noch nie zu lesen war:

> *„Aus dieser modrigen Quelle der Gleichgültigkeit, die den Glauben betrifft, fließt jene törichte und falsche Ansicht, die man besser als Wahnsinn bezeichnet, für jeden die Gewissensfreiheit zu fordern und zu verteidigen. Der Wegbereiter für diesen überaus verderblichen Irrtum ist diese vollkommen übermäßige Meinungsfreiheit, die auf weiten Gebieten zum Verderben der Kirche und des Staates verbreitet ist."*[14]

---

[14] Mirari vos, VIII,14.

Dieses Übel der Gewissensfreiheit, so der Papst, wird durch „die von Grund auf schlechte, niemals ausreichend verurteilte abscheuliche Freiheit der Buchdruckerkunst" verbreitet. Als Lösung schlägt der Papst Bücherverbrennungen vor: „Das Gift des Irrtums wird nie vernichtet werden, wenn nicht alle verderblichen Grundlagen des Übels in den Flammen verbrennen." Dieser Kampf gegen die Moderne, den der Papst hier führt, ist zugleich ein Kampf gegen jede Neuerung in der Kirche:

„Deshalb wäre es völlig widersinnig und für die Kirche höchst beleidigend, von einer Erneuerung und Wiederbelebung zu sprechen, die notwendig wäre, um ihren Bestand und ihr Wachstum zu sichern, als ob man glauben würde, sie sei dem Untergang, der Verdunkelung oder anderen Mängeln dieser Art ausgesetzt."[15]

Im 19. Jahrhundert explodierte die Entwicklung der modernen Welt geradezu. Die Städte wuchsen ins Uferlose, neue, riesige Industriegebiete entstanden, Züge machten weit entfernte Landschaften zu neuen Nachbarn, immer mehr Zeitungen berichteten aus aller Welt, Telegraphen machten es möglich, in Echtzeit über riesige Entfernungen zu kommunizieren. Alles wurde schneller und immer besser miteinander vernetzt. Neue Techniken und neue wissenschaftliche Erkenntnisse revolutionierten die Welt und stellten alles in Frage, was bis dahin zeitlos gültig schien. Auch die katholische Kirche. Diese reagierte mit einem brutalen Abwehrkampf, der mit „Mirari vos" einen ersten Höhepunkt erreichte. Die Kirche erkannte relativ schnell die große Gefahr, die in dem Wort „Freiheit" steckte sowie in den neuen technischen Möglichkeiten, über diese Freiheit zu sprechen und diese Freiheit weiter zu verbreiten. Natürlich, so die Kirche, verfüge der Mensch über Willensfreiheit. Aber wenn sich diese Freiheit gegen die Kirche entscheidet, dann ist diese Freiheit nichts anderes als Sünde. Um die katholischen Gläubigen vor dieser Gefahr zu schützen, nahm die Kirche einen aussichtslosen Kampf auf. Dass er nebenbei nicht nur die eigenen Gläubigen schützte, sondern vor allem das eigene Machtmonopol, war kein Widerspruch, sondern notwendige Ergänzung.

1846 verstarb Gregor XVI. Sein Nachfolger, Pius IX., sollte seinen Kampf fortsetzen und noch weiter verschärfen. Zwar begann er seine Amtszeit durchaus mit positiven Signalen – etwa einer Erweiterung der Pressefreiheit –, schnell wurde aber klar, in welche Richtung es gehen sollte: angebliche „Spione" des

---

[15] Mirari vos, IV,10.

neuen, republikanischen Italien wurden geköpft, das Judenghetto in Rom wurde wiedererrichtet. 1862 veröffentlichte er den „Syllabus errorum", eine Auflistung von insgesamt 80 schweren Irrtümern, die zu verurteilen sind. Zu diesen Teufelsdingen, die es nicht geben durfte, gehörte praktisch alles, was man mit der modernen Welt und der Aufklärung verbindet: Menschenrechte, Gewissens- und Religionsfreiheit, Wissenschaftsfreiheit, die Trennung von Kirche und Staat, Demokratie, Liberalismus, Vernunft und Fortschritt, Gewaltlosigkeit der Kirche.

Die Schriften dieser Päpste aus dem 19. Jahrhundert sind leider keine Vergangenheit, sie sind Gegenwart, weil sie wenige Jahre später in der Erklärung der päpstlichen Unfehlbarkeit gipfelten, die bis heute gültig ist. Erst diese Kampfschriften aus dem 19. Jahrhundert machen deutlich, worum es dem Papst bei der Unfehlbarkeit ging: Sicherung der Kirche gegen die Moderne. Die Kirche definierte sich geradezu als Gegensatz zu allem, was wir mit der Moderne verbinden. Das mutet vielleicht sogar etwas lustig an, wenn ein Papst jener Zeit sogar die Eisenbahn als Werkzeug des Teufels bezeichnet, aber spätestens bei Dingen wie Demokratie, Gewissensfreiheit und Menschenrechte hört es aus heutiger und auch aus damaliger Sicht auf, lustig zu sein. Was die Päpste jener Zeit veranstalteten, war auch aus damaliger Sicht schockierend und sorgte in ganz Europa für Kritik.

Wenige Jahre nach diesem „Syllabus errorum" verkündete Papst Pius IX. 1870 das Dogma von der päpstlichen Unfehlbarkeit. Dieses Dogma stellt die logische Fortsetzung der vorherigen Kampfschriften gegen die Moderne dar. Denn die Frage wurde durch diese Kampfschriften immer drängender: wer entscheidet nun, was zu glauben ist und was nicht? Wer legt die kirchliche Lehre fest? Die klare Antwort des Papstes: der Papst. Dieses Dogma bedeutete im Kern Folgendes: der Papst hat die Macht, unfehlbare Glaubenswahrheiten zu verkünden, die unabänderlich sind. So heißt es wörtlich, wenn der Papst „*ex cathedra*" spricht, also vom „Stuhl Petri" aus,

„*... dann besitzt er kraft des göttlichen Beistandes, der ihm im heiligen Petrus verheißen wurde, eben jene Unfehlbarkeit, mit der der göttliche Erlöser seine Kirche bei Entscheidungen in der Glaubens- und Sittenlehre ausgerüstet wissen wollte. Deshalb*

lassen solche Lehrentscheidungen des römischen Papstes keine Abänderung mehr zu,
und zwar schon von sich aus, nicht erst infolge der Zustimmung der Kirche."[16]
Insbesondere der letzte Halbsatz war unter den Konzilsvätern hoch umstritten,
weil er den Papst von der restlichen Kirche entkoppelt. Auch wenn es sich in
den Konzilsdokumenten anders liest: bis dahin gab es keine Unfehlbarkeit des
Papstes. Was es aber gab, war die proklamierte Fähigkeit der Kirche, verbindli-
che Aussagen über den Glauben vorzulegen, wie etwa die Dogmen anderer
Konzile. Diese waren aber – zumindest von ihrem Anspruch her – gebunden
an den Konsens der Kirche. Von diesem Konsens entfernte sich das Dogma
der Unfehlbarkeit, wenn es festlegte, dass die päpstlichen Äußerungen „ohne
Zustimmung der Kirche" gültig sind.

Ich habe dieses Dogma der päpstlichen Unfehlbarkeit nie ernst nehmen
können, und die allermeisten Katholiken, die ich kenne, tun es auch nicht. Wie
ernst soll ich ein solches Dogma nehmen, das dem Papst eine Unfehlbarkeit
zuspricht, die Kirchengeschichte aber nur so wimmelt von Wendungen und
Irrtümern der Päpste? Die Geschichte der Päpste ist sicher die Geschichte einiger großer Männer, die ihre Kirche und die damals bekannte Welt nicht nur
geistig, sondern auch politisch vorzüglich regiert haben und bedeutende kulturelle Entwicklungen angestoßen haben. Zugleich ist die Geschichte der Päpste
aber auch die Geschichte von Männern auf dem Stuhl Petri, die Kinder zeugten,
ihre Feinde umbrachten, die Kirche immer wieder an den Rand des Abgrunds
brachten und sich vor allem auch immer wieder in Dingen des Glaubens und
der Moral schlichtweg geirrt haben. Dies betrifft nicht nur Dinge wie Hexen-
oder Ketzerverfolgungen, die entsetzlicherweise immer noch von einigen Leuten mit „So waren eben die damaligen Zeiten!" verteidigt werden, sondern auch
theologische Inhalte wie die berühmte „Honoriusfrage", bei der ein Papst Ho-
norius I. Anfang des 7. Jahrhunderts bei der damals brisanten theologischen
Frage, ob der Gott und Mensch Christus über einen oder zwei Willen verfügt
hätte, eine Festlegung vorgenommen hat, die von späteren Päpsten als eindeutig
häretisch verurteilt wurde. Eine schwere Bürde für die Unfehlbarkeit der
Päpste. Verteidiger der Unfehlbarkeit verweisen darauf, dass dieser Papst Ho-
norius entweder kein gültiger Papst gewesen sei oder diese Entscheidung von

---

[16] Pastor aeternus, 21.

ihm eben nicht lehramtlich (*ex cathedra*) zu verstehen sei. Neben den histori-
schen Fakten der Papst- und Kirchengeschichte widersprach auch immer mehr
mein Verständnis von Sprache dem, was das I. Vatikanische Konzil über die
Unfehlbarkeit aussagte. Wie will der Papst sich anmaßen, im Wortlaut definitive
Aussagen über so etwas wie Gott vorlegen zu können? Jede Aussage ist eine
Annäherung an einen Inhalt, aber nie eine Übereinstimmung. Dies gilt für jeden
Inhalt, umso mehr für einen Inhalt wie Gott. Den Anspruch, den dieses Konzil
damals formulierte, empfand ich immer mehr als törichte Anmaßung.

In diesem Zusammenhang war für mich die Beschäftigung mit Franz
Brentano (1838-1917) sehr aufschlussreich. Ich war auf ihn aufmerksam geworden, da er als Professor und Lehrer von Sigmund Freund und Edmund Husserl
einen riesigen Einfluss auf die weitere Entwicklung der modernen Psychologie
und Philosophie besitzt. Das für mich Spannende: er war ehemaliger katholischer Priester, der sich als Theologe und Philosoph redlich bemüht hatte, Widersprüche innerhalb der theologischen Lehre aufzulösen. Immer frustrierter
musste er feststellen, dass dies nicht möglich war. Als in Rom das Dogma der
Unfehlbarkeit drohte, wurde er vom Mainzer Bischof Ketteler für die deutschen
Bischöfe mit einem theologischen Gutachten beauftragt. Das Gutachten war
für das neue Dogma inhaltlich vernichtend. Es überzeugte die meisten deutschen Bischöfe, hatte aber keinen Einfluss auf das Konzil. Als dann schließlich
das Dogma der päpstlichen Unfehlbarkeit verkündet wurde, war für Brentano
der Bruch vollzogen: dieses Dogma war weder mit der bisherigen Geschichte
der Kirche oder Theologie, noch mit der Vernunft, noch mit seinem eigenen
Verständnis von Christentum irgendwie vereinbar. Brentano verließ das Priesteramt und wurde zu einem Mitbegründer der modernen Psychologie.

Als ich Teile seiner Biographie und insbesondere auch Teile seiner Briefe
las, in denen dieses letztlich hoffnungslose Ringen um Vernunft innerhalb der
kirchlichen Lehre beschrieben wird, konnte ich mich doch in vielem wiederent-
decken.

Das, was mich viele Jahre davon abhielt, mich zu sehr über dieses Dogma auf-
zuregen, war seine scheinbare Irrelevanz. Ob ein Papst im Mittelalter zum
Kreuzzug aufrief oder im 19. Jahrhundert gegen die Demokratie wetterte und
über seine Unfehlbarkeit sprach, schien auf den ersten Blick historisch weit weg
zu sein und nur für die Geschichtsbücher interessant. Dass dies nicht so war,

wurde mir im Laufe meines Studiums schnell klar, als das Thema Unfehlbarkeit von Rom aus nicht nur wieder in Erinnerung gerufen, sondern sogar verschärft wurde. Um diese Verschärfung zu verstehen, muss man um die Unterscheidung von „ordentlichem" und „außerordentlichem" Lehramt wissen, die ebenfalls im Zusammenhang mit der Unfehlbarkeit eingeführt wurde. Das „ordentliche" Lehramt ist das, was römischer Alltag ist: der Papst legt Texte und Schreiben vor, die den kirchlichen Alltag regeln. Das „außerordentliche" Lehramt äußert sich dann, wenn es um die großen Entscheidungen geht und der Papst etwa in einem Dogma etwas Unfehlbares und Definitives vorlegt. Mit anderen Worten: das „ordentliche" Lehramt war geschaffen worden, um den ganzen bürokratischen Wust, den die römische Kurie seit Jahrhunderten im Namen der Päpste produziert, aus der Unfehlbarkeitsthematik rauszuhalten: diese Dinge konnten durchaus fehlbar sein.

Mit dieser Lösung waren Papst Johannes Paul II. und sein oberster Glaubenswächter, Kardinal Ratzinger, allerdings nicht zufrieden. 1990 erschien die lehramtliche Schrift „Donum veritatis", in der die universitäre Theologie enger an das Lehramt gebunden wurde. Bei Entscheidungen des Lehramts, ob als unfehlbar vorgelegt oder nicht, sei die „Zustimmung des Willens und Verstandes" gefordert. Hierbei fällt diese Schrift durchaus in den Duktus der päpstlichen Schriften des 19. Jahrhunderts, wenn die „Philosophie des Liberalismus" mit ihrem falschen Beharren auf individueller Glaubenserkenntnis als eine Gefahr für den kirchlichen Glauben beschrieben wird. Das eigene Gewissen, so das Schreiben weiter, sei immer an den Glauben gebunden und dürfe nicht von ihm unabhängig sein. Ein öffentlicher Diskurs über strittige Themen unter Theologen oder eine Einbeziehung der Öffentlichkeit sei unerwünscht. Strittige Themen sollen an die Glaubenskongregation herangetragen werden, die dann entscheidet.

Was das konkret bedeutete, wurde wenige Jahre später in Bezug auf die Frage des Frauenpriestertums deutlich. Hierzu legte der Papst 1994 (wieder unter Federführung von Ratzinger) mit „Ordinatio sacerdotalis" ein Lehrschreiben vor, dass sich nicht nur mit der Möglichkeit der Priesterweihe für die Frau beschäftigte, sondern nebenbei die päpstliche Unfehlbarkeit weiter ausbaute, indem nicht nur dem außerordentlichen, sondern auch dem ordentlichen Lehramt das Recht zugesprochen wurde, definitive und unfehlbare Äußerungen zu

315

tätigen. Damit war nun faktisch jede lehramtliche Äußerung des Papstes unfehlbar. Ich nahm diese Entscheidung als junger Student etwas irritiert, aber letztlich unbewegt zur Kenntnis. Dafür war die Frage des Frauenpriestertums für mich zu diesem Zeitpunkt zu wenig diskussionswürdig.

Nur wenige Jahre später, 1998, setzte Rom nach und legte das Schreiben „Ad tuendam fidem" vor. In diesem ging es u.a. darum, dass Amtsträger bei der Übernahme ihres Amtes nicht wie bisher das Glaubensbekenntnis ablegen sollten, sondern zusätzlich einen neuen Treueeid sprechen sollten, der sich – der neuen Verschärfung entsprechend – faktisch auf alle lehramtlichen Äußerungen bezog. Außerordentliches und ordentliches Lehramt. Der entscheidende Satz:

> „Außerdem hange ich mit religiösem Gehorsam des Willens und des Verstandes den
> Lehren an, die der Papst oder das Bischofskollegium vorlegen, wenn sie ihr authentisches Lehramt ausüben, auch wenn sie nicht beabsichtigen, diese in einem endgültigen
> Akt zu verkünden." [17]

Diese neuerliche Verschärfung sorgte bei den deutschen Bischöfen für Verstimmung. Die Bischöfe hatten natürlich keine Chance mit einem sachlichen Einspruch, also taten sie das einzige, was möglich war: sie verzögerten die Übersetzung aus dem Lateinischen ins Deutsche. Dies konnten sie immerhin knapp zwei Jahre durchhalten, bis sie dann 2000 einknicken mussten (die Römer boten an, eine Übersetzung zu liefern) und ihren Verzicht auf die eigene Übersetzung des Treueeids zu Protokoll gaben. Diese Diskussion verfolgte ich durchaus etwas angespannt, denn auch ich war von diesem Treueeid betroffen. 1999 beendete ich mein Studium, ging in den Pastoralkurs und mit der Diakonenweihe 2000 stand auch für mich die „Professio fidei" an, ob nur mit Glaubensbekenntnis oder auch mit Treueeid. Bei meiner Diakonenweihe war der Treueeid dann noch nicht für Deutschland in Kraft gesetzt, weswegen er mir erspart blieb. Ich hatte durchaus mehrere Gedanken daran verschwendet, mich zu weigern, falls er bis zu meiner Diakonenweihe verpflichtend sein sollte. Wahrscheinlich hätte ich ihn im Fall der Fälle wie alle anderen dennoch abgelegt, schließlich wollte ich ja Priester werden und meine Weihe wegen dieser wenigen dummen Sätze nicht gefährden. Aber es war für mich und viele andere ein mehr als hartes Brot, das uns die Römer zu essen auftrugen. Es war das erste Mal, dass ich mich direkt vom Vatikan angegriffen fühlte. Die Gewissens- und Glaubensfreiheit war mir

---

[17] Ad tuendam fidem, 2.

ein hohes Gut. In den meisten Punkten stimmte ich ja mit dem römischen Lehramt überein. Aber eine solche Übereinstimmung mit einem derartigen Treueeid erzwingen zu wollen, erschien mir mehr als fragwürdig: inhaltlich sinnlos und ethisch bedenklich. Die Unfehlbarkeit war auf einen Schlag von einem historischen Phänomen längst vergangener Zeiten zu einem Angriff auf mein Gewissen geworden.

Das Dogma der päpstlichen Unfehlbarkeit war im 19. Jahrhundert im Rahmen eines Kampfs gegen die Moderne entstanden. Dieses Dogma sollte die Kirche damals vor Veränderungen schützen, und das tut es bis heute. Es richtet sich gegen das, was wir mit der modernen Welt und der Aufklärung verbinden: den Gebrauch der Vernunft, die Freiheit des Gewissens. Dem setzte die Kirche mit dem Dogma der Unfehlbarkeit steinharten Beton entgegen und diesen Beton hat sie in den 1990er Jahren mit Johannes Paul II. und Ratzinger weiter verstärkt. Seitdem ist die Kirche faktisch neuerungsunfähig. Man muss sich mit Blick auf die Entstehungsgeschichte dieses Dogmas klarmachen, dass die Blockade von Neuerungen kein zufälliger Effekt ist, sondern das Ziel. Seit diesem Dogma sind wesentliche Neuerungen in der Kirche unmöglich. Wenn ein Inhalt als unfehlbar dargestellt wird, kann er nicht mehr korrigiert werden. Sämtliche Reformbemühungen, die es seither gab, konnten sich nur in einem sehr engen und sehr kleinen Raum abspielen, der im Laufe der Zeit logischerweise immer enger werden muss. Das Ergebnis: völlige Selbstblockade. Die Kirche ist durch dieses Dogma überhaupt nicht in der Lage, auf diese tiefe Krise zu reagieren, die sie erfasst hat.

Wenn eine „normale" Organisation in eine Krise oder eine Schieflage gerät, dann setzen sich ein paar kluge Köpfe zusammen und überlegen, warum es diese Krise gibt und was man verändern muss, damit die Krise aufhört. Solche Treffen gibt es durchaus auch in der katholischen Kirche. Auch hier treffen sich immer wieder kluge Köpfe in Versammlungen und Synoden und beraten über die Krise. Nur: die Ergebnisse und die damit verbundenen Veränderungsvorschläge haben keine Chance, aufgenommen zu werden.

In dieser selbstblockierenden Unfehlbarkeit sind Veränderungen und damit auch Entscheidungen unmöglich. Natürlich trifft das Lehramt ständig Entscheidungen in den Dingen des kirchlichen Alltags: wer wird Bischof, kann jener Professor im Amt bleiben usw. Bei den großen Dingen sind allerdings keine Entscheidungen möglich, weil eine Entscheidung eine Veränderung bedeuten

317

würde, die es wegen der Unfehlbarkeit der alten Entscheidungen nicht geben kann. Achten wir auf die Begründung des Papstes: 1994 spricht Johannes Paul II. davon, dass Frauen nicht zum Priester geweiht werden dürfen, weil dies bisher nie getan wurde, und er als Papst nicht die Macht hat, etwas anderes zu tun. Wenn vergangene Entscheidungen unfehlbar sind, können sie in der Gegenwart nicht verändert werden. Diese Begründungsstruktur zieht sich eigentlich bei allen lehramtlichen Äußerungen durch, die die wesentlichen Forderungen auf Veränderungen in der Kirche betreffen: Tut mir leid, das war immer so in der Kirche, das können wir nicht ändern. Damit entscheidet faktisch keiner mehr. Zumindest nichts am Gerüst der Kirche.

Das Problem wird weiter dadurch verschärft, dass sich diese Unfehlbarkeit nicht nur auf die Lehre der Kirche bezieht. Indem die Kirche unfehlbar ist, ist auch das Amt unfehlbar, das die Kirche bildet und strukturiert. Indem die Amtsträger sich als Teil eines unfehlbaren Systems sehen, fühlen sie sich selbst ebenfalls unfehlbar. Das scheint überzogen, aber wenn ein Bischof gegenüber einem Priester eine Diskussion mit „Nehmen Sie es als Entscheidung des Heiligen Geistes" beendet, was ist das anderes als ein unfehlbarer Anspruch? Warum glaubt der Bischof, dass aus ihm der Heilige Geist spricht? Solche Entscheidungen und solch einen unfehlbaren Standesdünkel gibt es massenweise. Dahinter steckt nicht unbedingt (aber oft eben auch) eine gewisse persönliche Arroganz gewisser Amtsträger, es ist auch in einem unfehlbaren System nicht anders möglich. Kein Bischof kann eigentlich eine große Verfehlung zugeben, weil seine Verfehlung auf das ganze System zurückfallen würde: auf das System, das ihn ausgesucht hat, das ihn ernannt hat, das ihn gestützt hat.

Daher ergibt sich aus der Unfehlbarkeit der Kirche die Unfehlbarkeit und Sündenlosigkeit der kirchlichen Amtsträger. Mit furchtbaren Konsequenzen für viele Aspekte der moralischen Integrität. Dabei geht es nicht nur um sexuellen Missbrauch, es geht um Methoden der Machtdurchsetzung, es geht um den Umgang mit denen, die keine Macht haben, es geht um Korruption. Wenn bei Kardinal Müller, dem Präfekten der Glaubenskongregation, eine Würstchendose (!) mit 20.000 Euro in bar gefunden wird, für die es keine Erklärung gibt, oder Kardinal Bertone, der Verwaltungschef des Vatikans, 430.000 Euro Spenden für ein Kinderkrankenhaus stattdessen für die Renovierung seiner 400-Quadratmeter-Penthouse–Wohnung einsetzt, dann sind dies Belege einer allgemein üblichen Selbstbedienungsmentalität, bei der keiner die Angst haben muss, für seine Taten belangt zu werden. Gravierendster Beleg dieser Haltung ist sicherlich der Missbrauchsskandal. Aufgrund der Unfehlbarkeit der Kirche kann auch hier kein Bischof große Fehler gemacht haben. Wenn ein Kardinal Müller in einem Satz von sich gibt, ein Gutachten nicht gelesen zu haben, aber dennoch von der Unschuld des Amtsträgers überzeugt zu sein, ist das nicht nur Arroganz, es ist gelebte Konsequenz der kirchlichen Unfehlbarkeit. Wenn ich von der überzeugt bin, kann es kein Gutachten geben, das der Kirche Fehler nachweist. In den Fällen, in denen das Versagen dann doch offenkundig ist, greift man zu einem anderen Trick, um an der Unfehlbarkeit und Heiligkeit des Amtes festzuhalten: das Sündige war das Menschliche, nicht das Kirchlich-Priesterliche. Wenn also ein Priester des Kindesmissbrauchs überführt wurde, dann hat er im Augenblick des Missbrauchs nicht als Priester, sondern als Privatperson gehandelt. Und hat in diesem Augenblick mit der Kirche nichts zu tun. Was ist das für eine Verlogenheit, wenn man sonst von der Ganzhingabe des Priesters spricht, er also in seinem ganzen Leben immer voll und ganz für Christus und die Kirche lebt, er aber im Falle eines Missbrauchs Privatmann und kein Priester ist? Warum sollte er zölibatär leben, wenn er in seinen eigenen vier Wänden Privatmann ist?

Ähnlich werden auch bei anderem Versagen und bei anderen Krisensymptomen alle möglichen und unmöglichen Phänomene verantwortlich gemacht, nur nicht die Kirche selbst: wahlweise sind der Zeitgeist, der Teufel, die Medien, die 68er Revolution oder die Moderne an sich schuld. Nur nicht die Kirche selbst oder einer ihrer Amtsträger. Damit ist die Kirche und sind ihre Amtsträger unfähig, Verantwortung wahrzunehmen. Verantwortung setzt Entscheidungsmacht und die Möglichkeit von Fehlern voraus. Beides ist nicht vorhanden.

Die Kirche hat sich mit ihrer Unfehlbarkeit innerlich festzementiert. Zwar wird darauf verwiesen, dass ja strenggenommen nicht der Papst, sondern die Kirche als Ganze unfehlbar ist. Wenn aber im gleichen Atemzug gesagt wird, dass nur der Papst und sein Lehramt die Möglichkeit haben, diese Unfehlbarkeit festzustellen, ist der Hinweis auf die Gesamtkirche viel Rhetorik und wenig Substanz. Ein streng von oben nach unten durchorganisierter Apparat wacht darüber, dass keine Veränderungen passieren können, da jede wesentliche Veränderung ein Angriff auf die Unfehlbarkeit ist. Dieser Zement hält die Kirche zusammen und macht sie von außen nahezu unangreifbar. Aber dieser Zement tötet jedes geistige Leben, jeden intellektuellen Aufbruch, jeden gläubigen Neu-anfang. Denn aus der Unfehlbarkeit ergibt sich nicht nur die Unfähigkeit, die Vergangenheit zu sehen und aus den Fehlern zu lernen und Verantwortung wahrzunehmen. Es ergibt sich zudem die Unfähigkeit, die Zukunft zu gestalten. Neue Fragen und neue Problemlagen können nicht angegangen werden. Dies ist nicht nur fatal für diejenigen, die sich Veränderungen wünschen, sondern erstaunlicherweise auch für diejenigen, die konservativ und gegen Reformen sind. Denn auch wenn jemand davon überzeugt ist, dass die Kirche keine we-sentlichen Veränderungen in ihrer Lehre oder in ihrer Struktur nötig hat, muss er doch ein Interesse an einem regen geistigen Leben in der Kirche haben. Auch alte Traditionen müssen immer neu mit Leben gefüllt werden. Gänswein, ehe-maliger Sekretär von Ratzinger/ Benedikt sagte in einem Interview, dass es in der Glaubenslehre keinen Konservativismus geben würde. Sondern nur Treue oder Untreue. So wird eine unfehlbare, fundamentalistische und deshalb geistig arme Kirche begründet.

Ich habe die Unfehlbarkeit zuerst als längst vergangenes Phänomen und dann als Zumutung erfahren. Dabei war mir relativ egal, ob jetzt der Papst oder die Gesamtheit der Bischöfe oder die Kirche als Ganze unfehlbar ist: die Un-fehlbarkeit als solche war für mich ein Problem, sprachlich wie inhaltlich. Na-türlich muss die katholische Kirche – wie jede andere Religion auch – den An-spruch besitzen, eine Wahrheit zu verkünden und auf einen festen Kern ver-weisen, der sie definiert und konstituiert. Das ist aber noch keine Unfehlbarkeit. Denn bei dieser geht es nicht nur darum, sich in einer Wahrheit zu befinden und zu versuchen, diese Wahrheit möglichst gut zu beschreiben, sondern darin, Wort für Wort die Wahrheit definieren und in Gesetze gießen zu können. Auf Dauer kann diese Haltung nur zu einem Fundamentalismus und zur Selbstblo-ckade führen. Genau das ist in der Katholischen Kirche passiert. Deshalb ist sie unfähig, notwendige Reformen einzuleiten und deshalb erodiert sie.

Es ist kein Geheimnis, dass die Kirche nicht demokratisch organisiert ist. Kann sie als Religion strenggenommen auch gar nicht, denn schließlich ist Gott der Souverän einer Religion, nicht der Mensch. Die spannende Frage ist natürlich, wie Gott als Souverän eine Religion regiert. Direkt tut er es ja nicht. Gewöhnlich ist es so, dass eine bestimmte Elite innerhalb der Religion beansprucht, durch Gebet und Studium der heiligen Schriften den Willen Gottes besser zu kennen als die „normalen" Gläubigen und daher das alleinige Recht hat, den Willen Gottes zu verkünden. So läuft es faktisch auch in der katholischen Kirche.

Es gibt jedoch einen uralten, geheimnisvollen Begriff, der dem entgegensteht: den *„sensus fidei"*, frei übersetzt mit „Glaubenssinn des Gottesvolkes". Grundlage für diese Lehre sind diverse Stellen aus dem Neuen Testament. Dort heißt es immer wieder, dass allen Getauften der Beistand des Heiligen Geistes zugesagt wird und auch, dass die Kirche in ihrer Gesamtheit nicht fehlgehen wird. Hieraus hat sich dann in der Spätantike und im Mittelalter die Lehre entwickelt, dass es so etwas wie einen „Glaubenssinn" gibt, ein christlicher Grundinstinkt, der bei allen Getauften als Gabe des Heiligen Geistes vorhanden ist. Laut katholischer Lehre kann dieser *„sensus fidei"* nicht irren, und das katholische Lehramt – auch und gerade wenn es sich mit dem Anspruch der Unfehlbarkeit äußert – spricht nicht aus sich heraus, sondern erkennt und formuliert den Konsens dieses Glaubenssinns. Ganz abgesehen von der Schwierigkeit, dass sich ein solcher Konsens auch im Laufe der Zeit verändern kann: Ist das, was Papst und Bischöfe zur Zeit tun, dem Konsens der Gläubigen entsprechend? Dem *„sensus fidei"*?

Schauen wir auf die Zahlen. In den Umfragen der letzten Jahrzehnte geben gewöhnlich etwa ein Viertel der katholischen Gottesdienstbesucher an, in den strittigen Themen wie Zölibat und Frauenpriestertum den römischen Kurs zu unterstützen. 25% der Kirchgänger klingt jetzt gar nicht mal wenig, und in der Tat ist das die Gruppe, auf die sich die Amtshierarchie immer wieder beruft. Es sind allerdings 25% der Kirchgänger! Zur Zeit besuchen in Deutschland etwa 6% der Katholiken den Gottesdienst, Tendenz fallend. Ein Viertel von diesen ergibt 1,5% der aktuellen Katholiken. Wenn man jetzt noch die ausgetretenen Katholiken hinzurechnet (die ja getauft sind und damit Christen bleiben), muss man ein weiteres Sechstel abziehen, da 1/6 der Katholiken in den letzten 20 Jahren ausgetreten ist. Summa summarum muss man feststellen, dass ca. 1,25% der Katholiken mit dem konservativen Kurs der Kirche zufrieden sind. 98,75% der Katholiken sind es nicht. Sagen wir mal so: einen Kurs zu fahren, mit dem nur 1,25% der eigenen Leute zufrieden sind, kann gar nicht gut gehen.

Diese 1,25% sind immer noch mehrere Hunderttausend Personen in Deutschland, vielleicht 2-300.000. Diese Personen sind es, die absolut treu zu Kirche und Lehramt sind, oft gut vernetzt und organisiert, und aus denen sich die geistlichen Gemeinschaften und andere konservative Gruppierungen rekrutieren. 300.000 Personen sind nicht wenig, sind aber eigentlich ein Nichts – nämlich 1,25% - gegenüber den vielen Millionen Katholiken in Deutschland, die sich Reformen wünschen. Diese vielen Millionen organisieren sich nicht, sie erheben nicht ihre Stimme, weil sie resigniert haben. Kann man aber ihr Zeugnis beiseite schieben? Konservative Kreise verweisen darauf, dass die Katholiken, die nicht in die Kirche gehen, bei diesen Dingen nicht gefragt werden dürfen. Sie nehmen nicht am kirchlichen Leben teil und haben dadurch auch ihr Recht verwirkt, das kirchliche Leben entscheiden zu können. Dies gelte noch viel mehr für die vielen ausgetretenen Katholiken. Dies ist zwar alles korrekt, hier geht es aber nicht um Entscheidungsmacht, sondern um ein Stimmungsbild. Wenn ein Katholik aus Frust oder Unlust heraus nicht mehr den Gottesdienst besucht oder sogar resigniert aus der Kirche austritt, dann hat das Gründe. Diese Gründe muss ich im Auge haben, wenn ich realistisch auf den Zustand der Kirche schauen will. Wenn Katholiken nicht mehr in die Kirche gehen, bleiben sie ja Katholiken, und die Kirche muss sehr aufmerksam beobachten, warum sie nicht mehr in die Kirche gehen.

Angesichts der hier aufgezeigten Zahlen stellt sich die Frage, ob der kirchliche Konsens, der „*sensus fidei*", nicht gegen das Lehramt spricht. Wenn aktuell 98,75% der Katholiken sich gegen den aktuellen Kurs des Lehramts und für Reformen aussprechen, muss man feststellen, dass sich hier der Konsens, der gemeinsame Glaube der Kirche, gegen das Lehramt positioniert. In den öffentlichen Debatten sieht man oft Konservative und Fortschrittliche miteinander ringen, und dieses Bild suggeriert ein ausgeglichenes Verhältnis dieser beiden Gruppen. Deshalb kann das Lehramt auf einen Konsens verweisen, weil dieser nicht eindeutig genug bestritten wird: die Diskussion scheint einigermaßen ausgeglichen, 25% Konservative, 75% Fortschrittliche. Das scheint nicht eindeutig genug, den „Konsens" des Lehramts anzugreifen. Zumal die Quote der Konservativen bei denen, die zu entscheiden haben, entsprechend höher und eindeutig ist. Nimmt man aber alle Katholiken, dann ist das Bild für das Lehramt absolut vernichtend: nur 1,25% folgen dem Kurs des Lehramts. Diese Zahlen machen mehr als deutlich, wie die Situation in der Kirche ist: eine kleine Gruppe, die über faktisch keinen Rückhalt verfügt, verhindert jede Erneuerung und jede notwendige Reform, um an der Macht zu bleiben. Angesichts der Zahlen ist aber auch klar, wie sich die Lage entwickeln wird: entweder wird die Kirche dem Kurs der 98,75% folgen oder völlig marginalisiert werden. Noch grotesker erweist sich vor diesem Hintergrund die Warnung vieler Konservativer, dass mögliche Reformen zu einem Schisma führen würden. Ein Schisma, eine Abspaltung von 1,25 % der Katholiken wäre durchaus verkraftbar, damit nicht noch mehr als die bisherigen knapp 20% aus der Kirche austreten.

Oft wird darauf verwiesen, dass dies die Situation in Deutschland und nicht für die Weltkirche gültig sei. Entsprechend dürfte Deutschland keinen Alleingang gegen die Weltkirche unternehmen. Dieser Hinweis ist aus zwei Gründen mehr als fragwürdig. Zum einen sieht die Situation in eigentlich allen Ländern ähnlich aus wie in Deutschland. Überall finden sich breite Mehrheiten, die Reformen wünschen – sich strukturell aber kein Gehör verschaffen können. Die jeweiligen Bischöfe melden nach Rom, dass die Gläubigen keine Reformen wünschen, und wo der Wunsch nach Reformen von den Gläubigen deutlich artikuliert wird, wird auf die Weltkirche verwiesen. Zum anderen ist dieser Hinweis aber auch strukturell bedenklich: wenn es überhaupt Veränderungen geben kann und soll, muss immer jemand mit ihnen beginnen bzw. als erster Forderungen stellen und Diskussionen anregen. Wenn keiner anfängt, passiert nichts. Entsprechend ist der Hinweis auf die Weltkirche ein Hinweis, der Reformen und Veränderungen unmöglich machen soll.

Ich sah im Laufe der Zeit immer mehr, wie die Kirche ihrem Untergang entgegentaumelte. Ich sah, wie immer mehr Menschen sich enttäuscht und resigniert von der Kirche abwandten. Ich sah, wie kaum einer noch die Gründe verstehen konnte, warum sich Papst und Bischöfe notwendigen Reformen widersetzten. Als Pfarrer traf ich immer wieder auf Menschen, die nicht mehr viel mit der Kirche zu tun hatten. Sie wollten ihre Angehörigen beerdigen lassen, ihre Kinder taufen oder heiraten. Sie fühlten sich noch immer irgendwie mit der Kirche verbunden, aber verstehen konnten sie nicht mehr, was in der Kirche passierte. Sie konnten nicht verstehen, warum Priester nicht heiraten und Frauen keine Priester werden können, sie konnten nicht verstehen, warum Bischöfe immer noch im Amt sind, die Missbrauchstäter versteckt und gedeckt haben, sie konnten nicht verstehen, warum Pfarrgemeinden aus finanziellen Gründen schließen müssen, gleichzeitig aber für über 30 Millionen in Limburg ein neuer Palast für den Bischof gebaut wird, sich das Erzbistum München für 15 Millionen ein neues Gästehaus in Rom gönnt oder das Bistum Eichstätt auf dem Immobilienmarkt 60 Millionen verzockt. All das konnten sie nicht verstehen. Viele von ihnen traten enttäuscht aus der Kirche aus. Welches Recht hat die Kirche, die Meinung dieser Menschen zu missachten? Steckt in dem, was diese Menschen fühlen und sehen, nicht eine wichtige Botschaft für die Kirche? Ist all das nicht Teil des „*sensus fidei*", des Gespürs fast aller Katholiken, dass da etwas absolut falsch läuft in der Kirche?

Ich habe die Entwicklung der Kirche mit immer größerer Resignation verfolgt. Die Probleme nahmen überhand. Nicht nur, dass die Kirche keine Lösungen anbot: sie versuchte, jede Art von Lösungen zu verhindern und war damit zufrieden, in einem Zustand der Selbstblockade zu verharren. Das alles war frustrierend und völlig irrational. Die allermeisten Katholiken sahen, dass sich in der Kirche viele Dinge ändern müssen. Nur eine kleine Clique, die allerdings an den Schalthebeln der Macht saß (und immer noch sitzt) erstickte jede Neuerung im Keim, dabei oft lächelnd, wenn sie darauf hinwies, dass die Kirche „keine Demokratie" sei oder „die Mehrheit nicht immer in der Wahrheit" sei. Beides sind Banalitäten, die keiner bezweifeln würde, aber bedeutet das, dass die Kirche, wenn sie keine „Demokratie" und damit keine „Herrschaft des Volkes" sei, daher die Herrschaft einer kleinen Clique sein muss? Oder dass eine Minderheit immer in der Wahrheit sein muss, wenn die Mehrheit es nicht immer ist? Für die Kirche und die Verteidiger ihres aktuellen Kurses: ja.

Das „Warum" des Christentums

Vor einigen Jahren hielt der Autor und Unternehmensberater Simon Sinek einen TED Talk, der ihn zum Superstar machte: „*Start with why*" – „Beginne mit dem Warum". Es geht darum, wie und warum Unternehmen funktionieren – oder eben auch nicht. Wenn etwas schiefläuft, schauen viele Unternehmen auf ihre Strukturen oder auf ihre Produkte … und rennen trotzdem in den Abgrund. Was machen sie falsch? Sinek sagt: sie haben ihr „Warum" nicht beachtet!

Ein Unternehmen oder allgemein eine Organisation lässt sich laut Sinek mit drei konzentrischen Kreisen beschreiben. In der Mitte ist das „Warum" („*why*"): warum gibt es ein Unternehmen? Was ist der Sinn, den das Unternehmen verwirklicht? Dann folgt das „Wie" („*how*"): wie arbeitet das Unternehmen? Welche Strukturen und Methoden besitzt es? Außen steht schließlich das „Was"

(*„what"*): was macht ein Unternehmen? Was ist sein Produkt? Unternehmen haben die schlechte Angewohnheit, auf ihr „Was" fixiert zu sein, ihr Produkt. Wenn dort etwas schiefläuft, blickt es vielleicht noch auf das „Wie", auf die Strukturen, die das Produkt hervorbringen. Nur die wirklich guten Unternehmen oder Organisationen blicken auf ihr „Warum". Dieses „Warum" ist es jedoch, das für den Erfolg entscheidend ist: alles kommt von ihm, es prägt die Strukturen und das Produkt. Wenn man also an den Strukturen und an den Produkten etwas verändert, ohne das „Warum" im Auge zu haben, erleidet man Schiffbruch.

Als ich diesen brillanten TED Talk von Sinek sah, dachte ich natürlich sofort an die katholische Kirche. Ihr „Was" ist das konkrete kirchliche Leben, das sie hervorbringt, ihr „Wie" die Strukturen und die kirchliche Lehre, von der Bibel bis zu den Dogmen. Wie verhält sich die Kirche in der Krise? Sie schaut auf ihr kirchliches Leben, sieht durchaus den Missbrauch, die Doppelmoral und den Klerikalismus, will aber nicht die Strukturen verändern, die dieses kirchliche Leben mit seinen Missständen aber immer neu hervorbringen und wundert sich, dass man der Krise nicht entkommen kann. Nun ist es jedoch so, dass das kirchliche Leben ein Produkt seiner Strukturen ist. Oder, um es mit Sinek zu sagen: das „Wie" bestimmt das „Was". Was in der Kirche passiert, ist das Ergebnis der äußeren Form, die die Kirche sich gegeben hat: ihres Amtes, ihrer Hierarchie, ihrer Bibel, ihrer Dogmen, ihrer Kirchengemeinden. All das bestimmt das konkrete Leben der Kirche, dessen Missstände aber nicht behoben werden können, da sie diese äußere Form nicht verändern will. Ihre Strukturen stehen und können sich nicht verändern, weil sie dazu gebaut wurden, jede Veränderung abzuwehren.

Um diese festen Strukturen sinnvoll verändern zu können, muss die Kirche das in den Blick nehmen, was wiederum diese Strukturen hervorgebracht hat: das „Warum" der Kirche. Die Struktur der Kirche ist eben nicht vom Himmel gefallen, sondern ist die historisch gewachsene Ausformung ihres „Warum", das sich in diesen Strukturen abgebildet hat. Was ist das „Warum" der Kirche? Es ist nicht – entgegen der Aussage der Kirche – Gott oder Christus, die ja nicht direkt und unmittelbar Teil der Kirche sind. Es ist nicht Gott selbst, sondern seine kirchliche Auslegung: die kirchliche Sicht auf Gott, der sog. „Glaubenssinn", die Mentalität, das Selbstverständnis, die Idee von Gott und Mensch, das Selbstbild, das die Kirche von sich hat: alles, was sich dann in der Folge in den

Strukturen und im konkreten Leben ausdrückt. Diese Mentalität funktioniert offensichtlich nicht mehr: sehr viele Menschen glauben nicht mehr an den von der Kirche verkündeten Gott. Das Ergebnis: die Kirchen werden immer leerer, allgemeiner Glaubensverlust.

Das aktuelle „Warum" des Christentums, die grundlegende Mentalität, die sich im konkreten kirchlichen Christentum ausdrückt, ist eine Abkapselung gegenüber der Welt. Hinwendung zu Gott ist Abwendung von der Welt. Diese Haltung hat Strukturen geschaffen, die sich selbst blockieren und deren wichtigste Funktion darin besteht, sich gegen die Welt zu schützen. Dieses „Warum" der Kirche hat eine Lehre geschaffen, die zuerst bestimmte Dinge über Gott und schließlich die eigenen Strukturen als unfehlbar verkündete. Diese sich selbst blockierenden Strukturen sind das „Wie" der Kirche. Sie bestimmen, was passieren darf und wie es passiert. Das Handeln, das aus diesen Strukturen hervorgeht, ist das „Was". Dieses Handeln der Kirche ist getragen von Abgrenzung und Überhöhung: von dem, was die Mentalität in Strukturen gebaut hat und was wiederum die Strukturen konkret nach außen geben.

Eine sich gegenüber der Welt abgrenzende und überhöhende Struktur, die zudem keine funktionierenden Kontrollmechanismen hat (wie etwa Gewaltenteilung) muss logischerweise Handlungen produzieren, die von der Außenwelt als unmoralisch wahrgenommen, aber intern toleriert werden, solange sie die Strukturen als solche nicht stören. Mit anderen Worten: Handlungen sind für diese Kirche nicht dann problematisch, wenn sie unmoralisch sind, sondern wenn sie die internen Machtstrukturen angreifen. Deshalb ist es kein Problem, wenn Priester homosexuelle Netzwerke bilden oder mit einer Frau in einer festen Beziehung im Pfarrhaus leben. Das wird erst dann zum Problem, wenn ein Ehewunsch vorhanden ist, weil dann die Machtstruktur angegriffen wird. Hier liegt auch der Grund für das für die Außenwelt unverständliche Versagen der Kirche im Umgang mit den Missbrauchsfällen: sie sind solange kein Problem für die Machtstruktur der Kirche, wie sie nicht öffentlich sind. Das ist natürlich zynisch, aber es folgt der Gesetzmäßigkeit der eigenen Mentalität und der eigenen Strukturen: Abgrenzung gegenüber der Welt, Überhöhung des eigenen Klerus, Irrtumslosigkeit der Kirche. Dies macht die Kirche zu einer narzisstischen Organisation: nur um sich kreisend und nach außen völlig empathielos.

Die Forderungen an die Kirche sind gewöhnlich die, schnell und angemessen die Struktur der Kirche anzupassen: durch Kontrollmechanismen, durch

Öffnung der kirchlichen Ämter in Richtung Frauenpriestertum, Aufhebung des Zölibats usw. Hier gibt es viele Dinge, in denen die Kirche aktiv werden muss, und das möglichst schnell, um etwa beim Missbrauch nicht noch weitere Opfer zu erzeugen. Wenn die Kirche in diesen Feldern endlich reagieren sollte, wird sie zwar etwas Druck aus dem Kessel nehmen können, sie wird damit ihre Krise allerdings nicht beenden, sondern nur verzögern können. Die Kirche muss an ihren Grund, an ihr „Warum", um dann die Strukturen und schließlich die Handlungen hervorzubringen, die ihr auf Dauer eine Überlebenschance geben. Oft wird von konservativen und frommen Christen darauf verwiesen, dass man diese ganzen Diskussionen über so ein Zeug wie Ämter usw. einmal beiseite lassen sollte. Dabei verweisen sie dann darauf, dass man den Glauben stärken müsste, um die aktuellen Missstände und allgemein die Krise in den Griff zu kriegen. Dabei wird allerdings übersehen, dass eben dieser Glaube und diese Strukturen, die dieser Glaube geschaffen hat, die aktuellen Missstände und die aktuelle Krise hervorgebracht haben.

Die Kirche muss also an ihren Kern, alles andere sind kosmetische Korrekturen: hübsch anzusehen, aber auf Dauer nicht tragfähig. Die Probleme der Kirche sind kein Zufall und keine Nebensache, sondern eine Konsequenz ihrer Lehre und ihrer Mentalität. Natürlich hat das Christentum eine anziehende Botschaft. Sie spricht von Nächsten- und Gottesliebe, von Respekt, ja Liebe, die wir jedem Menschen schulden. Das ist eine großartige Botschaft. Aber was hat die Kirche daraus gemacht? Diese Botschaft ist im Leben und in der Lehre der Kirche zur bloßen biblischen Hülle geworden, die eine völlig andere Realität verdeckt. Die Kirche steht nicht für Nächstenliebe, sondern für die Selbstliebe des kirchlichen Amtes. Diese Selbstliebe ist ein wesentliches Element der kirchlichen Mentalität. Das kirchliche Amt ist nach innen ausschließlich auf sich bezogen und nach außen völlig empathielos, wie man unter anderem bei den Missbrauchsfällen und ihrer mangelhaften Aufarbeitung erkennen kann. Diese Missstände sind Konsequenz einer tiefsitzenden kirchlichen Mentalität, die eng verknüpft ist dem Selbstverständnis der Kirche, dem Bild, das sie hat über sich selbst, über Gott, über den Menschen, kurz: es geht um den Grund, auf dem sie steht. Man kann eine Krise nur lösen, wenn man das bekämpft, was die Krise ausgelöst hat. Und das sitzt sehr tief.

Die Geschichte der Kirche ist die Geschichte eines langen Erfolgs. Die Kirche war im ersten Jahrtausend bis in das Hochmittelalter hinein erfolgreich und wurde groß, weil sie den heute oft verteufelten „Zeitgeist" aufgegriffen hat. Sie blieb nicht bei der Bibel, sondern interpretierte die Bibel vor dem Hintergrund des jeweiligen Zeitgeistes. Dies ist kein Vorwurf, das geht gar nicht anders. Jede Forderung, wie sie etwa evangelische Theologen wie Adolf von Harnack im 19. Jahrhundert erhoben haben, das reine Christentum wieder auszugraben und alles abzustreifen, was danach zum Christentum hinzugekommen ist, ist völlig illusorisch. Bereits die biblischen Zeugnisse selbst sind ja Mischungen verschiedener Zeiten und Kulturen, auch die Botschaft Jesu. Wenn diese Botschaft Jesu dann von der Kirche weitergetragen wird, ist völlig klar und auch nicht zu vermeiden, dass sie sich weiterentwickelt, weil neue Zeiten, neue Kulturen, neue Verkünder und neue Fragen auftauchen. Veränderungen und Weiterentwicklungen sind unumgänglich, die Frage ist nur, wie gut und haltbar und gültig sind sie.

Diese Problematik ist nicht auf die katholische Kirche begrenzt, sondern betrifft auch die evangelische Kirche. Das mag erstaunen, denn auf den ersten Blick ist sie völlig anders aufgestellt als die katholische: die Pfarrer dürfen heiraten, das kirchliche Amt ist auch für Frauen geöffnet, es gibt keine vatikanische Glaubenskongregation und kein römisches Lehramt. Dennoch werden auch die evangelischen Kirchen immer leerer und dennoch wird immer deutlicher, dass es auch in der evangelischen Kirche einen massiven sexuellen Missbrauch durch Amtsträger gegeben hat, dem man lange Zeit nicht nachgegangen ist. Die Ursachen für diese ähnlichen Krisensymptome liegen darin, dass die Grundproblematik die gleiche ist wie in der katholischen Kirche. Um mit Sinek zu sprechen: das evangelische „Wie" ist ein anderes, die Krise des „Warum" ist die gleiche.

Man muss keine prachtvollen Gewänder haben, um das eigene Amt für unantastbar zu halten. Auch in der evangelischen Kirche konnte der Missbrauch in den Gemeinden lange Zeit existieren, weil der Pfarrer gegenüber den normalen Gläubigen überhöht wurde. Wenn der evangelische Pfarrer in seinem schwarzen Talar hoch über der Kirchengemeinde von der Kanzel predigt, dann gewinnt er durch sein Amt eine Stellung, die ihn auch über den Gottesdienst hinaus unangreifbar und erst einmal unschuldig macht. Natürlich haben die aus Laien zusammengesetzten Kirchenvorstände in den Gemeinden gegenüber ih-

rem Pfarrer mehr Macht als die katholischen Laiengremien. Aber auch hier greifen die gleichen Mechanismen: zum einen besitzt der Pfarrer schon aufgrund
seiner liturgischen Funktion im Gottesdienst eine Aura, die dann auch in den
Gremien außerhalb der Gottesdienste wirksam ist. Zum anderen dominiert
auch bei den evangelischen Kirchenvorständen bei möglichen Anschuldigungen gegenüber dem Pfarrer der Reflex, den Ruf der eigenen Gemeinde und der
eigenen Kirche zu schützen – auch zu Lasten der Opfer, denen man nicht glaubt
oder glauben will. Auch wenn das evangelische Amt kein Weiheamt ist und daher offiziell und theoretisch keine dem katholischen Amt vergleichbare Bedeutung hat: auch die evangelische Kirche ist inhaltlich wie strukturell durch das
Amt getragen, gegen das es innerhalb der Kirche kein ausreichendes Gegenge-
wicht gibt.

Auch die zweite große Problematik ist in der evangelischen Kirche genauso
vorhanden wie in der katholischen: eine allgemeine Verdunstung des Glaubens
und eine starre, unveränderliche Theologie. Man darf sich nicht täuschen lassen
durch das große soziale und politische Engagement der evangelischen Kirche,
das offen und progressiv wirkt. Dieses Engagement ist ganz nett, hat mit der
eigentlichen kirchlichen Lehre jedoch nichts zu tun. Auch hier gelten die Heilige
Schrift, die Dogmen der ersten Konzilien über die Dreifaltigkeit und die Na-
turenlehre Christi, ergänzt nicht durch spätere Konzilien, sondern durch gleichermaßen unfehlbare Dokumente wie das Augsburger Bekenntnis oder Luthers
„Kleinen Katechismus“. Ich brauche kein ausdrückliches Dogma der Unfehlbarkeit, wenn ich diese Schriften als unhintergehbare Grundlage des evangelischen Glaubens bezeichne. Wie die katholische Kirche in ihrer heutigen Form
ist auch die evangelische Kirche das Produkt der Veränderungen im Glaubens-
leben der Menschen seit dem Ende des Mittelalters. Im 16. Jahrhundert trennte
sich die evangelische Kirche von der katholischen Kirche. Man hatte den
furchtbaren moralischen Zustand der katholischen Kirche satt und gründete
eine Alternative, die stärker auf den Glauben des einzelnen und auf ein ethisches
Leben ausgerichtet war. Damit war das evangelische Christentum in seiner
Lehre und in seiner inhaltlichen Ausrichtung nicht freier und progressiver als
die katholische Alternative. Weder konnte dort eine Theologie entstehen, die
sich inhaltlich wirklich weiterentwickelte, noch wurden der wissenschaftliche
Fortschritt und die neue Moderne dort mit offenen Armen empfangen. Man
muss sich klarmachen, dass die Entstehung der evangelischen Kirche im 16.

Jahrhundert kein Aufbruch in etwas Neues sein sollte, sondern eine „Rück-Führung" („Re-Formation") zu den alten Fundamenten und der alten Glaubenslehre.

Trotz dieser ähnlichen Mechanismen gibt es durchaus schwerwiegende graduelle Unterschiede zwischen der katholischen und evangelischen Kirche. Aufgrund des noch engeren Amtsverständnisses und aufgrund effektiverer zentraler Strukturen – die eben auch effektiver Täter decken und verstecken können – dürfte etwa die sexuelle Gewalt durch Amtspersonen in der katholischen Kirche deutlich verbreiteter sein als in der evangelischen. Dennoch muss man sagen, dass die Krise eine ökumenische Angelegenheit ist: katholische wie evangelische Kirche kämpfen gegen die gleiche Krise. Sie hat zu tun mit einer Verfestigung der Theologie und der Lehre, mit einem allgemeinen Glaubensverlust, mit einer zu starken Fixierung des eigenen kirchlichen Lebens auf das Amt hin, mit einer Abkapselung gegenüber der Welt, die nicht Kirche ist. Beide Kirchen müssen an ihr „Warum". Beide müssen dabei lernen, dass das „Warum" des Christentums nicht zu verwechseln ist mit seinem „Wie": nicht die Strukturen sind der Grund, auf dem das Christentum steht, sondern das, was die Strukturen hervorgebracht hat. Und das wackelt.

Ich bin nicht sehr optimistisch, dass den beiden Kirchen diese Selbstüberwindung gelingen wird. Die Vorzeichen sehen schlecht aus. Beide Kirchen halten an ihrer Botschaft und an ihren Strukturen fest und verweisen auf Kommunikationsprobleme. Sie verkennen nach wie vor, dass ihr Problem nicht in der Vermittlung der Botschaft, sondern in der Botschaft selbst liegt. Der geistliche Nachwuchs auf beiden Seiten wird immer konservativer. Das ist angesichts der kirchlichen Realitäten keine Überraschung. Mit welcher Mentalität und mit welcher Einstellung kann sich heute jemand entscheiden, Geistlicher zu werden? Aber wer soll eine neue Zukunft der Kirchen schaffen? Wer soll die Kraft oder überhaupt den Willen haben, aus dem Alten etwas Neues entstehen zu lassen? Die Nichtgeistlichen dürfen nicht und die Geistlichen wollen nicht. Zukünftig noch weniger als jetzt schon.

Liebe und tu, was du willst.
Aurelius Augustinus

Entscheidung

Katharina

Wir wissen heute noch nicht einmal, wann genau wir uns kennengelernt haben. Es wird wohl 2007 gewesen sein, als ich das erste Mal das Doktorandenkolloquium von Prof. Schweidler in Bochum besuchte. Wie ich promovierte auch Katharina bei Prof. Schweidler, hatte an seinem Lehrstuhl sogar eine Stelle als Wissenschaftliche Mitarbeiterin. In den nächsten Jahren sahen wir uns öfter an der Ruhr-Universität in Bochum, ohne dass dort allerdings mehr als eine grobe Bekanntschaft entstanden wäre. Nach unseren beiden Promotionen – wir hatten beide am 9. November 2010 die Verteidigung unserer Doktorarbeiten – trennten sich unsere eh nicht gerade eng verwobenen Wege: sie habilitierte in Bochum, ich ging 2012 nach Eichstätt, um dort zu habilitieren.

Paradoxerweise sorgte diese räumliche Trennung zu einer immer engeren Verbindung zwischen uns beiden, die sich vom Frühjahr 2013 an langsam hochschaukelte bis wir im September 2013 für uns beide klar hatten: das zwischen uns ist eine feste Beziehung. In diesen Wochen im Herbst 2013 war uns beiden nicht bewusst, was das eigentlich bedeutete. Was bedeutete das für mich als katholischer Priester, der ich dem Zölibat verpflichtet bin? Wie soll eine Beziehung überhaupt aussehen, die im Geheimen stattfinden muss? Wie oft kann man eigentlich die Beziehung konkret leben, wenn man 500 km entfernt wohnt? Wir rollten in diese Beziehung hinein und auf einmal war alles anders.

Wie es sich für den Beginn einer romantischen Beziehung gehört, waren die ersten Wochen wunderschön und rosarot. Wir konnten uns mehrere Male in Dortmund sehen und freuten uns über unser neues Glück. Das allerdings nur wenige Wochen anhalten sollte. Schnell kam eine abrupte Bremsung in unsere rosarote Wölkchenwelt. Ich beschloss, meine Eltern bereits nach wenigen Wochen in unser Geheimnis einzuweihen. Da ich dank Katharina öfter als vorher im Ruhrgebiet war, bestand ja jetzt durchaus die Möglichkeit, öfter bei meinen

Eltern in Mülheim vorbeizuschauen. Dann wollte ich ihnen auch von meiner Beziehung erzählen, denn ohne Erklärung hätten sie sich eh gefragt, wieso ich auf einmal öfter als früher bei ihnen auftauche. Ich teilte meinen Eltern also Ende November mit, dass ich mit einer Frau in einer Beziehung lebe. Die Reaktion bestand in harscher Ablehnung. In Sekundenschnelle zerstoben meine rosa Wölkchen in das, was Wolken eigentlich sind: Luft. Ich war wieder auf der Erde angekommen und erfuhr schmerzhaft, dass wir nicht zum Fliegen und Schweben geboren sind. Diese Ablehnung speiste sich wesentlich aus zwei Quellen: zum einen aus Sorge darüber, dass ich mich da in etwas verrenne, was mir schadet, zum anderen schlicht und einfach aus meiner Verpflichtung zum Zölibat und zum Priestertum, die ich damals ja gelobt hatte. Beides wog schwer, und beides ließ sich auch nicht von jetzt auf gleich wegwischen. Natürlich war es so, dass diese Beziehung etwas völlig Neues für mich war und ich nur schwer abschätzen konnte, wie es weitergehen würde: mit mir, mit meinem Beruf. Natürlich war es so, dass ich mich Jahre zuvor entschieden hatte, Priester zu werden und aus freien Stücken gegenüber Gott und der Kirche versprochen hatte, zölibatär als Priester zu leben. Diese Dinge wogen schwer und waren für mich nicht leicht zu beantworten.

In der nächsten Zeit bestand das drängendste Problem erst einmal darin, eine Beziehung zu leben, ohne sich oft sehen zu können. Katharina wohnte in Dortmund, ich in Thalmässing in Bayern. Es war klar, dass sie mich nicht in Thalmässing besuchen konnte, ohne dass der ganze Ort in Minutenschnelle davon erfahren hätte. Ein Pfarrer hat in einem solchen Ort keine Privatsphäre. Also reiste ich alle paar Wochen für 2-3 Tage nach Dortmund. Mehr war im Normalfall aus zeitlichen Gründen nicht möglich. Meinen Leuten in Thalmässing erzählte ich von Terminen, die mit der Universität zusammenhingen, Konferenzen, Sitzungen usw. Das schien zumindest glaubwürdig genug, dass meine Leute meines Wissens nach keinen größeren Verdacht geschöpft haben.

Die nächsten Monate waren dennoch nicht einfach. Nicht nur, dass der Spaßfaktor eher begrenzt ist, wenn man im Winter ständig stundenlang durch nasskalte und dunkle Landschaften fährt. Natürlich nagte auch die Frage in mir, wie es eigentlich weitergehen sollte. Es war für mich klar, dass dieses Doppelleben keine Lösung auf Dauer sein kann. Zum einen wird ein solches Leben nicht dem Amt gerecht, das man ausfüllt und das ja von einer gewissen Glaubwürdigkeit und Wahrhaftigkeit getragen sein muss. Mag sein, dass viele meiner lieben Mitbrüder damit weniger Schwierigkeiten haben, auf der Kanzel etwas von Ehrlichkeit zu erzählen und gleichzeitig ein solches Doppelleben zu führen: für mich war das keine Option. Daneben wird ein solches Doppelleben aber auch der Beziehung zur Frau nicht gerecht. Diese Beziehung steht immer unter dem Vorbehalt der Geheimhaltung und des Verbots. Es ist ja wesentlicher und unaufgebbarer Bestandteil einer Beziehung zu einem Menschen, den man liebt, dass man uneingeschränkt zu ihm „ja" sagen kann. Dieses uneingeschränkte „Ja" ist nicht möglich, solange der Zölibat besteht und diese Beziehung verbietet. Daran ändert meiner Meinung nach auch nicht die Tatsache etwas, dass die meisten Menschen in den Kirchengemeinden eine solche Beziehung ihres Pfarrers akzeptieren und gutheißen. Es bleibt eine verbotene Beziehung, die nicht offen und damit nicht in einem uneingeschränkten Zusammen gelebt werden kann. Aus diesen Gründen war mir klar, dass dieses Doppelleben nur eine vorübergehende Geschichte sein konnte und ich mich entscheiden musste: für das Priesteramt oder für die Liebe zu einer Frau. Es war auch klar, dass man so eine Entscheidung nicht innerhalb einer Woche treffen kann (und soll), aber über kurz oder lang musste sie her.

Dieses offene Ringen und die damit verbundene Unsicherheit trübte natürlich unsere Beziehung. Eine schnelle Orientierung in die Situation am Arbeitsmarkt machte es auch nicht besser. Es war nicht so, dass die Welt nach arbeitslosen Theologen schrie. All diese Dinge nagten in mir, und dann kam noch das, was man als den Rückschlag des alten Paradieses bezeichnen könnte.

In all den Jahren hatte ich den Kontakt zu meinem alten Heimatpfarrer Julius Buschmann nicht verloren. Unter ihm war ich in meiner Heimatgemeinde großgeworden, und er war sicherlich nicht ganz unschuldig an meiner Entscheidung, Priester werden zu wollen. Pastor Buschmann war ein tieffrommer Mann, der sich freute, mich auf diesen Weg gebracht zu haben und mich weiter auf diesen Weg begleiten zu können. Ich hatte in all diesen Jahren nicht mehr viel Kontakt in meine alte Heimat, zu Buschmann hielt ich Kontakt. Er war für mich das Sinnbild meiner Heimat, der Kirchengemeinde, in der ich großgeworden war. Natürlich verkörperte er eine Frömmigkeit, die nie die meine war, und eine bestimmte Form von Kirche, von der ich wusste, dass ihre Zeit abgelaufen war. Das war aber nie ein Problem zwischen mir und Pastor Buschmann. Er wusste, dass seine Zeit und die Zeit seiner Kirche abgelaufen war und war froh, in mir zu sehen, dass es zwar anders, aber irgendwie weitergeht. Umgekehrt habe ich in Buschmann etwas gesehen, das mir völlig fehlte, dessen Wert ich aber erkannte: eine demütige, bescheidene, heitere und bedingungslose Frömmigkeit und ein großes Vertrauen darauf, dass Gott in seiner Kirche schon alles richten wird. Diese Haltung war mir sehr fremd, und trotzdem habe ich diesen Menschen für diese Haltung bewundert.

In den Jahren nach 2010 war der Kontakt vielleicht nicht zahlreicher, aber intensiver geworden. Der Grund war das Älter- und Schwächerwerden von Pastor Buschmann. Das Wissen darum, dass unsere gemeinsame Zeit hier auf Erden begrenzt ist und wir uns wohl nicht mehr so oft sehen werden, hat unseren Gesprächen noch einmal einen anderen Wert gegeben. Im Winter 2013/14 und im darauffolgenden Frühjahr konnte ich ihn noch mehrere Male besuchen. Ich brachte es nicht über mich, ihm von meiner Beziehung zu Katharina zu erzählen. Ich kann nur spekulieren, wie er auf diese Mitteilung reagiert hätte. Vielleicht hätte er überraschenderweise sehr verständnisvoll reagiert. Wahrscheinlich wäre er aber äußerst enttäuscht gewesen. Man darf dabei nicht unterschätzen, welche Bedeutung jüngere Priester wie ich für die älteren Priester hatten. Diese blickten auf ein langes Priesterleben zurück. Viele Jahre haben sie geschuftet und gekämpft und mussten trotzdem hilflos mitansehen, wie alles im Niedergang war und den Bach runterging. Junge Priester wie ich waren für diese alten Priester die Hoffnung, dass es irgendwie weitergeht, dass ihr Leben als Priester nicht umsonst war, sondern sie in ihrem Leben etwas gesät haben, das in uns, ihren Nachfolgern, einmal aufgehen sollte. Diese Hoffnung spürte ich auch bei Pastor Buschmann. Hätte ich ihm von meiner Beziehung zu Katharina erzählt und damit von einer Gefährdung meines Priestertums: er wäre maßlos enttäuscht gewesen, und ich wollte seinen Lebensabend nicht mit dieser Mitteilung ruinieren. Zumal ich noch keine Entscheidung getroffen hatte.

In diesen Monaten war Pastor Buschmann für mich ein lebendes Mahnmal dessen, was ich mein ganzes Leben eigentlich sein wollte: Priester. Von frühester Kindheit lebte ich in der Kirche. Sie war mein Leben. Dies alles aufgeben? Mein ganzes Leben auf den Kopf stellen? War das der richtige Weg? War die Beziehung nicht vielleicht doch nicht mehr als ein nettes Abenteuer? Nicht tragfähig für ein neues Leben? Wenn ich noch nicht einmal Pastor Buschmann von der Beziehung erzählen konnte, war ich überhaupt in der Lage, den Schritt aus dem Priesteramt heraus zu machen?

Am 25. Mai 2014 verstarb Pastor Buschmann im Alter von 89 Jahren. Natürlich reiste ich aus Bayern an, um seiner Beisetzung beizuwohnen. Am Tag vor der Beisetzung wurde sein Leichnam öffentlich in der Barbarakirche aufgebahrt. Als ich die große Kirche betrat, war sie nahezu leer. Nur zwei weitere Personen verloren sich im weiten, lichtdurchfluteten Raum der Kirche. Ich setzte mich nieder und betrachtete den Leichnam des Pastors. Nach einiger Zeit verließen die beiden anderen Personen die Kirche, so dass ich allein war. Mit Pastor Buschmann. Und meinen vielen Gedanken. Dieser Mann, der dort vor mir aufgebahrt war, war Zeit meines Lebens immer dabei gewesen, als mein christliches Gewissen. Schon bei meiner Taufe in der Kapelle dieser Kirche war er dabei und saß in der Bank. Ich sah, wie meine Mutter mich als Säugling in den Armen hielt, wie mein Vater, meine Großeltern und andere, längst verstorbene Verwandte stolz und glücklich der Tauffeier beiwohnten. Ich sah, wie Pastor Buschmann damals in der Bank saß, sich die Feier anschaute. Dabei still betete. Was war seitdem geschehen? In seinem Leben? In meinem Leben? Ich saß lange Zeit in der Kirche, und mir wurde klar, dass ich nicht bereit war, alles hinter mir zu lassen: mein Leben in der Kirche, mein Leben als Priester, mein Leben an der Universität. Dieser Mann, der da vor mir aufgebahrt war, hatte sein Leben lang fromm und froh seinem Gott gedient. Für so ein Leben habe auch ich lange gerungen. Trotz aller Kritik an der Kirche, trotz aller Distanz, die ich aufgebaut hatte: sie war mein Leben, und ich fühlte mich nicht in der Lage, eine Entscheidung gegen sie und damit auch gegen mein ganzes bisheriges Leben zu treffen.

Bei der Beerdigung am nächsten Tag traf ich eigentlich die ganze Kirchengemeinde. Viele Menschen, die stolz auf mich und meinen Weg waren. Die froh darüber waren, dass nicht alles in die Brüche geht, sondern dass es mit Leuten wie mir weitergeht. Dass die Kirche mit Leuten wie mir eine Zukunft hat. Sie erkundigten sich nach meinem Werdegang, waren glücklich, dass es bei mir mit der Universitätskarriere geklappt hatte. Dieser Tag war ein Ausflug in meine kirchlichen Ursprünge, in das Paradies, das mich als Priester hervorgebracht hatte. Wenige Tage später teilte ich Katharina schweren Herzens mit, dass ich mich nicht in der Lage fühlte, mich für sie und gegen mein ganzes bisheriges Leben entscheiden zu können, und ich daher die Beziehung zu ihr nicht weiterführen könnte. Diese Mitteilung kam nicht aus heiterem Himmel. Bereits in den Wochen zuvor lag sie in der Luft, waren unsere Gespräche immer mehr von diesem Thema belastet: kann ich mich gegen das Priesteramt und für Katharina entscheiden? Die Situation um den Tod von Pastor Buschmann gab den Ausschlag: ich konnte es nicht.

Diese Entscheidung war furchtbar. Wenige Tage später fuhr ich mit einigen Freunden aus Essen nach Rom. Selbst diese Fahrt konnte mich nicht von dem ablenken, was ich in den Wochen zuvor innerlich durchgemacht hatte. Auch der Weltmeistertitel der deutschen Fußballnationalmannschaft im Sommer 2014 war kein Trost. Kurz nach der Weltmeisterschaft schrieb ich Katharina eine längere Mail, die sie ebenfalls mit einer längeren Mail beantwortete. Ich bat noch einmal um ein Treffen, da ich mich nicht einfach so aus dem Staub machen wollte, ohne sie noch einmal persönlich gesehen und gesprochen zu haben. Ende August trafen wir uns in Dortmund am Phönixsee, und es war eine beiderseitige Trauerveranstaltung. Bei diesem Treffen und in den Wochen drauf wurde mir klar, dass ich mich nicht gegen Katharina und für ein Leben ohne sie entscheiden konnte. Ende September waren wir wieder zusammen. Damit war auch eine weitere Entscheidung getroffen: mein Leben als Priester lief ab. Es war jetzt nur noch eine Frage der Zeit. So schmerzvoll die zurückliegenden Monate gewesen waren. Sie waren vielleicht notwendig, um mir noch einmal darüber klarzuwerden, was in meinem Leben wirklich unverzichtbar war. Die Kirche war es nicht mehr, es war Katharina.

Das Doppelleben, das nun wieder folgte, hatte viele Facetten. Auch lustige, wenn man mit seiner Freundin im Kino einem anderen Priester mit Freundin begegnet. Unterm Strich bleibt ein Doppelleben geprägt von der ständigen Angst, entdeckt zu werden. Ich hatte das Glück, dass Katharina in Dortmund und damit in einer Stadt lebte, die nicht zum Bistum Essen gehörte. In einer Stadt des Bistums Essen hätte ich viel zu viele Bekannte gehabt, die mich hätten erkennen können. In Dortmund war das Risiko eher gering. Ich kannte genau zwei Menschen, die in Dortmund lebten. Die Chance, einen von diesen beiden in der Fußgängerzone über den Weg zu laufen, war nicht groß und musste in Kauf genommen werden. Schließlich wollten wir in der kurzen Zeit, die uns jeweils blieb, das tun, was man eben so macht: gemeinsam unterwegs sein, Essen gehen, ins Kino. Trotz des geringen Risikos, in Dortmund erkannt zu werden, blieb die Angst vor der Entdeckung ein treuer Begleiter. Das ist eben ein

Kennzeichen eines Doppellebens. Wenn wir uns in der Öffentlichkeit bewegten, wenn wir durch die Fußgängerzone liefen oder ein Restaurant betraten:
immer ließ ich meinen Blick schweifen, ob nicht ein bekanntes Gesicht zu sehen
war. Ein solches Versteckspiel mag für einige Monate noch einen gewissen Reiz
besitzen und hin und wieder etwas Lustiges bereithalten: über einen längeren
Zeitraum ist es einfach nervtötend.

Zölibat

Ich war mein Leben lang katholisch gewesen. Solange ich zurückdenken kann,
hatte ich immer etwas mit der Kirche zu tun gehabt. Sie war nicht nur eine
Randerscheinung in meinem Leben, sie war in ganz großem Ausmaß mein Leben. Die Entscheidung, die nun zu fällen war, fiel mir schwer. Vieles musste
abgewogen werden. Dabei spielten natürlich auch Dinge des persönlichen Lebens eine gewichtige Rolle. Hier ist auch das Thema Einsamkeit zu nennen. Ich
war eine sehr öffentliche Person, verfügte über einen sehr großen Freundes-
und Bekanntenkreis. Ich war jeden Tag mit anderen Menschen zusammen.
Aber wenn ich abends nach Hause kam, war das riesige Haus leer, dunkel und
still. Auch ein guter Freundes- und Bekanntenkreis ersetzt keinen festen Partner, mit dem man sein Leben teilt, den man liebt und von dem man geliebt wird.
An der Türe draußen mögen schöne, wohlklingende Titel auf einem Schildchen
stehen: aber welche Leere tut sich hinter der Türe auf? Welche Einsamkeit befindet sich in dem Haus? Einige Priester leben zusammen in Wohnungsgemein-
schaften, zu vielleicht zwei bis vier Priestern. Das ist natürlich mehr als ein bloßer Freundeskreis, aber noch keine Partnerschaft im engeren Sinne. Denn diese
Priester wohnen zusammen, weil sie ein gemeinsames Ziel haben: ein Leben
mit Gott. Sie wohnen nicht zusammen, weil dieses gemeinsame Ziel der jeweils
andere ist. Und wenn es so sein sollte, wäre es nicht mehr dem Zölibat entsprechend. So kann man viele Freunde und Bekannte haben, und trotzdem einsam
sein, weil man keinen hat, mit dem man das Leben wirklich und tief teilen kann.
Selbst einen kontinuierlichen Bekannten- und Freundeskreis zu haben, war mir
fast unmöglich. Alle paar Jahre musste ich umziehen, was auch jedesmal bedeutete, sich in ein komplett neues soziales Umfeld einzufinden und neue Bekannte
und neue Freunde zu entdecken. Diese Praxis der häufigen Versetzungen ist

durchaus gewollt, um soziale Bindungen nicht zu stark werden zu lassen. Schließlich soll es ja um die Bindung an Gott - und damit an die Kirche – gehen.

Die Beziehung mit Katharina war für mich natürlich Grund, noch einmal neu und grundsätzlich über mein persönliches Leben und den Zölibat nachzudenken. Besonders in meiner Zeit in Rom hatte ich erfahren, dass der Zölibat gerade im Zentrum der katholischen Kirche nicht allzu ernst genommen wird, um es vorsichtig zu formulieren. Diese Dinge habe ich zur Kenntnis genommen und danach eigentlich verdrängt. Ich wollte damit nichts zu tun haben. Ich wollte ein Priester werden und zölibatär leben – wohlwissend, dass das alles andere als einfach ist. Diese römischen Gepflogenheiten spielten für mich viele Jahre im Hintergrund. Als Priester nahm ich im Laufe der Zeit jedoch immer mehr wahr, dass diese Problematik sich nicht nur auf Rom beschränkte, sondern allgemein war. Es waren Gerüchte, die man sich irgendwo erzählte, es waren Andeutungen oder sogar Angebereien von Priesterkollegen, es waren offensichtliche Partnerschaften, es waren Schilderungen betroffener Frauen, es waren Erzählungen von Leuten aus der Schwulenszene, es waren Berichte in der Presse. Kurzum: im Laufe der Jahre sammelte sich eine Flut von Informationen, die zusammengefügt ein sehr klares Bild davon ergeben, dass sehr viele Priester nicht zölibatär leben, sondern in festen Beziehungen, in mehr oder weniger lockeren Netzwerken oder sich männlicher oder weiblicher Prostituierter bedienen. Hierbei muss man sagen, dass viele Priester ihre Möglichkeiten der Geheimhaltung überschätzen. Sie sind öffentlich bekannt. Mit wem sie sich treffen, wird gesehen. Auch ein Ausweichen in Gebiete außerhalb des eigenen Reviers ist höchst riskant, wenn man vielen Tausend Menschen bekannt ist. Irgendeiner von denen läuft immer in der Gegend rum. Zudem muss man sagen: die Leute sind nicht dumm. Sie können durchaus interpretieren, mit wem der Pfarrer lebt, mit wem er sich trifft, wann er warum weg ist, welche Andeutungen der Pfarrer macht. Man kann davon ausgehen, dass die meisten dauerhaften Zölibatsverstöße bekannt werden.

Es ist schwer zu sagen, wie viele Priester zölibatär leben und wie viele nicht. Oft wird die Gleichung genannt: ein Drittel homosexuell aktiv, ein Drittel heterosexuell aktiv, ein Drittel zölibatär. Ich halte sowohl den prozentualen Anteil der homosexuellen Priester als auch den Gesamtanteil der nicht zölibatär lebenden Priester für höher. Joachim Reich, ein Therapeut, der auch Priester betreut, spricht davon, dass 95% der Priester im Laufe ihres Lebens – also nicht dauerhaft – gegen den Zölibat verstoßen. Ich habe mich einmal hingesetzt und auch ein bisschen nachgerechnet. Wie habe ich das gemacht? Um einigermaßen objektive Zahlen zu bekommen und nicht nur die „schwarzen Schafe" aufzuzählen, habe ich die mir bekannten Priester in regionalen oder sonstigen festen Gruppen eingeteilt. Dann habe ich überlegt: über wen weißt du was, über wen ist das glaubwürdig (weil mehrfach belegt), über wen gibt es keine Informationen. Ich kam überall auf ähnliche Zahlen: 20-30% der Priester: keine oder unglaubwürdige Informationen, 70-80% der Priester: glaubwürdige Informationen über ein nichtzölibatäres Leben. Diese Zahlen erheben keinen Anspruch auf Genauigkeit. Aber auch im Zusammenhang mit anderen veröffentlichten Zahlen ergibt sich ein sehr übereinstimmendes Bild, das nicht nur eine knappe Mehrheit, sondern die allermeisten Priester nicht zölibatär leben.

Warum gibt es den Zölibat überhaupt? Über tausend Jahre gab es ihn nicht. Er wurde erst im Jahre 1139 endgültig durch das II. Laterankonzil für alle Geistlichen verpflichtend festgelegt. Die Ursachen dafür waren unterschiedlich. Zum einen gab es spirituelle Gründe: die Ehelosigkeit als Zeichen und Symbol der völligen Verfügbarkeit des Priesters für Gott. Diese Empfehlung lässt sich sogar aus verschiedenen Stellen des Neuen Testaments herleiten und wurde im frühen Mittelalter gerade auch im Mönchtum aufgegriffen, führte aber nie zu einer Verpflichtung aller Priester. Daneben gab es den liturgischen Grund: die kultische Reinheit des Priesters, die durch den Zölibat gesichert werden sollte. Der letzte und dann wohl auch entscheidende Grund war eher ökonomischer Natur: die Unmöglichkeit des Priesters, legitime (!) Nachkommen – und damit Erben – in die Welt zu setzen, sicherte den Kirchenbesitz ab. Anerkanntermaßen entfallen heutzutage zwei der drei genannten Gründe: weder kultische Reinheit noch die Wahrung des Kirchenbesitzes erfordern den Zölibat. Umso mehr Gewicht wird auf die spirituelle Begründung gelegt. In seiner Ehelosigkeit folgt der Priester dem ehelosen Christus und macht in seinem Verzicht auf die Ehe deutlich, ganz mit Christus verbunden zu sein. Ich halte diese Begründung der Ehelosigkeit durchaus für nachvollziehbar: ein Priester, der diesen Verzicht lebt, setzt in der Tat ein wichtiges Zeichen der Hingabe an Christus. Die Frage, die sich für mich allerdings stellt: ist dieses Zeichen wirklich konstitutiv für das Priestertum? Muss jeder Priester dieses Zeichen setzen?

Hier sind mehrere Aspekte zu beachten. An erster Stelle: auch laut Kirchenrecht gehören Zölibat und Priestertum nicht konstitutiv zusammen. Priester östlicher Riten, die mit der katholischen Kirche verbunden sind, dürfen genauso heiraten, wie auch evangelische Pfarrer nach einem Übertritt katholische Priester werden und ihre Frau selbstverständlich behalten dürfen. Dann ist zur Kenntnis zu nehmen, dass der oft beschworene Zeichencharakter des Zölibats faktisch nicht vorhanden ist. Die Menschen nehmen wahr, dass kaum ein Priester zölibatär lebt. Dies führt dazu, dass die wenigen Priester, die wirklich zölibatär leben, überhaupt nicht als solche wahrgenommen werden. Bei einem solchen sagen die Leute, dass dieser Priester seine Geschichte besser verstecken kann. Dass dieser zölibatär lebt, nimmt ihm kaum jemand ab. Damit verfügt das Leben eines solchen Priester aber auch über keinen Zeichencharakter mehr, selbst wenn er zölibatär lebt.

Schließlich und endlich ist es eine Güterabwägung, die man anders treffen kann und vielleicht sogar muss. Ich bin nicht der Meinung, dass eine Aufhebung der Zölibatsverpflichtung die Priesterseminare füllen und den Priestermangel effektiv bekämpfen wird. Der Zölibat ist nicht der Hauptschuldige am Priestermangel. Dennoch trägt er dafür eine Mitverantwortung, weil er von den wenigen, die Priester werden wollen, viele abschreckt, und von den wenigen, die bereits Priester sind, viele zur Aufgabe ihres Priesteramts zwingt. Ganz abgesehen davon, dass die Glaubwürdigkeit des kirchlichen Amtes und damit der gesamten Kirche dauerhaft beschädigt wird, wenn viele Amtsträger bekannterweise nicht zölibatär leben. Der Zölibat ist damit nicht der Hauptschuldige am Priestermangel, aber er verschärft noch einmal deutlich die Situation. Die Frage ist, ob die Kirche sich diesen Luxus des Zölibats erlauben kann. Nach eigener Lehre eigentlich nicht. Nach eigener Lehre konstituiert sich das Christentum bzw. die christliche Gemeinde im gemeinsamen Abendmahl, in der Eucharistiefeier, der notwendigerweise ein Priester vorstehen muss. Das heißt, jeder Priester, den es wegen des Zölibats nicht gibt, ist ein Verlust an Eucharistiefeiern und damit ein Verlust an dem, durch das sich die Kirche aufbaut. Die Möglichkeit vieler Gemeinden auf der ganzen Welt Eucharistie zu feiern, steht gegen den Zölibat. Beides mögen für die Kirche wichtige Güter sein, aber ist die Entscheidung der Kirche die richtige, sich für den Zölibat zu entscheiden und die eigene Fähigkeit zu gefährden, das Abendmahl zu feiern, durch das sie laut eigener Lehre existiert?

Obwohl ich selbst am Zölibat gescheitert bin, bin ich der Meinung, dass der Zölibat wirklich sinnvoll sein kann. Dass er ein wichtiges Zeichen eines Lebens sein kann, das sich in sehr radikaler Weise allein auf Gott beziehen will. Aber warum muss dieses Zeichen weiterhin verpflichtend sein für alle Priester? Wo es ganz offensichtlich von den meisten Priestern bis in die höchsten Verästelungen der kirchlichen Hierarchie nicht gelebt wird? Würde nicht erst die Aufhebung der Verpflichtung diejenigen wieder zu glaubwürdigen Zeichen machen, die zölibatär leben? Die meisten Priester, die ich kenne, leben nicht zölibatär. Die meisten Priester, die ich kenne, sind gerne Priester und haben die Verpflichtung mehr oder weniger widerwillig auf sich genommen, um Priester werden zu wollen. Viele von ihnen führen im Laufe der Jahre ein Doppelleben oder ein Leben in tiefem Frust. Wofür ist das nötig?

Dass es den Zölibat überhaupt noch gibt, hat meiner Meinung nach zwei Gründe. Zum einen ist es eine Machtfrage. Ein nichtverheirateter Priester ist natürlich deutlich stärker verfügbar und an seine Kirche gebunden als ein verheirateter Priester. Der andere Grund liegt wohl in der Angst vor Veränderung. Die Kirche ist ganz wesentlich durch das zölibatäre Priesteramt geprägt. Der verheiratete Priester mit seiner Familie würde die Kirche komplett umkrempeln, nicht nur in ihrem äußeren Erscheinungsbild, sondern in ihrem ganzen Innenleben. Die Kirche lebt und existiert von oben bis unten in ihren Strukturen, die von zölibatären Priestern gebildet werden. All das würde sich komplett ändern. Keiner weiß genau, was sich ändern würde und wie die Kirche danach aussieht, und genau das macht Angst: die Unwissenheit über das, was danach käme. Zynisch gesprochen weiß man nur eines: die bisherigen Machtstrukturen gäbe es nicht mehr. Also lässt man es lieber, wie es ist.

Ich habe bei meiner Diakonenweihe versprochen, zölibatär zu leben. Die allgemeine gelebte Praxis des Zölibats in der Kirche hat jedoch dafür gesorgt, dass ich wegen dieses Versprechens keine Sekunde ein schlechtes Gefühl hatte, mit Katharina zusammen zu sein. Insbesondere die Erfahrung, dass hohe Prälaten, Bischöfe und Kardinäle es mit dem Zölibat eher locker nehmen, hat meine Festung des Zölibats nicht gerade gestärkt. Ich habe mich gefragt: welches Recht haben diese Bischöfe, von dir etwas zu verlangen, was sie selbst nicht tun? Warum darfst du nicht das tun, was diese hohen Männer der Kirche sich ständig nehmen? Welches Recht hat die Kirche überhaupt, von dir eine solche Verpflichtung zu verlangen, an die sie ganz offensichtlich selbst nicht glaubt?

Ein Bekannter von mir ging zu seinem Bischof, um ihm mitzuteilen, dass er das Priesteramt aufgeben und heiraten will. Die Reaktion des Bischofs? Er bat den Priester, nichts zu überstürzen, er könne doch seine Freundin als Haushälterin nehmen und in eine neue Pfarrei ziehen. Solange ein Priester mit einer Frau oder auch einem Mann zusammenlebt und nicht offiziell heiraten und das Priesteramt aufgeben will, wird es toleriert. Von den Kirchengemeinden sowieso, aber auch von den meisten Bischöfen. Kein Bischof könnte sich erlauben, sämtliche Priester vor die Tür zu setzen, die sich nicht an den Zölibat halten. Er hätte keine mehr.

Viele Priester schrecken davor zurück, sich gegen ihr Amt zu entscheiden. Dabei spielt oft die Liebe zum Priesterberuf eine große Rolle, den sie nicht aufgeben wollen. Noch öfter jedoch ist es die Angst vor der beruflichen Ungewissheit. Was tun mit nichts in der Hand außer einem Diplom in Theologie? Viele ehemalige Priester kommen im Personalwesen unter, sei es in der Wirtschaft oder auch in der Arbeitsvermittlung. All das ist jedoch ein steiniger Weg, der mit fortschreitendem Lebensalter auch nicht einfacher wird. Mit Blick auf viele mir bekannte ehemalige Priester muss ich sagen, dass eigentlich alle beruflich untergekommen sind. Ich muss aber auch hinzufügen, dass es für die meisten nicht einfach war und oft langjährige Neuqualifizierungen erforderte.

Neben der Angst vor der beruflichen Zukunft ist für viele Priester aber ein anderer Grund entscheidend, am Zölibat festzuhalten: schlicht und einfach kein Interesse, den Priesterberuf aufzugeben. Die Gründung von Familien ist nicht beabsichtigt, sollten Kinder entstehen, bezahlt der Bischof die ersten drei, die Frauen (oder Männer) akzeptieren mehr oder weniger ihre Rolle als inoffizielle Partner. Einige Priester fühlen sich zumindest unwohl in dieser Konstellation, erschreckend viele gehen damit eher gelassen um. Mir sagte ein Pfarrer zum Thema Amtsverzicht: „Das Priesteramt aufgeben wegen einer Frau? Das ist doch übertrieben. Wenn ich ein Bier trinken will, kaufe ich auch nicht direkt die ganze Brauerei." Ein Satz, der genauso viel über die Glaubwürdigkeit seines Priesteramts verrät wie über seine Meinung über Frauen.

Professur

2013 war Prof. Norbert Fischer emeritiert worden. Er besaß den Philosophie-Lehrstuhl an der Theologischen Fakultät in Eichstätt, den „Lehrstuhl für Philosophische Grundfragen der Theologie". Dieser Lehrstuhl war für mich natürlich sehr interessant, da er meine Thematik zum Inhalt hatte: sich im Grenzgebiet von Philosophie und Theologie zu bewegen. Wie üblich, begann nun ein jahrelanges Verfahren, den Lehrstuhl neu zu besetzen. Zuerst übernahm der ehemalige Assistent von Fischer die Lehrstuhlvertretung. Als dieser nach einem Jahr die Universität verließ, um in seiner tschechischen Heimat einen Lehrstuhl zu übernehmen, fragte man mich an, ob ich die Lehrveranstaltungen übernehmen konnte, was ich dann auch tat. Die Bezahlung für solche Tätigkeiten war schlechterdings ein Witz: 35 Euro pro Vorlesungsstunde. Die Vorbereitung der Vorlesungen und die Korrektur der Klausuren waren im Preis inbegriffen. Nach einem Semester teilte ich der Fakultät mit, dass ich aus zeitlichen Gründen nicht weiter die Lehrveranstaltungen übernehmen könnte. Ich konnte meine Aufgaben in der Pfarrei nicht vernachlässigen, außerdem musste ich meine Habilitationsschrift fertigstellen. Man bot mir dann die Vertretung des gesamten Lehrstuhls an: eine vollbezahlte Professur. Diese ermöglichte mir, die Pfarrstelle abzugeben und so genügend Zeit für die Lehrveranstaltungen und die Fertigstellung der Habilitation zu haben. Diese Professur war befristet und wurde jedes Semester verlängert. Ich vereinbarte mit Katharina, diese Professur ein Jahr wahrzunehmen. Zum einen würde es meinem Lebenslauf nicht schaden, wenn ich für eine gewisse Zeit den Professorentitel führen konnte, zum anderen war es auch gut, meine Kriegskasse für spätere Zeiten etwas aufzufüllen.

Ich teilte also im Frühjahr 2015 dem Bistum Eichstätt mit, dass ich zum Wintersemester die Professorenstelle in Eichstätt annehmen werde und daher nicht weiter die Pfarrei in Thalmässing betreuen könne. Zugleich bot ich an, in Thalmässing dem neuen Pfarrer, der im benachbarten Heideck wohnte, als Aushilfe zur Verfügung zu stehen. Neben meiner Verbundenheit mit den Thalmässingern war hierfür ein wichtiger Grund, dass ich für das eine Jahr, die ich noch als Priester und in Eichstätt als Professor meinen Dienst tun würde, keinen mühseligen Umzug auf mich nehmen wollte. Nach einem halben Jahr fragte das Bistum an, ob ich nicht lieber in das in der Nähe liegende Dörfchen Heimbach umziehen wolle. Ich teilte dem Bistum mit, dass ich wegen einer externen Bewerbung eh in einigen Monaten das Bistum verlassen würde. Damit konnte ich bis zum Sommer 2016, in dem mein Abgang geplant war, im Thalmässinger Pfarrhaus bleiben.

Am 1. Oktober 2015 trat ich meine Stelle als Professor der Philosophie an der theologischen Fakultät der Universität Eichstätt an. Auch wenn diese Stelle als Vertretungsstelle nur befristet war, stellte sie für mich natürlich eine wichtige Markierung dar: endlich Professor! Lange genug hatte ich dafür geschuftet, neben voller beruflicher Tätigkeit zwei Promotionen abgeliefert, jahrelang kaum Freizeit gekannt. Nun stand es schwarz auf weiß auf dem Türschild meines Büros in Eichstätt: „Prof. Dr. Dr. Michael Rasche". Dieser neue Titel machte mich durchaus stolz, Euphorie wollte allerdings nicht aufkommen. Schließlich war klar, dass dieser Titel mir für ein Jahr geschenkt wird, und ich danach realistischerweise keine Chance haben werde, diesen Titel zu behalten oder ihn irgendwo anders zu bekommen. Im nächsten Sommer würde ich mein Priesteramt niederlegen. Damit war klar, dass ich direkt meine Stelle an der theologischen Fakultät verliere und keine Chance auf irgendeine akademische Tätigkeit haben werde, die auch nur im Entferntesten mit der Kirche zu tun hat. Umgekehrt waren auch die Chancen auf Philosophie-Lehrstühle an Philosophischen Fakultäten nicht gerade gut. Auf eine Stelle bewarben sich 120 Leute, von denen die meisten seit Jahren viel mehr an Artikeln und Veröffentlichungen produzieren konnten als ich, da sie gewöhnlich keine volle Stelle außerhalb der Universität bestücken mussten, wie es mein Schicksal gewesen war. Während ich beerdigte, haben die anderen Artikel geschrieben. Forschungsmittel musste ich nicht einwerben, weil ich ja als Pfarrer von der Kirche finanziert war. Das sind aber die beiden wesentlichen Kriterien, eine Professur zu erhalten: Veröffentlichungen und Forschungsmittel. Bei Bewerbungen auf Lehrstühle zählt nunmal nicht, warum man nicht so viel veröffentlichen konnte und warum man keine Forschungsmittel anwerben musste, sondern nur, dass man es nicht getan hat. Zudem war meine Biographie natürlich sehr kirchlich, was ebenfalls ein großes Hindernis darstellte. Als ich am 1. Oktober die Professur übernahm, war eigentlich klar, dass damit ein schönes Jahr als Professor beginnen würde, dieses Jahr aber auch das einzige Jahr meines Lebens als Professor sein würde. Das machte dann schon ein bisschen wehmütig.

> *Das Geheimnis der Freiheit liegt in der Bildung,*
> *während das Geheimnis der Tyrannei darin besteht,*
> *die Menschen dumm zu halten.*
> *Maximilien de Robespierre*

Trost der Philosophie

Was will ich?

Zwei Denker der Antike haben mich in meiner Entscheidung beeinflusst, das Priesteramt hinter mir zu lassen: Sokrates und Boethius.

Sokrates (469-399 v. Chr.) ist einer der Gründerväter der Philosophie. Vor ihm beschäftigte sich die Philosophie mit der Frage, wie es möglich ist, rational und begründet die Welt zu erkennen und über sie zu sprechen. Sokrates geht nun hin und stellt die Frage, was denn diese Fähigkeit, rationale und begründete Aussagen über die Welt zu treffen, eigentlich für den Menschen selbst bedeutet: Was ist, wenn man diese Vernunft auf den Menschen selbst anwendet? Nach rationalen und begründeten Aussagen sucht, die den Menschen und sein Handeln beurteilen? Es ist die Geburt der Ethik.

Sokrates hat sich in seinem Leben nicht wenige Feinde erworben. Ständig auf dem Marktplatz rumzulaufen und den Passanten zu erklären, dass sie eigentlich nichtswissende Idioten sind, macht nicht nur Freunde. Sokrates wurde der Verhetzung der Jugend angeklagt und zum Tode verurteilt. Es gab einen Ausweg: in Athen war es damals üblich, dem zum Tode Verurteilten noch eine letzte Chance zur Flucht zu gewähren. Im Exil konnte er eh keine Gefahr mehr darstellen. Diese Möglichkeit wurde auch Sokrates eingeräumt: die Gefängnistore wurden geöffnet. Das Überraschende: Sokrates blieb und ging dem sicheren Tod entgegen. Diese Entscheidung begründete er mit dem prinzipiellen Respekt vor dem Gesetz. Diese bewusste Entscheidung des Sokrates, diesen Tod auf sich zu nehmen, hat mich immer stark beeindruckt. Die Begründung des Sokrates verweist auf einen großen Unterschied zu allen Philosophen vor ihm: es geht um den Menschen und es geht um Werte. Keiner der Vorgänger des Sokrates, kein Thales von Milet, kein Heraklit, kein Parmenides wäre für seine Meinung in den Tod gegangen. Es ging ihnen um Wissen, nicht um Werte. Sokrates trägt jedoch keine Meinungen oder Thesen vor, er spricht von Werten und von Moral. Es geht ihm um eine Haltung, die sich an dem orientiert, das Sokrates das „Gute" nennt. Mit Sokrates wird der Mensch nicht danach beurteilt, ob er bestimmten religiösen Geboten oder staatlichen Gesetzen folgt, sondern danach, ob er moralische Prinzipien hat und ob diese so tragfähig sind, dass er bereit ist, dafür Nachteile in Kauf zu nehmen. Im Extremfall bis zum Tod. Dieser Tod des Sokrates wurde oft mit dem Tod Jesu verglichen, und in der Tat gibt es starke Verbindungen: beide haben darum gewusst, vom Tod bedroht zu sein, und trotzdem haben sie ihren Weg fortgesetzt. Beide wussten darum, dass es dabei um ihre Glaubwürdigkeit geht. Sie haben beide für eine Botschaft gelebt, und sie spürten, dass eine Flucht vor dem Tod ihre Botschaft entwerten würde. Natürlich habe ich mich als Christ oft und intensiv mit dem Tod Jesu beschäftigt, aber wenn es um die bewusste Entscheidung ging, den Tod auf sich zu nehmen, damit die Botschaft des eigenen Lebens bleibt, habe ich mich mehr von Sokrates angezogen gefühlt. Weil seine Begründung in einer anderen Form universal gültig ist. Weil hinter seinem Tod keine religiöse Wahrheit steht – die man teilen kann oder nicht –, sondern ein moralisches Prinzip, das für jeden Menschen gültig ist.

Ich musste in den Monaten meiner Entscheidung oft an Sokrates denken, der mich immer mehr in meiner Überzeugung bestärkte, dass ein Mensch, insofern er sich und sein Leben frei und vor sich selbst verantwortet gestalten will, seine Haltung und seine Werte, die er für sich als gültig erkannt hat, nicht aufgeben darf, um dadurch Nachteile zu umgehen. Im Unterschied zu Sokrates musste ich zwar keinen Giftbecher trinken und war nicht von der Todesstrafe bedroht, aber auch für mich ging es um Dinge, die ich erst einmal verarbeiten musste: das Ende all dessen, woran ich mich in meinem bisherigen Leben orientiert habe, der Verlust des Priesteramtes, der Verlust der langersehnten Professur, der mögliche Verlust von öffentlichem Ansehen, die Angst vor der Arbeitslosigkeit, schließlich auch die Aussicht, sich von Teilen der eigenen Familie verabschieden zu müssen. All diese Dinge waren schwere Hürden, und Sokrates hat mich gelehrt, dass man solche Hürden in Kauf nehmen muss, wenn es darum geht, sich seiner Verantwortung gegenüber sich selbst gerecht zu werden. Und zu dieser Verantwortung gehörte mein Recht, mich für meine Frau und für ein neues Leben entscheiden zu können.

346

Wie es der Zufall will, stieß ich in diesen Monaten auf den „Trost der Philosophie" von Boethius (480-526). Dieser lebte kurz nach dem Untergang des Römischen Reiches im Westen. Umfassend gebildet, gilt er als letzter Botschafter der antiken Kultur („Der letzte antike Mensch"), die in diesen Jahren immer mehr ins „düstere" Mittelalter entschwand. Italien war zu seiner Zeit bereits von den Ostgoten erobert, unter dessen König Theoderich Boethius allerdings Karriere machte und schließlich zum höchsten Beamten des Reichs aufstieg. Um 524 wurde er wegen einer Verschwörung verhaftet und schließlich hingerichtet. Ob es diese Verschwörung gab, ist bis heute umstritten. In der Zeit im Gefängnis verfasste Boethius ein Buch, den „Trost der Philosophie", das sicherlich zu den größten Werken der Spätantike zählt.

Boethius sitzt im Gefängnis und klagt in einem Gedicht sein großes Leid. Auf einmal erscheint aus dem Nichts eine Frauengestalt, die Philosophie. Es entsteht ein langes und tiefes Gespräch mit der Philosophie, warum solches Leid geschehen kann und was die Philosophie gegen dieses Leid tun kann. Es ist ein wunderbarer Dialog dieser beiden Gestalten, ein Ringen um den Sinn des Lebens, ein Ringen um den Sinn der Philosophie. Ich hatte dieses Werk nach vielen Jahren wieder in den Händen und blätterte etwas darin herum. Im III. Buch dieses Werks stieß auf eine Frage der „Philosophie", die mich innehalten ließ: „Welchem Glück jagst du nach?" Die „Philosophie" des Boethius stellte diese Frage in einem stoischen Kontext, Glück ist allein möglich, wenn es auf Dingen aufgebaut ist, die nicht zerstört werden können. Dieser Kontext war nicht der meine. Aber die Frage als solche traf trotzdem.

Ich sah die „Philosophie" in meinem Pfarrhaus auftauchen. Eine wunderschöne Frau in antiken Gewändern kommt die knarrende Holztreppe nach oben geschritten und betritt mein Wohnzimmer. Sie blickt mich an. Ohne die Lippen zu bewegen und den Mund zu öffnen, stellt sie mir die Frage: „Welchem Glück jagst du nach?" Sie wartet keine Antwort ab und schaut sich um. Sieht viele Bücherwände. Sie blickt aus dem Fenster und erkennt stirnrunzelnd die nebenanliegende Kirche. Mit einem etwas abschätzigen Gesichtsausdruck wendet sie sich mir wieder zu. „Welchem Glück jagst du nach?" höre ich noch einmal ihre stumme Stimme. Ich denke nach, blicke an ihr vorbei in die Leere. Welchem Glück jage ich nach? Solange ich zurückdenken kann, habe ich für die

347

Kirche gejagt, war ich ein Mann der Kirche und habe meine Kraft für sie eingesetzt. Immer in dem Wissen, dass nicht alles perfekt läuft in der Kirche, aber auch in dem Glauben, dass etwas Überirdisches wie Gott etwas Irdisches wie die Kirche braucht, um in unserer Welt präsent zu sein, um Menschen in Richtung Gott und irgendwie dahin zu bringen, dass sie ein sinnerfülltes Leben führen zu können. Was ist meine Bilanz nach so vielen Jahren? Ich blicke die Philosophie an. Unschuldig schaut sie zurück. Auf den ersten Blick lief alles super. Ich war an verschiedenen Orten als Priester tätig gewesen und habe überall erfolgreich wirken können. Ich habe viele Menschen neu zum Nachdenken über Gott bringen können, war an all meinen Stellen beliebt und anerkannt. Ich hatte vertretungsweise eine Professur übernommen und besaß die durchaus berechtigte Hoffnung, in naher Zukunft irgendwo an einer theologischen Fakultät eine Dauerstelle als Professor zu erhalten. Also eigentlich lief es blendend. Trotzdem hatte ich das Gefühl, für eine Sache zu kämpfen, die diesen Kampf nicht lohnt. Weil dieser Kampf nicht zu gewinnen ist. Und weil diejenige Institution, die diesen Kampf von mir einfordert, es nicht wert ist. Ich blickte nach draußen.

Ich dachte an meine Kindheit in meiner Heimatgemeinde. An meinen Heimatpfarrer. Er hat jahrzehntelang treu und gut und gern seinen Dienst getan. Er hätte die Missstände nicht bestritten und auch gewusst, dass es irgendwie Veränderung braucht. Aber diese Dinge hatten nichts mit seinem persönlichen Leben zu tun. Priester wie er predigen über Bibeltexte, ermahnen ihre Gemeindemitglieder zu einem guten Leben, taufen, beerdigen, halten Gottesdienste. Mein Heimatpfarrer schrieb immer in den Sommerferien die Predigten für das ganze Jahr. Was aber eben auch bedeutete, dass sie nicht gerade aktuell waren und auf das Tagesgeschehen eingingen. Das sollten sie aber auch gar nicht. Das war gar nicht der Anspruch. Von solchen Pfarrern habe ich viele kennenlernen dürfen. Es waren oft fromme Männer, die aus einem tiefen Gottesglauben heraus ihren Dienst taten. Ich selbst konnte nie so sein und habe diese Männer für ihre Haltung in einem gewissen Sinne bewundert für ihre Einfachheit – und das meine ich wirklich positiv. Ich selbst wollte und konnte nicht so sein, und ich glaube auch, dass diese Pfarrer der Kirche in diesen Zeiten nicht weiterhelfen. Weil sie eine Kirche zementieren, die Opfer hervorbringt. Weil sie unfähig sind, Kritik zu üben. Weil sie die menschliche Kirche zu etwas Göttlichem machen. Weil sie – indem sie das Paradies bewachen – jeden hinauswerfen müssen, der vom Baum der Erkenntnis gegessen hat. Adam und Eva mussten deshalb das

Paradies verlassen. Die Erkenntnis ist es, die ein Paradies zerstört. Die Zeiten dieses Paradieses sind vorbei – ob wir wollen oder nicht. Ich bin mit einem guten und frommen Pfarrer in einer guten und aktiven Kirchengemeinde groß geworden. Sie war für mich und viele andere ein Paradies, in dem wir gerne zusammen waren. Konnte dieses Paradies nicht weitergehen? Für mich? Für die Gemeinden? Für die katholische Kirche?

Der Kampf ist nicht zu gewinnen, weil ein Werben für Gott eine Nähe zu den Menschen voraussetzt, die in dieser Kirche nicht möglich ist. Diese Kirche definiert sich gegen die Welt, nicht in der Welt, und hat damit keine Chance, wieder Menschen in großer Zahl zu erreichen. Die Kirche befindet sich in einer Sackgasse. Der Absturz wird weitergehen, immer mehr Menschen werden sich von dieser Kirche abwenden, die immer noch an eine vorübergehende Krise glaubt und nicht versteht, dass es um ihr Überleben geht. Diese Kirche ist den Kampf nicht wert, den sie von mir verlangt. Sie hat sich in vielen Bereichen als derart moralisch verkommen erwiesen, dass ich ihr das Recht abspreche, an mich irgendwelche moralischen Forderungen zu stellen. Ich blicke die „Philosophie" an, schaue auf meine Bücherregale. Was hat mich zu dieser Erkenntnis gebracht? Zum einen die schlichte Lebenserfahrung. Mein Leben in der Kirche. Zum anderen aber die Philosophie mit all ihren Büchern. Ich schaue auf die Bücherwand. Wieviel Leben, wieviel Erfahrung und wieviel Erkenntnis steckt in diesen Büchern! Heraklit. Platon. Aristoteles. Augustinus. Ockham. Descartes. Spinoza. Kant. Hegel. Nietzsche. Husserl. Heidegger. Gadamer. Derrida. Foucault. Sie und viele andere haben mir geholfen, das einzuordnen und zu sortieren, was ich erlebte. Die Philosophie hat mir die Möglichkeit gegeben, nicht nur empört oder abgeschreckt zu sein, sondern zu verstehen, was da passiert und was die Kirche ist. Die Frauengestalt schaut mich an: Was bedeutet das für dich? Es bedeutet, einen Schlussstrich zu ziehen. Unter mein Amt als Priester und damit auch als Professor an einer theologischen Fakultät. Es bedeutet, sich eine Frau, die man liebt, von einer Institution wie der Kirche nicht verbieten zu lassen. Auch wenn es mich mein bisheriges Leben und finanzielle Sicherheit kostet. Auch wenn es ins kalte Wasser geht. Noch einmal blickte ich auf die Frauengestalt. Was ist die Philosophie? Was ist ihre Aufgabe? Vielleicht besteht ihre höchste Aufgabe darin, Sicherheit zu geben. Sicherheit durch die Erkenntnis, in welcher Welt man lebt. Sicherheit durch die Erkenntnis, was man für ein Leben führt. Sicherheit durch die Erkenntnis, eine Entscheidung treffen zu müssen und einen neuen Schritt zu wagen. Sicherheit als Mut zur Unsicherheit. Vielleicht ist dies die höchste Aufgabe der Philosophie. Und in dieser Funktion kann die Philosophie auch ein großer Trost sein.

Was ist Aufklärung?

1784 erschien ein kleines Schriftstück, das die europäische Geisteswelt auf den Kopf stellen sollte. Ein Jahr zuvor hatte bezeichnenderweise ein Pfarrer – der Berliner Friedrich Zöllner – spöttisch die Frage gestellt, was denn diese Aufklärung sei. Kant lieferte mit dem kleinen Essay „Beantwortung der Frage: Was ist Aufklärung?" eine Antwort, die zur Überschrift einer ganzen Epoche wurde und bis heute nichts von ihrer Faszination und ihrer Gültigkeit verloren hat.

Was ist nun die „Aufklärung"? Kant liefert direkt zu Beginn seines Essays eine Definition, die sich jeder Student der Philosophie, ja jeder Bürger über das Bett hängen sollte:

> *„Aufklärung ist der Ausgang des Menschen aus seiner selbst verschuldeten Unmündigkeit. Unmündigkeit ist das Unvermögen, sich seines Verstandes ohne Leitung eines anderen zu bedienen. [...] Sapere aude! Habe Mut, dich deines eigenen Verstandes zu bedienen! ist also der Wahlspruch der Aufklärung."*[18]

Was steht dem entgegen? Warum sind – laut Kant – die meisten Menschen unmündig? Kant nennt direkt nach obigem Zitat die beiden Ursachen: „Faulheit" und „Feigheit". „Es ist so bequem, unmündig zu sein", sagt Kant etwas resigniert. Er führt weiter aus: die meisten Denkaufgaben werden anderen Menschen übertragen, den Fachleuten. Kant nennt das Buch, das man kaufen kann, den Handwerker, den Arzt, aber auch den Seelsorger. All diese Dinge erleichtern das tägliche Leben, aber sie sorgen eben auch dafür, dass man sich bequem einrichtet und nicht selber denken muss. Immer wieder weist er darauf hin, wie gefährlich es ist, eigenständig zu denken. Kant spricht hier von „Vormündern", die den Menschen wie Hausvieh in den Käfig sperren und ihn dumm machen, indem sie ihn davor warnen, den Käfig zu verlassen. All dies macht es für den Einzelnen schwer, seine Unmündigkeit zu verlassen, die er sogar „liebgewonnen" hat. Einfacher ist dieser Prozess, so Kant weiter, für eine große Menschenmenge. Denn in einer solchen finden sich immer einige wenige, die selbständig

---

[18] Kant, Immanuel: Was ist Aufklärung?, A 481.

denken können und nach und nach die anderen mitziehen: „Zu dieser Aufklärung aber wird nichts erfordert als Freiheit, nämlich die Freiheit, von seiner Vernunft in allen Stücken öffentlichen Gebrauch zu machen." Die Freiheit des gegenseitigen Austauschs ist es, die aus dem Denken eines Einzelnen eine Aufklärung macht und letztlich alle Menschen aus ihrer Unmündigkeit befreit. Dieser Drang nach Freiheit ist in jedem Menschen angelegt und wenn er nicht von außen behindert wird oder sich hindern lässt, kann er sich auch entwickeln. Ist diese Entwicklung einmal in Gang gesetzt, kann sich die Gesellschaft dem nicht entziehen und sie wird, so Kant im Schlusssatz seines Essays, „den Menschen, der nun mehr ist als eine Maschine, seiner Würde gemäß behandeln".

Es geht um die Würde des Menschen. Diese Würde kommt jedem einzelnen Menschen zu – ganz einfach, weil er Mensch ist. Diese Würde ist etwas zutiefst Individuelles, das jeder Mensch für sich besitzt. Das Erwachen der Individualität ist das Ergebnis einer langen Geschichte.

Taylor hatte die Geschichte der Säkularisierung beschrieben als die Geschichte des Verschwindens Gottes aus den Köpfen der Menschen. Die andere Seite dieser Geschichte ist das Wissen um die Bedeutung der eigenen Individualität: wo Gott verschwand, wurde das eigene Selbst immer größer. Taylor hat diese Geschichte sehr kritisch gesehen, als eine Geschichte des Verlustes, was sie ja auch ohne Zweifel ist. Es ist aber auch zugleich die Geschichte eines Gewinns: des Menschen, der sich immer mehr seiner eigenen Möglichkeiten und seiner eigenen Würde bewusst wird. Ironischerweise spielt das Christentum eine große Rolle in der Entdeckung der Individualität. Es ist neben der griechisch-römischen Kultur der Antike die wesentliche Antriebskraft dieser Entdeckung. In Griechenland tauchte die Idee auf, dass der Mensch über eine Vernunft verfügt, die unabhängig von Religion oder Tradition nach rationalen Kriterien und Begründungsstrukturen sucht. Dennoch gingen die Griechen nicht so weit, dass sich aus der Vernunftfähigkeit des Menschen auch individuelle Rechte ableiten könnten oder es so etwas wie einen Anspruch auf Würde geben könnte. Dieser Gedanke war ihnen fremd.

Den nächsten, entscheidenden Schritt setzte dann das Christentum. Bereits das Judentum hatte von der Gottebenbildlichkeit des Menschen gesprochen. Das Christentum griff diesen Gedanken auf und verstand diese Gottebenbildlichkeit des Menschen derart radikal, dass sie jede bisherige soziale Grenze überschreitet: „Es gibt weder Jude noch Grieche, weder Sklaven noch Freien", so

351

Paulus (Gal 3,28). Jeder Mensch, so die Konsequenz, ist von Gott geschaffen und mit einer unverlierbaren Würde ausgestattet. Damit wird die Individualität des Menschen in revolutionärer Weise aufgewertet gegenüber Nation oder Religion, die bis dahin die maßgeblichen Kriterien waren. Auch wenn diese Individualität von christlichen Denkern entwickelt wurde: das Christentum selbst in ihrer kirchlichen Verfasstheit hatte zu diesem Gedanken immer ein eher ambivalentes Verhältnis. So sah sie die höchste Form christlichen Lebens in einem ausdrücklichen Verzicht auf Individualität: in seiner Hinwendung zu Christus gibt der Mensch sich selbst und seine Bedürfnisse zugunsten von Christus auf – was zugleich natürlich auch ein Verzicht zugunsten der Kirche war. In diesem Gedanken steckt die Ursache für das christliche Mönchtum, aber auch für den Zölibat. Aber auch der Aufruf zum Verzicht auf Individualität beinhaltet ja das Bekenntnis, dass sie da ist, und sie blieb auch präsent.

Diese Idee der Individualität wurde im Laufe des Mittelalters immer deutlicher, sichtbar in der Kunst, in der die Maler ihre Bilder zu signieren begannen, sichtbar in der Literatur, wo die Autoren erst im Laufe der Zeit wirklich „ich" sagen konnten, sichtbar in den kirchlichen Gesetzen, die immer mehr Verpflichtungen und Regelungen für das christliche Leben vorschrieben – und damit mehr als zuvor den einzelnen Christen im Auge hatten, das Individuum. Diese Entwicklung begann im späten Mittelalter geradezu zu explodieren und führte auf direktem Weg in die Moderne.

In der Renaissance entdeckte der Mensch seinen Wert und die unglaublichen Möglichkeiten, die in ihm schlummern. Er lernte, sich ohne Gott wahrzunehmen. In der Reformation entdeckte der Mensch die Wichtigkeit seiner eigenen, persönlichen Glaubensentscheidung. Er lernte, sich ohne das Heil der Kirche wahrzunehmen. In den Naturwissenschaften entdeckte der Mensch, wie die Welt funktioniert. Er lernte, dass die Welt nicht nur Schöpfung, sondern auch Natur ist. In den politischen Denkern wie Locke oder Hobbes entdeckte der Mensch die Möglichkeit, einen Staat und eine Gesellschaft mit den Mitteln der eigenen Vernunft zu konstruieren. Er lernte, dass ein Staat und eine Gesellschaft nicht der verlängerte Arm der Religion sein müssen. In den philosophischen Denkern wie Descartes und Spinoza entdeckte der Mensch die Gebundenheit der Vernunft an das Individuum. Er lernte, dass er selbst es ist, der die Welt erkennt.

Diese Jahrhunderte sind geradezu eine Explosion des menschlichen Geistes – gezündet von dem neuen Bewusstsein der Individualität. Die Kirche versuchte mit allen Mitteln, dagegenzuhalten. Denn schnell war ihr klar, dass eine stärkere Individualisierung automatisch eine Schwächung für die Kirche ist. Die Kirche bekämpfte damit etwas, das sie selbst miterzeugt hat: die Perspektive auf das eigene Ich. Diese war vielleicht das größte Geschenk, das das Christentum der Welt gegeben hat. Nun wendet dieses Geschenk sich gegen den Geber, und der Geber reagiert entsprechend empört. Zuerst mit den drastischen, auch tödlichen Mitteln der Inquisition, später dann mit den Mitteln der Lehrverurteilungen wendet sich die Kirche gegen alles, was nach einer kritischen Infragestellung ihrer Lehre und Macht aussieht: von der Gewissensfreiheit bis zur Demokratie, von der wissenschaftlichen Vernunft bis zum Fortschritt, vom Liberalismus bis zur Religionsfreiheit.

In diese Auseinandersetzung hinein setzt Kant das Stichwort „Aufklärung", und er macht zugleich klar, dass diese Aufklärung nicht von denen erwartet werden kann, die die Aufklärung bekämpfen: den Monarchien jener Zeit und den Kirchen. Sie profitieren davon, dass die Menschen „faul" und „feige" mit ihrer Unmündigkeit zufrieden sind. Diese Begriffe sind sehr drastisch, aber sie sind passend. Bis heute. Faulheit und Feigheit sind bis heute die größten Stützen der kirchlichen Macht. Welche Hemmungen haben Menschen, im direkten Kontakt einen Bischof oder Pfarrer zu kritisieren? Wieviel schlucken sie runter an offensichtlichen Beschwichtigungen („Wir hören zu!") oder auch großem Blödsinn („Wir müssen dies beten, weil wir damit gegen den Teufel kämpfen!")? Ist das nicht Feigheit, den Mund zu halten? Was steckt dahinter, wenn Bischöfe und Amtsträger der Kirche die Notwendigkeit von Reformen verstehen, aber dennoch nichts tun? Angst vor Rom? Angst vor dem Neuen? Ist das nicht Feigheit? Wie viele Katholiken – Laien wie Priester wie Bischöfe – wollen keine Reformen und keine Veränderungen, weil es früher schön war? Weil alles so bleiben soll, wie es ist? Weil man sich mit dem Neuen einfach nicht auseinandersetzen will? Ist diese Art von geistiger Bequemlichkeit nicht Faulheit?

Vielleicht steckt mehr dahinter. Tieferes. Dostojewskis Großinquisitor spricht irgendwie aus einer anderen Welt, die aber vielleicht doch mehr unsere Welt ist, als uns lieb ist. Folgende Situation: Jesus kommt in der Zeit der spanischen

Inquisition auf die Erde und wird vom alten Großinquisitor gefangengenommen, der ihn sofort erkannt hatte. Der Monolog dieses Greises, der nun folgt, hat Literaturgeschichte geschrieben.[19] Der alte Großinquisitor macht Jesus Vorwürfe, dass er überhaupt zurückgekommen sei. Er habe damals den Menschen befreien wollen, aber das sei überflüssig oder sogar schädlich gewesen. Denn der Mensch wolle gar nicht frei sein. Der Greis verweist auf die drei Versuchungen in der Wüste: Jesus sei damals die ganze Welt angeboten worden und er habe sie abgelehnt – um der Freiheit willen. War das richtig? „Du wolltest den Menschen nicht der Freiheit berauben und lehntest den Vorschlag ab, denn was wäre das für eine Freiheit, dachtest du, wenn der Gehorsam mit Broten erkauft würde?" Dabei geht es dem Menschen immer um das Brot, nie um die Freiheit. Deshalb werden sie sich immer für das Brot, nie für die Freiheit entscheiden. Sie mag verführerisch klingen, ist aber qualvoll. Dieser Qual will der Mensch entkommen:

„Es gibt für den Menschen, wenn er frei bleibt, keine hartnäckigere und qualvollere Sorge als die, möglichst schnell jemanden zu finden, den er anbeten kann. Doch der Mensch strebt danach etwas anzubeten, das über jeden Zweifel erhaben ist."

Die Kirche schließlich, so der Großinquisitor, habe den Menschen aus dieser Qual der Freiheit gerettet und demütig von dieser Bürde erleichtert, und Jesus solle erst gar nicht auf die Idee kommen, sich dabei einzumischen.

Das, was der Großinquisitor hier vorbringt, klingt zynisch, ist der menschlichen Wahrheit aber leider näher, als uns lieb sein dürfte. Freiheit wird von vielen Menschen als Zumutung, zumindest als etwas Überflüssiges empfunden. Anders ist nicht erklärbar, warum sich viele Menschen immer wieder freiwillig gegen die Freiheit entscheiden – nicht zuletzt mit dem Wahlzettel. Da ist der Aufstieg der Nazis in Deutschland ja nicht das einzige, aber für uns Deutsche sicherlich schmerzvollste Beispiel dieser Haltung. Also hatte der Inquisitor recht? Er hatte insofern recht, als dass jeder Mensch nach Sicherheit strebt, dass er um seine Sicherheit kämpft und sie nicht so leicht aufgeben will. Und für diese Sicherheit verzichtet der Mensch auch auf Freiheit. Die Frage ist nur, was dem Menschen Sicherheit bietet. Die Zugehörigkeit zu einer Religion? Zur Kirche? Zu einer Nation oder Rasse? Oder kann der Mensch in sich selbst diese Sicherheit finden? Der Inquisitor hat auch hier recht: die meisten Menschen können

---

[19] Dostojewski, Fjodor: Die Gebrüder Karamasov, S. 340f.

es nicht. Aber der Inquisitor bzw. seine Kirche sorgten eben auch dafür, dass das so blieb. Freiheit setzt immer die Möglichkeit voraus, sich von vermeintlichen Sicherheiten distanzieren zu können, indem man sie als niemals gültig oder nicht mehr gültig demaskiert hat. Diese Möglichkeit muss man haben und dazu braucht es das, was Kant „Aufklärung" nannte: die Fähigkeit, das Gegebene zu hinterfragen und hinter sich zu lassen. In der Tat tun dies die meisten Menschen nicht.

Es ist so schrecklich beruhigend, faul und feige zu sein. Ich war Pfarrer und Professor. Ich hatte ein gutes Gehalt, und ich war angesehen. Ich hatte viele Freunde und kam mit meiner Familie gut aus. Warum das alles riskieren? Warum das alles aufs Spiel setzen, auch wenn man sieht, dass einiges im Argen liegt? Es war viele Jahre lang bequemer, die Klappe zu halten und das einfach auszublenden, was einem irgendwie nicht passt. Das funktioniert, aber man lebt in einem goldenen Käfig. Ein goldener Käfig ist schön, aber es bleibt eben ein Käfig. Ich selbst hatte erst die Kraft, diesen Käfig zu verlassen, als ich meine Frau kennenlernte. Erst da war der Punkt erreicht, wo ich den Käfig beim besten Willen nicht mehr genug dehnen konnte und wollte. Aber bis zu diesem Punkt lebte ich gut in diesem Käfig. In so einem Käfig lebte ganz Europa – jahrhundertelang. In einem Käfig politischer Bevormundung durch die Monarchen und den Adel, in einem Käfig geistiger Bevormundung durch die Kirche. Dann kam die Aufklärung. Kant und andere lehrten die Menschen, dass man diesem Käfig entkommen kann mit einem Werkzeug: der Vernunft. Die Vernunft hat die Menschen gelehrt, dass es kein gottgegebenes Recht oder ein Naturgesetz ist, dass Könige ihre Länder regieren. Die Vernunft hat die Menschen gelehrt, dass die Kirche nicht immer recht haben muss, bloß, weil sie behauptet, von Christus gegründet zu sein. Die Vernunft hat die Menschen gelehrt, das wahrzunehmen und abzustreifen, was sie in ihrer Würde und in ihren Möglichkeiten behindert. Diese Aufklärung damals ist nicht vorüber, sondern sie ist weiterhin nötig, in jeder Generation, in jedem Menschen. Die Vernunft hat mich gelehrt, dass es einen riesigen Widerspruch gibt zwischen dem, was die Kirche sagt, und dem, was die Kirche ist. Die Vernunft hat mich gelehrt, dass die Lehre der Kirche nicht nur keiner eigenen Logik folgt, sondern in sich völlig widersprüchlich ist, und dass diese Widersprüchlichkeit gewollt ist, damit nicht die Vernunft, sondern die Macht im Namen Christi regiert. Die Vernunft hat mich gelehrt, dass die kirchlichen Missstände kein Zufall sind, sondern eine

355

Konsequenz der Strukturen und der Lehre der Kirche. Die Vernunft hat mich gelehrt, das wahrzunehmen, was mich in meiner Würde und meiner Freiheit behindert.

Letztlich geht es damals wie heute um die Würde des Menschen, um die Würde des Einzelnen, die immer wieder gefährdet ist durch das, was glaubt, sich über andere Menschen erheben zu dürfen. Von den Eltern bis zu Freunden, vom Staat bis zur Kirche. Immer geht es um die Würde des einzelnen Menschen.

Ist das Egoismus? Man hat ihn mir vorgeworfen, als ich mich entschied, mein Leben nicht mehr für die große Sache der Kirche einzusetzen. Nun kann man erst einmal zu Recht fragen, ob die Abwendung von einer Kirche, die ihren eigenen Ansprüchen nicht gerecht wird, nicht vielmehr Gerechtigkeit als Egoismus ist. Trotzdem ist die Frage berechtigt: war meine Entscheidung nicht letztlich Egoismus? Sicher war sie das. Aber war sie nicht trotzdem gerechtfertigt? Es geht nicht darum, narzisstisch um sich selbst zu kreisen. Aber natürlich geht es immer auch um das eigene Selbst. Das eigene Leben steht immer im Mittelpunkt. Für dieses eine Leben ist man so verantwortlich wie für kein anderes – ganz einfach, weil man kein anderes hat, und dieses Leben zudem endlich ist. Zu dieser Verantwortung, die man gegenüber sich selbst und seinem Leben hat, gehört es, aufmerksam auf das zu achten, was das eigene Leben beeinflusst und dabei vielleicht mehr über das eigene Leben bestimmt, als für dieses Leben gut ist. Diese Haltung ist untrennbar verbunden mit dem Wissen um die eigene Würde als Mensch, aber auch mit dem, um das es Kant ging: der Fähigkeit, die Würde des eigenen Lebens zu schützen. Durch Erkenntnis. Durch das Wahrnehmen von Dingen, die die eigene Würde angreifen. Durch das Abwehren von Dingen, die unmündig machen. Genau das habe ich bei der Kirche getan, und die Entscheidung, das Priesteramt aufzugeben und mich für meine Frau zu entscheiden, war für mich eine Frage meiner Würde als Mensch, der das Recht hat, über sein Leben zu entscheiden und sich für einen anderen Menschen zu entscheiden, den man liebt und von dem man geliebt wird als der, der man ist und nicht als Träger eines Amtes. Dieses Geschehen, etwas trotz aller Annehmlichkeiten als Gefahr für die eigene Freiheit und Würde zu erkennen und sich dann aktiv dagegen entscheiden zu können, ist die Arbeit, die Kant von den Menschen einfordert. Das ist Aufklärung. Bei ihr geht es weniger um die Erkenntnis der Welt als solcher. Es geht ihr um die Erkenntnis der eigenen

Umwelt, dessen, was einen umgibt und was einen beeinflusst. Aufklärung ist damit immer zuletzt eine Selbstaufklärung und genau die habe ich vollzogen.

Was damals in der Aufklärung passierte, hatte eine individuelle, aber auch eine politische Dimension, den Liberalismus. Sie sind nicht zu trennen, denn dem Einzelnen Rechte und Würde zuzusprechen, hat immer auch eine politische Dimension. Es geht um den Einzelnen. Er ist Anfang und Ziel individuellen und politischen Handelns. Vom Einzelnen auszugehen, beinhaltet immer die Gefahr eines Egoismus. Politisch wie individuell ist es jedoch eine Verfehlung des Menschseins, wenn es nur noch um sich selbst und die eigenen Ansprüche geht. Hier gilt die Weisheit der Griechen: derjenige, der nur um sich kreist, ist ein „*idiotes*", ein kurzsichtiger Idiot. Es geht nicht nur um das eigene Ich, aber es geht eben auch nicht ohne das eigene Ich. Humanismus geht nicht ohne Egoismus, der aber zugleich eine große Gefahr für ihn ist.

Es ist sehr spannend zu sehen, dass diese Betonung des Einzelnen überlebenswichtig für eine demokratische Gesellschaft ist. Ein nichtdemokratisches System opfert den Einzelnen zugunsten einer Idee: einer Religion, einer Nation, einer Rasse, einer Partei oder einer Führerpersönlichkeit. Da, wo eine Gesellschaft oder eine Gemeinschaft sich nicht vom Einzelnen her begreift, besteht immer die Gefahr der Tyrannei einer bestimmten Idee. Damit das nicht passiert, muss auf den Einzelnen geachtet werden und muss der Einzelne durch Bildung und andere Dinge befähigt werden, sich einzubringen. Das ist Humanismus, das ist Aufklärung, und so funktioniert sie als Boden der Demokratie.

Es gibt bereits in der Antike eine sehr interessante Vorstellung, die in der Stoa auftaucht und dann von Cicero sehr schön entfaltet wird. Es ist eigentlich die politische Entsprechung zu dem, was später innerhalb der Kirche „*sensus fidei*" genannt wurde. Cicero spricht vom „*sensus communis*", einem Gemeinsinn, der sich dynamisch in der Gesellschaft entwickelt. Das, was die Gesellschaft als für sie gültige Werte anerkennt, sind also keine von oben herab befohlenen Weisungen oder Begriffe, sondern das Ergebnis eines immerwährenden Gesprächs der Menschen untereinander. Die Menschen in einer Gesellschaft diskutieren, Altes wird weiterentwickelt oder abgelegt, Neues wird abgelehnt oder aufgenommen: Vernunft ist ein öffentliches Geschehen, keine Offenbarung von oben. Die dynamische und veränderliche Wahrheit, die sich dort immer neu herausbildet und immer neu gültig wird, ist das Ergebnis der Bemühungen der einzelnen Menschen und je gebildeter sie sind, desto besser gelingt dieser Prozess.

Die Wahrheit, die das Ergebnis dieses immerwährenden Ringens um die Vernunft ist, ist der pure Widerspruch zur kirchlichen Wahrheit, die an diesem Punkt eng verbunden ist mit einer Tendenz der griechischen Philosophie, wie sie von Platon begründet wurde: die Wahrheit als ein Geschehen von oben, als eine Offenbarung, in die man schrittweise eindringen muss, um an ihr Anteil zu haben. Genau hier liegt aber die Gefahr, die beispielsweise Karl Popper als Gefahr für die Demokratie und die Offenheit für die Gesellschaft gesehen hat: indem eine Idee – welche auch immer - zum Dogma wird und von oben herab als gültig verkündet wird, wird sie zur Tyrannin. Gerade meine Erfahrungen mit der kirchlichen Lehre und der kirchlichen Wahrheit haben mich sensibel dafür gemacht, wie schnell religiöse oder allgemein weltanschauliche Einstellungen sich dominant über den Einzelnen stellen können, und dass das nicht immer gut ist für das Individuum. Schnell kann eine an sich gute Idee zur Ideologie oder zur Tyrannei werden, weil sich diese Idee irgendwann über die Menschen hinweg entwickelt, weil sie instrumentalisiert wird, weil man mit dieser guten Idee Unrecht begründen kann oder einfach, weil eine Lehre über allem anderen stehen soll.

Die Europäische Aufklärung mit Kant und vielen anderen entwirft das Bild eines Menschen, der sich nicht bevormunden lassen darf. Sie will den einzelnen Menschen befähigen, sich und seine Situation zu verstehen und dann mit diesem Verständnis mit den anderen Menschen an einer vernünftigen und freien Gesellschaft zu bauen. Kant hat eine schöne und wichtige Spitze gesetzt, indem er Bildung und Erkenntnis als wichtigste Hilfsmittel gesehen hat, aus der eigenen Individualität heraus das zu bekämpfen, was sie gefährdet. Diese Bildung und diese Erkenntnis waren auch für mich die entscheidenden Faktoren auf meinem Weg aus dem Priesteramt heraus. Es waren auch viele Begegnungen: mit Priestern und Bischöfen, mit Gemeindemitgliedern, auch mit Missbrauchsopfern, die diesen Weg geprägt haben. Aber das für mich Entscheidende waren nicht die Begegnungen selbst, sondern ihre Einordnung. Die war mir nur möglich mit Bildung, mit dem Lesen vieler Bücher, mit dem Wissen darüber, wie die Kirche und wie das Denken sich im Laufe ihrer Geschichte entwickelt haben, wie sehr die einzelnen Menschen, denen ich in der Kirche begegnen durfte, Teil eines Geschehens sind, das man nur aus der ganz großen Perspektive von

2000 Jahren verstehen kann. Was heute in der Kirche passiert – im Guten wie im Schlechten – hat seine Wurzeln in so vielen verschiedenen Dingen, die keiner alle überblicken kann, aber die man zumindest versuchen sollte zu überblicken, wenn man die Kirche verstehen will: alles, was die Kirche in 2000 Jahren in sich aufgenommen und in sich hat weiterarbeiten lassen in ihren Strukturen, in ihrer Lehre, in ihrem Leben. Ein riesiges, unüberschaubares Feld, das nach Aufklärung schreit.

Die Aufklärung fordert den Einsatz der Vernunft und lebt von einem Glauben an die Macht der Vernunft. Es gibt viele Gründe, an dieser Macht zu zweifeln, und ich selbst bin im Laufe der Jahre skeptischer und auch zynischer geworden, was die Vernunft der Menschen betrifft. Vernunft ist etwas anderes als Wissen oder Verstand. Selbst intelligente Leute setzen großes Wissen und großen Verstand nur ein, um ihre bisherigen Meinungen immer neu zu begründen. Die Vernunft beginnt da, wo Wissen und Verstand auch in der Lage sind, die bisherigen eigenen Meinungen zu hinterfragen. Hier entscheidet sich, ob es sich um Vernunft oder um intelligente Sophistik handelt. Die Grundlage der Vernunft ist die Kritik. Das heißt nicht, immer alles über Bord werfen zu müssen, sondern bedeutet, dass alles zumindest prinzipiell hinterfragbar und kritikfähig ist. Schauen wir in den Ursprung der Philosophie im antiken Griechenland: sie konnte erst entstehen, als der bisherige Götterglaube hinterfragt wurde. Die griechischen Tragödien eines Aischylos, Sophokles und Euripides sind die großartigen Zeugen dieser neuen Kritik an den Göttern. Der Mensch war auf einmal in der Lage, die Götter zu kritisieren und sie zu fragen, ob ihr Weg wirklich der richtige sei. Erst danach konnte die Philosophie entstehen, konnte die Vernunft frei wirksam werden. So führte mich meine Suche nach der Vernunft dahin, dass mein bisheriger Lebensweg nicht einfach weiterging und immer neu irgendwie begründet wurde, sondern dass ein neuer Weg entstehen konnte, der den alten Weg meines Lebens als Priester ablöste. Hier habe ich in mühevoller und auch schmerzhafter Weise das getan, was Philosophie eigentlich ist und wofür Kant in seiner Aufklärung geworben hat: nicht aus Bequemlichkeit alles so zu belassen, wie es ist, und sich selbst mit intelligenten Gründen ein verkehrtes Leben schön zu reden, sondern zu schauen, ob die bisherigen Begründungen und das bisherige Leben eigentlich tragen. Wo das gelingt, passiert Vernunft.

Dieses Ringen ist ein uralter Bestandteil der menschlichen Geschichte. Wir sehen, wie der Mensch am Anfang der Geschichte in einer Welt lebt, die von Göttern und Geistern dominiert ist. In Griechenland entwickelt sich zu einem gewissen Zeitpunkt in der Antike eine kritische Vernunft. Viele Menschen hatten zusehends daran gezweifelt, dass die alten Mythen und Göttergeschichten die Welt erklären können. Sie begannen, ihrer Vernunft zu vertrauen und nicht in den alten Schriften, sondern in der Natur nach dem zu suchen, was sie bewegt. Es ist die Geburt der Wissenschaften, und wir sehen, wie Thales von Milet, Pythagoras, Archimedes und viele andere der Welt immer mehr Geheimnisse entlocken können. Ab dem 3. Jahrhundert v. Chr. beginnt sich die Entwicklung umzukehren: in der Zeit des Hellenismus kommt es vor allem durch starke Einflüsse aus dem Orient zu einer immer stärkeren religiösen Orientierung. Neue Religionen aus dem Osten erobern den Mittelmeerraum. Das Christentum ist eine von ihnen. Die Religionen werden wieder stärker, die Wissenschaften lassen nach. Im Spätmittelalter beginnt nun das Pendel wieder in die andere Richtung zu schlagen: die Anziehungskraft des Religiösen lässt nach, die Wissenschaften setzen zu einem Sturmlauf an, der bis heute anhält.

Die entscheidende Triebfeder dieser Entwicklung ist die Weltsicht der Menschen: schauen sie in eine Welt, die ihnen von der Religion erklärt wird, oder begnügen sie sich damit nicht und schauen in eine Welt, die sie verstehen wollen? Diese Geschichte lehrt, dass Wissenschaft und Fortschritt wesentlich auf Freiheit beruhen, auf einer Freiheit, an der ein Mensch kein Interesse hat, wenn er mit der Welterklärung der Religion oder sonstiner Lehre zufrieden ist. Wissenschaft und Fortschritt – so kann man auch heute sehen – gedeihen deutlich schwächer in religiösen oder gar autokratischen Gesellschaften. Es braucht die Freiheit, damit die Vernunft wachsen kann, und den Einsatz für diese Freiheit nennt man Aufklärung. Die ich für mich an einem entscheidenden Punkt vollzogen habe.

Theologie?

1994 begann mein theologischer Weg an der Ruhr-Universität Bochum. Viele Jahre habe ich mich damit beschäftigt, die theologische Lehre zu durchdringen: Wie ist sie entstanden? Wie hat sie sich entwickelt? Welche Sackgassen gibt es und wo gibt es Möglichkeiten einer Weiterentwicklung? Schnell führte mich mein Weg zur Philosophie: sie half mir, die zurückliegende Entwicklung zu verstehen, aber sie zeigte mir auch, welche zukünftigen Möglichkeiten es für die Theologie gibt. Die Philosophie ordnet und sortiert den Zeitgeist, das, was die Menschen über sich und die Welt und auch über einen Gott denken. Genau dieses philosophische Ordnen und Sortieren des jeweiligen Zeitgeistes ist eine überlebenswichtige Aufgabe der Theologie, wenn sie zeitgemäß und verständlich über ihren Gott und den Glauben der Menschen sprechen will. Der Glaube der Menschen, ihr Verständnis von Gott und Welt ändert sich ständig. Wenn die Theologie nicht nur aus alten Formeln bestehen, sondern relevant und verständlich sein will, muss sie diese Entwicklungen beachten und auf sie reagieren. Sie muss nicht alles übernehmen. Aber sie muss alles überprüfen. In diesem Überprüfen arbeitet die Theologie zutiefst philosophisch und erkennt in der Philosophie, wie sie sich selbst weiterentwickeln kann.

Voller Faszination habe ich den großen theologischen Geburtsprozess der ersten Jahrhunderte verfolgt: was ein Ringen um den eigenen Glauben, aber auch um Begriffe und Ideen! Was für ein Ringen, Gott in den Kategorien der Vernunft und der Geisteskraft näher zu kommen, und die Begriffe und Worte zu schaffen, um über ihn denken und sprechen zu können! Aber dieses Ringen hat irgendwann aufgehört. Die Welt entwickelte sich weiter, die Sicht der Menschen auf die Welt entwickelte sich weiter – aber die Theologie entwickelte sich nicht weiter und wurde zu einer bloßen Verteidigerin dessen, was sie in den ersten Jahrhunderten geschaffen hatte. Sie goss ihre Wahrheiten in Begriffe und irgendwann hatten diese Wahrheiten nichts mehr mit der Wirklichkeit zu tun.

Es ist eine Problematik der Sprache. Diese liegt nicht nur in der Theologie vor, sondern auch in der Philosophie: beide sind gezwungen, sich sprachlich auszudrücken, die Wirklichkeit in Begriffe zu kleiden und sich in Begriffen über diese Wirklichkeit zu verständigen – in Begriffen, die oft unterschiedlich verstanden werden und deren Bedeutung sich ständig ändert. Diese oft lästige Abhängigkeit von der Sprache hat auch die Philosophie mühevoll für sich erkennen müssen. Sie hat in dieser Erkenntnis eine „Sprachwende" vollzogen, den *linguistic turn*. Genau der steht auch für die Theologie an.

Bezeichnenderweise hat die evangelische Theologie hier interessantere Ansätze entwickelt als die katholische. Sie hat weniger eine kirchliche Tradition oder ein Lehramt vor Augen, sondern ist traditionell enger an die Bibel gebunden. Aus diesem Grund gibt es bei ihr seit jeher eine starke hermeneutische Tradition, die im 20. Jahrhundert durch den Heidegger-Freund Rudolf Bultmann (1884-1976) in eine „hermeneutische Theologie" mündete. Insbesondere sein Werk „Das Urchristentum im Rahmen der antiken Religionen" fand ich wirklich vorzüglich in seiner historischen und kulturellen Einordnung der Ursprünge des Christentums. Eines seiner Hauptprojekte sah ich allerdings mit sehr kritischen Augen: die „Entmythologisierung". Die mythischen Elemente der christlichen Überlieferung sollten rationalisiert, auf ihre Vernunftgründe hin aufgedeckt werden. Dies ist jedoch nicht immer möglich und hier verkennt Bultmann den grundsätzlichen Charakter von Mythen: sie sind Verdichtung von Erfahrungen, die sich nicht immer rationalisieren lassen. Den Grundansatz, den Bultmann und seine Schüler wählten, fand ich jedoch ausgesprochen interessant: die Texte und Traditionen des Christentums nicht für sich stehen zu lassen, sondern als sprachliches Zeugnis in einen Kontext einzubetten.

Nach einiger Zeit fiel mir jedoch auf, dass die hermeneutische Theologie sich irgendwie in einer Sackgasse befand. Ab den 1980er Jahren findet sich nur noch wenig Neues und Innovatives. Interessanterweise stellten das die Vertreter der hermeneutischen Theologie selbst fest und suchten nach den Ursachen. Dabei stellte ein Vertreter dieser Schule, Ingolf Dalferth, in einem Buch fest, dass die hermeneutische Fragestellung ja weiterhin von Belang sei, was man daran sehen könnte, dass zahlreiche neue philosophische Strömungen an die Hermeneutik anschließen würden. Diese Weiterentwicklungen, so heißt es weiter, wären allerdings mit Vorsicht zu genießen, da sie die Inhalte der klassischen Theologie in einer derart radikalen Art in Frage stellen würden, dass sie nicht tragbar seien.

Ohne es direkt zu wollen, liefert Dalferth die Begründung für die Sackgasse der hermeneutischen Theologie: sie macht die philosophischen Weiterentwicklungen nicht mit, weil die Ergebnisse ihr nicht kompatibel erscheinen. Damit begeht die hermeneutische Theologie zwei folgenschwere Fehler: zum einen hat es ja inhaltliche Gründe, dass die Hermeneutik als solche sich weiterentwickelte. Zum anderen wäre es genau das, was die Theologie brauchen würde: eine radikalere Infragestellung ihrer eigenen Lehre. Die hermeneutische Theologie sah sich jedoch außerstande, die eigene Lehre und die eigenen Dogmen hinter sich zu lassen. Dies hängt sicherlich mit dem hermeneutischen Grundverständnis zusammen: Hermeneutik ist Auslegung. Und wenn ich eine Methode als Auslegung einer Sache verstehe, kann diese Sache selbst nicht in Frage gestellt werden. Auf die Theologie angewendet bedeutet dies, dass die Hermeneutik sich um ein Verstehen der bisherigen kirchlichen Lehre und der Dogmen bemüht, sich aber sehr schwertut, diese zu hinterfragen. Die hermeneutische Theologie kann damit den Rahmen der bisherigen kirchlichen Lehre zwar besser durchleuchten, aber nicht verlassen – und damit auch nicht weiterentwickeln, denn jede Weiterentwicklung ist immer auch ein Verlassen dessen, was vorher war.

Die Ablehnung der hermeneutischen Theologie oder allgemein der Theologie ist besonders scharf in Richtung der sog. „Postmoderne", genauer der Dekonstruktion Derridas. Ihr wird vorgeworfen, alle Tatsachen aufzulösen und in allem ein beliebiges Spiel zu sehen. Sie gilt daher gerade in theologischen Kreisen als relativistisch – alles wäre gleich gültig und ungültig – und als nihilistisch – in diesem Spiel würde letztlich alles vernichtet. Chaos und Nichts würden übrigbleiben. Diese Tendenzen hat es sicherlich auch bei einigen Autoren der Postmoderne gegeben. Aber hier muss man genauer hinschauen.

Was ist die Postmoderne? 1979 veröffentlichte der französische Philosoph Jean-François Lyotard (1924-1998) die Studie „Das postmoderne Wissen", in der er die These aufstellte, dass das „Ende der großen Erzählungen" gekommen sei. In dieser Formulierung steckt bereits der Grundimpuls dessen, worum es in der „Postmoderne" geht. Es gibt nicht mehr die große, allgemeingültige Deutung über diese Welt. Keine Religion, keine Ideologie, aber auch keine philosophische Denkschule kann den Anspruch erheben, die universale Wahrheit zu besitzen. Die Zeit der großen, allgemeingültigen „Erzählungen" ist zu Ende, an ihre Stelle tritt ein neues Zusammenspiel ganz vieler Erzählungen. Aus diesem

Impuls heraus haben verschiedene Autoren der Postmoderne gefolgert, dass es keine gültigen Erzählungen mehr gibt: alles ist beliebig, wir setzen uns unsere Welt nach unserem Gutdünken zusammen. Ich halte diese Folgerung für verkehrt und sie entspricht auch nicht dem, was die Pioniere der Postmoderne gedacht und geschrieben haben. Es geht um die Allgemeingültigkeit. Es gibt nicht mehr die eine, ganz große Antwort. Aber es gibt viele Antworten, und diese Antworten sind auch gültig, bis sie widerlegt und weiterentwickelt werden. Für uns geht es darum, diese Antworten zu verstehen und zu sortieren und ihre Gültigkeit immer neu zu überprüfen.

Für das Christentum und die Theologie bedeutet das: sie müssen sich davon verabschieden, sich selbst als einzig gültigen Maßstab zu sehen, nach dem die Welt beurteilt wird. Das Christentum muss lernen, sich Anfragen zu stellen, muss damit umgehen können, in dem, was es ist und lehrt, überprüft zu werden. Damit bleibt das Christentum eine wichtige Stimme: sie ist eine wichtige, aber eben nur *eine* Stimme in einem großen Zusammen aller Versuche der Menschen, dieser Welt einer Deutung zu geben. Hieraus ergibt sich für die Theologie die Verpflichtung, sich selbst in einer sehr absoluten Weise auf den Prüfstand zu stellen. Sie muss das, was sie lehrt, in ihre Bestandteile zerlegen und genau schauen: was lehre ich eigentlich? Wie kam das zustande? Warum lehre ich es? Ist das, was ich lehre, noch gültig?

Genau hier schlägt die Stunde der Dekonstruktion Derridas, die eng verwandt ist mit der Hermeneutik, sie aber an einem entscheidenden Punkt weiterentwickelt. Der Unterschied zwischen Hermeneutik und Dekonstruktion liegt im Verhältnis zu dem, was ich verstehen will. Die Hermeneutik sieht in der Nähe den Schlüssel des Verstehens, die Dekonstruktion im Abstand. In ihrer Analyse von Texten und Traditionen, ja der gesamten menschlichen Existenz setzt die Hermeneutik bei einem positiven Grundverständnis an: etwas wird verstanden und in diesem Verständnis wird eine gültige Deutung konstruiert. In dieser Deutung versucht die Hermeneutik, nach und nach die Lücken des Nichtwissens aufzufüllen, den Abstand zu dem zu verringern, was sie verstehen will. Genau hier setzt die Dekonstruktion Derridas an, indem sie diesen Abstand, die Differenz, zum Prinzip der Erkenntnis macht. Was heißt das?

Die Hermeneutik will die Dinge zu einer Einheit zusammenfügen, um sie zu verstehen – auch wenn sie darum weiß, diese Einheit nie vollenden zu können. Die Dekonstruktion versucht die Dinge zu verstehen, indem sie sie in ihrer

Vielheit bestehen lässt – weil sie darum weiß, dass jede Einheit letztlich eine Konstruktion und damit etwas Erzwungenes oder Aufgesetztes ist. Die Dinge werden in ihren gegenseitigen Beziehungen gesehen, aber eben in dieser Gegenseitigkeit belassen. Einheiten werden als Geflechte verschiedener Dinge verstanden. Sie werden aufgelöst – nicht, um sie zu zerstören, sondern um sie zu verstehen. In der Dekonstruktion geht es entgegen weitläufiger Meinung nicht darum, Inhalte zu vernichten, sondern mit Inhalten umzugehen. Dekonstruktion beinhaltet zum einen die „*De*-struktion", die Auflösung, aber auch die „*Kon*-struktion", das neue Zusammensetzen dessen, was aufgelöst wurde. Und in diesem neuen Zusammensetzen passiert sehr viel. Mit Blick auf die Theologie gesprochen bedeutet dies: es geht nicht darum, die bisherige Geschichte der Theologie – mit ihren Erkenntnissen und Dogmen – zu zerstören, sondern darum, sie tiefer zu verstehen. Und dazu muss man sie „in ihre Bestandteile" zerlegen. Es geht um eine Methode, mit Inhalten und Traditionen umzugehen, nicht, sie auszulöschen. Das Ergebnis dieser „Auflösung" ist etwas, das vielleicht nicht mehr so einheitlich und monolithisch ist, wie es vorher aussah. Weil nun vieles gesehen werden kann, was bis dahin verdeckt, unterdrückt und nicht beachtet wurde.

Was heißt dies in Bezug auf die Theologie? Eine hermeneutische Theologie neigt dazu, die Theologie als eine Einheit zu begreifen, die in dem verankert ist, was von ihr selbst als für sie konstitutiv anerkannt ist: die Bibel, die Dogmen usw. An diesen Grund fühlt sich die hermeneutische Theologie gebunden. Die Dekonstruktion hingegen tut dies nicht. Sie schaut auch auf das, was in diese große, alte Einheit aus welchen Gründen auch immer zwar nicht eingefügt wurde, aber auf diese Einheit eingewirkt hat. Sie schaut neu auf den Grund der Theologie und beschränkt sich dabei nicht auf das, was die Theologie selbst als ihren Grund anerkennt. Sie schaut nicht auf die Identität der Überlieferung, sondern auf das Ungesagte, aber Mitschwingende, auf das Geflecht der Vielheiten. Auf diese Weise kann die Dekonstruktion das wahrnehmen, was bisher nicht in die Theologie integriert wurde: die Geschichtlichkeit Gottes und der Theologie, das Unbewusste, das Emotionale, das Viele, das begonnen, aber nicht vollendet wurde, das da war, aber nicht integriert wurde. Dieser dekonstruktive Zugriff auf die Theologie lässt die Vielheit bestehen und fühlt sich nicht gezwungen, eine Einheit zu beschreiben, die es auch faktisch nicht gibt. Denn ein Versuch, eine geistige Einheit zu konstruieren, muss das auslöschen, das nicht in diese Einheit passt und sich rational nicht integrieren lässt. Die 2000jährige Geschichte und die Lehre der Theologie sind voll von diesen Glättungen und Polierungen. Und diese eben nicht nur als etwas Übertünchtes und Vergessenes, sondern als Teil der theologischen Realität zu sehen, eröffnet der Theologie riesige Entwicklungsmöglichkeiten. Hier ist darauf hinzuweisen, dass auch eine hermeneutische Theologie methodisch in der Lage wäre, diesen Schritt zu gehen. Auch sie weiß darum, dass bei aller Suche nach verstehender Nähe immer ein Abstand bleiben wird: das Verstehen wird nie vollständig sein. Aber es ist eine Frage der Perspektive, die eben dazu führt, dass eine hermeneutische Theologie diesen Schritt nicht machen will, weil ihr einfach methodisch eine gewisse Grundskepsis fehlt gegenüber dem, was sie verstehen will. Diese Skepsis bringt die Dekonstruktion mit: sie lebt und arbeitet mit der Skepsis. Und diese Skepsis gegenüber ihrer eigenen Lehre braucht die Theologie, wenn sie neu und ohne Vorbehalte auf sich selbst schauen will und das rückgängig machen will, was das traurige Resultat der jetzigen Theologie ist: die Trennung ihres Gottes von der Welt, die Unfähigkeit, Gott in der Welt wahrzunehmen.

In meiner Habilitation habe ich mich damit beschäftigt, wie die Philosophie mit dem Thema „Sprache" umgeht. Hier gab es sehr früh festgelegte Positionen und deshalb auch sehr früh Meinungen, die nicht Teil der Philosophie werden durften – etwa die der Sophisten. Was habe ich in meiner Habilitation gemacht? Ich habe den klassischen philosophischen Diskurs um das erweitert, was dort in Bezug auf das Thema „Sprache" und „Sprachlichkeit" bisher nicht auftauchen durfte und nicht integriert wurde.

Genau das steht auch für die Theologie an: sich auf die Nebenwege zu begeben, zu schauen, was sich im Laufe der Geschichte des Christentums zwar nicht durchsetzen konnte, aber trotzdem präsent war und was für Themen und Inhalte dort aufscheinen. Es geht darum, all das in den Blick zu nehmen, was bisher nicht oder zu wenig in der Lehre der Kirche abgebildet ist, aber trotzdem Teil des Christentums und seiner Geschichte ist. Die Theologie muss etwas tun, wozu sie bislang nicht willens oder nicht in der Lage ist: neu und weiter darüber nachdenken, was eigentlich ihre Grundlage ist. Das ist eben nicht nur die Bibel und die offizielle kirchliche Lehre, sondern ist viel mehr: es ist Gott bzw. all das, was Christen bisher über diesen Gott gedacht und wie sie an ihn geglaubt haben – rechtgläubig oder nicht –; es ist die Geschichte der Kirche in ihrer Gesamtheit; es sind verurteilte Meinungen, es sind andere christliche Konfessionen, es sind die vielen heutigen Versuche der Menschen, neue Impulse in die Kirche hineinzubringen. All das ist Christentum, und all das ist Grundlage der Theologie und muss von ihr in den Blick genommen werden.

Diese Offenheit ist damit keine Beliebigkeit. Es gibt einen Bezugspunkt, der die Theologie zur Theologie macht: das Christentum. Dieser Bezugspunkt unterscheidet die Theologie von den Religionswissenschaften. Nur ist dieser Bezugspunkt eben größer und umfassender, als die Theologie zumeist wahrhaben will. Es zählt nicht nur das, was Teil der offiziellen Verkündigung und Teil der offiziellen Lehre ist, sondern alles, was sich zum Christentum in Beziehung setzen lässt. Das Erkennen, Sortieren und Zusammenfassen dieser Beziehungen ist die Aufgabe der Theologie.

Machen wir uns klar, dass die Kirchenväter damals in den ersten Jahrhunderten genauso agiert haben. Natürlich gab es auch damals Intoleranz und geistige Mauern, Verurteilungen und Denkverbote. Aber erst einmal konnte diskutiert und gerungen werden. Mit welcher Offenheit und welcher Kreativität konnten diese Menschen damals die Grundlagen der christlichen Lehre erarbeiten? Aus wenigen biblischen Texten wurde in einigen Jahrzehnten mit „heidnischen" Denkern wie Platon oder Plotin ein umfassendes Lehrgebäude errichtet, angereichert mit zahlreichen Elementen des damaligen Denkens und Fühlens, die mit dem Christentum ursprünglich nichts zu tun hatten. In dieser Offenheit konnten sie die Grundlagen der heutigen Theologie legen. Aber was macht das Denken dieser Menschen damals gültiger als das Denken der Menschen heute? Warum ist ein Dogma von damals mehr wert als eine theologische Aussage von heute? Warum konnte man 325 in neuen Worten über Gott sprechen und eine völlig neue Lehre bauen, aber nicht 2024?

Es braucht eine neue Offenheit der Theologie, die vor diesen alten Lehrsätzen nicht halt macht. Da, wo ich feste Mauern aufbaue und gewisse Elemente als unbedingt konstitutiv beschreibe und für alle Zeiten fest definiere, laufe ich in eine Sackgasse. Diese Offenheit bedeutet nicht, dass es kein Ergebnis gibt, sondern dass ein Ergebnis ein dauerhafter Prozess ist, der immer weitergehen muss. Auch in diesem Prozess entstehen Ergebnisse, werden Sinneinheiten sichtbar, entstehen gültige Aussagen, kann Gottes Wirken erkannt werden. Aber es kann nicht mehr festgenagelt werden.

Zu diesem Schritt – so wurde mir im Laufe der Jahre immer klarer – sind die Kirchen nicht bereit, auch die evangelische nicht, die eben doch konservativer und weltabgewandter ist, als sie zumeist wahrgenommen wird. Beide Kirchen berufen sich auf das Fundament der Bibel und bestimmter Glaubenssätze, die aber historisch gewachsene Interpretationen sind. Beide Kirchen schrecken davor zurück, diese Sätze als historisch gewachsene Interpretationen anzuerkennen, die evangelische wie die katholische. Dabei besteht das Christentum nicht durch die Bibel, nicht durch Glaubenssätze und nicht durch hierarchische Strukturen, sondern durch den Glauben und das Leben der Christen in den letzten 2000 Jahren. Bibel, Glaubenssätze und kirchliche Strukturen haben diesen Glauben sicherlich gefördert und gestützt, aber sie sind mit ihm nicht identisch. Das christliche Leben der letzten 2000 Jahren ist doch viel mehr und viel reicher als das, was gelehrt und definiert wurde! Aber das muss in der Theologie auch gesehen und wahrgenommen werden, und hierzu braucht es eine Methodik, die ihren Ausgang nicht in einer Einheit nimmt, sondern in einer Vielheit. Und die in der Lage ist, eine Vielheit bestehen zu lassen. Eine solche offene Theologie bleibt Theologie. Sie bleibt gebunden an ihr Thema: den christlichen Gott. Der allerdings in größerer Offenheit erkannt und beschrieben werden sollte.

Die Dekonstruktion Derridas bietet eine Möglichkeit, diesen Schritt zu gehen, eine offene Theologie zu betreiben: Verkündetes und Verbotenes, Gedachtes und noch-nicht-Gedachtes, Bewusstes und Unbewusstes zusammen und getrennt zugleich zu sehen. Hier ist die Stärke des Differenzgedankens der Dekonstruktion. Es gäbe sicherlich noch andere methodische Möglichkeiten für die Theologie, aber mir wurde im Laufe der Jahre immer klarer, dass keine von ihnen für die kirchliche Theologie eine Chance hatte. Denn ich hörte und las von evangelischen wie von katholischen Theologen immer wieder: dieser Schritt würde das zerstören oder zumindest relativieren, was der Kern des Christentums sei. Dabei geht es genau um diesen Kern, um das „Warum" des Christentums. Am Ende dieses Weges könnte eine Theologie stehen, die aus einem neuen „Warum" eine neues „Wie" entwirft: ein neues Verständnis dessen, was wir über Gott und über Christus sagen können, eine andere Struktur der Kirche, ein anderes Verständnis vom Amt, vom Abendmahl und von den Sakramenten, eine neue Rolle der Frau und jedes Nichtpriesters in der Kirche, einen anderen Zugang zur Geschlechtlichkeit und zur Sexualität des Menschen, ein neues Zusammen von Menschen und Gott, das von der Kirche nicht blockiert, sondern geschaffen wird.

Die Kirche und die Theologie halten immer noch daran fest, dass sie ein Vermittlungsproblem haben: die Botschaft des Christentums muss besser erklärt werden. Das ist ein Trugschluss. Das Problem ist nicht die schlechte Vermittlung der Botschaft, sondern die Botschaft selbst. Ich musste mir im Laufe der Jahre immer mehr eingestehen, dass die Kirche und die Theologie nicht willens oder nicht in der Lage sind, diesen Schritt zu gehen, ihre Botschaft infrage zu stellen. Das betrifft die katholische wie die evangelische Kirche. Beide halten an einem Kern des Christentums fest, der nicht mehr zu halten ist. Beide stehen vor leeren Kirchenbänken. Beide haben keine Chance mehr, die Menschen mit ihrem Gott zu erreichen und machen ihren Gott zu einem kraftlosen Namen, der mit der Welt nichts zu tun hat. Beide nehmen dies in Kauf – und gehen unter.

In Kants „Kritik der reinen Vernunft" stieß ich auf ein paar Zeilen, die ich sehr interessant und erhellend fand für die Theologie als solche. Es geht um die Wahrnehmung:

„Würde der Zinnober bald rot, bald schwarz, bald leicht, bald schwer sein, ein Mensch bald in diese, bald in jene tierische Gestalt verändert werden, am längsten Tage bald das Land mit Früchten, bald mit Eis und Schnee bedeckt sein, so könnte meine empirische Einbildungskraft nicht einmal Gelegenheit bekommen, bei der Vorstellung der roten Farbe den schweren Zinnober in die Gedanken zu bekommen, oder würde ein gewisses Wort bald diesem, bald jenem Dinge beigelegt, oder auch eben dasselbe Dinge bald so, bald anders benannt, ohne dass hierin eine gewisse Regel, der die Erscheinungen schon selbst unterworfen sind, herrschte, so könnte keine empirische Synthesis der Reproduktion stattfinden. "[20]

Was wir Menschen jeden Tag wahrnehmen, ist eine ungeheure Fülle an Eindrücken. Farben, Töne, Gerüche, aber auch Begegnungen und Ideen. All das, was auf uns einprasselt, wird von uns geordnet und sortiert, damit wir irgendwie mit unserer Welt klarkommen. Aber diese Sortierung entspricht nicht dem, was sortiert wird: die Wirklichkeit ist komplexer, chaotischer, bunter und vielfältiger.

---

[20] Kant, Immanuel: Kritik der reinen Vernunft, A100f.

Das, was wir in unserer Wahrnehmung verbinden, ist etwas, das eigentlich nicht verbunden ist. In diesem Sortieren und Verbinden geschieht Vereinfachung, Missachtung, ja sogar Verdrängung. Darum müssen wir wissen, wenn wir über die Wirklichkeit sprechen. Darum muss die Theologie wissen, wenn sie über ihre Wirklichkeit spricht. Gott. Die Welt. Der Mensch. Die Wirklichkeit entzieht sich der Definition des Dogmas. Sie ist bunt, vielfältig, ungeordnet. Das entbindet uns nicht von der Pflicht, sie zu ordnen. Aber ordnen darf nicht bedeuten, sie in gedankliche Ketten zu legen.

In diesem Zusammenhang stieß ich auf einen spannenden, aber auch berüchtigten Theologen des 19. Jahrhunderts, der für mich sehr inspirierend sein sollte: Franz Overbeck (1837-1905), ein enger Freund Friedrich Nietzsches, nicht verwandt und nicht verschwägert mit dem gleichnamigen Essener Bischof. Overbeck forschte vor allem über die Frühzeit des Christentums und kam zu dem Ergebnis, dass jeder spätere Versuch, das Christentum strukturell (als kirchliche Hierarchie) oder theologisch (in Dogmen) zu fassen, zum Scheitern verurteilt ist. Damit ist es weder sinnvoll, die alten Dogmen alter Zeiten zu verteidigen, noch ist es sinnvoll, neue Dogmen zu schaffen. Overbeck sieht im Christentum einen Impuls, der sich jeder Vereinnahmung widersetzt, auch der Vereinnahmung durch die Vernunft, wie er immer wieder betont.

Overbeck hatte mich in vielen Punkten nachdenklich gemacht, denn mir ging es ja eigentlich um eine neue Einheit des christlichen Glaubens mit der Vernunft. Ich glaube, dass Overbeck recht hat, aber trotzdem an einem bestimmten Punkt fehlgeht. Denn ein Christentum, das sich nicht in Strukturen ausbildet und über das nicht versucht wird, es zu ordnen und zu verstehen, ist schlicht und einfach unmöglich. Die Botschaft Jesu wäre sofort untergegangen, hätte sie sich nicht in einem strukturierten und organisierten Rahmen ausbreiten können. Was Overbeck aber meiner Meinung nach zu Recht der Theologie ins Stammbuch schreibt, ist ihre Unfähigkeit, über Gott selbst sprechen zu können. Sie muss sich darüber im Klaren sein, dass sie nicht über Gott selbst, sondern nur über den Glauben der Menschen an Gott sprechen kann, den damaligen wie den heutigen Glauben der Christen. Sie stellt keine Dogmen über Gott auf, sondern beleuchtet und sortiert das, was das Christentum ist.

Hier klingt ein uraltes Motiv der negativen Theologie an, das ursprünglich von Platon und Plotin angedacht und dann über frühe Theologen wie Basilius den Großen, Gregor von Nyssa und Dionysius Areopagita in das Christentum kam: wir können nichts über Gott selbst sagen, sondern nur über das, was er wirkt, somit über das, was sich von ihm in unserem menschlichen Geist widerspiegelt. Wenn ein Augustinus in seinen „Bekenntnissen" fordert, Gott nicht irgendwo, sondern in sich, im eigenen Geist zu suchen, dann geht es genau um den gleichen Mechanismus: das, was du von Gott erkennen kannst, ist das, was er in dir und den anderen Menschen bewirkt. Overbeck, der Experte war für die frühe Christenheit, hat der heutigen Theologie in einer sehr konsequenten und scharfen Weise ein altes Motiv ins Gedächtnis gerufen. Dieses Motiv bedeutet einerseits eine Selbstbeschränkung, weil es der Theologie verbietet, in einer definitiven Weise über Gott selbst zu sprechen; es bedeutet aber auch eine Öffnung der Theologie auf all das hin, was von diesem Gott spürbar ist und was sich unabhängig von Dogmen und Lehrmeinungen aussagen lässt.

Es ist wichtig, sich klarzumachen, dass diese Neuausrichtung der Theologie sehr praktische und einschneidende Konsequenzen hat. Weil die Praxis der Kirche – ihr konkretes tägliches Leben – eine Konsequenz ihrer Theorie ist: ihrer Lehre, ihrer Dogmen. Es geht bei dieser Neuausrichtung also nicht nur um ein Gezänk von Theologen, die in irgendeinem Elfenbeinturm vor sich hin schreiben. Es geht um den Glauben der Menschen und betrifft den Kern der Krise, in die das Christentum sich selbst vor vielen Jahrhunderten gestoßen hat. Die Menschen können nicht mehr an Gott glauben, weil sie Gott nicht mehr in der Welt wahrnehmen können, weil sie den in der Kirche verkündeten Gott überhaupt nicht mehr mit ihrer Welt zusammen kriegen. Gott ist tot, erstickt in einem leeren Gerüst von Formeln. Indem die Theologie diese hohlen Gebilde hinter sich lassen würde und offen auf ihre eigene Geschichte und auf die Menschen und die Welt von heute blicken würde, könnte sie dem Christentum und dem Glauben an Gott neues Leben einhauchen. An Gott zu glauben, bedeutet, die Fähigkeit zu besitzen, Gott in der Welt wahrzunehmen: alles, was dem Menschen in der Welt als Wirklichkeit gegenübertritt, auf Gott hin lesen und deuten zu können. Wenn diese Welt in der Theologie und in der Kirche seit Jahrhunderten nicht auftaucht, hat der Glaube der Menschen keine Chance. Gott ist tot, und wir haben ihn getötet. Viele hundert Jahre lang hat die Theologie Gott als das erkannt, was die Welt in ihrem Dasein hält. Als den Logos. Die Welt war nicht ohne Gott denkbar, weil sie durch ihn lebt. Dann hat die Theologie sich von der Welt abgewandt. Und nicht gemerkt, dass sie sich damit auch von Gott abwandte.

Mehr denn je braucht es eine neue, offene Theologie. Eine solche offene Theologie, so wurde mir immer klarer, ist leider nur ein Traum, der sich nicht erfüllen wird. Mehr und mehr wurde mir deutlich, dass nicht nur die Kirche, sondern auch die Theologie an ihrer Abgeschlossenheit und geistigen Selbstisolation erstickt. Mehr und mehr wurde mir damit auch klar, dass ich mit dem, was ich erlebt, gesehen und gedacht habe, keine Zukunft in dieser Theologie habe und sie für mich zu Ende ist, weil sie sich nicht mehr wesentlich weiterentwickeln kann und will. Dieser Prozess hat viele Jahre gebraucht, war aber vielleicht bereits absehbar, als Geerlings mich damals Ende der 1990er Jahre noch als Student warnte: „Rasche, darüber machen Sie bitte erst ein Buch, wenn Sie die Professur haben!" Ich habe oft an diesen Satz und seine traurige Wahrheit denken müssen.

Der freie Mensch handelt niemals arglistig,
sondern stets aufrichtig.
Baruch de Spinoza

Abschied

Seit dem Herbst 2014, seitdem ich wieder mit Katharina zusammen war, war klar, wohin die Reise gehen würde: raus aus dem Priesteramt. Durch die Professur hatte sich der Termin dieses Ausscheidens nach hinten verschoben, aber es war klar, dass er kommen sollte. Die Professur verlängerte sich jeweils um ein Semester. Ich hatte aus biographischen und finanziellen Gründen vor, die Professur ein Jahr lang auszuüben, also vom Herbst 2015 bis zum Sommer 2016. Das Ende der Vorlesungszeit im Juli 2016 sollte dann mein Endpunkt als Priester sein. Bis dahin wollte ich dann auch meine Habilitationsarbeit an der Philosophischen Fakultät zur Begutachtung einreichen. Sollte das Bistum Eichstätt oder sonst eine kirchliche Institution noch versuchen, die Arbeit auszubremsen, war dies aufgrund der Wissenschaftsfreiheit an der Philosophischen Fakultät nicht möglich – trotz der katholischen Trägerschaft der Universität.

Zuerst hatte ich noch versucht, mich als amtierender Priester auf neue Stellen zu bewerben. Ich musste mir jedoch schnell eingestehen, dass dies nicht möglich war. Sich als Priester geheim zu bewerben ohne dass das Bistum oder der Bischof davon Wind kriegen, ist nur möglich, wenn man einen guten Freund als Personalchef bei einer großen Firma sitzen hat. Was ich nicht hatte. Ich bin eigentlich jemand, der sich bemüht, alles gut zu planen und Risiken zu vermeiden. Dies war hier jedoch nicht möglich. Ich musste ins kalte Wasser springen, auch wenn mir dies nicht behagte. Was war das für ein Sprung ins kalte Wasser? Nachdem ich dem Bischof meinen Wunsch mitteilen würde, das Priesteramt zu verlassen und zu heiraten, würde alles ganz schnell gehen. Drei Monatsgehälter und Tschüs. Keine Chance, irgendwo eine Arbeit zu bekommen, wo die Kirche auch nur ein bisschen mitreden kann. Kein Arbeitslosengeld, da ja nie in die Arbeitslosenversicherung eingezahlt worden ist. Immerhin ist die Kirche seit einigen Jahren durch ein Gericht dazu gezwungen, die Beiträge für die Rentenkasse nachzuzahlen. Ansonsten war es das. So einfach wie brutal.

Entsprechend wichtig war es, das Jahr als Professor noch mitzunehmen, um die Kasse noch etwas aufzufüllen. Das Jahr als Professor bedeutete auch, dass ich meine Pfarrstelle in Thalmässing abgab, aber noch im Pfarrhaus wohnen bleiben konnte. Hin und wieder tat ich in Thalmässing noch Dienst, indem ich vertretungsweise Gottesdienste oder Beerdigungen, Taufen oder Trauungen übernahm. Es war eine sehr eingeschränkte Tätigkeit als Priester, und auf diese Weise war dieses Jahr für mich eine sehr gute Zeit, auf Raten Abschied vom Priesteramt zu nehmen. Es kam vor, dass ich mehrere Wochen hindurch keinen Gottesdienst machen musste und daher auch keinen besuchte. Es hat mir nicht viel ausgemacht, und auch diese Erfahrung war eine gute Vorbereitung für das Leben danach – und zudem eine gute Diagnose über meine Befindlichkeit und meine bereits sehr große innere Distanz zur Kirche.

Ich wohnte noch im Pfarrhaus von Thalmässing und musste miterleben, wie es mit „meiner" Pfarrei weiterging. Die Kirchenbesuchszahlen in meiner ehemaligen Gemeinde stürzten auf ein Drittel ab. Der Pfarrgemeinderat fragte den Pfarrer, wie er sich diese Entwicklung erklären könnte. Seine Antwort: „Interessiert mich nicht. Wenn die Leute nicht mehr zu Kirche kommen, ist das doch ihre Entscheidung."

Trotz aller gewachsenen Distanz zu meinem Priesteramt waren diese letzten Monate eine Zeit vieler Abschiede. Immerhin waren diese Gottesdienste viele Jahre selbstverständlicher Bestandteil meines Alltags gewesen. Entsprechend war es durchaus ein mulmiges Gefühl darum zu wissen, dass dies jetzt die „letzte Messe", die „letzte Taufe" oder die „letzte Beerdigung" ist, die man als Priester hat. Ich war auch froh, dass ich die Möglichkeit hatte, mich von meiner Gemeinde nicht im Rahmen eines Gottesdienstes verabschieden zu müssen. Es wäre eine emotionale Überladung gewesen, die für mich nicht in einen Gottesdienst gehört hätte.

In den letzten Wochen vor meinem Abgang weihte ich meinen persönlichen Freundeskreis in meine Pläne ein. Nirgendwo erfuhr ich Kritik oder Ablehnung – maximal ein Bedauern, dass jemand das Amt in der Kirche niederlegt, auf den man große Hoffnung auf bessere Zeiten gesetzt hat. Mit dieser Erwartung war ich in meinen Jahren als Priester oft konfrontiert worden und es ist mir in meiner Entscheidungsfindung nicht leicht gefallen, diese Hoffnungen zu enttäuschen. Ich selbst habe viele Jahre meines Lebens versucht, das kirchliche Leben in meinem Umfeld zu retten und in neue und bessere Zeiten hinüberzuführen.

Entsprechend konnte ich gut verstehen, wie andere Menschen ebenfalls um das kirchliche Leben kämpften und in mir (und anderen fortschrittlichen Geistlichen) wichtige Stützen ihrer Hoffnung sahen, dass es mit der Kirche nicht vorbei ist, sondern mit einem neuen, anderen Geist, getragen von einer neuen Generation Priestern, irgendwie einen Neuaufbruch geben kann. Diese Hoffnung zumindest auf meine Person hin zerstören zu müssen, hat mir weh getan – für die Sache, aber auch für die vielen Menschen, die mir einfach leid taten. Dennoch war ich nicht mehr bereit, mein eigenes Leben für die wohl vergebliche Hoffnung dieser Menschen zu opfern. Diese Vergeblichkeit war dabei vielleicht das Entscheidende. Ich hatte im Laufe der Jahre meine Hoffnung verloren, dass sich die Kirche noch zum Guten wenden wird, dass es einen Neuaufbruch gibt, an dem ich irgendwie teilhaben könnte. Ein Pfarrer sagte mir in Bezug auf die vielen Austritte: „Die Ratten verlassen das sinkende Schiff." Ja, antwortete ich ihm, das Schiff sinkt eben. Was der Pfarrer nicht verstand: das Problem sind nicht die Ratten, sondern das sinkende Schiff.

Die letzten Wochen hielten noch einiges an Absurditäten bereit. Katharina und ich wollten möglichst zügig nach meinem Abschied als Priester heiraten. Standesamtlich. Nun ist bekannt, dass man standesamtliche Trauungen – zumindest in den großen Städten des Ruhrgebiets – mit einem erheblichen Vorlauf anmelden muss. Für den Juli hatte ich die Gespräche mit dem Bischof – und damit auch meine Suspendierung als Priester – geplant. Wenn wir uns erst im August für die Trauung im Dortmunder Standesamt anmelden sollten, war klar, dass es in diesem Jahr 2016 keine Trauung mehr geben würde. Es war uns aber wichtig, noch im gleichen Jahr möglichst zeitnah nach meinem Abgang als Priester zu heiraten, also möglichst im frühen Herbst 2016. Die Pikanterie bestand nun darin, dass ich mich als noch amtierender katholischer Priester mit Zölibatsverpflichtung bei einem Standesamt zur Trauung anmelden musste. Immer mit der Befürchtung im Hinterkopf, dass ein Bischof oder die Kirche davon Wind bekommt, was dann eine frühere Suspendierung bedeutet hätte – und diese wiederum mehr öffentliches Theater und ein viele Monate früher endendes Gehalt. Katharina und ich gingen also an einem Tag in den ersten Monaten von 2016 zum Standesamt Dortmund, um uns für die Trauung anzumelden. Ein öffentliches Aufgebot war ja Gottseidank längst Geschichte. Meine Geburtsbescheinigung hatte ich dabei, eigentlich sollte nichts mehr schiefgehen. Als der Standesbeamte allerdings nach meinem Wohnort fragte, war es vorbei mit meiner Herrlichkeit. Es fehlte noch eine Bestätigung meines Wohnortes, dass ich nicht verheiratet sei. Es war ein Schlag in meine Magengrube. Das Rathaus Thalmässing war eine relativ übersichtliche Angelegenheit. Jeder kannte jeden. Und natürlich kannte man auch mich dort. Wie würde ein dortiger Mitarbeiter wohl reagieren, wenn der katholische Pfarrer eine Bescheinigung für ein auswärtiges Standesamt braucht, dass er noch nicht verheiratet ist? Ich ging blitzschnell in meinem Kopf sämtliche Optionen durch und war auch bereit, mit dem befreundeten Bürgermeister nachts ins Rathaus einzusteigen, um diese verdammte Bescheinigung zu besorgen. Wieder in Thalmässing angekommen, forschte ich ein bisschen nach und fand heraus, dass eine solche Bescheinigung durchaus öfter verlangt wird von einem neuen Arbeitgeber bei einem Stellenwechsel. Meine Rettung. Ich marschierte also zum Rathaus in Thalmässing und verlangte selbstbewusst vom betreffenden Mitarbeiter eine solche Bescheinigung. „Eine Bescheinigung, dass Sie nicht verheiratet sind?!" Der Mitarbeiter wiederholte mein Anliegen laut und gedehnt, dass seine Kollegen aufschauten. Mit rollenden Augen erklärte ich, dass ich mich auf eine neue Unistelle beworben hätte und daher diese Bescheinigung brauchen würde. „Für eine neue Unistelle?!" echote der Mitarbeiter, der wohl noch nie mit einem derartigen Anliegen konfrontiert worden war. Immerhin erfüllte er seine Pflicht und stellte mir die erwünschte Bescheinigung aus. Wenige Tage später marschierte ich mit Katharina und stolzgeschwellter Brust zum Dortmunder Standesamt. Die Mitarbeiterin sah sich die Bescheinigung an und musste allerdings bedauernd feststellen: „Da fehlt leider ein Hinweis, ob Sie geschieden oder verwitwet sind!" Ich atmete tief durch und sah mich nachts zum Bürgermeister marschieren. Nur wenige Sekunden später bekam ich allerdings akute Atemnot, als die Mitarbeiterin in freundlichem Ton mitteilte: „Wissen Sie was, ich ruf da jetzt einfach in Thalmässing an, dann brauchen Sie da nicht nochmal hinzulaufen!" Ich sah dem Worst Case in die Augen. Morgen würde ganz Thalmässing wissen, dass ich bald heirate. Mit fiebernden Augen sah ich zu, wie die Mitarbeiterin zum Telefon griff und im Rathaus Thalmässing anrief. Hier hatte ich nun endlich Glück im Unglück. Der Mitarbeiter am anderen Ende war der einzige im Rathaus, der mich nicht persönlich kannte und gab die Information heraus, ohne weiter nachzufragen. Ich war gerettet, der Termin konnte eingetragen werden.

Wenige Wochen vor meinem Umzug besuchte mich mein Nachfolger, der Kaplan, der nach mir im Thalmässinger Pfarrhaus wohnen sollte. Er kam an einem sonnigen Nachmittag zusammen mit seiner Haushälterin. Während der Kaplan eher teilnahmslos durch das Haus schlenderte, stellte die Haushälterin zahlreiche Fragen zur Einrichtung des Hauses. Am Schluss wollte der Kaplan noch die Kirche besichtigen, und so gingen wir hinüber. Ich erklärte den beiden die modern gestaltete Kirche und merkte dem Kaplan an, dass er mit der Gestaltung der Kirche nicht glücklich war, aber außer einem verächtlichen Augenrollen ließ er sich nichts anmerken. Schließlich fragte er mich: „Sagen Sie mal, wer war eigentlich vorher hier Pfarrer?" Ich zählte ihm meine Vorgänger auf und lachend erklärte der Kaplan seiner neben ihm stehenden Haushälterin: „Achja, das ist das ja die Pfarre, wo die Pfarrer alle heiraten!" Was meinerseits folgte, war ein kühler Akt der Selbstbeherrschung, schließlich stand ich wenige Tage davor, diese Tradition der Thalmässinger Pfarrer zu verlängern. Immerhin als dritter Pfarrer in Folge. Mit einem Lächeln stimmte ich zu: „Ja, das ist hier schon eine bunte Geschichte in Thalmässing!"

Es ist der 20. Juni 2016. Ein sonniger, warmer Tag in Thalmässing. Mittagszeit. Wenige Tage zuvor hatte ich den Brief geschrieben. Ich schaute ihn mir noch einmal auf dem Bildschirm an. Der schwierigste und wichtigste Brief meines Lebens. An den Bischof von Essen. Ich las mir den Brief mehrere Male durch, konnte mich aber nicht konzentrieren. Meine Gedanken schweiften ab, zogen hin zu dem, was ich in den letzten Jahren und Jahrzehnten alles in der Kirche erlebt hatte. Das nun unwiderruflich zu Ende war. Die Kindheit und Jugend in St. Barbara, die Zeit im Priesterseminar, das Leben in Rom, meine Kaplanszeit in Heisingen, dann Bottrop, schließlich Thalmässing. Es tat mir leid, für die vielen Erwartungen, die ich enttäuschen musste. Für meine eigenen Erwartungen, die Stück für Stück enttäuscht wurden. Apathisch träumend saß ich vor dem Rechner und schaute nach draußen, in den schönen Garten. Schließlich drückte ich den Knopf, der Drucker ging an und spuckte einen Zettel heraus. Ich las noch einmal diesen Brief, legte ihn vor mich auf den Schreibtisch, schaute ihn an. Dann unterschrieb ich, packte ihn in einen Umschlag und ging los. Ich überquerte den Kirchplatz. Keiner war zu sehen. Gut so. Ich hatte wenig Lust, jetzt mit irgendwem freundlich über nichtssagendes Zeug zu plaudern.

Ich ging am Pfarrzentrum vorbei, dem Bunker, dann über das alte Gelände des früheren Bahnhofs, das jetzt zu einer ungepflegten, grünen Hölle geworden war. Ich ging vorbei am Landgasthof, auch hier war keiner zu sehen, der mir ein Gespräch aufzwingen konnte. Ich ging die Bahnhofstraße weiter runter und dann Richtung Supermarkt. Ich ging nicht langsam, ich ging schnell, weil ich keinen treffen wollte und es hinter mich bringen wollte. Mein Dasein als katholischer Priester. Ich kam zum Supermarkt, überquerte zügig den von der Sonne aufgeheizten Parkplatz. Dann stand ich vor diesem Kasten, der an der Wand hing. Ich hielt inne. Ich schaute mich um. Keiner beachtete mich. Ich atmete noch einmal durch. Schaute auf den Brief. Ein Brief für ein Leben. Dann nahm ich all meine Kraft zusammen und warf den Brief ein.

Tu das, wodurch du würdig wirst,
glücklich zu sein.
Immanuel Kant

Epilog

Teil I

In den letzten Jahren habe ich immer wieder an eine bestimmte Erzählung aus der Spätantike denken müssen. Es ist die Mitte des 4. Jahrhunderts. Das Christentum hatte gesiegt und war auf dem Weg, zur Staatsreligion des römischen Reiches zu werden. 360 kam jedoch ein Mann auf den Caesarenthron, der das Rad noch einmal zurückdrehen und das Christentum bekämpfen wollte: Julianus, dem die Christen später verdientermaßen den Beinamen „Apostata" („der Abtrünnige") geben werden. Julianus wollte die heidnische Religion wiederbeleben und schickte 362 einen Boten nach Delphi, dem Ort, an dem das Orakel des Gottes Apollon mit seinen Weisungen über tausend Jahre lang die antike Welt gelenkt hatte. Der Bote des Kaisers fand ein verlassenes Gelände vor. Einige wenige greisenhafte Priester schleppten sich durch die Ruinen und bemühten sich noch, den alten Kultdienst der Pythia aufrecht zu erhalten. Der Bote betrat den dunklen, verfallenen Tempel und fragte die dort sitzende Pythia, eine leer vor sich hin sehende alte Frau, ob der Kaiser etwas für sie tun könne. Ein letztes Mal, ein allerletztes Mal sprach das uralte Orakel:

„Künde dem Kaiser, das schöngefügte Haus ist gefallen,
Phoibos Apollon besitzt keine Zuflucht mehr,
der heilige Lorbeer ist verwelkt,
seine Quellen schweigen für immer,
verstummt ist das Murmeln des Wassers."[21]

Ich habe diese Szene immer wieder mit einem gewissen Wehmut vor Augen gehabt. Die glanzvolle, alte Religion der Griechen und Römer mit ihren mächtigen Göttern, ihren großen Tempeln und alten Weissagungen war an ihr Ende gekommen. Die ganze Welt war früher nach Delphi gepilgert, nun lebten noch

---

[21] Philostorgios: Kirchengeschichte (Bidez).

einige Greise in einem Haufen Ruinen. Ich sah das Sterben einer uralten Religion und sah dabei auch das Sterben meiner eigenen Religion, des Christentums. Es gibt keine Garantie, dass Religionen ewig bestehen. Auch sie können vergehen und verschwinden, und seien sie noch so mächtig und glanzvoll gewesen. Vielleicht ist das, was wir in diesen Jahren sehen, das Finale eines langen Sterbens des Christentums, das an seiner Selbstverliebtheit erstickt.

Das, was das Christentum zur Zeit durchmacht, ist mehr als eine Krise. Es ist ein Existenzkampf, den es allerdings noch nicht als solchen begriffen hat. Je länger es das nicht tut, desto geringer sind die Chancen auf seine Rettung.

Kürzlich fuhr ich mit dem Auto durch Essen. Ich fuhr an vielen Gebäuden vorbei, die ich vor fünfzehn oder zwanzig Jahren noch als kirchliche Gebäude kennengelernt hatte: Verwaltungsgebäude, Kirchen, Pfarrzentren, Zentralen von Verbänden usw. Sie waren verschwunden. Diese Fahrt machte mir sehr deutlich, mit welcher Geschwindigkeit die Kirche in diesen Jahren erodiert. Die Austrittszahlen steigen immer weiter, selbst ehemalig schwerst aktive Katholiken verlassen das sinkende Schiff. Immer neue Studien und immer neue Veröffentlichungen zeichnen ein immer deutlicheres Bild davon, wie sehr sexuelle Gewalt, Kindesmisshandlungen und ähnliche Dinge Teil der Kirche sind. Ich habe viele Jahre über solche Dinge nicht gesprochen. Erst in den letzten Jahren meiner Zeit als Priester habe ich im Bekanntenkreis auf solche Dinge aufmerksam gemacht, vor den Veröffentlichungen. Man hat mir oft nicht geglaubt und behauptet, ich würde übertreiben. Viele Bekannte und Freunde konnten nicht glauben, was ich ihnen erzählte. Nach all diesen Veröffentlichungen haben sich viele dafür entschuldigt. Nun können sie es glauben und sie sind entsetzt.

Wie wird es mit dem Christentum weitergehen? Das Christentum wird seine kirchlichen Strukturen nicht aufrecht erhalten können. Diese sind reformunfähig und werden marginalisiert werden. Nur noch ein winziger Bruchteil der heutigen Christen wird sich als Mitglied einer Kirche verstehen. Es wird einzelne, kleine Kerngemeinden geben, die abgeschottet vom Rest der Gesellschaft ein sektenähnliches Leben führen werden. Das klingt sehr pessimistisch und schwarzseherisch, aber nach vielen Jahrzehnten im Inneren der Kirche muss ich einfach feststellen, dass ich ihr nicht zutraue, ihren eigenen Verfall zu bremsen.

380

Ich lebe jetzt seit einigen Jahren in den Niederlanden. Die Krise der Kirchen war hier früher sichtbar als in Deutschland. Die Niederlande sind heute in weiten Teilen völlig säkularisiert. Die Kirchen spielen im öffentlichen Leben keine Rolle mehr. Die Erfahrung einer völlig entkirchlichten Gesellschaft hat mich sehr nachdenklich gemacht und lässt mich für die Kirchen sehr pessimistisch nach Deutschland schauen. Man hört oft die Warnung, dass die Kirchen wichtige Stützen der Gesellschaft und überlebenswichtig für die öffentliche Moral seien. Nach meiner Erfahrung hier in den Niederlanden kann ich dies als Legende abtun. Die Menschen hier sind moralisch genauso gut oder schlecht wie in Deutschland. Und auch sonst geht es ihnen ohne Kirchen genauso gut oder schlecht. Die Kirchen sind nicht da und keiner vermisst sie. Eine Gesellschaft kann ohne Kirchen leben und es ist sehr wahrscheinlich, dass dies die Zukunft der deutschen Gesellschaft ist.

Was gibt es für Hoffnungszeichen? Es mag bittere Ironie sein, dass ich zuerst Nietzsche nennen muss. Ich hatte bereits einige Sätze aus seinem „Antichrist" zitiert, die ich hier noch einmal nennen möchte:

„Dieser frohe Botschafter starb wie er lebte. Er widersteht nicht, er verteidigt nicht sein Recht, er tut keinen Schritt, der das Äußerste von ihm abwehrt, mehr noch: er fordert es heraus. Und er bittet, er leidet, er liebt mit denen, die ihm Böses tun. Nicht sich wehren, nicht zürnen, nicht verantwortlich machen, auch nicht dem Bösen widerstehen, - ihn lieben ... "

Auf diese Sätze folgt bei Nietzsche wenig später folgender Satz:

„... Das echte, das ursprüngliche Christentum wird zu allen Zeiten möglich sein. "[22]

Da, wo das Christentum sich an dieser Haltung dieses „frohen Botschafters" orientiert, hat es Zukunft. Diese Zukunft sehe ich in Menschen, die in diesem Sinne ihren christlichen Glauben leben – vielleicht innerhalb, vielleicht außerhalb der Kirche. Vor einigen Jahren sah ich den Film „Von Menschen und Göttern", einen Film von Mönchen, die in Algerien ums Leben kamen, weil sie nicht flohen vor muslimischen Terroristen, sondern blieben, weil sie die ihnen anvertrauten Menschen nicht alleine lassen wollten. Die Szene ihres letzten gemeinsamen Abendmahls, als sie wissen, dass sie in der nächsten Nacht ihr Schicksal erwartet und sie ein letztes Mal zusammen Lachen und Gemeinschaft

---

[22] Nietzsche, Friedrich: Der Antichrist, 39.

haben, ist ein großartiges Zeugnis des Christentums. Als ich diese Szene sah, erkannte ich in ihr die Hoffnung, dass das Christentum eine Zukunft haben kann: nicht als Kirche, nicht im Klerikalismus und im Kämpfen um Ämter und Macht, sondern in dem, was Nietzsche als christliche Liebe definierte: nicht zu widerstehen, sich nicht zu verteidigen, sondern sogar mit denen zu leiden und die zu lieben, die einem Böses tun. Genau hier liegt die Wurzel, das „Warum" des Christentums. Die Kirche als Hierarchie kann diese Wurzel nicht mehr zum Leben erwecken, weil sie dem widerspricht, was sie selbst als Hierarchie ist: eine Macht. Diese Kirche wird verschwinden.

Unabhängig davon, wie vollständig dieses Verschwinden der Kirche sein wird: das Christentum wird weiterleben. Es wird weiterleben, weil es Teil unserer Kultur ist. 2000 Jahre lang hat das Christentum die Kultur Europas geprägt und diese Prägungen lassen sich nicht auslöschen. Wie auch die griechisch-römische Kultur damals hat das Christentum das gebaut, was wir als europäische Kultur verstehen. Auch wenn wir nicht mehr glauben, dass Zeus über den Wolken thront und Poseidon die Erde erbeben lässt, bleiben wir gebunden an unsere griechisch-römischen Wurzeln. So werden wir auch in Europa Christen sein, selbst wenn die Kirche als Institution weitgehend verschwunden sein wird. Das Christentum hat in unserer Kultur unauslöschliche Wurzeln geschlagen: nicht nur, indem es Klöster und Kirchen baute, sondern indem es das Denken der Menschen veränderte, ihre Sicht auf die Welt und vor allem auf die Mitmenschen. Hier hat das Christentum etwas geschaffen, das weiterleben wird und weiterleben muss: dem Menschen einen Wert und eine Würde zuzusprechen, die unaufgebbar sind. In jedem Menschen etwas zu erkennen, das es wert ist, geliebt zu werden. Die Liebe als Ziel des menschlichen Miteinanders zu erkennen. Die Botschaft jenes Jesus von Nazareth, sein Leben und sein Sterben werden bleiben. Vieles Großartige, das die Menschen im Namen Jesu geschaffen haben, wird ebenfalls bleiben und die Menschen weiter inspirieren: von den großen Gedanken eines Augustinus oder Thomas von Aquin bis zur Menschlichkeit eines Franz von Assisi, von der Gottesnähe einer Teresa von Avila bis zur Musik Bachs oder Mozarts, von den großen Kathedralen in unseren Städten bis zu den Kunstwerken eines Michelangelo, Giotto oder Dürer. All das wird bleiben – unabhängig davon, welchem Schicksal die Kirche entgegeneilt.

Teil II

Ich sitze in unserem Garten. In unserer Weinlaube, die ich ohne jeglichen handwerklichen Sachverstand, aber mit viel Herz zumindest so gut zusammengebaut habe, dass sie jetzt schon mehrere Winter geschafft hat. Neben mir steht ein Glas Wein. Zur Feier des Tages, an dem ich hier die letzten Zeilen dieses Buches in den Laptop tippe. Vor mir toben meine beiden Söhne durch den Garten. Diese beiden Kerle sind das größte Argument gegen den Zölibat, das es nur geben kann. Diese beiden wunderbaren Leben würden nicht existieren, wenn es nach der Kirche und dem Zölibat gegangen wäre. Diese beiden Menschen wären nicht da. Kann es ein größeres Argument gegen den Zölibat geben?

Das Schreiben dieses Buchs hat mir viele Erlebnisse meiner Vergangenheit wieder lebendig gemacht. Die Reichhaltigkeit, aber auch die Traurigkeit und Enttäuschung, die ich in meinem Leben in der Kirche erfahren habe. Ich bereue nicht, mich damals entschlossen zu haben, katholischer Priester zu werden. Es war damals die richtige Entscheidung, die sich aus meinem bisherigen Leben ergeben hatte. Diese Entscheidung hat mir viele Erfahrungen ermöglicht, die ich sonst nie hätte haben können. Es war auch ein schönes und reiches Leben als katholischer Priester. Auch wenn ich meine damalige Entscheidung nicht bereue, stand irgendwann eine neue Entscheidung an. Ich hätte es bereut, sie nicht getroffen zu haben. Es war die Entscheidung, eine Konsequenz zu ziehen aus meiner Sackgasse, in die ich innerhalb der Kirche geraten war, und mich mit dem Menschen, den ich liebe, auf einen neuen Weg zu begeben.

Mit Blick auf mein früheres Leben frage ich mich hin und wieder, wie ich das so lange durchhalten konnte. Dieses Leben in einer Welt, die zu einer surrealen Kunstwelt geworden ist. Dieses Leben hatte eben auch schöne und gute Seiten, die aber nur solange tragfähig sein konnten, wie die anderen Seiten ausgeblendet wurden.

Die Entscheidung, das Priesteramt zu verlassen, wurde von den meisten, aber nicht von allen verstanden. Gerade im engsten Familienkreis traf ich auf erbitterte Ablehnung. Ich habe schmerzhaft lernen müssen, dass man für sein eigenes Leben verantwortlich ist und dass es Situationen geben kann, in denen man sich gegen die Menschen entscheiden muss, die bis dahin die zentralen Ansprechpartner waren und die man mehr als jeden anderen Menschen geliebt hatte. Ich habe lernen müssen, dass man sich die Verantwortung für das eigene Leben erkämpfen muss und dass eine Entscheidung für das eigene Leben auch die Entscheidung gegen andere Menschen sein kann.

Als ich beim Bischof war und ihm meine Entscheidung mitteilte, das Priesteramt zu verlassen und heiraten zu wollen, fragte er mich, wie meine Eltern zu dieser Entscheidung stehen würden. Ich berichtete ihm, dass sie diese Entscheidung nicht akzeptieren würden. Wir beide sprachen dann über Priester, die eine solche Entscheidung nicht treffen würden aus Angst vor den Eltern – ein Phänomen, das durchaus öfter vorkommt. Der Bischof kommentierte dies treffend mit den Worten: „Priester, die diese Entscheidung dann nicht treffen, sind nicht erwachsen." Für einen Bischof bemerkenswerte Worte.

Abgesehen von diesen wenigen, aber bedeutenden Brüchen haben sich eigentlich alle Freundschaften erhalten können. Ich habe gute und tiefe Freundschaften schließen können, in Essen, Bottrop und Thalmässing. Sie zu haben und in ihnen eine Stütze zu besitzen, war besonders in der Zeit wichtig, in der andere Stützen wegbrachen. Gerade über die räumliche Distanz hinweg war es nicht immer einfach, diese Freundschaften zu pflegen. Es ist aber gelungen, und dafür bin ich sehr dankbar.

Ich lebe nun ein neues Leben, zusammen mit meiner Frau und meinen beiden Söhnen, hier in Rotterdam in den Niederlanden. Vieles, wenn nicht alles in meinem täglichen Leben hat sich geändert. Ich hätte mir nie vorstellen können, dass das Wechseln von Windeln oder der längere Besuch von Bekleidungsgeschäften je einen bedeutenden Teil meines Lebens ausmachen würden. Aber auch vor diesem Kontext habe ich meine Entscheidung nie bereut. Ich habe oft über das Leben gesprochen. Richtig kennengelernt habe ich erst durch meine beiden Söhne.

Die Kirche spielt in meinem Leben keine große Rolle mehr. Ganz abgesehen davon, dass ich ja bis zu meiner offiziellen „Laisierung" durch meine Heirat eh „exkommuniziert" und damit von allen Sakramenten ausgeschlossen war, besuche ich eigentlich keine Gottesdienste mehr. Vor der Taufe unseres zweiten Sohnes hier in der Kirchengemeinde in Rotterdam wurden wir als Eltern zu einem Abend im Pfarrzentrum eingeladen. Pflichtbewusst und auch ein bisschen neugierig ging ich zu diesem Abend. Was mich dort erwartete, war grauenhaft. Der Kaplan hielt erst einmal einen etwa halbstündigen Vortrag darüber, wie wichtig es sei, dass wir Eltern unsere Kinder zur Taufe bringen würden, da das Kind aufgrund der Erbsünde sonst der ewigen Strafe verfallen sei. Es ging in diesem Stil weiter bis zum Finale: am Ende der Tauffeier, so der Kaplan, würde er die Mütter bitten, zur Marienfigur in der Kirche zu gehen und ein Gebet zu sprechen, in dem sie ihre Mutterschaft der Gottesmutter Maria weihen. Ich war entsetzt und überlegte nur, wie ich das meiner Frau beibringen soll – die jenen Abend nicht miterleben musste, da eines unserer Kinder krank im Bett lag. Ich war durchaus mit einem positiven Gefühl in diesen Abend reingegangen. Und verließ ihn im sicheren Wissen, mich dort nach der Taufe unseres Sohnes nicht mehr sehen zu lassen. Warum sollte ich dort in den Gottesdienst gehen? Warum mir sonntags etwas erzählen lassen, über das ich mich eh nur aufrege? Dafür ist mir meine Lebenszeit zu schade.

Ich werde oft gefragt, ob ich noch an Gott glauben würde und ob ich mich noch als Christ fühlen würde. Diese Frage zu beantworten, fällt mir nicht leicht. An Gott glauben: irgendwie ja. In dem Sinne, dass ich an ein Wesen oder ein Sein glaube, dessen Leben am Anfang unserer Welt steht und dessen Leben sich im Leben unserer Welt und auch von uns Menschen abbildet. Viel mehr vermag ich über diesen Gott nicht zu sagen. Die verschiedenen Religionen haben versucht, sich diesem Gott zu nähern und sind diesem Gott mal mehr oder mal weniger nah gekommen. Ich glaube schon, dass das Christentum diesem Gott am nächsten kam, indem es zwischen Gott und Mensch eine größere Nähe erkannte als die anderen Religionen. Vieles von dem, was das Christentum über diesen Gott lehrt, muss ich allerdings ablehnen. Weder kann ich das Sprechen von Vater, Sohn und Heiligem Geist als drei göttlichen Personen nachvollziehen, noch das Dogma von den beiden göttlichen und menschlichen Naturen, die sich in der einen Person Christi vereinen. Ganz zu schweigen von Dingen wie der Jungfräulichkeit Mariens oder ihrer Himmelfahrt. Dennoch fühle ich mich noch als Christ. Zum einen, weil ich diese Prägung, die ich mein Leben lang erfahren habe, nicht ablegen kann oder will; zum anderen, weil ich die Botschaft des Christentums und das viele Gute, das Christen in 2000 Jahren geschaffen haben und auch heute noch schaffen, weiterhin für großartig und für relevant halte – für mein Leben und für die Gesellschaft.

Auf diese Weise endet dieses Buch mit einem etwas verschwommenen Bekenntnis. Augustinus hat damals sein Leben in seinen Bekenntnissen niedergeschrieben und seinen Weg dargestellt, der ihn zum Gott des Christentums führte. Mein Weg war der umgekehrte, und ich habe von diesem Weg erzählt, weil ich wie Augustinus nicht von mir berichten wollte, sondern von meinem Gott – dies aber nur glaubwürdig tun konnte, indem ich auch von mir erzählte.

Von einem der frühesten Philosophen überhaupt, von Heraklit, ist folgender Satz überliefert: „Die Wahrheit einer Sache liebt es, verborgen zu sein." Dieser Satz hat für mein Leben eine riesige Rolle gespielt, er wurde zu meiner Lebensaufgabe, die darin bestand, meine Wahrheit zu entdecken. Und die der Kirche.

„Die höchste Aufgabe des Menschen ist zu wissen,
was einer sein muss, um Mensch zu sein."

Immanuel Kant